ANTON PROCK

REISEFÜHRER
TIROL

ALLE ORTE UND SEHENSWÜRDIGKEITEN IN NORD- UND OSTTIROL
MIT FREIZEITTIPPS

3., aktualisierte Auflage

TYROLIA-VERLAG · INNSBRUCK-WIEN

TIROL
Ein Land stellt sich vor

Tirol – Land im Gebirge und im Herzen Europas, Bauernland, Tourismuszentrum mit zahlreichen Sport- und Erholungsmöglichkeiten sowohl im Sommer als auch im Winter, seit Jahrhunderten Transitland von großer historischer Bedeutung – ein wunderschönes, vielschichtiges Land. Der Besucher trifft nicht nur auf atemberaubende Natur, sondern ebenso auf mittelalterliche Städte, idyllische Bergdörfer, Burgen, Klöster, Kirchen und Kapellen. Wer dieses außergewöhnliche Land näher kennenlernen möchte, der muss sich auch mit dessen Vergangenheit auseinandersetzen.

Im Laufe seiner Geschichte gab es Zeiten des Wohlstands, aber auch des Elends und der Not. Vor allem die Bodenschätze in Schwaz und anderen Gegenden des Landes und die Salzgewinnung in Hall wirkten sich positiv auf die Entwicklung des Landes aus. Auch der Verkehr über die Pässe und durch die Haupttäler war für Tirol eine wichtige Einnahmequelle und bewirkte nicht zuletzt die Entstehung so mancher Siedlungen. Doch im Laufe seiner Geschichte hinterließen auch die Pest, Naturkatastrophen und zahlreiche Kriege ihre Spuren. Bei den mannigfaltigen Schönheiten Tirols darf man jedoch nicht den Kampf der Menschen gegen die Natur

vergessen. Raues Klima, schlechte Bodenverhältnisse und unmenschliche gesetzliche Vorgaben machten das Leben der Bewohner oft zum Kampf ums Überleben.

Doch die Natur hat den Menschen auch inspiriert. Tirol ist die Heimat zahlreicher Künstler, von denen einige hier im Land ihre Spuren hinterließen, von denen manche aber auch auswandern mussten, um in der Fremde ihrer Leidenschaft nachzugehen. Man denke nur an Jakob Prandtauer aus Stanz bei Landeck, der etwa Stift Melk in Niederösterreich erbaute.

Wer in Tirol lebt, der sieht häufig die Schönheiten des Landes gar nicht mehr. Oft bietet aber schon allein der Heimatort viel Sehenswertes. Ein Spaziergang in die nähere oder fernere Umgebung oder ein Tagesausflug in einen anderen Landesteil kann zu einem Erlebnis werden. Nehmen Sie sich etwas Zeit, spazieren Sie gemütlich durch einen herbstlichen Laubwald, besuchen Sie eine Burg oder flanieren Sie gemütlich durch eine der mittelalterlichen Städte. Machen Sie Ihren Ausflug zu einem besonderen Erlebnis!

Dieser Reiseführer ist sowohl für Einheimische als auch für Besucher des Landes gedacht. In knapper und doch präzi-

Innsbruck gegen Süden – im Hintergrund die Serles, eines der Bergwahrzeichen der Stadt

ser Form sollen alle Orte Tirols vorgestellt werden. Besonders sehenswerte Objekte werden im Sinne von Schwerpunktsetzungen genauer besprochen. Wichtig ist die Einbindung in die Geschichte des Landes: Zusammenhänge sollen aufgezeigt, vertiefendes Hintergrundwissen eigens hervorgehoben werden. Tipps zu Freizeitaktivitäten, wichtige Adressen, Telefonnummern und Internethinweise leisten dem Suchenden Hilfestellung.

Ich bin in diesem Land geboren und aufgewachsen. Tirol ist meine Heimat, die ich sehr schätze und auf die ich stolz bin. Möge dieser Reiseführer ein willkommener Begleiter für all jene sein, die Tirol kennenlernen wollen und meine Begeisterung für dieses Land teilen.

Anton Prock
Jenbach, im November 2015

KAPITEL 1

TIROL IM ÜBERBLICK

Geschichte, Kunst, Kultur und vieles mehr

Wattener Himmelreich bei Volders

GESCHICHTE TIROLS

URGESCHICHTE

Die ältesten menschlichen Spuren (30.000 v. Chr.) stammen aus der Jungsteinzeit und finden sich in der **Tischofer Höhle** nahe Kufstein in Nordtirol. Dauerhafte Besiedlung dürfte es erst vor 6000 Jahren gegeben haben. Ein wichtiges Beispiel ist **Ötzi** – der Eismann. Die mumifizierte Leiche dieses vor rund 5000 Jahren verstorbenen Mannes wurde 1991 im Gletschereis der Ötztaler Alpen gefunden und befindet sich heute im Archäologiemuseum in Bozen. Die Kupfervorkommen, etwa bei Schwaz und auf der Kelchalpe bei Kitzbühel, führten auch zu intensivem Handel mit Gebieten nördlich der Alpen und über den Brennerpass nach Süden. Die Toten wurden verbrannt, die Asche in Urnen bestattet und reiche Grabbeigaben hinzugefügt. Auf solche **Urnenfelder** stieß man etwa bei Kitzbühel, auf den Anhöhen um Innsbruck und in Ladis in Nordtirol. Man spricht von der **Nordtiroler Urnenfelderkultur. Um 1000 v. Chr.** ist schon ein intensiver Handelsaustausch zwischen den verschiedenen Stämmen des Alpenhauptkamms nachweisbar.

Die Hauptfundorte liegen in Nordtirol bei Fritzens im Inntal und im Trentino (**Fritzens-Sanzeno-Kultur**). Zahlreiche Funde förderten die Ausgrabungen in der Rätersiedlung **Wattener Himmelreich** bei Volders zutage. Unter den **Rätern** versteht man die Urbevölkerung Tirols.

RÖMISCHES REICH

15/14 v. Chr. drangen die römischen Feldherren Drusus und Tiberius von Süden in die Alpenländer vor, eroberten diese und gelangten weiter in das nördliche Alpenvorland. Ein wichtiges Zentrum wurde Augsburg. Die einheimischen Räter leisteten kaum Widerstand. Die eroberten Gebiete wurden in die **Provinzen Rätien** im Westen und **Noricum** im Osten geteilt. Vorrangig für die Eroberer waren der Bau von **Straßen** sowie die Gründung von **Städten** und **Militärlagern**. So legten sie die **Städte Tridentum**, das heutige Trient, und **Aguntum** bei Lienz an. Aber auch das **Militärlager Veldidena** im heutigen Wilten, einem Stadtteil von Innsbruck, geht auf die Römer zurück. Eine bedeutende **Militär- und Handelsstraße**, die **Via Claudia Augusta**, führte im Hauptzweig von Aquileia an der oberen Adria

Schloss Tirol in Südtirol nahe Meran

über Trient, Bozen, Meran, den Reschenpass, Landeck, Imst und den Fernpass in das Alpenvorland nach Augsburg. Mit den Römern kam später auch das **Christentum** in unser Gebiet. Die **Räter** übernahmen viel von der Lebensweise und Kultur der Römer: Wein- und Obstanbau, Steinbau, Kunst des Mörtelmischens und vieles andere. Die **rätoromanische Sprache** wird heute noch in manchen Dolomitentälern gesprochen.

DIE ZEIT DER VÖLKERWANDERUNG

Aufgrund veränderter Klimaverhältnisse und einer Bevölkerungszunahme begannen verschiedene Völker Mittel- und Nordeuropas (Goten, Langobarden, Franken u. a.) ihre ursprünglichen Siedlungsgebiete zu verlassen und die Römer jenseits des Rheins und der Donau zu bedrängen. Im 4. Jh. gaben die Römer unter dem Druck der einfallenden Germanen das Alpenvorland auf. Zwischen 550 und 590 drangen die **Bajuwaren** von Norden her in das tirolische Inntal ein, von Osten her ließen sich die **Slawen** im heutigen Osttirol nieder, von Nordwesten wanderten die **Alemannen** nach Tirol ein. Im 8. Jh. war der Großteil des späteren Tirol im Besitz der Bayern-

herzöge, die wiederum den mächtigeren Franken unterstanden. Die Räter und die Römer hatten sich zu den Rätoromanen vermischt.

DIE ENTSTEHUNG DES LANDES

Durch Tirol führte entlang der Täler von Inn, Etsch und Eisack eine der Hauptverbindungen von Mitteleuropa nach Südeuropa. Vor allem Fernpass, Reschenpass und Brennerpass stellten wichtige Übergänge dar, da sie auch im Winter passierbar waren. Über Jahrhunderte zogen die deutschen Könige mit großem Gefolge zur Kaiserkrönung zum Papst nach Rom und mehr als die Hälfte dieser Reisen führte durch Tirol. Auch Händler, Kaufleute und Pilger benutzten diese Verkehrswege. Zur Sicherung dieser Routen übertrugen die deutschen Könige die wichtigsten Teile des „Landes im Gebirge" als Lehen an die Bischöfe von Trient und Brixen, die dadurch auch zu weltlichen Fürsten wurden. Sie erhielten königliche Rechte verliehen, etwa Gerichtsvollmachten sowie Zoll-, Markt- und Münzrechte. Zur Verwaltung übergaben die Bischöfe die ihnen verliehenen Gebiete als Lehen an verschiedene Grafenfamilien, welche die Funktion von Schutzherren (Vögte)

ZEITTAFEL

Tiroler Geschichte im Überblick

30.000 v. Chr.	Erste Spuren menschlicher Besiedlung (Tischofer Höhle nahe Kufstein)
Vor ca. 5000 J.	Lebenszeit von Ötzi – dem Eismann
15/14 v. Chr.	Eroberung der Alpenländer durch die römischen Feldherren Drusus und Tiberius
6./7. Jh.	Völkerwanderung – Eindringen der Bajuwaren, Slawen und Alemannen
8. Jh.	Großteil des Landes in Besitz der Baiernherzöge
11. Jh.	Bischöfe von Brixen und Trient werden Landesherren
12. Jh.	Aufstieg der Grafen von Tirol und der Grafen von Andechs
1180	Gründung von Innsbruck durch die Grafen von Andechs
1248	Kern des heutigen Tirol erstmals in der Hand der Grafen von Tirol
1238–1295	Graf Meinhard II. – Vergrößerung Tirols, Förderung von Handel und Wirtschaft
1363	Tirol kommt unter Gräfin Margarete Maultasch an den Habsburger Herzog Rudolf IV.
Um 1410	Beginn des Bergbaus von Silber und Kupfer in Schwaz
1420	Herzog Friedrich IV. mit der leeren Tasche wählt Innsbruck als Regierungssitz
1490–1519	Kaiser Maximilian I. – Blütezeit Tirols (um 1500 Goldenes Dachl)
1525	Aufstände der Bauern – Einfluss der Lehre Martin Luthers – Reformation
2. H. 16. Jh.	Renaissance – Regierung von Erzherzog Ferdinand II. – Bau von Schloss Ambras
17. Jh.	Erzherzog Maximilian III. der Deutschmeister – Erzherzog Leopold V. – Claudia de' Medici – Einfluss italienischer Kunst und Kultur – Jesuitenkirche – Leopoldsbrunnen
1665	Ende der Tiroler Linie der Habsburger
1669	Gründung der Universität in Innsbruck
1703	Boarischer Rummel – Einfall der Bayern – Annasäule
1765	Maria Theresia in Innsbruck – Hochzeit ihres Sohnes Leopold mit der spanischen Prinzessin Maria Ludovica – Triumphpforte und Hofburg
1805–1814	Tirol bei Bayern – Napoleonische Eroberungszüge – 1809 vier Bergiselschlachten unter der Führung von Andreas Hofer

übernahmen. Die drei wichtigsten Familien waren die **Grafen von Andechs, Eppan und Tirol**. Im Laufe der Zeit betrachteten diese Grafenfamilien die Gebiete als ihr Eigentum, vererbten sie weiter und konnten sie sogar vergrößern. Das führte zu gewalttätigen Konflikten zwischen der Geistlichkeit und dem Adel. Die Grafen von Andechs stammten aus Südbayern und besaßen das mittlere Inntal und das Wipptal. Als 1133 ihre **Burg Ambras** auf der südlichen Talseite zerstört wurde, übersiedelten sie auf die Nordseite des Inn, gründeten dort eine Siedlung und 1180, mit dem Gebiet der heutigen Altstadt, Innsbruck. Mit dem Aussterben der Familie im Jahre 1248 kamen ihre Gebiete an die Grafen von Tirol. Der Besitz der **Grafen von Eppan-Ulten** fiel ebenfalls an die Tiroler. Somit konnten die **Grafen von Tirol** das Land vereinen. Ihre Stammburg liegt beim Dorf Tirol nahe Meran. Sie gaben dem Land den Namen.

Graf Meinhard II. (1238–1295) gilt als der „Schmied des Landes Tirol". Er konnte durch Gewalt, Kauf, Erbe und auch Glück Tirol wesentlich vergrößern. Gegen Ende seiner Regierungszeit herrschte er über ein fast geschlossenes Gebiet, welches das Außerfern, das Oberinntal, das Unterinntal bis zum Ziller- und Achental, das Wipp- und Eisacktal, den Vinschgau und das Etschtal fast bis vor die Tore Trients umfasste. Zusammen mit seiner Gattin **Elisabeth von Bayern**, der Witwe des römisch-deutschen Königs **Konrad IV.**, gründete er Stift Stams als Grablege der Tiroler Landesfürsten. Durch die Heirat von Meinhards Tochter Elisabeth mit Albrecht, dem Sohn König **Rudolfs I. von Habsburg**, wurde diese zur Stammmutter aller Habsburger. Zur Verwaltung des Landes schuf Meinhard kleine

Herzog Friedrich IV. (Basilika Wilten)

regionale Einheiten, meist als „Gerichte" bezeichnet. Er förderte Handel und Verkehr sowie den Ausbau von Städten und Märkten (Innsbruck, Bozen, Meran, Hall und Sterzing).

MARGARETE MAULTASCH – TIROL KOMMT AN DIE HABSBURGER – 1363

Margarete, die Enkelin von Graf Meinhard II., verstieß ihren ersten Gatten Johann Heinrich von Böhmen und ehelichte ohne Scheidung Ludwig von Brandenburg. Darauf belegte der Papst Margarete mit dem Kirchenbann und Tirol mit dem Interdikt. Es durften keine Gottesdienste abgehalten, keine Glocken geläutet und keine Sakramente gespendet werden. **Herzog Rudolf IV. von Habsburg** konnte beim Papst die Annullierung ihrer ersten Ehe erreichen. Nach dem Tod ihres Sohnes Graf Meinhard III. ohne Erben übergab Margarete 1363 Tirol an Herzog Rudolf IV. Der Beiname Maultasch ist nicht ganz geklärt,

dürfte jedoch auf einen unsittlichen Lebenswandel hinweisen. In der Folge gab es zwei Linien der Tiroler Habsburger, die von Innsbruck aus Tirol und die Vorlande (Streubesitz der Habsburger westlich des Arlbergs in Vorarlberg, der Schweiz und Südwestdeutschland) regierten.

HERZOG FRIEDRICH IV., ERZHERZOG SIGMUND DER MÜNZREICHE UND KAISER MAXIMILIAN I.

1420 wählte der Habsburger **Herzog Friedrich IV.** Innsbruck zu seinem Regierungssitz und wohnte im Neuhof (Gebäude des späteren Goldenen Dachls). Hauptstadt Tirols blieb jedoch bis 1849 Meran. In jener Zeit begann der Abbau von Silber und Kupfer in Schwaz. Friedrich IV. bestätigte die alten Rechte der Bauern und schlug Aufstände des rebellischen Adels nieder. Im **Konzil von Konstanz** (1414–1418) stellten drei Männer den Anspruch auf den Stuhl Petri. Friedrich unterstützte einen von ihnen, doch leider den „falschen", verlor seine Länder und musste fliehen. Damals erhielt er den Beinamen „mit der leeren Tasche". Von Bludenz aus gelangte er über den verschneiten Arlberg nach Flaurling, zu den Rofenhöfen im Ötztal und durch das Schnalstal in die Gegend von Meran. Er wurde jedoch vom Kaiser rehabilitiert. Bestattet liegt er in der Fürstengruft von Stift Stams. Sein Sohn **Erzherzog Sigmund der Münzreiche** begann mit dem Bau der Hofburg. Er verlegte 1477 die Münzprägestätte von Meran nach Hall, wo Silber und Kupfer vom nahen Schwaz verarbeitet wurden. An ihn erinnert in Hall noch die **Alte Münze** in der **Burg Hasegg** mit dem Münzerturm. Sigmund hatte aus seinen zwei Ehen keine Kinder, wohl aber über 40 uneheliche Nach-

Kaiser Maximilian I. (Goldenes Dachl)

kommen. Er ließ zahlreiche Burgen bauen (etwa **Sigmundslust** bei Vomp und **Sigmundsried** im Oberinntal), lebte sehr verschwenderisch und führte das reiche Tirol fast in den Ruin. Als die Landstände ihn zum Abdanken bewegen konnten, übergab er das Land an seinen Verwandten Maximilian.

Unter **Kaiser Maximilian I.** (in Tirol 1490–1519) begann eine Blütezeit für das Land. Der Kaiser war sehr gerne (wenn auch selten) hier zum Jagen, Klettern und Fischen und machte Innsbruck zum Zentrum seines Reiches, zum Sitz seiner Behörden und der Verwaltung. Maximilian konnte Tirol außerdem um die Gerichtsbezirke Kufstein, Kitzbühel und Rattenberg vergrößern.

Das Haller Salz, die Schwazer Bodenschätze sowie der Nord-Süd-Verkehr waren wichtige Einnahmequellen. Seine erste Frau Maria von Burgund war nie in Tirol. Sie starb durch einen Jagdunfall. Die zweite Gattin **Bianca Maria Sforza** aus Mailand wohnte häufig in der Innsbrucker Hofburg, blieb jedoch kinderlos. Ein zentraler Gedanke im Leben Maximilians war die Schaffung von Denkmälern noch zu Lebzeiten, damit er nach dem Tod nicht in Vergessenheit geraten würde. Er ließ Bauwerke errichten (Gol-

denes Dachl, Umbau zahlreicher Altstadthäuser, Zeughaus an der Sill, Festung Kufstein etc.), Wappen anbringen, Bücher über seine Heldentaten schreiben, Geschütze gießen und vieles mehr. Er spielte mit der Idee eines monumentalen Grabmals für sich selbst, legte sich jedoch nicht fest, wo dieses stehen und wie es aussehen sollte. Der Kaiser gab den Auftrag zum Guss überlebensgroßer Figuren (Familienmitglieder, Vorfahren, weitere Verwandte, Vorbilder). Bevor er 1519 in Wels in Oberösterreich starb, legte er in seinem letzten Testament die Burgkapelle von Wiener Neustadt als Begräbnisstätte fest. Erst sein Enkel **Kaiser Ferdinand I.** gab den Auftrag zum Bau der **Hofkirche** in Innsbruck (1553–1563) als Grabeskirche für Maximilian. Zu den 11 bei Maximilians Tod bereits fertiggestellten Figuren wurden weitere 17 hinzugefügt. Das Grabmal selbst ist jedoch leer.

REFORMATION – BAUERNKRIEGE – MICHAEL GAISMAIR

Der deutsche Mönch **Martin Luther** prangerte zahlreiche Missstände in der katholischen Kirche an, vor allem den Ablasshandel. Er fand immer mehr Anhänger und wurde zum Begründer der

Erzherzog Ferdinand II.

protestantischen (evangelischen) Kirche. Im Zuge der **Reformation** blieben die Habsburger streng katholisch, verfolgten speziell in Tirol Andersgläubige und zwangen sie zum Auswandern. Die auf Grund ihrer schlechten wirtschaftlichen Lage existenzbedrohten Bauern nutzten die Situation und begannen 1525 mit Aufständen gegen ihre adeligen Grundherren und die Geistlichkeit. Diese **Bauernkriege** unter dem Anführer **Michael Gaismair** wurden blutig niedergeschlagen. Mit dem Konzil von Trient (1545–1563) leitete die katholische Kirche die Gegenreformation ein.

ERZHERZOG FERDINAND II. (1529–1595)

Der streng katholische Sohn Kaiser Ferdinands I. führte ein luxuriöses Leben im Stil eines Renaissancefürsten. Dazu gehörten rauschende Feste, Jagden, Tafelfreuden und die Anlage von Hofbauten und Tiergärten. Er heiratete seine große Liebe, die nicht standesgemäße Augsburger Bürgerstochter **Philippine Welser**. Ihre beiden Kinder Andreas und Karl waren jedoch nicht erbberechtigt. Für die beim Volk überaus beliebte Philippine ließ er **Schloss Ambras** zu einem

prächtigen Renaissanceschloss ausbauen. Dort brachte er auch seine Sammlungen (Rüstungen, Waffen, Porträts, allerlei Ungewöhnliches aus Natur und Technik etc.) unter. In Ambras entstand eines der ersten Museen Europas. Innsbruck wurde zu einem Zentrum von Kunst und Kultur. Nach dem Tod seiner ersten Gattin heiratete er seine junge Nichte **Anna Caterina Gonzaga** aus Mantua, die drei Mädchen das Leben schenkte. Sie trat nach dem Tod Ferdinands in den Orden der Servitinnen ein und gründete in Innsbruck zwei Frauenklöster und in der heutigen Maria-Theresien-Straße das Männerkloster. Der Erzherzog und seine erste Gattin sind in der **Silbernen Kapelle**, einem Anbau der Hofkirche, beigesetzt. Nach ihm übernahm der Kaiser die Regierung und schickte seinen Bruder Erzherzog Maximilian III. nach Tirol.

ERZHERZOG MAXIMILIAN III. DER DEUTSCHMEISTER (1558–1618)

Als Vorstand des Deutschen Ordens war er unverheiratet, sehr religiös und förderte in Tirol den Bau von Klöstern. Er selbst zog sich gerne zum Gebet und zur Meditation in die von ihm erbaute Eremitage (grottenartige Räume im Bereich des Kapuzinerklosters) zurück. Sein Grab mit seiner Bronzefigur und dem hl. Georg befindet sich im linken Querschiff des Doms zu St. Jakob.

ERZHERZOG LEOPOLD V. (1586–1632)

Die Gattin Leopolds **Claudia de' Medici** stammte aus Florenz und brachte sowohl die italienische Sprache als auch Musiker, Schauspieler und andere Künstler aus Italien an den Innsbrucker Hof, der ein Zentrum von Opern- und Theateraufführungen wurde. In den Wirren des Dreißigjährigen Krieges ent-

EINLEITUNG

Boarischer Rummel 1703 (Stiftskirche Wilten)

standen zur Verstärkung der Tiroler Grenzen etwa die Festungen in Ehrenberg südlich von Reutte und die als „Porta Claudia" bezeichnete Sperre beim Scharnitzpass. Tirol blieb aber zum Glück von Kampfhandlungen verschont. An das Fürstenpaar erinnern in Innsbruck der Leopoldsbrunnen, Stift Wilten, die Mariahilfkirche und die Jesuitenkirche, in deren Gruft das Ehepaar und ihre Kinder bestattet sind. Nachfolger waren seine beiden Söhne **Erzherzog Ferdinand Karl** und **Erzherzog Sigismund Franz**. Mit Letzterem endet 1665 die zweite Tiroler Linie der Habsburger. Die Regierung fiel an Wien zurück, in Innsbruck residierte zeitweise anstatt des Kaisers ein Statthalter.

DER „BOARISCHE RUMMEL" – 1703

Mit dem Aussterben des letzten spanischen Habsburgers im Jahre 1700 trat die Frage um den Besitz Spaniens in den Vordergrund. Im Spanischen Erbfolgekrieg kämpften die österreichischen Habsburger gegen die Franzosen. 1703 fielen die mit den Franzosen verbündeten Bayern in Tirol ein, konnten aber am Annentag (26. Juli) wieder vertrieben werden. An verschiedenen Stellen des Landes gab es Kämpfe, so etwa an der Pontlatzbrücke nahe Landeck. Als Erinnerung ließen die Tiroler Landstände in Innsbruck die **Annasäule** in der Maria-Theresien-Straße aufstellen.

MARIA THERESIA IN INNSBRUCK – 1765

Ein Großereignis war die Hochzeit von **Erzherzog Leopold**, einem der Söhne Maria Theresias, mit der spanischen Prinzessin **Maria Ludovica** in Innsbruck. Schon Jahre zuvor hatte Maria Theresia den Auftrag zum Umbau der Hofburg gegeben. Für das Hochzeitspaar wurde auch die **Triumphpforte** errichtet. Während der Feierlichkeiten starb der Vater des Bräutigams, **Kaiser Franz I. Stephan von Lothringen**, unerwartet. Maria Theresia gründete aus diesem Anlass das Adelige Damenstift, dessen Stiftsdamen für den Verstorbenen beten sollten.

NAPOLEON UND DIE TIROLER FREIHEITSKRIEGE – 1809

Während der napoleonischen Kriege kam Tirol von 1805 bis 1814 in den Besitz des mit dem französischen Kaiser ver-

Andreas-Hofer-Denkmal auf dem Bergisel

bündeten Königreichs Bayern. Da die Besatzer der Bevölkerung neue Steuern auferlegten, ihr religiöses Leben und Brauchtum stark einengten und die Männer zur allgemeinen Wehrpflicht zwangen, sahen etliche Tiroler ihre Selbständigkeit gefährdet. Unter ihrem Anführer **Andreas Hofer** kam es 1809 zu Aufständen der Tiroler in verschiedenen Teilen des Landes (etwa in Schwaz, Wörgl, Kufstein etc.), welche in den vier **Schlachten am Bergisel** südlich von Innsbruck gipfelten. In den ersten drei konnten die Bayern, Sachsen und Franzosen besiegt werden, in der vierten Schlacht unterlagen die Tiroler. Andreas Hofer floh auf die Pfandleralm im Südtiroler Passeiertal, wurde jedoch verraten und am 20. Februar 1810 in Mantua erschossen. Im Zuge des **Wiener Kongresses** wurde Tirol wieder an Österreich angegliedert.

TIROL IM 19. JH.

Eine bedeutende Zäsur war die **Auflösung der geistlichen Fürstentümer Brixen und Trient** und die offizielle Angliederung an das Land im Jahre 1803. Allgemein verbesserte sich die Situation für die Bauern in dieser Zeit. Um 1800 sind in Tirol erste **Anfänge des Sommertourismus** festzustellen. Es entstanden Hotels und Kurorte. Mit dem aufkommenden Alpinismus ging eine Erforschung des Gebirges einher.

Mit dem **Bau der Eisenbahnlinien** (Unterinntal-, Brenner- und Arlbergbahn) ab 1854 änderten sich die Transportmöglichkeiten, ein Aufschwung des Tourismus und eine Zunahme der Industrialisierung waren damit verbunden. Das 19. Jh. ist auch die Zeit der aufblühenden **Industrie**. Es wurden zahlreiche Fabriken gebaut. Die Dampfmaschine ersetzte das fließende Wasser von Bächen als Antriebskraft, wodurch Fabriken standortunabhängiger wurden.

Wie in großen Teilen Europas kam auch in Tirol in dieser Zeit der Wunsch nach besseren Arbeitsbedingungen, stärkerer politischer Mitsprache, mehr sozialer Gerechtigkeit sowie nach einem allgemeinen und gleichen Wahlrecht auf. Als neue politische Strömungen traten **Sozialismus**, **Liberalismus** und **Nationalismus** immer stärker in den Vordergrund.

Alttirol reichte im Norden von Kufstein bis zum Arlberg und im Süden bis zum Gardasee. In der **Welschtiroler Frage** ging es um die italienischsprachige Be-

Kriegsschäden in Innsbruck (Sparkassenplatz)

völkerung im Süden des Landes. Teile der dortigen Landsleute traten für eine Abtrennung der Kreise Trient und Rovereto von Tirol ein.

DER ERSTE WELTKRIEG (1914– 1918) UND DIE TEILUNG TIROLS

Zahlreiche Völker der österreichisch-ungarischen Monarchie, einem Vielvölkerstaat mit rund 49 Millionen Einwohnern, forderten seit dem 19. Jh. in immer stärkerem Maße Selbstbestimmung und Autonomie. Mit der Ermordung des österreichischen Thronfolgers **Franz Ferdinand** in Sarajevo im Jahre 1914 begann der Erste Weltkrieg. Nach dem Kriegseintritt Italiens 1915 entstand im Süden Tirols die rund 350 km lange Linie der Dolomitenfront, an der Italiener gegen Österreicher, vor allem gegen Tiroler, kämpften. Österreich-Ungarn und das mit ihm verbündete Deutschland verloren den Krieg, in der Folge wurde Tirol in den **Friedensverträgen von St. Germain** 1919 geteilt: Nord- und Osttirol blieben bei Österreich, Südtirol ab der Brennergrenze und das Trentino (Welschtirol) kamen zu Italien. Die österreich-ungarische Monarchie zerfiel in verschiedene Nachfolgestaaten.

TIROL NACH 1919 UND DER ZWEITE WELTKRIEG

Die wirtschaftliche und politische Lage nach dem Ersten Weltkrieg war denkbar schlecht. Arbeitslosigkeit, Wohnungsnot, Armut und Hunger prägten das Leben der Bevölkerung. Wichtige Vorhaben konnten jedoch verwirklicht werden, wie der Bau von Kraftwerken, die Förderung des Tourismus durch die Errichtung von Seilbahnen und die Erschließung der Täler durch neue Straßen. 1938 marschierte Adolf Hitler in Österreich ein und begann nur wenig später den Zweiten Weltkrieg (1939–1945). Im Rahmen von Zwangsumsiedlungen wanderten zahlreiche Südtiroler nach Nord- und Osttirol aus. Wichtige Industrien und Siedlungen wurden durch Bombenangriffe der Alliierten arg in Mitleidenschaft gezogen.

TIROL VON 1945 BIS ZUR GEGENWART

Nach der Befreiung Tirols durch die Amerikaner im Jahre 1945 hielten die Franzosen Nordtirol und die Briten Osttirol bis 1955 besetzt. Die Phase des Wiederaufbaus der zerstörten Häuser, Straßen, Brücken und Industrien be-

Olympisches Feuer am Bergisel

gann. Vor allem in den 60er Jahren des 20. Jh. wirkte sich der wirtschaftliche und soziale Aufschwung sehr positiv auf das Leben der Bevölkerung aus. Die **Inntal- und die Brennerautobahn**, Tunnels (Arlberg- und Felbertauerntunnel), neue Wohnbauten und Industrieanlagen sowie zahlreiche **Speicherkraftwerke** (etwa im Kaunertal und im Zillertal) wurden errichtet. Eng verbunden mit diesem Aufschwung ist auch der Name des Landeshauptmanns **Eduard Wallnöfer**. 1964 und 1976 wurden die **Olympischen Winterspiele** in Innsbruck ausgetragen.

Bis heute ist Tirol ein Land mit außerordentlicher Lebensqualität und weitgehend intakter Umwelt geblieben, der wachsende Transitverkehr und die von ihm verursachte Luftverschmutzung sind jedoch durchaus problematisch zu sehen. Auch im Bereich des Tourismus bleibt abzuwägen, inwieweit die Errichtung neuer Infrastruktur (Seilbahnen, Hotels etc.) ökologisch verträglich ist. Bedeutende Zukunftsprojekte für das Land sind der Bau der Unterinntaltrasse sowie des Brennerbasistunnels, die bessere Kontrolle des Verkehrs und die Sicherung der Arbeitsplätze.

GEOGRAFIE

Einwohner: 728.826 (2015)
Bevölkerungsdichte: 58 Einwohner je km^2
Fläche: 12.648 km^2 (Österreich 83.871 km^2)
Ausdehnung: Nord-Süd 107 km, West-Ost 220 km
Höchster Punkt: 3798 m (Großglockner)
Tiefster Punkt: 465 m (Grenze bei Erl)
Landesgrenzen: 1042 km (davon mit Deutschland 343 km, mit Italien 303 km, mit der Schweiz 59 km)
Landeswappen: Roter Adler mit goldener Krone und grünem Kranz hinter dem Kopf
Landeshauptstadt: Innsbruck
Bezirke (9): Innsbruck, Innsbruck-Land, Imst, Kitzbühel, Kufstein, Landeck, Reutte, Schwaz, Lienz (Osttirol)
Gemeinden: 279 (Nordtirol 246, Osttirol 33)
Höchste Berge: Großglockner (3798 m), Wildspitze (3768 m)
Größter See: Achensee (6,8 km^2)
Größter Fluss: Inn (519 km, davon in Tirol 212 km)
Größte Städte und Gemeinden: Innsbruck (126.965), Kufstein (18.410), Telfs (15.235), Hall in Tirol (13.577), Schwaz (13.248), Wörgl (13.057), Lienz in Osttirol (11.894), Imst (9827), Rum (8993), St. Johann in Tirol (9046)

Landschaftlich ist das Bundesland von den **Alpen** geprägt. Der höchste Berg ist mit 3798 m der Großglockner in Osttirol, zugleich höchster Berg Österreichs. Der höchste Gipfel Nordtirols ist die Wildspitze (3768 m) in den Ötztaler Alpen. Bis ins 13. Jh. wurde Tirol als „Land im Gebirge" bezeichnet.

Es gibt zahlreiche **Pässe**, genannt seien hier die wichtigsten: der Brenner- und

Tiroler Bergwelt (hier das Kühtai)

Reschenpass nach Süden, der Gerlospass, Pass Thurn, Pass Grießen und Pass Strub nach Osten, der Achen- und Scharnitzpass nach Norden und der Arlbergpass sowie die Strecke Lech-Warth und die Bielerhöhe nach Westen. Im Landesinneren liegt der Fernpass.

Die **Gebirgsmassive** werden in drei Gruppen eingeteilt: Gegen Norden liegen die **Nördlichen Kalkalpen** (Allgäuer und Lechtaler Alpen, Mieminger Kette, Karwendelgebirge, Rofan, Kaisergebirge sowie Leoganger und Loferer Steinberge), gegen Süden die **Zentralpen** (Silvretta-, Verwall- und Samnaungruppe, Ötztaler Alpen, Stubaier Alpen und Zillertaler Alpen) mit der **Schieferzone** (Tuxer Voralpen und Kitzbüheler Alpen). Die Grenzen bilden das Stanzertal, das Inntal bis Wörgl und das Brixental. Die Nördlichen Kalkalpen werden von schroffen und steilen Kalkblöcken gebildet, während die Zentralalpen weniger steil und teilweise mit Gletschern bedeckt sind. Die sanft gerundeten Bergkuppen der Schieferalpen sind bis weit hinauf besiedelt, mit Wiesen bedeckt und dadurch gut für die Viehzucht geeignet.

Hauptsiedlungsgebiete sind das breite Inntal mit seinen Nebentälern sowie einige Beckenlandschaften. Für die **Talentstehung** waren im Laufe der Jahrtausende zwei Faktoren wichtig. Zum einen schuf das **Wasser** tiefe und steile Klammen und Schluchten. Durch Abbruch der seitlichen Wände konnten V-Täler entstehen. Zum anderen schürften während der Eiszeit mächtige **Gletscher** die vorhin genannten Täler zu Trogtälern oder U-Tälern aus. Zu diesen gehören heute z. B. das breite Inntal und das Zillertal. Die meisten Seitentäler mündeten ursprünglich auf höherem Niveau in das Haupttal und die Bäche lagerten Schotterfächer ab. Auf diesen entstanden die Siedlungen, etwa Schwaz auf den Ablagerungen des Lahnbaches oder Jenbach auf jenen des Kasbaches.

Das Inntal durchzieht mit einer Länge von 280 km Tirol. Der **Inn** entspringt nahe des Malojapasses in der Schweiz, teilt Tirol in eine nördliche und eine südliche Hälfte, fließt nördlich von Kufstein nach Bayern und mündet nach 517 km bei Passau in die Donau. Als Grenze zwischen dem

Der Inn verlässt bei Erl Tirol.

Ober- und Unterinntal gilt die Martinswand östlich von Zirl gegenüber der Mündung der **Melach** aus dem Sellraintal. Entlang des Tals verlaufen die Hauptverkehrswege zwischen West und Ost, hier liegen auch die größeren Städte des Landes, wie etwa Landeck, Imst, Innsbruck, Hall, Schwaz, Rattenberg, Wörgl und Kufstein. Vor allem das Unterinntal ist auch Zentrum der Landwirtschaft.

Die großen südlichen Seitentäler des Inntals sind das Kaunertal, Pitztal, Ötztal, Stubai- und Wipptal sowie das Zillertal. Der **Lech** im Nordwesten Tirols sowie die **Großache**, die als **Tiroler Ache** in den Chiemsee fließt, münden nicht in den Inn.

Von Bedeutung für den Fremdenverkehr sind die Tiroler Seen. Der größte See ist der **Achensee**, gefolgt vom **Plansee** bei Reutte. Weitere wichtige Seen sind etwa der Heiterwanger See, der Walchsee, der Hintersteiner See bei Scheffau, der Schwarzsee bei Kitzbühel, die Reintaler Seen auf der nördlichen Terrasse zwischen Kramsach und Kundl sowie der Thiersee nördlich von Kufstein. Die meisten von ihnen können im Sommer als Badeseen genutzt werden.

KLIMA

Tirol liegt im Bereich des **gemäßigten mitteleuropäischen Klimas**. Die Alpen bilden eine Klimascheide zwischen dem gemäßigten Mitteleuropa und dem subtropischen Mittelmeerbereich. Durch ihre West-Ost-Erstreckung halten sie grundsätzlich kältere Luftmassen aus dem Norden bzw. wärmere aus dem Süden ab.

Der Westen und Norden des Landes stehen häufig unter atlantischem Einfluss, der Osten zeigt mehr kontinentales Klima und der Süden (Süd- und Osttirol) mediterrane Züge. Ein besonderes Phänomen im Alpengebiet ist der **Föhn**, ein warmer, trockener Fallwind, der häufig auf der Leeseite von Gebirgen auftritt. Windgeschwindigkeiten von bis zu 200 km/h können vorkommen. Im Winter und Frühjahr beschleunigt er die Schneeschmelze.

Die Schneegrenze liegt im Norden bei 2400–2600 m, in den Zentralalpen bei 2800–3200 m. Die Sommer sind relativ feucht mit Höchsttemperaturen um die 30° C, die Herbste eher trocken sowie

Der Gurgler Ferner in den Ötztaler Alpen

vom Wetter begünstigt und die Winter in höheren Lagen schneereich. Es bestehen jedoch auch starke lokale Unterschiede. Durch den Klimawandel ist in den letzten Jahrzehnten eine rapide Gletscherschmelze zu beobachten. Die monatliche Durchschnittstemperatur in Tirol beträgt im Jänner -2° C, im Februar 0° C, im März 5° C, im April 8° C, im Mai 13° C, im Juni 16° C, im Juli und August 18° C, im September 14° C, im Oktober 9° C, im November 3° C und im Dezember -1° C.

POLITIK

Österreich besteht aus neun Bundesländern (Vorarlberg, Tirol, Salzburg, Oberösterreich, Kärnten, Niederösterreich, Wien, Steiermark und Burgenland). Das Land hat eine Fläche von 83.871 km², die Einwohnerzahl beträgt 8.579.747. Die Staatsform ist eine Parlamentarische Bundesrepublik, die Regierungsform eine Parlamentarische Demokratie.

Das Bundesland Tirol mit der Landeshauptstadt Innsbruck (Einwohnerzahl 126.965) liegt im Westen und ist das drittgrößte Bundesland Österreichs. Nordtirol grenzt im Norden an Deutschland, im Süden an Italien und an die Schweiz. Im Westen schließt das Bundesland Vorarlberg an, im Osten Salzburg. Osttirol grenzt an Italien und an die Bundesländer Kärnten und Salzburg. Bis 1919 reichte die historische Region Tirol bis zum Gardasee.

In den Friedensverträgen von St. Germain nach dem Ersten Weltkrieg wurde das Land geteilt: Die Gebiete südlich des Brennerpasses kamen zu Italien (Autonome Region Trentino-Südtirol), Nord- und Osttirol blieben bei Österreich. Nordtirol besteht aus acht Bezirken: Imst, Innsbruck-Stadt, Innsbruck-Land, Kitzbühel, Kufstein, Landeck, Reutte und Schwaz. Den neunten Bezirk bildet das vom übrigen Tirol abgetrennte Osttirol mit der Hauptstadt Lienz. In der Landeshauptstadt Innsbruck befindet sich der Sitz der Tiroler Landesregierung.

Maßgebend für die Entstehung des Landes waren die Grafen von Tirol. Ihr Wappen, der rote Adler, wurde als Landeswappen übernommen.

Die Europabrücke – Kernstück der Brennerautobahn

WIRTSCHAFT – VERKEHR

Früher war der Großteil der Bevölkerung in der Landwirtschaft (Anbau und Viehzucht) tätig. In den historischen Städten Innsbruck, Hall, Rattenberg, Kufstein und Kitzbühel ließen sich vor allem auch Handwerker, Händler und Kaufleute nieder.

Ein wichtiger Erwerbszweig in verschiedenen Landesteilen war über Jahrhunderte der Bergbau. Insbesondere die Silber- und Kupfervorkommen in Schwaz waren von großer Bedeutung. Die Tiroler Landesfürsten profitierten vor allem im 15. und 16. Jh. von den reichen Bodenschätzen. Für den Stollenbau und die Verhüttung der Erze waren Unmengen an Holz nötig, das die heimischen Wälder lieferten.

Die Höhenlage mancher Gebiete, die Steilheit des Geländes, das raue Klima sowie bestimmte soziale Strukturen trugen jedoch auch dazu bei, dass Armut in Teilen Tirols, vor allem im Westen, durchaus verbreitet war. Über Jahrhunderte mussten zahlreiche Tiroler auswandern, um überhaupt überleben zu können.

Die Straßen führten entlang der wichtigsten Täler, wobei das Inntal der Hauptverkehrsweg war. Mehrere Monate im Jahr konnte insbesondere der **Inn** als wichtiger Verkehrsweg benutzt werden. Westliches Ende der Innschifffahrt war Hall in Tirol, weiter innaufwärts mussten die Schiffe von Pferden gezogen werden. Über die steilen Pässe und Übergänge im Gebirge führten zunächst enge Saumpfade, die nur von Tragtieren begangen werden konnten. Sobald Straßen gebaut wurden, war auch der Warentransport auf Karren und Wagen möglich.

Tirol war immer schon ein wichtiges **Transitland** für den Waren- und Personentransport, der dem Land einen gewissen Reichtum einbrachte. Starke Veränderungen gingen mit dem **Bau der Eisenbahnlinien** durch das Land (Unterinntalbahn 1858, Brennerbahn 1867, Arlbergbahn 1884) einher. In dieser Zeit begann die **Industrialisierung** des Landes.

Heute führen gut ausgebaute Straßen in fast alle Täler Tirols. Zahlreiche früher schwer zugängliche Gebiete sind für den Fremdenverkehr erschlossen. Im Inntal verläuft von der deutschen Grenze bis nach Landeck die Inntalautobahn (A 12). Die Brennerautobahn (A 13) mit der Europabrücke verbindet Innsbruck und den Brennerpass, die Schnellstraße (S 16) Landeck mit dem Arlbergpass.

BEVÖLKERUNG

Krippe (Geburt Christi)

Im Jahre 2011 wohnten in Tirol 718.276 Personen (davon nach Staatszugehörigkeit 633.164 Österreicher und 85.112 Ausländer, davon aus EU-Staaten 46.970 und aus übrigen Staaten 38.162). Die topografische Struktur bedingt in manchen Gebieten, vor allem in den Haupttälern und den Becken, dichte Besiedlung, während Wald-, Fels- und Eisgebiete praktisch unbesiedelt sind. 2011 lebten die meisten Bewohner im Bezirk Innsbruck-Land (165.915), gefolgt von der Stadt Innsbruck (120.147).

RELIGION
(Stand 2001 – 673.504 Personen)

Rund 561.700 Personen (83,4 % der Bevölkerung) sind römisch-katholisch, 16.000 (2,4 %) evangelisch nach Augsburger und Helvetischem Bekenntnis. 10.900 (1,6 %) gehören einer orthodoxen Kirche an und 4500 (0,7 %) einer anderen christlichen Glaubensgemeinschaft. Zusammen bilden die Christen eine Gruppe von 593.200 Personen (88,1 % der Tiroler Bevölkerung). 27.100 Personen (4 %) bekennen sich zum Islam und 1100 (0,2 %) zu einem anderen Glauben. Die restlichen 52.100 Einwohner sind nach ihren eigenen Angaben ohne Bekenntnis (5,2 %, 35.100 Personen) bzw. haben zum Religionsbekenntnis keine Auskunft gegeben (17.000 Personen, 2,5 %).

Bedingt durch den jahrhundertelangen Einfluss der streng katholischen Habsburger wird auch heute noch vom „Heiligen Land Tirol" gesprochen. Das tägliche Leben der Menschen und der Jahresablauf waren früher sehr stark von der **katholischen Religion** bestimmt. Dazu gehörten der sonntägliche Besuch des Gottesdienstes, das Feiern der religiösen Hochfeste wie Ostern, Weihnachten, Pfingsten, Fronleichnam, Christi Himmelfahrt, Mariä Himmelfahrt u. a. In vielen Dörfern werden diese Feste noch heute traditionell begangen. Eng verbunden mit der Religion ist auch das noch stark vorhandene Brauchtum. Das „Krippeleschauen" (Krippen zeigen die Geburtsszene von Jesus mit Maria und Josef sowie den Heiligen Drei Königen), Fasnachtsbräuche, Prozessionen, Mai-Andachten etc. erleben heute wieder eine Blüte. Überall im Land stehen große Kirchen, kleine Kapellen, Wegkreuze und „Marterln". Das **Wallfahrtswesen**, vor allem die Marien-Wallfahrt, ist in

Mariahilfbild im Innsbrucker Dom

Tirol weit verbreitet. Die großen Wallfahrtszentren sind **St. Georgenberg** nahe Schwaz, **Maria Locherboden** nahe Stift Stams, **Maria Kaltenbrunn** im Kaunertal, **Maria Stampfanger** bei Söll und **Maria Klobenstein** nahe Kössen. Es gibt jedoch viele andere.

Seit 1964 besteht eine eigene Diözese Innsbruck, die Teile Nordtirols und Osttirol umfasst. Vorher war Tirol über Jahrhunderte auf mehrere Diözesen aufgeteilt, wobei der Großteil des Landes zu Brixen gehörte. Von 1919 bis 1964 bestand eine Übergangslösung. Sitz des Bischofs ist Innsbruck mit dem Dom zu St. Jakob.

KUNST IN TIROL

Bedingt durch seine zentrale Lage in den Alpen war Tirol immer Durchzugsgebiet und damit auch offen für den Austausch zwischen den südlichen (Italien)

und nördlichen (Deutschland, Niederlande, Böhmen) Kulturkreisen. Hatte in der Zeit der Spätgotik und des Barock vor allem der deutsche Raum starken Einfluss auf die Tiroler Kunst, so war es in der Renaissance Italien. Tiroler Künstler lernten im Ausland und verbanden das Fremdländische mit dem Bodenständigen. Drei Epochen haben in Nordtirol intensive Spuren hinterlassen, die **Gotik**, der **Barock** und der **Historismus**. Zahlreiche Dorfkirchen und Kapellen zeugen heute noch vom relativen Wohlstand des Landes in jenen Zeiten. Die wenigen großen **Klöster** (Wilten, Stams und Fiecht) haben die Kunstlandschaft allerdings nicht sehr stark geprägt. Wichtige Impulse setzte ab 1420 der Innsbrucker Hof, insbesondere die kunstsinnigen Landesfürsten Kaiser Maximilian I., Erzherzog Ferdinand II., Erzherzog Maximilian III. sowie Erzherzog Leopold V. mit seinen beiden Söhnen.

Besiedlung in vorrömischer Zeit ist in Tirol auf Grund der zahlreichen Funde gut nachweisbar.
Die Römer selbst hingegen hinterließen nur wenig. Auch aus der Zeit der **Romanik** (ca. 1000 – ca. 1300) sind in Nord- und Osttirol kaum Kunstwerke erhalten. Aufgrund der Zunahme des Verkehrs und durch den aufstrebenden Bergbau im 15./16. Jh. ist in Tirol die **Gotik** (ca. 1300 – ca. 1520) stark vertreten. Italienische Einflüsse zeigt vor allem die **Renaissance** (ab ca. 1520), die in Tirol eher ein Übergangsstil ist. Der **Barock** (ca. 1610 – ca. 1770) mit der Spätphase des **Rokoko** hat ähnlich wie die Gotik zahlreiche Kunstwerke hervorgebracht. Im 19. Jh. wurden vor allem im Tiroler Oberland zahlreiche Kirchen im Stil des **Historismus** erbaut bzw. umgebaut. Bei der Innenausstattung wird dabei vom **Nazarenerstil** gesprochen. An der

Schloss Landeck – über Jahrhunderte Sitz der Verwaltung und Gerichtsbarkeit

Wende zum 20. Jh. folgen **Jugendstil** und **Heimatstil**. Zwischen den beiden Weltkriegen sind vor allem Bauten im nüchternen Stil der **Neuen Sachlichkeit** entstanden.

Die Verlegung des Regierungssitzes von Meran nach Innsbruck im Jahre 1420 und der Beginn des Bergbaus von Silber und Kupfer in Schwaz und in anderen Gebieten Tirols in jener Zeit bewirkte eine kulturelle Hochblüte. Es ist die Zeit der **Gotik**. Die mittelalterlichen Städte Kufstein, Kitzbühel, Rattenberg, Hall und Innsbruck gehören dem **Inn-Salzach-Stil** (s. eigenes Kapitel) an. Die Häuser weisen Erker, Graben- und Muldendächer und manchmal auch Laubengänge auf. In den Städten lebten wohlhabende Bürger, der Innsbrucker Hof wurde ein Zentrum von Künstlern. Verschiedene Bauhütten (Zusammenschlüsse von Handwerkern) errichteten große und reich ausgestattete Kirchen, neben den Rathäusern und Bürgerhäusern der Stolz der Bürgerschaft. Zu den bedeutenden gotischen Bauwerken Tirols zählen die Pfarrkirchen von Hall, Schwaz, Kitzbühel, Imst, Seefeld und St. Leonhard bei Kundl. Zur Sicherung des Landes wurden schon in der Romanik **Burgen** errichtet, die in der Gotik umgebaut wurden. Hier können etwa **Burg Friedberg** bei Volders, **Burg Petersberg** und **Burg Laudegg** im Oberinntal sowie **Burg Hasegg** in Hall und **Burg Matzen** bei Brixlegg als Beispiele angeführt werden. Von vielen sind nur mehr Ruinen erhalten, so z. B. von den einst mächtigen Burgen von Thaur bei Innsbruck und Kropfsberg am Ausgang des Zillertals. Von den zahlreichen Malern aus jener Zeit seien nur **Michael Pacher** (um 1435–1498) und **Marx Reichlich** (1460–1520), beide aus Südtirol, sowie **Jörg Kölderer** (um 1470–1540) genannt.

Am Übergang von der **Gotik** zur **Renaissance** (ab ca. 1500) erlebte Tirol eine Blütezeit unter Kaiser Maximilian I., nach dem der sogenannte **maximilianeische Übergangsstil** benannt ist. Dazu zählen Schloss Tratzberg, das Goldene Dachl, zahlreiche Bürgerhäuser und die Hofkirche in Innsbruck (1553–1563), der Kreuzgang des Franziskanerklosters in Schwaz sowie verschiedene Kleinkunstwerke (etwa Georgsaltar in Schloss Ambras). Der bedeutendste **Renaissancebau** Tirols ist das Schloss Ambras (1564–1583).

Der neue Zeitgeist des **Barock** im 17. und 18. Jh. bewirkte einerseits die Barockisierung (Umgestaltung im neuen Stil) zahlreicher Kirchen und Häuser, andererseits die Errichtung neuer Bauten. Berühmte Baumeister waren die Mitglieder der Familie Gumpp. Auf Christoph Gumpp (1600–1672) gehen in Innsbruck etwa die Mariahilfkirche, das Comödienhaus an der Stelle des heutigen Congress und der Neubau der Stiftskirche und des Stifts Wilten zurück. Sein Sohn Johann Martin Gumpp d. Ä. (1643–1729) errichtete neben der Spitalskirche und der ehemaligen Ursulinenkirche zahlreiche Palais in Innsbruck, etwa die Palais Ferrari und Taxis. Dessen Sohn Georg Anton Gumpp (1682–1754) hinterließ das Alte Landhaus und die Johanneskirche in Innsbruck und baute Stift Stams um. Georgs Bruder Johann Martin Gumpp d. J. (1686–1765) begann mit dem Umbau der Innsbrucker Hofburg.

Daneben brachte Tirol jedoch noch zahlreiche andere Baumeister hervor, von denen hier nur der Priester und Hobbybaumeister **Franz de Paula Penz** (1707–1772, Kirche in Neustift im Stubaital, Wiltener Basilika u. a.), Franz Singer (1724–1789, Pfarrkirchen Götzens, Ranggen, Unterperfuss u. a.) sowie Abraham Millauer (1680–1758, Pfarrkirche Ebbs) genannt werden sollen.

Der in Grins bei Landeck geborene **Jakob Prandtauer** (1660–1726) zählt zu den bedeutendsten Barockarchitekten Österreichs. Von ihm stammen Stift Melk in Niederösterreich sowie Teile der Stifte Kremsmünster und St. Florian in Oberösterreich. Gerade das Tiroler Oberland brachte zahlreiche geschickte Maler und Bildhauer hervor, die in der Heimat kaum Arbeit fanden und deshalb in anderen Bundesländern sowie im benachbarten Süddeutschland und in der Schweiz ihre Spuren hinterließen. Zu den bekanntesten Tiroler Malern zählen **Anton Zoller** (1695–1768) aus Telfs sowie die Mitglieder der **Familie Zeiller** aus dem Außerfern. Der geborene Steinacher **Martin Knoller** (1725–1804) hinterließ zahlreiche Altarbilder und die Fresken in der Pfarrkirche Anras, der Klosterkirche zum hl. Karl Borromäus bei Volders sowie jene im Parissaal des Taxispalais in Innsbruck. Vom Bildhauer **Matthias Bernhard Braun** (1684–1738) aus Sautens im Ötztal schließlich stammen u. a. Statuen auf der Karlsbrücke in Prag.

Der Barock fand im Sinne einer Volkskunst bis in die hintersten Täler Eingang. Lokale Künstler schufen Altäre, Statuen, Bilder und zahlreiche andere Kleinkunstwerke. Weit über die Grenzen Tirols hinaus bekannt wurde der Außerferner Maler **Joseph Anton Koch** (1768–1839), der sich in Rom niederließ und schon dem Klassizismus und der Romantik angehört.

Im **19. Jh.** war der **Historismus** weit verbreitet. Einerseits wurden Kirchen in diesem Stil umgestaltet, andererseits neu erbaut. Vergangene Stile wurden dabei wieder aufgegriffen und neu interpretiert. Kirchen entstanden im neugotischen und neuromanischen Stil, zahlreiche Innsbrucker Stadthäuser sind neubarock.

Bei der Innenausstattung vieler Bauwerke dieser Zeit spricht man vom **Nazarenerstil**. Eine Gruppe österreichischer Künstler lernte in Rom nach den Vorbildern der italienischen und deutschen Kunst der Spätgotik und Renaissance. Da sie ihr Haar lang und in der Mitte gescheitelt trugen, ähnlich wie Jesus von Nazareth auf verschiedenen Darstellungen sowie Raffael und Albrecht Dürer, erhielten sie die Bezeichnung Nazarener.

Fresko von Max Weiler in der Theresienkirche in Innsbruck

Zur **Romantik** zählt der Osttiroler Historien-, Landschafts- und Bauernmaler **Franz von Defregger** (1835–1921), der starken Einfluss auf **Albin Egger-Lienz** (1868–1926) ausübte. Egger-Lienz verkörpert jedoch schon stark den **Symbolismus** und **Expressionismus**.

Auch das **20. Jh.** brachte bedeutende Künstler hervor. Als Maler wählte **Alfons Walde** (1891–1958) ähnliche Motive wie Albin Egger-Lienz, als Architekt schuf er die Stationen der Kitzbüheler Hahnenkammbahn. Internationalen Ruf erlangte der aus Fulpmes im Stubaital stammende Architekt **Clemens Holzmeister** (1886–1926), der u. a. die Festspielhäuser in Salzburg, die Pfarrkirchen von Pertisau, Erpfendorf, Allerheiligen in Innsbruck und Bruckhäusl bei Wörgl schuf, aber auch in Ankara seine Spuren hinterließ.

Über die Grenzen des Landes hinaus bekannt sind auch der Maler **Max Weiler** (1910–2001) und der Grafiker **Paul Flora** (1922–2009).

BURGEN, RUINEN UND SCHLÖSSER IN TIROL

Tirol ist reich an Burgen, Schlössern, Ruinen und Ansitzen, die eng mit der Geschichte des Landes verbunden sind. Diese Bauwerke sind Marksteine in unserer Kulturlandschaft. Burgen sind typisch mittelalterliche Bauwerke, bei denen der Aspekt der Sicherheit und Verteidigung im Vordergrund steht. Es handelt sich eigentlich um bewohnbare Wehrbauten. Sie erheben sich grundsätzlich auf Felsvorsprüngen und Hügeln und sind zumindest an drei Seiten von steilem Gelände umgeben. Von einer Seite her führt meist ein bewehrter Zugang zur Anlage. Man spricht dabei von Höhenburgen. Als Beispiele seien hier die **Rottenburg** oberhalb von Rotholz bei Jenbach und Burg **Petersberg** bei Silz angeführt.

Burganlagen direkt im Tal gibt es in Tirol nur wenige. Burg **Lichtwerth** bei Brixlegg erhebt sich auf einem niederen Felsen im Talboden, war einst vom Inn umflossen und stellte somit eine Wasserburg dar. Die wichtigsten Bauteile einer Burg, die immer wieder vorkommen, sind Vorburg und Hauptburg mit zinnenbewehrten Mauern, Tortürmen und Zugbrücken, verschiedene Höfe, der Bergfried als höchster und am stärksten befestigter Turm, Palas als Wohngebäude, Kemenate als Wohnteil der Familie, Küche, Kapelle, Wendeltreppen, Gerichtssaal, Gefängnis, Rüstkammern, Stallungen, Wirtschaftsgebäude, Werkstätten u. a. Die Tiroler Landesfürsten ließen solche Anlagen zur Sicherung des Landes errichten. Zahlreiche Burgen gehen aber auch auf die Ministerialen (niedere Adelige, die im Dienste der Landesfürsten standen) zurück. Sie erhielten vom Landesfürst Landbesitz, den sie mit Hilfe der Bauern bewirtschafteten und verteidigten. So manche Burg entstand im Laufe von Streitigkeiten der Ministerialen untereinander oder mit den Landesfürsten.

Burgen erfüllten im Laufe der Geschichte mannigfaltige Aufgaben. So konnten sie wichtige Verkehrswege bewachen, denkt man etwa an das Inntal. Engstellen, Taleinschnitte, Flüsse etc. vermochte man von ihnen aus gut zu kontrollieren.

Manche dieser einstigen Verkehrswege sind heute verschwunden. Burg **Klamm** am Mieminger Plateau steht heute verlassen da, beschützte aber einst die Salzstraße vom Inntal in Richtung Fernpass. Burgen waren oft Sitze der Gerichtsbarkeit, vertreten durch die Autorität eines Richters und eines Pflegers. Hier war der Gerichtsherr sicher, hier war auch das Gefängnis untergebracht. Auf Burgen wurden wichtige Schriftstücke, Archivalien und Geld verwahrt, der Landesfürst erhielt dort Unterkunft.

Burgen dienten auch als Stützpunkte für Jagdausflüge (etwa unter Kaiser Maximilian I.). Gerade zu diesem Zweck ließ Erzherzog Sigmund der Münzreiche zahlreiche Burgen errichten, so etwa **Sigmundslust** bei Vomp, Sigmundsburg im Fernsteinsee und **Sigmundsried** im

Burgruine Schrofenstein bei Landeck

Oberinntal. Burgen standen für Besitz, Reichtum und Macht, waren gleichzeitig aber auch oft Zentren für Musik, Literatur und bildende Künste, denkt man etwa an die Minnesänger und an die Ausgestaltung so mancher Burg mit Malereien.

Um 1500, in der Zeit Kaiser Maximilians I., vollzieht sich der Wandel von der Burg zum Schloss. Ein schönes Beispiel hierfür ist **Tratzberg**, das um 1500 durch einen Brand zerstört und dann schon als Schloss neu erbaut wurde. Durch die Erzeugung immer besserer Geschütze verloren die Burgen ihre Bedeutung. Schlösser wurden mehr und mehr zu repräsentativen Wohnbauten des Adels. Als klar erkennbare Unterscheidungsmerkmale zwischen Burg und Schloss gelten beim Schloss der gesteigerte Wunsch nach bequemerem Wohnen und größerem Repräsentationsbedürfnis sowie (im Gegensatz zur Burg mit ihren eher zusammenhanglos aneinandergefügten Bauteilen) die Regelmäßigkeit im Grundriss und in der Gliederung der Fassade.

Im 16. Jh. entstanden Festungen mit breiten Erdwällen, welche den neuen Waffen standhalten konnten. Vorbilder lassen sich in Norditalien finden. In Nordtirol ist davon nur noch die **Festung Kufstein** erhalten, die anderen wurden unter Kaiser Joseph II. aufgelassen. Auch die einst mächtige Festung **Ehrenberg** am südlichen Rand des Beckens von Reutte zählte früher dazu. Festungen waren meist breit und niedrig angelegt, besaßen Rundtürme (Rondells) und vieleckige Verteidigungsanlagen. Von großer Bedeutung waren eine genaue Berechnung der Geschossbahnen von Kanonen und eine geringe Angriffsfläche für die Feinde. Möglichst wenige Soldaten sollten in der Lage sein, eine Festung auch über einen längeren Zeitraum gegen eine große Übermacht zu verteidigen. Auch so manche Talsperre bzw. Klause erfuhr im 16. und 17. Jh. festungsähnlichen Charakter, wie etwa die **Lienzer Klause**.

Kleinere Ansitze entstanden in Tirol ab der Renaissance und waren oft bequeme Wohnbauten verschiedener Hofbeamter. Als Beispiele seien hier **Aschach** bei Volders sowie **Büchsenhausen** und die **Weiherburg** angeführt.

KAPITEL 2

INNSBRUCK

Im Zentrum des Landes

Die Landeshauptstadt (119.249 Einwohner) liegt in einem weiten Becken an der Mündung der Sill in den Inn, ungefähr in der Mitte Tirols. Im Norden erhebt sich das aus Kalkgestein bestehende Karwendelgebirge mit der markanten Nordkette (Seegrube mit 1905 m, Hafelekar mit 2256 m), im Süden liegen die Zentralalpen mit den weithin sichtbaren „Bergwahrzeichen" der Stadt: Patscherkofel (2246 m) und Serles (2717 m).

GESCHICHTE

Als 1133 die Burg Ambras der südbayerischen **Grafen von Andechs** zerstört wurde, legten sie auf der Nordseite des Inn im Bereich der heutigen Stadtteile St. Nikolaus und Mariahilf die Siedlung Anbruggen oder bzw. Innsbruck an. Es entstand eine Brücke. 1180, im Gründungsjahr von Innsbruck, errichteten sie die heutige Altstadt, damals von einer Stadtmauer und einem Stadtgraben umgeben. Hier kamen die **Straßen** vom Unterinntal und Oberinntal zusammen und führten weiter in Richtung Brenner nach Italien. Nicht zuletzt die Hafenstadt Venedig stellte eine Verbindung nach Asien dar.

Im Jahre 1281 entstand die **Neustadt** (die jetzige Maria-Theresien-Straße). 1363 übergab Margarete Maultasch Tirol an den Habsburger **Herzog Rudolf IV.** Es entstand eine eigene Tiroler Linie der Habsburger.

Im Jahre 1420 verlegte **Herzog Friedrich IV. mit der leeren Tasche** den Regierungssitz von Meran nach Innsbruck. Er und sein Sohn **Erzherzog Sigmund der Münzreiche** prägten großteils das 15. Jh., Kaiser Maximilian I. die Jahrzehnte um 1500. **Kaiser Maximilian I.** weilte gerne in Tirol. Er ließ das **Goldene Dachl** errichten, zahlreiche Altstadthäuser umbauen und machte Innsbruck durch den Sitz wichtiger Behörden zum Zentrum des Habsburgerreichs. An ihn erinnert besonders die **Hofkirche**, die jedoch erst sein Enkel Kaiser Ferdinand I. erbauen ließ. Bestattet wurde Maximilian in der Georgskapelle in Wiener Neustadt.

Unter den weiteren Landesfürsten war Innsbruck immer wieder Zentrum für Kunst und Kultur. **Erzherzog Ferdinand II.** heiratete die Augsburger Bürgerstochter **Philippine Welser** und ließ für sie **Schloss Ambras** zu einer prächtigen Renaissanceanlage ausbauen. Der unverheiratete **Erzherzog Maximilian III. der Deutschmeister** gehörte dem Deutschen Orden an und tat viel für das religiöse Leben des Landes. Sein Grabmal befindet sich im linken Querschiff im Dom zu Innsbruck.

Gerade unter **Erzherzog Leopold V.** und seiner italienischen **Gattin Claudia de' Medici** blühte das unter italienischem Einfluss stehende Hofleben auf. Mit dem Tod von Erzherzog Sigismund Franz, dem zweiten Sohn von Erzherzog Leopold V., kam im Jahre 1665 das Ende der Tiroler Linie der Habsburger, die Regierung fiel an Wien zurück.

Im Zuge des **Spanischen Erbfolgekriegs** drangen die mit den Franzosen verbündeten Bayern im Jahre 1703 in Tirol ein und wurden am Annatag desselben Jahres wieder vertrieben. Daran erinnert die **Annasäule** in der Maria-Theresien-Straße.

1765 reiste **Maria Theresia** zur Hochzeit ihres Sohnes Erzherzog Leopold mit der spanischen Prinzessin Maria Ludovica nach Innsbruck. Auf Maria Theresia gehen die heutige Hofburg im Stil des Rokoko, das Adelige Damenstift und die Triumphpforte zurück.

Als **Napoleon** Österreich erobern konnte, erhoben sich im Jahre 1809 die Tiro-

Maria-Theresien-Straße mit Annasäule

ler unter der Führung von Andreas Hofer gegen die Besatzer. Von den vier **Schlachten am Bergisel** konnten die Tiroler Freiheitskämpfer drei gewinnen. Die entscheidende vierte verloren sie. **Andreas Hofer** wurde 1810 in Mantua erschossen, seine Gebeine später in die Innsbrucker Hofkirche überführt.

Das **19. Jh.** ist geprägt von Industriegründungen, dem Bau der Eisenbahnen, der Stadterweiterung und der Entwicklung Tirols zum Tourismusland. 1849 löste Innsbruck Meran als Landeshauptstadt ab. Im **20. Jh.** erfolgte die Eingemeindung der umliegenden Dörfer Wilten (1904), Pradl (1904), Hötting (1938), Mühlau (1938), Amras (1938), Arzl (1940), Vill (1942) und Igls (1942).

Nach dem **Ersten Weltkrieg** wurde Tirol 1919 in zwei Teile zerrissen: Nord- und Osttirol blieben bei Österreich, Südtirol und Trentino (Welschtirol) kamen zu Italien. Zu Beginn des Jahrhunderts entstanden die Hungerburgbahn, die Nordkettenbahn und die Patscherkofelbahn als Aufstiegshilfen für den Tourismus. Die Zeit nach dem **Zweiten Weltkrieg** ist vor allem von der Beseitigung der Bombenschäden in der Stadt und dem Neubau von großen Wohnvierteln (Reichenau, Sadrach, Sieglanger u. a.) gekennzeichnet.

1964 und 1976 fanden in Innsbruck zweimal die **Olympischen Winterspiele** statt, 1964 wurde Innsbruck Sitz einer eigenen Diözese. In den letzten Jahren sind zahlreiche **bedeutende Bauwerke** entstanden: die SOWI-Fakultät in der Innenstadt, die Sprungschanze am Bergisel und die Hungerburgbahn (beide nach Plänen von Zaha Hadid), die Rathausgalerien in der Maria-Theresien-Straße von Dominique Perrault, das Landhaus 2, der Bahnhof, das BTV-Stadtforum, das neue Kaufhaus Tyrol in der Maria-Theresien-Straße sowie ein neues Bergiselmuseum.

INNSBRUCK

Ein Stadtrundgang

Platz vor dem Landestheater ❶: Im Norden liegt die als Hungerburg bzw. Hoch-Innsbruck bezeichnete Mittelgebirgsterrasse, ein Wohn- und beliebtes Naherholungsgebiet. Nicht geklärt ist die Herkunft der Bezeichnung Hungerburg. Seit 2007 führt die neue Hungerburgbahn mit Stationen der irakisch-britischen Stararchitektin Zaha Hadid ab dem Congress mit den Stationen Löwenhaus und Alpenzoo auf die 860 m hoch gelegene Hungerburg. 1927/28 wurde von dort die Seilschwebebahn bis zur Seegrube (1905 m Seehöhe) und weiter bis zum Hafelekar (2256 m Seehöhe) mit Stationen von Franz Baumann gebaut. Die schroffen Kalkberge der Nördlichen Kalkalpen sind ein beliebtes Wander- und Klettergebiet. Um 1650 ließ Erzherzog Ferdinand Karl das Hofthea-

ter errichten, aus dem im 19. Jh. das heutige Tiroler Landestheater hervorging.

An der Stelle des heutigen **Congress** ❷ befand sich einst ein Ballspielhaus (Art Tennishalle) unter Erzherzog Ferdinand II. Um 1630 erfolgte der Bau des Comedihauses von Christoph Gumpp im Auftrag von Erzherzog Leopold V. Im 17. Jh. war hier die Hofreitschule untergebracht, unter Maria Theresia die Universitätsbibliothek und im 19. Jh. eine Zollstätte (Dogana). In den 70er Jahren des 20. Jh. kam es zum Bau des Kongresshauses. Heute finden hier auch Bälle, Vorträge, Ausstellungen etc. statt.

Erzherzog Sigmund der Münzreiche begann im 15. Jh. mit dem Bau der **Hofburg** ❸, die unter Kaiser Maximilian I. fertiggestellt wurde. Maria Theresia ließ die schlossähnliche Anlage im 18. Jh. im Stil des Rokoko umbauen. Es handelt sich um den einstigen Sitz der Tiroler Landesfürsten. Zu besichtigen sind etwa die Kapelle (Sterbezimmer von Kaiser Franz I. Stephan von Lothringen, Gatte Maria Theresias), der Riesensaal (unter Kaiser Maximilian I. waren hier riesenähnliche Wesen abgebildet), das Lothringerzimmer u. a. Die Straße vor der Hofburg wird als Rennweg bezeichnet – hier fanden einst Turniere statt, wobei das Rennen eine Disziplin dieser Turniere war.

Der **Leopoldsbrunnen** ❹ geht auf Erzherzog Leopold V. zurück, wurde jedoch erst Ende des 19. Jh. in seiner heutigen

Leopoldsbrunnen mit Hofkirche und Hofburg im Hintergrund

Form zusammengestellt. In der Mitte sitzt der Erzherzog auf einem Pferd.

Kaiser Maximilian I. beabsichtigte den Bau eines großen Grabmals, allerdings äußerte er sich nie klar über das Aussehen und den Aufstellungsort. Kurz vor seinem Tod 1519 in Wels in Oberösterreich bestimmte er die Georgskapelle in der Burg von Wiener Neustadt als seine letzte Ruhestätte. Sein Enkel Kaiser Ferdinand I. veranlasste Jahrzehnte nach dem Tod seines Großvaters den Bau der **Hofkirche ❺** in Innsbruck (1553–1563). Heute umstehen 28 Bronzefiguren das leere Grabmal (Kenotaph) des Kaisers. Die Hofkirche ist das größte deutsche Kaisergrabmal und einzigartig auf der Welt. In der Kirche befindet sich auch das Grabmal des Tiroler Freiheitskämpfers Andreas Hofer, des Anführers der Kämpfe am Bergisel im Jahre 1809. In der **Silbernen Kapelle**, einem Anbau der Hofburg, sind die Grabmäler von Erzherzog Ferdinand II. und seiner ersten Gattin Philippine Welser.

An die Hofkirche schließt das **Volkskunstmuseum ❻** mit zahlreichen Erinnerungsstücken an die Tiroler Volkskultur an: Krippen, Modelle von Bauernhöfen, Trachten, bäuerliche Arbeitsgeräte, Stuben aus Bauernhöfen etc. Gegenüber dem Volkskunstmuseum liegen die Eingänge zu den **Stadtsälen ❼**, einem Baukomplex von Franz Baumann aus dem Jahre 1954.

Unter dem einstigen **Wappenturm ❽** gelangt man in die Hofgasse. Kaiser Maximilian I. ließ den Turm erbauen und an der Außenseite mit den Wappen jener Länder schmücken, die er tatsächlich besaß, aber auch von manchen, die er nur beanspruchte.

Rechts erstreckt sich die Hofburg mit dem großen Innenhof. Gegenüber dem Eingang zur Hofburg findet sich links am Eckhaus die **Abbildung des Hofzwergs Thomele ❾**, der in Schloss Ambras die fürstlichen Gäste mit Späßen und Gaukeleien unterhalten musste. Daneben, beim **Burgriesenhaus ❿**, stand im ersten Geschoss in einer heute leeren Nische die Statue des 2,22 m großen Hoffriesen Niklas Haidl. Heute befindet sich diese im ersten Stock des Historischen Rathauses. Besonders interessant ist bei diesem Haus jedoch der Eingangsbogen, der als Flüsterbogen bezeichnet wird. Flüstert jemand einige Worte in eine der beiden Hohlkehlen, kann eine zweite Person diese Worte auf der anderen Seite des Bogens gut hören.

Gleichzeitig mit der Altstadt entstand im Jahr 1180 eine Kirche zu Ehren des hl. Jakobus des Älteren, der heutige **Dom zu St. Jakob** ⑪. Der Heilige ist in Santiago de Compostela in Nordspanien begraben, einem wichtigen christlichen Pilgerzentrum. Eine der Pilgerstraßen dorthin führt bis heute durch das Inntal. Die heutige Kirche wurde 1717–1724 von den Füssener Baumeistern Johann Jakob Herkomer und Johann Georg Fischer im Stil des Barock errichtet. In den Fresken des bayerischen Künstlers Cosmas Damian Asam sind Szenen mit dem hl. Jakobus dargestellt. Es handelt sich um Illusionsmalerei (Täuschungsmalerei), da die Kuppeln am Rand 1,50 m ansteigen und oben ganz flach sind. Der Hochaltar umgibt das berühmte Gnadenbild Mariahilf (um 1537) von Lucas Cranach dem Älteren. Im linken Querschiff steht das Hochgrab Erzherzog Maximilians III. des Deutschmeisters,

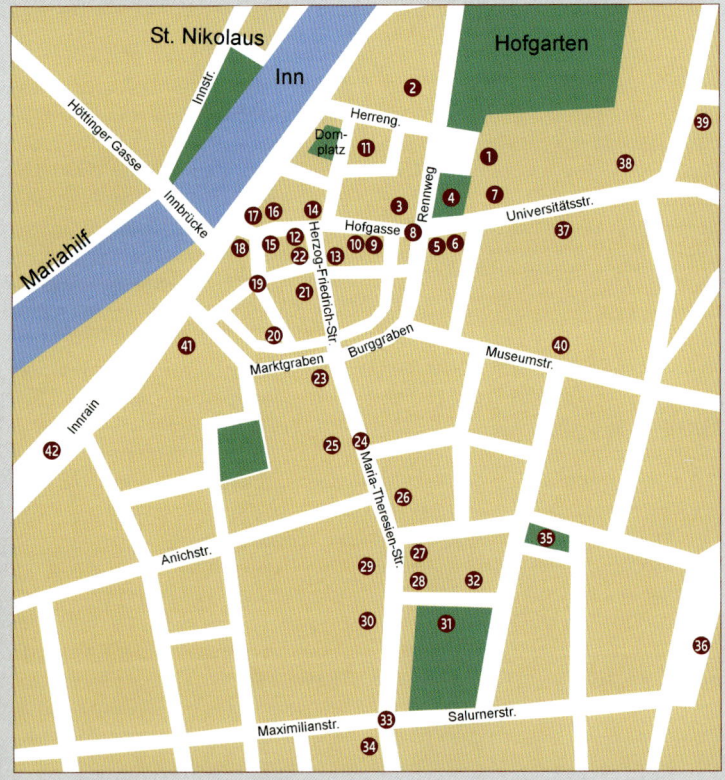

der oben auf der Platte mit dem hl. Georg kniet. Dieser ist neben dem hl. Josef der zweite Landespatron Tirols.

Vor dem Goldenen Dachl erweitert sich die Straße zum Stadtplatz. Neben wöchentlichen Märkten, Turnieren, Versammlungen, Kundgebungen und Spielen verschiedenster Art fanden hier auch Hinrichtungen statt. Der Platz wird von den typischen Inn-Salzach-Häusern eingesäumt (schmal, hoch, weit zurückreichend, Laubengänge, Erker, Graben- und Muldendächer). Heute laden zahlreiche Cafés zum Verweilen ein. Das **Helblinghaus** ⓬ ist nach einem einstigen Besitzer benannt und wurde um 1730 mit üppigem, spätbarockem Stuck (Blumen, Engelsköpfe, Früchten, Muscheln etc.) in zarten Farben verziert. Wie bei zahlreichen anderen Altstadthäusern findet man auch hier eine Kopie des berühmten Mariahilfbildes aus dem Innsbrucker Dom. Das **Historische Rathaus** geht bis in das 14. Jh. zurück. Um 1450 wurde der **Stadtturm** ⓭ erbaut. Unter dem Dach wohnte der Türmer, der nach Bränden in der Stadt und nach Feinden Ausschau hielt.

Herzog Friedrich IV. mit der leeren Tasche verlegte 1420 den Regierungssitz von Meran nach Innsbruck und ließ aus zwei angekauften Häusern den Neuhof als seine Residenz errichten. Auf Kaiser Maximilian geht um 1500 das **Goldene Dachl** ⓮ zurück. Direkt über dem Brunnen sind im gotischen Gewölbe kleine, drollige Figuren zu entdecken. Die Wappenreihe darüber zeigt von links nach rechts Österreich, Ungarn, den doppelköpfigen Kaiseradler, den einköpfigen deutschen Königsadler, Burgund (Erinnerung an Maximilians erste Gattin Maria von Burgund), Mailand (Schlange mit Kind, Erinnerung an seine zweite Gattin Bianca Maria Sforza, einer Sage nach soll in Mailand eine Schlange ein Kind

Historisches Rathaus und Stadtturm

aus einem brennenden Haus gerettet haben) und an den Schmalseiten links die Steiermark und rechts Tirol. Darüber halten zwei Bannerträger links die Fahne des deutschen Königreichs und rechts jene von Tirol. Auf der Brüstung sind verschiedene Reliefs zu erkennen. Die zwei mittleren stellen Kaiser Maximilian dar, links den Kaiser mit seiner zweiten Gattin Bianca Maria Sforza und neben ihr seine damals schon verstorbene erste Ehefrau Maria von Burgund. Bianca Maria hält vor ihrer Schulter eine goldene Kugel, den Preis für die Sieger bei verschiedenen Wettbewerben. Maria von Burgund trägt die typische spitze Burgunderhaube. Im rechten mittleren Relief ist Maximilian mit einem Hofnarren und einem Minister zu erkennen. Die restlichen Reliefs zeigen den um 1500 sehr beliebten spanischen Moreskentanz. Dieser geht auf jene Mauren zurück, die auch nach der Reconquista in Spanien lebten. Nach oben wird der

Rathausgalerien – moderne Einkaufsmeile und politisches Zentrum der Stadt

Prunkerker von 2657 feuervergoldeten Kupferschindeln abgeschlossen. Heute befinden sich im Haus Wohnungen, das Standesamt und das „Museum Goldenes Dachl" mit Erinnerungen an Kaiser Maximilian I.

Innsbruck besaß bereits früh zahlreiche Gastbetriebe. Der **Goldene Adler** 🄯 ist ein alter Traditionsgasthof. Unter den Lauben sind Tafeln zu erkennen, die an Andreas Hofer erinnern. Andere Marmortafeln mit Inschriften weisen auf berühmte Gäste hin. Dem Gasthof gegenüber befindet sich der einheitliche Bau des **Alten Regierungsgebäudes** 🄰, in dem Justiz und Verwaltung für Tirol und die Vorlande untergebracht waren.

Das heutige Gasthaus **Ottoburg** 🄱 war einst Teil der mittelalterlichen Burg der Grafen von Andechs. Der Wohnturm stand lange Zeit leer und erhielt deshalb die Bezeichnung „Ödturm" (öd = leer), wurde aber dann fälschlicherweise mit Otto von Andechs in Verbindung gebracht.

Der große **Andechshof** 🄲 südlich der Innbrücke wurde 1180 als Burg der Grafen von Andechs erbaut. Heute ist hier der Landesschulrat untergebracht. Eine Marmortafel gegenüber der Ottoburg zeigt das einstige Inntor, eines der früheren vier großen Stadttore. Der Tiroler Künstler Rudolf Wach (geb. 1934) schuf 1985 den seit 2010 auf der Innbrücke aufgestellten gekreuzigten Christus.

Auf der gegenüberliegenden, nördlichen Inseite erstrecken sich die Stadtteile **St. Nikolaus** (rechts, gegen Osten) und **Mariahilf** (links, gegen Westen). Dort sind die Ursprünge Innsbrucks zu sehen.

Beim Gasthof Goldener Adler zweigt die Kiebachgasse ab, benannt nach einem Wohltäter der Stadt im 19. Jh. Hier fallen an den Häusern vor allem wieder mehrere Kopien des Mariahilfbildes auf, Maria und Kind sollen die Häuser beschützen. An der **Kreuzung mit der Seilergasse** 🄳 sind vier Gasthofschilder zu erkennen: Roter Adler, Goldener Löwe, Goldener Hirsch und Weißes Rössl. Der Volksmund nennt diesen Platz deshalb heute „Vier-Viecher-Eck". Am Ende der Gasse steht rechts das **Wohnhaus der**

barocken Baumeisterfamilie Gumpp (Café Munding) **⓴**, deren Mitglieder in Innsbruck etwa das Alte Landhaus, die Johanneskirche und verschiedene Palais erbauten.

Die Herzog-Friedrich-Straße führt vom südlichen Eingang der Altstadt von der Maria-Theresien-Straße zum Goldenen Dachl und weiter zur Innbrücke. Beim Haus Nr. 35 sind im Gewölbe der Lauben zahlreiche gemalte Wappen aus der Zeit Kaiser Maximilians I. zu sehen, dabei auch der Reichs- oder Quaterionenadler. Im Übergangsstil von der Gotik zur Renaissance um 1530 sind die Malereien mit antiken Motiven am **Trautsonhaus ㉑** gehalten, dessen Lichtschacht übrigens durchaus sehenswert ist. Am **Katzunghaus** (Café Katzung) **㉒** zeigen Erkerreliefs Turnier-, Tanz- und Musikantenszenen als Hinweis darauf, was sich einst auf dem Stadtplatz zugetragen hat.

Am Eckhaus Herzog-Friedrich-Straße – Marktgraben ist im 2. Stock eine Abbildung des einstigen Vorstadttores mit der Jahreszahl 1765 zu sehen. Dieses Tor wurde im Zuge des Besuchs Maria Theresias im Jahre 1765 abgerissen. Damals wurde auch der Stadtgraben zugeschüttet. Heute führen dort breite Straßen (Marktgraben, Burggraben, Rennweg und Herrengasse) um die Altstadt. Von der Altstadt kommend liegt rechts entlang des Marktgrabens bzw. der Maria-Theresien-Straße das einstige Stadtspital. Die **Spitalskirche ㉓** (1700–1705) ist ein Werk des Innsbrucker Barockbaumeisters Johann Martin Gumpp d. Ä. Nach der Zerstörung im Zweiten Weltkrieg malte Hans Andre 1962 die Fresken im Inneren.

Die **Annasäule ㉔** in der Mitte der Straße erinnert an den Spanischen Erbfolgekrieg. 1703 marschierten die mit Frankreich verbündeten Bayern in Tirol ein, konnten jedoch am Annatag (26. Juli)

wieder vertrieben werden.

Zu den modernsten Bauten Innsbrucks zählen die **Rathausgalerien ㉕**. Das Gebäude an der Straße ist aus einem barocken Palais hervorgegangen. In den Jahren 2000–2002 brachte der französische Stararchitekt Dominique Perrault mit seinen Zu- und Verbindungsbauten großstädtisches Flair in das Stadtzentrum: Rathausturm, überdachte Geschäftspassagen, Bürogebäude, Innenhöfe und das Hotel Penz.

Etwas weiter südöstlich fällt die vom englischen Stararchitekten David Chipperfield gestaltete Fassade des 2010 eröffneten **Kaufhauses Tyrol ㉖** auf.

Georg Anton Gumpp errichtete 1724–1728 das **Alte Landhaus ㉗** der Tiroler Stände, den monumentalsten profanen Barockbau der Stadt. Eine Eingangshalle führt einerseits in den Innenhof und zur Georgskapelle, andererseits zu verschiedenen Büroräumen der Landesverwaltung und den Räumlichkeiten des Landhauptmanns. Im barocken Sitzungssaal der Tiroler Landesregierung zeigt das Deckenfresko von Cosmas Damian Asam Graf Meinhard II. und die Reichtümer Tirols (Flüsse Inn und Sill, Transit, Jagd, Obst und Wein etc.).

Im Süden schließt direkt das mit schwerem Stuck versehene **Palais Taxis ㉘** an, errichtet 1769–1790 von Johann Martin Gumpp d. Ä. Auch in diesem Gebäude sind Büros der Landesverwaltung untergebracht. Gegenüber dem Alten Landhaus steht das ebenfalls von Johann Martin Gumpp d. Ä. errichtete **Palais Trapp ㉙** mit einem reizvollen Innenhof. Die meisten barocken Palais in der Maria-Theresien-Straße haben italienische Vorbilder.

An das Palais Trapp schließen **Servitenkirche und Servitenkloster ㉚** an, 1613 bzw. 1620/21 im Auftrag der Tiroler Landesfürstin Erzherzogin Anna Caterina

Gonzaga, der zweiten Gattin von Erzherzog Ferdinand II., errichtet.

Zwei schmale Durchgänge gegenüber dem Kloster führen zum **Eduard-Wallnöfer-Platz ❸**. 1938/39 errichtete Walter Guth das **Neue Landhaus ❷**. 2010 wurde der Platz neu gestaltet. Auf Initiative der französischen Besatzungsmacht nach dem Zweiten Weltkrieg (1945–1955) wurde 1948 das Befreiungsdenkmal nach Plänen des Franzosen Jean Pascaud errichtet. Ein weiteres Denkmal erinnert an das 600-Jahr-Jubiläum der Übergabe Tirols an die Habsburger durch Gräfin Margarete Maultasch im Jahre 1363. Ein Mahnmal zur Erinnerung an die ermordeten Innsbrucker Juden in der „Reichskristallnacht" vom 9./10. November 1938 wurde 1996 aufgestellt. 1998 schuf Peter Bär den Vereinigungsbrunnen als Erinnerung an die Eingemeindung der Dörfer um Innsbruck im 20. Jh.

Den südlichen Abschluss der Maria-Theresien-Straße bildet die **Triumphpforte ❸**. Sie erinnert an die Hochzeit von Erzherzog Leopold, einem der Söhne Maria Theresias, mit der spanischen Prinzessin Maria Ludovica 1765 in Innsbruck. Die südliche Seite weist auf das freudige Ereignis der Hochzeit hin und zeigt links die Reliefs des Brautpaares und rechts zweier Schwestern des Bräutigams (Maria Anna und Maria Christina). Da während der Feierlichkeiten Kaiser Franz I. Stephan von Lothringen, der Gatte Maria Theresias und Vater des Bräutigams, in Innsbruck starb, ist ihm die Nordseite gewidmet. Reliefs zeigen Kaiser Joseph II., Bruder von Leopold, und Maria Theresia.

Südlich der Triumphpforte ist das im 19. Jh. erbaute **Winklerhaus ❸** mit einer Jugendstilfassade (1902) nach Plänen des Münchner Architekten Anton Bachmann ausgestattet.

Von der Maria-Theresien-Straße gelangt man zum **Bozner Platz mit dem Rudolfsbrunnen ❸**. Er erinnert an das 500-jährige Jubiläum der Übergabe Tirols durch die Tiroler Landesfürstin Gräfin Margarete Maultasch an den Habsburger Herzog Rudolf IV. im Jahre 1363. Auf dem Mittelpfeiler steht die Statue des Herzogs. Zahlreiche Wohnbauten dieses Bereichs sind im Stil des Historismus errichtet.

Der **Hauptbahnhof ❸** entstand 2001–2004. In der großen Halle sind die Fresken von Max Weiler mit Tiroler Motiven zu sehen, welche er nach dem Zweiten Weltkrieg für die damals neu erbaute Halle schuf.

An die Hofkirche und das Volkskunstmuseum schließt der weite Baukomplex der **Jesuitenkirche**, des **einstigen Jesuitenkollegs und Jesuitengymnasiums ❸** an. 1561 holte Kaiser Ferdinand I. im Zuge der Gegenreformation die Jesuiten nach Innsbruck. 1627–1640 entstand die Jesuitenkirche im Stil des nüchternen Frühbarock. Erst 1900/01 wurden die Türme aufgesetzt. Die Gruft beherbergt die Gräber des Landesfürsten Erzherzog Leopold V., seiner Gattin Claudia de' Medici und seiner beiden Söhne sowie weiterer Verwandter. Auf einem der südlichen, linken Seitenaltäre steht ein Reliquienschrein mit den Gebeinen des hl. Pirmin, des Innsbrucker Stadtpatrons. Heute ist im gesamten Bereich die Theologische Fakultät untergebracht, die im 19. Jh. zurückgekehrten Jesuiten benutzen Gebäude entlang der Sillgasse.

An der Stelle der heutigen modernen **SOWI-Fakultät ❸** (Sozialwissenschaften) ließ Anna Caterina Gonzaga, zweite Gattin von Erzherzog Ferdinand II., 1607 ein Doppelkloster erbauen, das 1784 aufgehoben und im 19. Jh. durch eine Kaserne ersetzt wurde.

Hauptbahnhof mit Fresken von Max Weiler

In der Kaiserjägerstraße liegt gegenüber der SOWI-Fakultät das **Kapuzinerkloster** ㉟, gestiftet 1593 von Erzherzog Ferdinand II. Die schlichte Kirche beherbergt ein Bild der nährenden Madonna von Lucas Cranach d. Ä. Im Obergeschoss ließ sich Erzherzog Maximilian III. der Deutschmeister (er war sehr religiös) eine Eremitage errichten, wo er sich zum Gebet und zur Meditation zurückziehen konnte. Vorbei am barocken Palais Tannenberg-Enzenberg (ca. 1690–1744) führt die Straße unter dem Bahnviadukt zur Dreiheiligenkirche (1612/13), einer Pestkirche erbaut zu Ehren der Heiligen Sebastian, Rochus und Pirmin. Unweit befand sich einst das Pestspital.

Im Zuge der Stadterweiterung im 19. Jh. entstand auch die Museumstraße mit dem **Tiroler Landesmuseum Ferdinandeum** ㊵. 1842–1856 wurde der Neorenaissancebau errichtet und 1884/85 aufgestockt. Bedeutende und umfassende Sammlungen von der Kunstgeschichte über die Archäologie,

Geschichte und die Naturwissenschaften und Musik machen es zu einem Museum von überregionaler Bedeutung.

Von der Innbrücke führt der **Innrain** in Richtung Westen. Er diente als Ausfallstraße nach Völs und war lange Zeit landwirtschaftliches Gelände und Holzlände. Das **ehemalige Kloster der Ursulinen mit Schule** ㊶ entstand um 1700 nach Plänen von Johann Martin Gumpp d. Ä. 1979 übersiedelten die Schulschwestern in die Höttinger Au. Erhalten sind noch die Gebäude am Marktgraben und die profanierte Kirche. In der Mitte des breiten Straßenzuges erhebt sich die **Kirche zum hl. Johannes Nepomuk** ㊷, 1729–1735 von Georg Anton Gumpp im Stil des strengen und monumentalen römischen Hochbarock errichtet. Ab ca. 1880 wurde mit dem Bau der zahlreichen **Krankenhausbauten** begonnen. 1912–1916 entstand die **Neue Universität** am Innrain, ergänzt durch moderne Hochhausbauten in den 70er-Jahren des 20. Jh.

Weitere Sehenswürdigkeiten Innsbrucks

MARIAHILF, ST. NIKOLAUS UND HÖTTING

Auf der nördlichen Innseite gründeten 1133 die Grafen von Andechs eine erste Siedlung, die heutigen Stadtteile Mariahilf (von der Brücke in Richtung Westen) und St. Nikolaus (in Richtung Osten). Die geschlossene Häuserzeile beider Stadtteile stammt großteils aus der Gotik, wurde jedoch teilweise im Barock verändert.

Bei der **Kirche Mariahilf** (1647–1649) von Christoph Gumpp handelt es sich um einen Gelöbnisbau der Tiroler Landstände, nachdem das Land vom Dreißigjährigen Krieg größtenteils verschont geblieben war. Die Fresken mit Marienszenen schuf Kaspar Waldmann. Im Hochaltar befindet sich eine Kopie des berühmten Mariahilfbildes von Lucas Cranach im Innsbrucker Dom.

Die **Pfarrkirche zum hl. Nikolaus** entstand 1501/02, wurde jedoch 1882–1885 von einem viel größeren Bau im Stil der Neugotik ersetzt. Vorbei am barocken **Schloss Büchsenhausen** und an der nicht mehr bestehenden Löffler'schen Glocken- und Büchsengießerei gelangt man zu den Tourismusschulen Villa Blanka und zum **Alpenzoo**. Im 15. Jh. entstand hier der adelige **Ansitz Weiherburg** mit einem Fischweiher. Erzherzog Ferdinand II. ließ einen Tiergarten anlegen. 1962 gründete Prof. Hans Psenner den Alpenzoo mit Tieren, die heute noch in den Alpen leben oder dort früher gelebt haben. Dazu zählen Wisent, Adler, Fischotter, Luchs, Wildkatze, Bär u. a.

Das alte Dorf **Hötting** auf der Anhöhe bestand schon vor der Gründung Innsbrucks. Im 15. Jh. wurde die **Alte Höttinger Kirche** zu den hll. Ingenuin und Albuin errichtet. Da Hötting jedoch im 19. und 20. Jh. eine sehr starke Bevölkerungszunahme verzeichnete, entstand von 1909 bis 1911 die große neuromanisch-neugotische **Neue Höttinger Kirche** am nördlichen Ende der steilen Höttinger Gasse.

WILTEN – STIFT, BASILIKA UND BERGISEL

Das Dorf Wilten wurde 1904 zu Innsbruck eingemeindet. In römischer Zeit bestand hier ab etwa 300 n. Chr. die Militärstation **Veldidena**. Ab dem 4./5. Jh. ist eine frühchristliche Kirche nachweisbar. Eine klösterliche Niederlassung dürfte schon vor 1000 existiert haben. 1126 ließen sich Mitglieder des Prämonstratenserordens nieder.

Beim heutigen **Stift Wilten** handelt es sich um eine monumentale Barockanlage aus dem 17. und 18. Jh. nach Plänen von Christoph Gumpp, die gegen Voranmeldung im Rahmen von Führungen besichtigt werden kann. Zu den Prunkräumen zählen das Vestibül mit dem Deckenfresko der Vision des Ordensgründers Norbert von Xanten, der Altmuttersaal mit der malerischen Wandgestaltung (um 1814) von Jakob Plazidius Altmutter und seinem Vater Franz, dem Jagdzimmer mit gemalten Jagdszenen und dem Norbertisaal mit Deckenfresken aus dem Leben des hl. Norbert von Kaspar Waldmann.

Die **Stiftskirche zu den hll. Stephanus und Laurentius** schuf 1651–1665 ebenfalls Christoph Gumpp, den repräsentativen Vorbau mit den Riesen Haymon und Thyrsus im Eingangsbereich 1716 Georg Anton Gumpp. Eine Sage berichtet, der Riese Haymon habe seinen Widersacher Thyrsus erschlagen und darauf mit dem Bau des Klosters begonnen, um Buße für seine Tat zu tun. In der Nacht sei jedoch immer wieder ein Drache aus der nahen Sillschlucht gekommen und habe das am Tag Gebaute zerstört. Haymon habe den Drachen getötet und ihm die Zunge herausgerissen. Abbildungen von Haymon mit der Drachenzunge sind im Vorraum der Kirche und über dem Eingang zur Stiftspforte zu sehen.

Unweit der Stiftskirche steht die **Basilika zu unserer Lieben Frau unter den vier Säulen**, die ehemalige Dorfkirche von Wilten. Die Legende besagt, dass römische Soldaten ein von ihnen unter vier Bäumen verehrtes Marienbildnis bei ihrem Abzug vergruben. Bauern sollen es anschließend gefunden und eine kleine Kapelle und später eine Kirche errichtet haben. 1751–1755 entstand der heutige Barockbau auf Initiative des Priesterarchitekten Franz de Paula Penz (siehe Stubaital), ausgeführt von Joseph Stapf. Über Jahrhunderte bestand hier eine wichtige Wallfahrt. Über dem Eingang befindet sich das Wappen des jeweils regierenden Papstes und weist auf den Ehrentitel Basilika hin, der nur bei besonders bedeutenden Kirchen verliehen werden kann (in Tirol noch Stiftskirche Stams, Damenstiftskirche Hall, Wallfahrtskirche Absam und ehemalige Klosterkirche Mariathal bei Kramsach). Das Innere der Rokokokirche wirkt hell und weit. Matthäus Günther aus Augsburg zeigt in seinen Fresken alttesta-

Stiftskirche Wilten

mentarische Vorbilder der Jungfrau Maria, im Langhaus die Szenen mit Judith und dem Feldherrn Holofernes sowie Esther vor Ahasver. Im Hochaltar umgeben vier Säulen die Marienstatue aus dem 14. Jh.

Der **Bergisel** ist historisch vor allem wegen der vier Schlachten der Tiroler unter der Führung des Südtiroler Gastwirts und Viehhändlers **Andreas Hofer** gegen die einfallenden Franzosen, Bayern und Sachsen im Jahre 1809 bekannt. Drei Schlachten gewannen die Tiroler, die vierte jedoch wurde verloren. Auf dem Bergisel stehen mehrere Denkmäler, darunter das 1892 von Heinrich Natter entworfene **Andreas-Hofer-Denkmal**. In dem im Jahr 2011 eröffneten neuen **Museum Tirol Panorama** hat das **Riesenrundgemälde**, welches die dritte Bergiselschlacht darstellt und

Wölfe im Innsbrucker Alpenzoo

zwei Eisenschalen am Nordrand des Auslaufs erinnern an die Olympischen Feuer von 1964 und 1976. Die Schanze wird vor allem für den Schisprungwettbewerb im Rahmen der Vierschanzentournee verwendet, aber auch für Konzerte und andere Veranstaltungen. Der Turm beherbergt ein Aussichtsrestaurant und eine Aussichtsplattform, die gegen Eintritt zugänglich sind.

ALPENZOO INNSBRUCK

Der höchstgelegene Zoo Europas bietet seinen Besuchern eine ganz besondere Sammlung von Tieren aus dem Alpenraum (über 2000 Tiere von 150 verschiedenen Arten), die in teilweise begehbaren Gehegen, Großvolieren, Terrarien und Aquarien artgerecht gehalten werden. Bekannt ist dieser einzigartige Themenzoo der alpinen Fauna und Flora auch durch sein Nachzuchtprogramm (seltene, gefährdete Tierarten, wie Bartgeier, Fischotter, Waldrapp etc.). Die jüngeren Besucher freuen sich über einen Abenteuerspielplatz sowie einen Schaubauernhof mit Vertretern von alten Haustierrassen. Öffnungszeiten und Kontaktdaten: siehe Seite 45.

SCHLOSS AMBRAS

Das Renaissanceschloss Ambras liegt rund 100 m über dem Talboden auf einem Schieferfelsen. Schon im 10. Jh. ist eine Burg der bayerischen Grafen von Andechs bekannt. Diese wurde 1133 zerstört und die Andechser wechselten auf die Nordseite des Inns, wo sie Innsbruck gründeten. Burg Ambras verfiel langsam. Um 1570 ließ Erzherzog Ferdinand II. eine prächtige Wohnanlage für seine erste Gattin Philippine Welser erbauen. Im **Hochschloss** waren um einen rechteckigen Hof in vier Geschossen Wohnräume untergebracht. Heute beherbergt es die **Habsburgergalerie** – Port-

1896 vom Münchner Maler Zeno Diemer geschaffen wurde, nun eine neue Heimat gefunden. Das Museum führt die BesucherInnen auf eine spannende Reise durch wichtige Stationen der Tiroler Geschichte und Kultur. Die Militärgeschichte Tirols im 19. und 20. Jh. bleibt weiterhin im integrierten Kaiserjägermuseum beheimatet.

Schon 1930 bestand am Bergisel eine einfache **Sprungschanze**, die zu den Olympischen Winterspielen 1964 neu gebaut wurde. In den Jahren 2001–2002 entstand die von der britisch-irakischen Stararchitektin Zaha Hadid entworfene neue Schanze, ein weiteres modernes Wahrzeichen der Landeshauptstadt. Die

Das Renaissanceschloss Ambras ist auch auf Grund seines prachtvollen Gartens besuchenswert.

räts der Habsburger und anderer europäischer Herrscherfamilien von ca. 1400 bis ca. 1800. Im Innenhof fallen die Freskendarstellungen mit antiken Motiven auf, die u. a. Fürstentugenden und Musen darstellen. Weiters ist noch ein Bad aus dem 16. Jh. erhalten – das angebliche **Bad der Philippine Welser**.

Die **Nikolauskapelle** stammt aus dem 19. Jh. In der ehemaligen Küche erhält der Besucher Informationen zur Geschichte des Schlosses und über Erzherzog Ferdinand II. und seine Familie. Ein Raum ist mittelalterlichen Kunstwerken gewidmet, dort befindet sich auch der St.-Georgs-Altar. Immer wieder finden Sonderausstellungen statt.

Der **Spanische Saal** am Fuße des Hochschlosses ist mit einer sehenswerten Renaissanceholzdecke sowie gemalten Darstellungen von Tiroler Landesfürsten ausgestattet und dient heute für festliche Anlässe wie Konzerte.

Um einen fünfeckigen Hof ist das **Unterschloss** angeordnet. Dort befanden sich die Räumlichkeiten für die umfangreichen Sammlungen des Erzherzogs. Heute gibt es noch die drei Rüstkammern und die ehemalige Kornschütt mit der Kunst- und Wunderkammer sowie dem Antiquarium. In der **Kunst- und Wunderkammer** finden sich z. B. verschiedene Produkte der Natur (Kokosnüsse, Elfenbein, Steine, Korallen etc.), kunstvoll von Handwerkern und Künstlern gestaltet. Weiters sind technische Geräte wie Uhren und Automaten, Glaspokale, Kleidungsstücke, das Kochbuch der Philippine Welser, das Ambraser Trinkbuch u. a. zu bewundern. Zu den herausragenden Sammelstücken zählen der Fangstuhl, Porträts der Haarmenschen sowie von Zwergen, Riesen und Krüppeln, weiters eine äußerst berühmte Darstellung des grausamen Vlad Dracul. Nach Osten öffnet sich der **einstige Wildpark** mit einem künstlich angelegten Wasserfall, im Westen befindet sich ein englischer Landschaftsgarten mit Teich.

INNSBRUCK

Volkskunstmuseum neben der Hofkirche

MUSEEN

Tiroler Landesmuseum Ferdinandeum, Kunstgeschichte, Archäologie, Geschichte, Musik, Museumstr. 15, geöffnet Dienstag bis Sonntag 9–17 Uhr, Tel. +43(0)512/ 59489-9, www.tiroler-landesmuseen.at

Museum im Zeughaus, Tiroler Kulturgeschichte, Zeughausg. 1, geöffnet Dienstag bis Sonntag 9–17 Uhr, Tel. +43(0)512/59489/311, www.tiroler-landesmuseen.at

Tiroler Volkskunstmuseum, Kunsthandwerk, Kunstgewerbe, Möbel, Volksfrömmigkeit, Fasnacht, Krippen, Festtagstrachten, getäfelte Stuben etc., Universitätsstr. 2, Tel. +43(0)512/ 59489/510, geöffnet tgl. 9–17 Uhr, www.tiroler-landesmuseen.at

Hofkirche und Silberne Kapelle, Universitätsstr. 2, leeres Grabdenkmal Kaiser Maximilians I., 28 überlebensgroße Bronzefiguren als Trauerzug, Silberne Kapelle als Grabmal Erzherzog Ferdinands II. und seiner ersten Gattin Philippine Welser, geöffnet Montag bis Samstag 9–17 Uhr, Sonn- und Feiertag 12.30–17 Uhr, Tel. +43(0)512/ 59489/510, www.hofkirche.at

Kaiserliche Hofburg, Rennweg 1, Eingang Hofgasse, Prunkräume aus der Zeit Maria Theresias mit Riesensaal, Kapelle, Kaiserappartements etc., geöffnet täglich 9–17 Uhr, März bis August: Mi 9–19 Uhr, Tel. +43(0)512/ 587186, www.hofburg-innsbruck.at

Kunsthistorisches Museum Sammlungen Schloss Ambras, Renaissance-Wohnschloss von Erzherzog Ferdinand II. und seiner Gattin Philippine Welser, Rüstkammern, Wunderkammer, Habsburgergalerie, Spanischer Saal, Bad, etc., Schloss-Str. 20, geöffnet tgl. 10–17 Uhr, November geschlossen, www.khm.at/ambras

Museum Goldenes Dachl, Erinnerungen an Kaiser Maximilian I., Herzog-Friedrich-Str. 15, geöffnet Mai bis September tgl. 10–17 Uhr, Oktober bis April Dienstag bis Sonntag 10–17 Uhr, November geschlossen, Tel. +43(0)512/581111, www.innsbruck.gv.at/goldenesdachl

Stadtarchiv/Stadtmuseum Innsbruck, Stadtgeschichte, Badg. 2, geöffnet Montag bis Freitag 9–17 Uhr, Tel. +43(0)512/ 5360-1400, www.innsbruck.gv.at/stadtmuseum

Glockenmuseum und Glockengießerei Grassmayr, Leopoldstr. 53, geöffnet Montag bis Freitag 9–17 Uhr, Mai bis September und Dezember auch Samstag 9–17 Uhr, Tel. +43(0)512/59416/37, www.grassmayr.at

Das Tirol Panorama, Museum am Bergisel, Riesenrundgemälde, Kaiserjägermuseum, Exponate zur Tiroler Vergangenheit mit den Themen Natur, Mensch, Religion und Politik, Bergisel 1–2, geöffnet Mittwoch bis Montag 9–17 Uhr, Sommer Do. 9–19 Uhr, Tel. +43(0)512/59489-611, www.tiroler-landesmuseen.at

Station Congress der Hungerburgbahn

Stiftsmuseum Wilten, religiöse Gemälde, Urkunden, Klosterg. 7, Besichtigung mit Führung nur mit Anmeldung, Tel. +43(0)512/583048, Pforte und Klosterladen geöffnet Montag bis Freitag 8–12 Uhr und 14–18 Uhr, Samstag, 8–12 Uhr, www.stift-wilten.at

Radiomuseum Radiowelt, über 400 Sammelstücke von den Anfängen des Hörfunks bis heute, geöffnet nur mit Voranmeldung, Oswald-Redlich-Str. 11, Tel. +43(0)664/5638150

Localbahnmuseum der Tiroler MuseumsBahnen, Fotos und Fahrzeuge der Lokalbahnen Tirols, geöffnet Mai bis Oktober Samstag 9–17 Uhr, Pater-Reinisch-Weg 4, Stubaitalbahnhof Wilten, Tel. +43(0)664/1116001, www.tmb.at

FREIZEITEINRICHTUNGEN

Alpenzoo Innsbruck-Tirol, wunderschön gelegen, einzigartige Sammlung von Wildtieren aus dem Alpenraum, Zooschule, geöffnet 9–18 Uhr (April bis Oktober) bzw. 9–17 Uhr (November bis März), Weiherburggasse 37, Tel. +43(0)512/292323, www.alpenzoo.at

Freischwimmbad Tivoli, Purtschellerstr. 1, Tel. +43(0)512/502/7081, Hotline +43(0)800/500/502, www2.ikb.at/geschaeftsbereich/baeder/hallenbaeder/index.php

Badesee Rossau, Josef-Mayr-Nusser-Str. 29, Tel. +43(0)512/502/7091, Hotline +43(0)800/500/502, www2.ikb.at/geschaeftsbereich/baeder/hallenbaeder/index.php

Hallenbad Amraser Straße, geöffnet Montag und Dienstag 9–21 Uhr, Donnerstag 8–21 Uhr, Freitag 9–21 Uhr, Samstag 9–20 Uhr, Sonntag 10–20 Uhr, Amraser Str. 3, Tel. +43(0)512/502/7051, Hotline +43(0)800/500/502, www2.ikb.at/geschaeftsbereich/baeder/hallenbaeder/index.php

Hallenbad Höttinger Au, geöffnet Montag, Mittwoch, Donnerstag, Samstag 9–22 Uhr, Freitag 8–22 Uhr, Sonntag 10–22 Uhr, Fürstenweg 12, Tel. +43(0)512/502/7070, Hotline +43(0)800/500/502, www2.ikb.at/geschaeftsbereich/baeder/hallenbaeder/index.php

Hallenbad Olympisches Dorf, geöffnet Montag bis Freitag 12–22 Uhr, Samstag und Sonntag 10–22 Uhr, Kugelfangweg 46, Tel. +43(0)512/502/7060, www2.ikb.at/geschaeftsbereich/baeder/hallenbaeder/index.php

Nordkettenbahnen, Ausgangspunkt Congress bzw. Hungerburg (Hoch-Innsbruck), Seegrube, Hafelekar, Tel. +43 (0)512/293344, www.nordpark.com

Patscherkofelbahn, Ausgangspunkt Igls, Tel. +43(0)512/377234, www.patscherkofelbahnen.at

Muttereralm-Bergbahnen, Ausgangspunkt Mutters, Tel. +43(0)512/548330, www.muttereralm.at

KAPITEL 3

INNSBRUCK UMGEBUNG

Rund um die Stadt

VÖLS
570 m, 6631 Einwohner

Das ursprünglich kleine Dorf, rund 5 km westlich von Innsbruck, liegt am Fuß des Blasiusberges, auf dem sich eine Burg befunden haben dürfte. Der Fund einer Bacchus-Büste weist auf einstige römische Besiedlung zurück. Im 15. Jh. ließ Erzherzog Sigmund der Münzreiche den Völser See zum Fischen und Bootfahren anlegen, der allerdings nicht mehr existiert. 1637 starb das Dorf durch die Pest fast vollständig aus. Ab der Mitte des 20. Jh. stieg die Bevölkerung sprunghaft an, Völs wurde zu einem Satellitenort Innsbrucks mit zahlreichen Wohnblöcken.

Die gotische **Pfarrkirche zu den hll. Jodok und Luzia** wurde 1785 barockisiert und 1924 von Rafael Thaler mit Deckenfresken geschmückt. Heute dient sie als Friedhofskirche. 1965–1967 schuf Josef Lackner die Pläne für die zeltförmige **Pfarrkirche Zur Ehre Unseres Herrn Jesus Christus zu Emmaus**. Der Grundriss soll eine Dornen- bzw. Königskrone darstellen.

Schon im 13. Jh. ist eine **Blasiuskirche** auf dem Berg südlich des Ortes erwähnt. 1522 stiftete Blasius Hölzl, Pfleger von Vellenberg, ein heute noch viel verehrtes Bronzekruzifix ("Schwarzes Kruzifix"), gegossen von Stefan Godl. 1733 entstand die heutige Wallfahrtskirche mit Fresken der Vierzehn Nothelfer von Franz Xaver Kirchebner. Jedes Jahr am 3. Februar wird die Kirche von Gläubigen besucht, um dort den Blasiussegen gegen Halsschmerzen zu erhalten.

Freibad Völser Badl, Blaike, Tel. +43(0)512/302911, www.voels.at
Museum Thurnfels im historischen Gemeindehaus, archäologische Funde (Bacchus-Büste aus dem 1. Jh. n. Chr.), Modell der alten Pfarrkirche etc., geöffnet Dienstag und Donnerstag 14–17 Uhr, Freitag 9–12 Uhr, Dorfstr. 31, Tel. +43(0)512/303111, www.voels.at/tourismus/museum

KEMATEN IN TIROL
610 m, 2762 Einwohner

Kematen liegt an der Mündung der Melach aus dem Sellraintal in den Inn. Der Fluss bildet die Grenze zwischen dem Ober- und dem Unterinntal. 1703 zerstörten im Zuge des Spanischen Erbfolgekriegs die Bayern fast den ganzen Ort. Heute ist das Dorf mit stark bäuerlicher Struktur auch Wohnvorort von Innsbruck. Während des Zweiten Weltkriegs richteten die deutschen Messerschmittwerke eine Fabrik für Flugzeug- und Raketenteile ein.

Im Dorfzentrum steht der ehemalige Adelssitz **Oberer Lotterhof**, einst im Besitz der Familie Fröhlich von Fröhlichsburg (1627–1785). Erhalten sind auch noch zwei von den ursprünglich neun Kornkästen des Ortes. Einer steht an der Straße nach Sellrain, im zweiten sind das Gemeindearchiv und das Heimatmuseum untergebracht.

1703 wurde die gotische **Pfarrkirche zum hl. Viktor und zur hl. Magdalena** schwer beschädigt und 1736 im Barockstil von Johann Michael und Matthias Umhauser neu geplant. Eine Besonderheit stellt der Kirchturm mit drei übereinanderliegenden Zwiebelhauben dar. Von der inneren Umgestaltung im 19. Jh. sind noch die Deckengemälde von Georg Mader (1872) im Nazarenerstil erhalten. Zu bewundern sind auch noch gotische Malereien aus dem 15. Jh. Anton Kirchebner malte das Hochaltarbild, Anton Kirchmayr 1937 das Fassadenfresko Madonna über der Kemater Kirche. Vor 1400 entstand die frühgotische Halbfigur Christus als König.

Die **Barockkapelle Maria Schnee** im östlich von Kematen gelegenen **Weiler Afling** wurde 1931 von Toni Kirchmayr mit Fresken ausgestattet.

Burgruine Fragenstein bei Zirl

ZIRL
622 m, 7933 Einwohner

Etwas östlich der heutigen Marktgemeinde Zirl bestand bei einem kleinen Hügel mit dem Namen Martinsbühel, eine Innbrücke, über welche ein Zweig der Römerstraße Via Claudia Augusta führte. Funde weisen schon auf Besiedlung in der Eisenzeit (4./5. Jh. v. Chr.) zurück. Die Bezeichnung Zirl leitet sich von der römischen Straßenstation Teriolis her. Bei der Abzweigung der Straße nach Norden über den **Zirler Berg** nach Seefeld und Scharnitz und weiter nach Augsburg entstand ein Ort, der schon im 13. Jh. als Verkehrsknotenpunkt Bedeutung erlangte.

In Zirl befanden sich eine Innbrücke, eine Zollstätte, ein Ballhaus, eine Rodfuhrstation, der Sitz eines Salzfaktors und eine Poststation. Die beiden Burgen Fragenstein und Martinsberg dienten zur Überwachung der Straße. Im Laufe der Geschichte wurde Zirl häufig von Bränden und Muren heimgesucht. Beim letzten Großbrand 1908 wurden auch zahlreiche Krippen zerstört. Zirl gilt heute noch als **Krippendorf**. Zu den wenigen noch erhaltenen alten Häusern zählen das **ehemalige Gerichtsgebäude** (bezeichnet als „Hohes Haus") in der Dorfmitte sowie das **Garberhaus**. Schon im Mittelalter wurde in der Umgebung Weinbau betrieben. Nördlich von Zirl ragen die zwei noch erhaltenen Türme der einstigen **Burg Fragenstein** auf. Vermutlich im 12. Jh. gründeten die Grafen von Andechs eine Befestigung zur Sicherung der wichtigen Nord-Süd-Route. Den Namen erhielt sie von den Herren von Fragenstein. 1703 wurde die Anlage durch bayerische Truppen großteils zerstört.

Die weiträumige **Pfarrkirche zum Hl. Kreuz** steht an der Stelle einer gotischen, später barockisierten Kirche und geht auf Pläne von Alois Haas (1849/50) zurück. Vom Zirler Maler Franz Plattner stammen die Nazarenerfresken (1861–1967, Allerheiligenbild, Einzug Christi in Jerusalem, Auferweckung des Lazarus, Auferstehung Christi, Anbetung des Kindes, Pfingsten) unter Mithilfe von Josef Arnold d. J. Von der Barockkirche wurden die Kreuzigungsgruppe am Hochaltar, die Statuen der hll. Sebastian und

Erasmus sowie die Bilder der vorderen Seitenaltäre übernommen.

Oberhalb der Ehnbachklamm stehen auf dem Kalvarienberg zwei Gotteshäuser. Bei der **Kreuzkapelle** handelt es sich um einen offenen Raum mit Fresken von Franz Xaver Kirchebner (Anfang 19. Jh.).

Die **Kalvarienbergkirche Zur Schmerzhaften Maria** wurde 1805 über einer im Bodenniveau tiefer liegenden Kapelle von 1776 errichtet. Das Kuppelfresko mit der Auferstehung Christi stammt von Josef Leopold Strickner (1805). Die **Heiliggrabkapelle** im südlichen Untergeschoss der Kirche weist Fresken von Josef Anton Puellacher (1776) auf. Wegen ihrer bekannten Fastenkrippe ist die Kirche in der Fastenzeit Ziel zahlreicher Pilger.

Kaiser Maximilian I. ließ um 1500 die am Fuße der Martinswand gelegene **Burg Martinsberg** auf dem **Martinsbühel** zu einem Jagdschloss als Ausgangspunkt für seine Gamsjagden umbauen. Erhalten ist nur mehr der einstige Palas in Form eines mächtigen Steinbaus. Aus der einstigen Burgkapelle ist die **Martinskapelle** mit einem spätgotischen Netzrippengewölbe, einer Darstellung der Mantelspende des hl. Martin, einer spätgotischen Madonna mit Kind und einem Kruzifix aus dem 17. Jh. hervorgegangen. Der spätgotische Chor (um 1510–1515) stammt von Niklas Türing d. Ä. Die übrigen Gebäude werden verschiedenartig genutzt.

Mit der **Martinswand**, einem beliebten Klettergebiet nahe Zirl, ist eine Sage verbunden. Kaiser Maximilian I. soll sich als passionierter Jäger hier verstiegen haben und von einem Engel in Verkleidung eines Hirten gerettet worden sein. Noch heute erinnert die weithin sichtbare Maximiliansgrotte daran.

Badeanlagen Zirl, Am Weingarten, Bühelstr. 1, Tel. +43(0)5238/54018 oder +43(0)5238/54001
Heimat- und Krippenmuseum Zirl, Dorfplatz 2, Volksfrömmigkeit, Krippen, sakrale Kunst, Bekleidung, Handwerke etc., geöffnet 1. Juli bis 30. November, Sonntag 14–17 Uhr, Tel. +43(0)5238/54001
Zirler Weihnachtskrippen in Privathäusern zur Weihnachtszeit, Anfrage Tel. +43(0)5238/52235
Wanderweg Innpromenade, leichte Wanderung von Zirl nach Inzing, Gehzeit ca. 1 Stunde
Ruine Fragenstein – Rasthaus am Zirler Berg, leichte Wanderung von Zirl über Fragenstein zum Rasthaus, Gehzeit ca. 1 Stunde

Die Salzstraße von Hall in Tirol bis Telfs

Ab dem 12. Jh. wurde im Karwendelgebirge nördlich von Hall in Tirol Salz gewonnen und in Hall verarbeitet. Ein großer Teil davon gelangte in Richtung Westen über Innsbruck, Zirl, Telfs, das Mieminger Plateau, Nassereith, den Fernpass und das Außerfern nach Süddeutschland und weiter in die Schweiz. Dort wurde das Salz vor allem für die Viehzucht und die Herstellung von Käse benötigt. Von Zirl aus führte ein Zweig der Salzstraße nördlich des Inns über Pettnau nach Telfs, ein anderer über die Innbrücke und die Dörfer Inzing, Hatting, Flaurling, Oberhofen und Pfaffenhofen ebenfalls nach Telfs. In diesen Orten bestanden große Gasthöfe mit Stallungen für die Zugtiere. An manchem Gasthof erinnern noch Abbildungen an den einstigen Durchzugsverkehr, etwa in Pettnau und in Flaurling.

INZING
621 m, 3675 Einwohner

Inzing ist auch heute noch stark bäuerlich geprägt. Im Lauf seiner Geschichte erlangte der Ort eine gewisse Bedeutung durch die Lage an der alten Salzstraße von Zirl gegen Westen. Die sogenannte **Friedrichslinde** in Toblaten soll der Sage nach von Herzog Friedrich IV. (15. Jh.) gepflanzt worden sein. Ein weiteres Naturdenkmal ist der 1892 von einem Missionar gepflanzte **Schneeglöckchen-Baum** im Ortsteil Hof, seine Blätter nehmen im Herbst außergewöhnliche Farben an. Das **Inzinger „Schlössl"** neben der Pfarrkirche stammt im Kern aus dem 17. Jh., ist jedoch in Privatbesitz und kann nicht besichtigt werden. Auf Anfrage auch von innen zu bewundern ist der denkmalgeschützte, bäuerliche **Adelshof** im Ortsteil Toblaten. **Vinzenz Gasser**, einer der bedeutendsten Brixner Bischöfe im 19. Jh., und **Jörg Kölderer**, Hofmaler Kaiser Maximilians I. im 15. Jh., stammen aus Inzing. Ihm werden die Malereien am Goldenen Dachl in Innsbruck zugeschrieben.

Die 1777–1780 vom Innsbrucker Joseph Renn neu errichtete **Pfarrkirche zum hl. Petrus** hatte einen gotischen Vorgängerbau. Schon im 17. Jh. wurde dort eine Kopie des Mariahilfbildes von Lucas Cranach d. Ä. im Innsbrucker Dom stark verehrt. Diese Kopie hing einst in einem Inzinger Bauernhof und soll Tränen geweint haben. Zahlreiche Votivtafeln erinnern noch an die Wallfahrt.

Schwimmbad Inzing, Salzstr. 25, Tel. +43(0)5238/88400 oder +43(0)5238/88110
Adelshof, Familie Abenthung, Toblaten 4, Besichtigung nur auf Anfrage, Tel. +43(0)5238/88417

Krippenschau zur Weihnachtszeit in Inzinger Häusern, Tel. +43(0)5238/88121
Vogelschutzgebiet Gaisau, Fluss- und Aulandschaft am Inn, leichte Wanderung

HATTING
617 m, 1365 Einwohner

Das Dorf an der alten Salzstraße von Kematen nach Telfs war von 1974 bis 1993 in die Gemeinde Inzing eingegliedert, ist heute jedoch wieder selbständig.

Die ursprünglich gotische **Pfarrkirche zum hl. Ägidius** wurde 1875 innen von Heinrich Kluibenschedl mit Fresken im Nazarenerstil ausgeschmückt. Erhalten ist noch die um 1470 entstandene gotische Ausmalung des Chors. In der Osterzeit wird das barocke Heilige Grab aufgestellt.

POLLING
621 m, 1016 Einwohner

1754 wurde anstelle einer früheren Kapelle die **Pfarrkirche zu den Pestheiligen Rochus, Fabian und Sebastian** gebaut. Anton Kirchebner zeigt in den Deckenfresken (1756) Szenen aus dem Leben des hl. Rochus. Im Hochaltarbild hilft der hl. Rochus Pestkranken, ein Hinweis darauf, dass in Tirol mehrmals die Pest wütete.

FLAURLING
675 m, 1284 Einwohner

Flaurling nahm im Laufe der Geschichte eine bedeutendere Stellung ein als seine ebenfalls an der Salzstraße gelegenen Nachbarorte, denn hier bestand eine Innfähre und vom 16. bis zum 19. Jh.

Das Ris-Schlösschen in Flaurling beherbergt bis heute eine kostbare Bibliothek.

ein Salzstadel zur Lagerung. Im Widum von Flaurling soll um 1416 Herzog Friedrich IV. auf seiner Flucht von Konstanz einige Zeit Unterschlupf erhalten haben (s. Geschichte in der Einführung). Am **Gasthof Goldener Adler** finden sich noch reiche barocke Fassadenmalereien (Pferdefuhrwerk, verschiedene Heilige). Direkt im Ort liegt das **Mugelerhaus** (spätgotisch, sehr gut erhalten).

Die **Pfarrkirche zur hl. Margarethe** ließ Sigmund Ris 1508 ausbauen. 1836 erfolgte eine Umorientierung der Kirche, das einstige Langhaus wurde nun als Chor verwendet, an den wiederum ein neues Langhaus angebaut wurde. Das große Deckenfresko mit der Anbetung des Lammes malte 1958 der Innsbrucker Wolfram Köberl. Hochaltar und Kanzel gehen auf Josef Falbesoner (1836) und das Hochaltarbild auf Caspar

Jele (1843) zurück. An der Außenwand befindet sich der Grabstein des Sigmund Ris, der 1532 im Alter von 101 Jahren starb.

Erzherzog Sigmund der Münzreiche, Sohn Herzog Friedrichs IV., errichtete in Flaurling ein kleines Jagdschloss, später als **Ris-Schlösschen** bezeichnet. 1470 schenkte er es seinem gelehrten Hofkaplan Sigmund Ris, damals Pfarrer von Flaurling, der es zu einem herrschaftlichen Pfarransitz mit Bibliothek und Kapelle ausbauen ließ.

Die gotische Kapelle erfuhr im 19. Jh. eine weitgehende Umgestaltung. Erhalten sind dort noch ein spätgotischer Gedenkstein sowie ein Flügelaltar (1510) mit der Abbildung des Stifters Sigmund Ris mit seinen Verwandten. 1752 malte Christoph Anton Mayr das Bild für den Notburga-Altar.

OBERHOFEN IM INNTAL
626 m, 1747 Einwohner

Aufgrund dreier Großbrände im 19. Jh. sind kaum mehr alte Häuser erhalten. In dem zum Gemeindegebiet gehörenden Weiler Hornbach wuchs übrigens von 1920 bis 1933 der spätere, äußerst beliebte Landeshauptmann von Tirol Eduard Wallnöfer (gest. 1989) auf.

1741–1745 baute Gallus Gratl anstelle einer früheren Kirche die **Pfarrkirche zum hl. Nikolaus** mit reicher Stuckausstattung. 1884 übermalte Heinrich Kluibenschedl die ursprünglichen barocken Deckenfresken von Franz Anton Zeiller, doch wurde die Übermalung im Chorraum rückgängig gemacht. Der 1980 aufgestellte, barocke Hochaltar stammt von der Wallfahrtskirche Schöngrabern in Niederösterreich, wobei das alte Altarbild (Muttergottes mit dem hl. Nikolaus) wieder eingesetzt wurde.

Neben dem Weg nach Flaurling befindet sich die **Wegscheidkapelle**, bei den Wandmalereien auf ihrer Rückseite handelt es sich um die ältesten Fresken im Raum von Telfs (frühes 15. Jh.).

PFAFFENHOFEN
646 m, 1077 Einwohner

Verschiedene Funde lassen auf eine relativ frühe Besiedlung, vielleicht schon im 5. Jh. v. Chr., schließen. Pfaffenhofen war auch Mittelpunkt einer Großpfarre, zu der die umliegenden Dörfer gehörten. Schon im 6. Jh. dürfte eine erste Kirche bestanden haben. Eine Innbrücke zwischen Telfs und Pfaffenhofen wird erstmals um 1500 erwähnt.

Kommuniongitter in der Pfarrkirche Pfaffenhofen

Oberhalb des Dorfes liegt die **Burg Hörtenberg**, 1277 als Besitz der bayerischen Grafen von Eschenlohe-Hörtenberg erstmals urkundlich genannt und 1286 mit dem dazugehörenden Gericht vom Tiroler Landesfürsten Graf Meinhard II. erworben. Bis ins 15. Jh. war die Burg Sitz des Landrichters für die Region. Im 17. Jh. diente Hörtenberg als Lager und wurde 1706 durch Blitzschlag bis auf den heute noch erhaltenen Turm zerstört.

Im ehemaligen **Ansitz Thurn**, auch Zechschlössl genannt, ist seit 1865 das **Kloster der Armen Schulschwestern** und seit 1869 eine dazugehörige Kapelle untergebracht. Heute wird dort eine Fachschule für wirtschaftliche Berufe geführt.

Die **Pfarrkirche Mariä Himmelfahrt** wurde im 15. Jh. erweitert und im 18. Jh. barockisiert. Zwischen 1860 und 1863 wurde die barocke Einrichtung allerdings gänzlich entfernt. 1958 legte man im Chor Rankenmalereien aus dem 15. Jh. und eine Verkündigung aus dem 16. Jh. frei. 1960/61 gestaltete Franz Öfner aus Innsbruck den neuen Hochaltar, wobei er die 15 barocken Rosenkranzbilder von Joseph Anton Zoller (1776) miteinbezog. Auffallend ist auch das von Josef Kassian Miller um 1860 geschnitzte und bemalte Kommuniongitter mit den klugen und törichten Jungfrauen.

1961 brachten Grabungen unter der Pfarrkirche Reste einer frühchristlichen Bischofskirche (Anfang 6. Jh.) zutage, die im 7. Jh. eventuell Eigenkirche und Begräbnisstätte einer Adelsfamilie wurde. Darauf lassen Funde von Gräbern und kostbare Grabbeigaben schließen.

PETTNAU
610 m, 957 Einwohner

Im Mittelalter war der Ort von nicht unerheblicher Bedeutung, da hier der Salz- und Güterverkehr den Inn mittels einer Fähre überquerte. Die nicht weit entfernte Telfer Au war wegen Überschwemmungen oft unpassierbar. Ab dem 18. Jh. gab es dann eine Innbrücke.

In Oberpettnau stehen das **Wirtshaus Mellauner Hof**, der **Ansitz Sternbach** (frühes 18. Jh., heute ein Bauernhof), die Kirche und der große Wirtschaftshof. Der Mellauner Hof an der Bundesstraße zählt zu den ältesten Wirtshäusern des Landes und war einst Salzumschlagplatz und Poststation. Die Fassadenmalereien stammen von Johannes Obleitner (1933). Ebensolche sind auch am heutigen **Gemeindeamt** (Unterpettnau, Haus Nr. 26) zu sehen (hll. Florian, Maria mit Kind, Christophorus, Fuhrwerk und Reiter). Bei diesem typischen Oberinntaler Bauernhaus handelt es sich um einen einstigen Gasthof. Bemalung trägt auch die **frühere Poststation in Dirschenbach**.

Als ein Wahrzeichen für die Region gilt der spitze Turm (1710) der **Pfarrkirche St. Georg in Leiblfing**. Vermutlich bestand hier schon vor 1000 n. Chr. ein Gotteshaus, 1495 und 1682 wurde dieses umgebaut und 1720 barockisiert. Bei Restaurierungsarbeiten konnten Fresken (12 Apostel, Chor) aus dem 15. Jh.

und sogar Freskenfragmente aus dem 13. Jh. (drei weibliche Heilige, Langhaus) freigelegt werden. Die neuen Fresken (1965) stammen von Ernst Pokorny aus Sillian.

Die **Kirche zum hl. Josef** in Oberpettnau stammt in ihrer heutigen Form aus dem Jahr 1666 und wurde 1746–1751 barock erneuert. Joseph Anton Zoller malte 1774 die Deckengemälde und das Hochaltarbild mit dem Tod des hl. Josef. Die Figuren an den drei Rokokoaltären sind Werke von Johann Perger (1774).

TELFS
633 m, 15.235 Einwohner

27 km westlich von Innsbruck liegt Telfs in einer klimatisch begünstigten, beckenartigen Erweiterung des Inntals am Fuß der Hohen Munde (2662 m). Gemessen an der Einwohnerzahl liegt die Marktgemeinde nach Innsbruck und Kufstein in Tirol an dritter Stelle. Oberhalb des Ortes ist eine Besiedelung schon in der Bronzezeit nachweisbar. Im Mittelalter wurde Telfs zu einem wichtigen Warenumschlagplatz auf dem Handelsweg von Ost nach West. Auch hier war vor allem der Salzhandel von großer Bedeutung, es gab einen Salzstadel und ein Ballhaus. Weiters bestand ein vielbegangener Weg über Mösern nach Seefeld und Scharnitz. Eine Innbrücke nach Pfaffenhofen wird erstmals um 1500 erwähnt.

Die barocken Fassadenmalereien an manchen Häusern erinnern an den einstigen Wohlstand. Im 19. Jh. und bis in die 70er Jahre des 20. Jh. war Telfs ein bedeutendes **Zentrum der Textilindustrie**. Einige große ehemalige Fabrikgebäude sind noch erhalten. Der hohe Migrantenanteil der Gemeinde lässt sich damit erklären, dass sich gerade in den 70er und 80er Jahren des 20. Jh. ausländische Arbeitskräfte aus der Türkei und dem ehemaligen Jugoslawien hier niederließen. 2006 wurde ein muslimischer Gebetsturm errichtet, der zweite in Österreich nach Wien.

Anstelle einer Vorgängerkirche wurde die jetzige **Pfarrkirche zu St. Peter und St. Paul** 1860–1863 nach Plänen von Leopold von Claricini im Stil der Neuromanik erbaut. 1962 gestaltete der Innsbrucker Architekt Josef Lackner das Innere völlig um und ließ dabei die Nazarenerfresken übermalen. Nachdem Lackners Ideen von vielen Gläubigen kritisiert worden waren, kam es 1980–1984 zu einer neuerlichen Veränderung durch den Freiburger Künstler Helmut Lutz. Er ließ 16 der Nazarenerfresken freilegen, schuf einen Hauptaltar mit einem übergroßen Kruzifix mit neubarocker Ornamentik. Seine Seitenaltäre haben die Form moderner Plastiken, wobei er rechts die barocke Figur des hl. Sebastian von Urban Klieber und links eine barocke Madonna integrierte.

Nahe der Pfarrkirche steht das **Franziskanerkloster** mit Kirche und einem kleinen Gartenpavillon, 1704/05 errichtet. An die Pest von 1634/35, die ein Fünftel der Telfer Bevölkerung hinwegraffte, erinnern noch die **Ematkapelle** und das **St.-Georgs-Kirchlein** (Fresken aus dem 14. Jh.) mit dem einstigen Pestfriedhof. Auf dem Birkenberg steht die **Wallfahrtskapelle Mariahilf**, ein Rundbau von 1692. Der Hochaltar geht auf Andreas Thamasch zurück (1693), die beiden Seitenaltare (rechts hl. Isidor, links hl. Notburga) stammen aus seiner Werkstatt.

Zwei moderne Kirchenbauten stellen die **Kirche zum Hl. Geist in Schlichtling** (2001, Architekt Peter Thurner) und die **Pfarrkirche zur Auferstehung Jesu**

Telfer Schleicherlaufen

Christi in St. Georgen (1974/75, Anton Klieber) dar.

Im **Ortsteil Mösern** (1250 m), auf dem Weg nach Seefeld, ist die barocke **Kirche Mariä Heimsuchung** (17. Jh. erbaut, 1763 umgebaut, 1979 vergrößert) zu besichtigen. Auf einem Hügel westlich von Mösern steht seit 1997 die von der Innsbrucker Glockengießerei Grassmayr gegossene **Friedensglocke**. Sie erinnert an das 25-jährige Bestehen der 1972 in Mösern gegründeten ARGE ALP. Ziel dieser Gemeinschaft ist eine gemeinsame, grenzüberschreitende Zusammenarbeit der Alpengebiete in politischen, wirtschaftlichen und kulturellen Belangen. Bei der Friedensglocke handelt es sich um die größte Glocke Tirols (12 t, 2,51 m hoch, Durchmesser 2,54 m). Sie wird täglich um 17 Uhr geläutet und soll daran erinnern, dass das Gemeinsame in den Vordergrund gestellt und der Friede unter den Staaten erhalten werden sollte. Vom Standort der Glocke bietet sich übrigens auch ein ausgezeichneter Blick auf das Becken von Telfs.

Auf eine alte Spieltradition des 16. Jh. gehen die seit 1982 bestehenden **Tiroler Volksschauspiele** in Telfs zurück. Bei dieser bedeutenden Veranstaltung, die eng mit den Namen der beiden bereits verstorbenen Schauspieler Hans Brenner und Ruth Drexel verknüpft ist, werden zum einen bekannte Tiroler Autoren wie Karl Schönherr und Felix Mitterer, zum anderen aber auch Stücke gespielt, welche eigens für die Volksschauspiele geschrieben wurden.

Badegewässer Lottensee, Wildmoos, A-6100 Mösern, Tel. +43(0)664/4003132 oder +43(0)5262/67532

Badegewässer Möserer See, oberhalb vom Ortsteil Mösern, ab Telfs ca. 9 km, malerisch gelegen
Badegewässer Wildmoossee, rund 14 km von Telfs entfernt, periodisch auftretender See, A-6100 Mösern, Tel. +43(0)5212/3356
Freibad und Hallenbad, Weißenbachg. 17, Tel. +43(0)5262/62137
Telfer Volksschauspiele, Juli und August, Gemeindeamt, Untermarkt 5, Tel. +43(0)5262/62014, www.volksschauspiele.at
Fasnacht- und Heimatmuseum Noaflhaus, Schleicherlaufen, Textilindustrie, Geschichte, Schmetterlingssammlung, berühmte Telfer etc., geöffnet Montag bis Freitag 10–12 Uhr, im Sommer auch 15–17 Uhr, Untermarkt 20, Tel. +43(0)5262/62709/20, www.telfs.com/noafl
Feuerwehrmuseum, geöffnet nur nach Voranmeldung, Dr.-Klaus-Ebner-Weg 1, Tel. +43(0)660/8117101
Bergbauernmuseum Ropferhof, bäuerliche Arbeits- und Haushaltsgeräte, bäuerliches Leben, geöffnet Juni bis Oktober, Dienstag bis Sonntag 11–18 Uhr, Buchen Nr. 6, Tel. +43(0)5262/65949

Wegkreuz in Leutasch

INNSBRUCK UMGEBUNG

Seefelder Plateau – Leutasch

Von Zirl (622 m) führt ein Abschnitt der Seefelder Straße (B 177) über den **Zirler Berg** und weiter über den Seefelder Sattel (1185 m) nach **Seefeld**. Man erreicht den Ort auch mit der Mittenwald- oder Karwendelbahn in einer landschaftlich sehr schönen Fahrt ab Innsbruck.

Das **Seefelder Plateau** ist ein über dem Inntal gelegenes Hügelland mit Mulden, Buckeln, Wald und Wiesen und wird nach Norden durch die Engstelle der Scharnitzer Klause gegen Bayern abgeschlossen. Die umgebenden Gebirge sind der Wetterstein, das Karwendel und die Mieminger Kette. Bei den Olympischen Winterspielen in Innsbruck in den Jahren 1964 und 1976 fanden hier die Langlaufbewerbe und jene der Nordischen Kombination statt. Wichtig ist vor allem der Fremdenverkehr. Beim **Leutaschtal** handelt es sich um ein 16 km langes Hochtal, das sich von der Hohen Munde nach Nordosten am Wettersteingebirge entlang erstreckt und nahe Mittenwald in einer Klamm endet. Die geschützte Lage garantiert im Winter Schneesicherheit und im Sommer ein relativ mildes Klima.

REITH BEI SEEFELD
1130 m, 1275 Einwohner

Das an der Durchzugsstraße vom Inntal nach Deutschland hoch über dem Inntal gelegene Dorf wurde 1892 durch einen Großbrand fast vollständig zerstört. Im Ortsteil **Leithen** stellt das 1537 entstandene **Fresko am Haus Nr. 11** direkt an der Bundesstraße den Kampf der beiden Riesen Haymon und Thyrsus dar. Laut einer Sage soll das Blut des Thyrsus den Boden getränkt haben und hier heute noch als Thyrsen- oder Dirschenblut in Form von Steinöl gewonnen werden. Dieses dient schon seit Jahrhunderten als Heilmittel und wird von der Ichthyol-Gesellschaft verarbeitet. Als Sühne für seine Tat soll der Riese Haymon anschließend das Kloster Wilten bei Innsbruck gegründet haben.

Die neuromanische **Pfarrkirche zum hl. Nikolaus** wurde 1893 an Stelle einer zuvor zerstörten Kirche errichtet. Rudolf Margreiter aus Kundl schmückte sie mit einem Deckenfresko, auf dem er zahlreiche damalige Dorfbewohner und sich selbst am Sterbebett seiner ersten Gattin verewigte. Nach Kriegsende 1945 wurde eine umfassende Renovierung notwendig. Damals gestaltete der einheimische Bildhauer Johannes Obleitner die Kirchentüren, die Glasfenster, die Kriegergedächtnisstätte und die Totenkapelle. Das Gotteshaus zählt zu den schönsten Jugendstilkirchen Tirols.

> **Reither Kulturwanderweg mit 10 Stationen**, Rundwanderweg von Reith nach Leithen und zurück, Verbindung von Kultur und Natur, www.seefeld.com

SEEFELD IN TIROL
1180 m, 3376 Einwohner

Seefeld entstand an einer Stelle, die schon in vorrömischer Zeit als Rastplatz auf dem Weg vom Inntal über das See-

INNSBRUCK UMGEBUNG

Seekirchlein in Seefeld

INNSBRUCK UMGEBUNG

felder Plateau in das Voralpenland diente. Der Name leitet sich von den einstigen Hochseen ab. Im 13. Jh. wurden Teile des dichten Waldes gerodet und als Ackerland nutzbar gemacht. Die Grafen von Andechs errichteten 1248 eine Burg am Schlossberg, von der nichts mehr erhalten ist. Mit dem zunehmenden Verkehr stieg die Bedeutung des Ortes. Seefeld hatte ein Ballhaus und war Station für Händler. Ab dem 14. Jh. wurde Seefeld zu einem Wallfahrtszentrum, auch die Tiroler Landesfürsten pilgerten hierher (siehe hierzu Infokasten zur Hostienlegende und Oswald Milser). Kaiser Maximilian I. ließ das Kloster der Augustiner errichten. Durch die Verlagerung der Verkehrswege über den Arlberg verlor Seefeld an Bedeutung. In den 1920er Jahren stieg der Ort jedoch zum mondänen **Wintersportzentrum** auf. Bei den **Olympischen Winterspielen** in Innsbruck in den Jahren 1964 und 1976 fanden hier die Langlaufbewerbe und jene der Nordischen Kombination statt. Heute noch spielt der Fremdenverkehr eine bedeutende Rolle. Seefeld besitzt au-

ßerdem auch ein modernes **Kurzentrum**, welches sich die im Ort befindliche, zweitstärkste radioaktive Quelle Österreichs zu Nutze macht. Am südlichen Ortsrand erstreckt sich der wunderschöne **Wildsee**.

Die große spätgotische **Pfarr- und Wallfahrtskirche zum hl. Oswald** entstand 1425–1468, nachdem die alte, kleinere Kirche den Anstrom der Pilger nicht mehr fassen konnte, im Auftrag von Herzog Friedrich IV. und Erzherzog Sigmund dem Münzreichen. Baumeister waren Stefan von Zirl und Hans Reichartinger. Das Gotteshaus zählt zu den schönsten spätgotischen Kirchen Tirols.

Im Tympanonrelief des spitzbogigen Hauptportals sind links das Hostienwunder und rechts der Tod des hl. Oswald abgebildet. Die dreischiffige Halle wird von einem Netzgewölbe auf achteckigen Pfeilern überdacht. Fresken aus dem 15. Jh. zeigen u. a. den hl. Andreas, Szenen aus der Passion und den Legenden des hl. Oswald und der hl. Magdalena. An das Hostienwunder erinnert auch ein großes Tafelbild vom Hofmaler Jörg Kölderer (1502) rechts im Chor.

Als moderner Volksaltar dient heute die alte gotische Mensa, deren Steinplatte angeblich den Abdruck von Milsers Hand aufweist. In einer Vertiefung im Boden, abgedeckt durch ein Gitter, soll Milser versunken sein. Zur Ausstattung gehören u. a. noch ein spätgotischer Seitenaltar (1530/40), das Pfingstwunderrelief (16. Jh.), der Taufstein (16. Jh.) und die Kanzel.

Eine Treppe auf der Nordseite des Langhauses führt zur **Heiligblutkapelle**, die Erzherzog Ferdinand II. zur Aufbewahrung der wundertätigen Hostie 1574 von seinem Hofbaumeister Hans Lucchese anbauen ließ. Auf Kaiser Karl VI. geht die Barockisierung dieser Renaissancekapelle zurück.

In Seefeld gab es bis zum 18. Jh. ein **Kloster der Augustiner-Eremiten**. 1516 begann Jörg Kölderer im Auftrag Kaiser Maximilians I. mit dessen Bau, der im Jahr 1604 vollendet wurde. Die Mönche betrieben eine Brauerei, kümmerten sich um Land- und Forstwirtschaft und führten ein Hospiz für in Not geratene Reisende. 1785 erfolgte die Auflösung. Das Klostergebäude kam 1808 in Privatbesitz und ist heute das Hotel Klosterbräu. Erhalten ist noch der Kapitelsaal, der als Pfarrsaal Verwendung findet.

Das **Seekirchlein** stiftete Erzherzog Leopold V. 1628 auf einer kleinen Insel mitten in einem von Erzherzog Sigmund dem Münzreichen künstlich angelegten See als Aufbewahrungsort für ein wundertätiges Kreuz. Laut Legende soll das Kreuz zu einer frommen Pilgerin gesprochen haben.

1666 wurde der achteckige Zentralbau mit Kuppel und Laterne, ein Werk des Innsbrucker Hofbaumeisters Christoph Gumpp, geweiht. Das Renaissanceportal trägt das Wappen Österreich-Medici und erinnert damit an den Erzherzog und seine Florentiner Gattin Claudia de' Medici. Der das Kirchlein umgebende Kreuzsee diente lange Zeit der Fischzucht und wurde 1808 abgelassen.

Der **Steinkreis (Seefelder Kreuzweg)** entstand in den 1990er Jahren am höchstgelegenen Punkt des Seefelder Pfarrhügels. Ausgangspunkt ist die Pfarrkirche St. Oswald. Im Steinkreis befindet sich die Darstellung des Letzten Abendmahls in Form von bis zu 23 Tonnen schweren Findlingen.

Seefeld und seine Umgebung bieten zahlreiche **Wandermöglichkeiten**, darunter Seenwanderungen (Wildsee, Möserer See, Wildmoossee, Lottensee sowie Weidachsee) und auch Bergwanderungen (Rosshütte, Seefelder Joch, Härmelekopf, Gschwandtkopf u. a.).

Geheiztes Freibad am Wildsee, Innsbrucker Str. 500, Tel. +43(0)5212/2436, www.strandperle.at
Hallenbad Olympia Sport- und Kongresszentrum, Klosterstr. 600, Tel. +43(0)5212/3220, www.seefeld-sports.at
Hallenbad Hotel Bergland, Innsbrucker Str. 3, Tel. +43(0)5212/2293, www.h-bergland.at
Hallenbad Hotel Residenz Hochland, Wettersteinstr. 184, Tel. +43(0)5212/2211, www.hotel-hochland.com

Die Hostienlegende des Ritters Oswald Milser

Die Legende besagt, dass am Gründonnerstag des Jahres 1384 der hochmütige Ritter Oswald Milser während der Messe vom Priester die große Hostie verlangte. Als der Geistliche sie ihm auf die Zunge legte, versank der Ritter im Steinboden. Seine Hände suchten am Altarstein Halt, doch auch dieser gab nach. Sofort nahm der Priester ihm die Hostie aus dem Mund, die deutliche Blutspuren aufwies. Das Wunder sprach sich schnell herum und Seefeld wurde ein bekannter Wallfahrtsort. Oswald Milser jedoch ging als Büßer ins Kloster Stams. Die Bluthostie wurde in einer goldenen Monstranz aufbewahrt. Letztere ist noch erhalten, die Hostie hat sich angeblich erst 1919 aufgelöst.

Hallenbad Kronenhotel, Karwendelweg 732, Tel. +43(0)5212/4106, www.kronenhotel.com
Bergbahnen Rosshütte, Klosterstr. 600, Tel. +43(0)5212/3220, www.seefeld-sports.at
Gschwandtkopf-Lifte, Tel. +43(0)5212/2490 oder +43(0)664/1403000, www.skigebiet-seefeld.at

SCHARNITZ
964 m, 1316 Einwohner

Der Grenzort zu Deutschland liegt in einer Talweitung zwischen dem Karwendel- und dem Wettersteingebirge. Von hier aus kann man die beliebten Wandergebiete Karwendel-, Hinterau- und Gleirschtal leicht erreichen. Schon die Römer hatten hier eine Station an der Straße von Italien nach Augsburg angelegt. Die Route Brenner–Scharnitz zählte zu den wichtigsten Alpenübergängen, hier bestand eine Isarbrücke. Laut Legende soll in der Gegend der in Bayern stark verehrte hl. Korbinian auf einen Bären getroffen sein, der sein Maultier tötete. Der Heilige zwang den Bären, sein Gepäck nach Rom zu tragen. Korbinian gründete 717 das Bistum Freising. Auf das Jahr 763 geht das Kloster Scharnitz zurück, das 772 nach Schlehdorf verlegt wurde. Seit 1897 besteht ein **Kloster der Benediktinerinnen** mit einer Hauptschule und einem Internat (bis 2011). Scharnitz war auch Ausgangsort für die Jagdgebiete im Karwendel, die vor allem von Kaiser Maximilian I. hoch geschätzt wurden. Gegen Norden verengt sich das Tal schluchtartig. Von 1632 bis 1634, während des Dreißigjährigen Krieges, ließ Erzherzog Leopold V. an der Nordgrenze Tirols eine Talsperre errichten, die zu Ehren seiner Gattin Claudia de' Medici die Bezeichnung **Porta Claudia** erhielt. 1703 und 1809 war sie heiß umkämpft.

Heute sind noch einige Mauerreste vorhanden. Auf der Isar bestand über Jahrhunderte eine Holztrift.

Die **Pfarrkirche Maria Hilf** entstand 1893–1896, nachdem Brände die Vorgängerbauten zweimal zerstört hatten. Das Innere wurde um 1955 neu ausgestattet, u. a. mit einem Fresko der Schutzmantelmadonna und Fenstern von Max Spielmann sowie den zwölf Apostelfiguren von Ilse Glaninger.

Seefelder Heimatmuseum, Wintersport, Handwerke, Dorfgeschichte, Bergbau, geöffnet auf Anfrage, Gießenbach 237, Tel. +43(0)664/1216621
Infozentrum Karwendel, Geologie und Geschichte des Karwendels, Innsbrucker Str. 282, Tel. +43(0)5213/5270
Verein Alpenpark Karwendel, Adolf-Klinge-Platz 7, A-6108 Scharnitz, Tel. +43(0)664/2041015, www.karwendel.org
Gleirschklamm, Wanderung von Scharnitz zur Scharnitzer Alm oder weiter über den Nederweg zum Einstieg in die Gleirschklamm, Hinweg mit Klamm ca. 2,5 Stunden, Rückweg über Hochwald ca. 1,5 Stunden, Trittsicherheit und Schwindelfreiheit sind notwendig
Karwendelsteg, Start der Wanderung beim Tourismusbüro Scharnitz, Endziel Gasthof Wiesenhof, Gehzeit ca. 2,5 Stunden hin und zurück
Wanderung zum Isarursprung, ca. 9 km von Scharnitz entfernt, Wanderung entlang des Baches bis zu seinen vielen Quellen, Schau- und Informationstafeln geben Auskunft über Natur und Vegetation

LEUTASCH
1130 m, 2274 Einwohner

Nahezu parallel zur Linie Scharnitz–Seefeld erstreckt sich nordwestlich am Fuß des Wettersteingebirges bis zur deutschen Grenze das Hochgebirgstal der Leutasch, durchflossen von der Leutascher Ache. Gegen Mittenwald verengt sich das Tal zur Leutaschklamm,

gegen Süden ist es praktisch offen. Erste Siedlungen im ursprünglich geschlossenen Waldgebiet entstanden im 12. Jh. im Zuge von Rodungen durch die Klöster Wilten, Stams und Polling. Heute besteht Leutasch aus verschiedenen Ortsteilen, von denen **Kirchplatzl** Sitz der Gemeinde und Standort der Pfarrkirche für Oberleutasch ist. Das einstige Zollhaus (16. Jh.) erinnert an die frühere Bedeutung des Ortes als Durchzugsgebiet zwischen Mittenwald und Telfs. In der Zeit des Dreißigjährigen Krieges ließ Claudia de' Medici am Talende als Sperre die Leutascher Feste erbauen.

Gegen Westen zweigt das rund 15 km lange **Gaistal** zwischen Wettersteingebirge und Mieminger Kette ab, ebenfalls ein Hochtal. Unweit dieses Tales liegt auf der Tillfußalm (Gemeinde Wildermieming) das große **Jagdhaus Hubertus** des Schriftstellers **Ludwig Ganghofer** (1855–1920). Hier empfing er berühmte Persönlichkeiten wie Thomas Mann oder Hugo von Hofmannsthal. In seinen Romanen beschrieb er die Landschaft dieses Tales.

Die **Pfarrkirche zur hl. Magdalena in Kirchplatzl in Oberleutasch** entstand 1820/21 nach Plänen des Bildhauers Jo-

sef Falbesoner aus Nassereith anstelle einer schon im 12. Jh. erwähnten Kapelle.

Sehenswert sind einige renovierte **Kapellen** aus der Gotik und dem Barock sowie **bemalte Bauernhäuser** entlang der Straße. Im Weiler **Unterleutasch** stammen die Fresken der Häuser Nr. 254, Obere Gasse Nr. 163 und In der Plaik Nr. 92 von Josef Degenhardt, der auch im Lechtal malte. In der **Pfarrkirche zum hl. Johannes dem Täufer** (1827–1831) schuf Franz Xaver Renn den Hochaltar (1830), das Bild mit der Predigt des Heiligen stammt von Josef Liebherr (um 1790).

ErlebnisWelt Alpenbad Leutasch, Weidach 275, Tel. +43(0)5214/6380, www.alpenbad-leutasch.com
Spielpark Leutasch – Sommerrodelbahn, Weidach 381 e, Tel. +43(0)5214/6219
Ganghofer-Museum, Einblick in das Leben und Wirken des Schriftstellers, Dorfgeschichte, geöffnet Dienstag bis Freitag 15–17 Uhr, Kirchplatzl 154, Tel. +43(0)5214/20093, www.leutasch.at/museum
Leutascher Geisterklamm, Wanderung von Leutasch bis nach Mittenwald, Ausgangspunkt Ortsteil Schanz kurz vor der Staatsgrenze, Gehzeit ca. 2 Stunden, Schanz, Tel. +43(0)5088010, www.seefeld.at

Sellraintal

Von Kematen aus zieht sich das noch ursprünglich gebliebene Sellraintal gegen Südwesten. Es besteht aus dem Zirmbachtal und dem Lüsenstal. Hauptbach ist die Melach. Im Süden wird es von den Stubaier Alpen begrenzt.

SELLRAIN
999 m, 1330 Einwohner

Hauptort der Gemeinde ist das **Dorf Rothenbrunn** an der Straße. Bis heute hat sich der Ort seinen ursprünglichen Charakter bewahren können, es gibt nur sanften Tourismus. Auf Grund einer eisenhaltigen Quelle bestand hier vom 15. bis zum 19. Jh. ein Heilbad, das Erzherzogin Anna Caterina Gonzaga, die zweite Gattin Erzherzog Ferdinands II., öfters besuchte. Sellrain war bis nach dem Zweiten Weltkrieg dafür bekannt, dass hier die Wäsche der wohlhabenden Innsbrucker Bürger gewaschen und auf den Wiesen gebleicht wurde. Das Wasser der Melach ist besonders weich und die Holzasche für die Lauge kam aus den umliegenden Wäldern. Früher führte der einzige befahrbare Weg nach Innsbruck über Grinzens. Unweit von Sellrain liegt an dieser Straße die **Rote Kapelle** (1726) mit Gemälden von Anton Kirchebner. An die Wallfahrt zum Schmerzensmann, dem gegeißelten und geschundenen Christus, erinnern noch zahlreiche Votivbilder.

1701–1705 entstand die **Pfarrkirche zur hl. Anna** mit Kreuzwegbildern an der Außenwand von Leopold Praxmarer (1734). Das Hochaltarbild (hll. Anna und Joachim) malte Hans Kapferer.

Blumenschmuck an einem Bauernhof im Sellraintal

Zu den zahlreichen weit verstreuten Weilern und Einzelhöfen zählt das hoch gelegene **St. Quirin**.

Die markante **Wallfahrtskirche zu den hll. Quirin, Martin und Veit** wurde 1487–1496 errichtet. Im Inneren befinden sich Rankenmalereien und ein Jüngstes Gericht (1513). Wertvoll sind die zwölf Apostelfiguren (um 1390), die ältesten dieser Art in Nordtirol. Wegen des großen Zustroms von Pilgern wurde 1848 eine weite Vorhalle gebaut.

Ursprünglich – St. Sigmund im Sellrain

GRIES IM SELLRAIN
1238 m, 601 Einwohner

Bei Gries mündet der Zirmbach in die von Süden kommende Melach. Franz Renn baute 1733–1735 die **Pfarrkirche zum hl. Martin**, deren Hochaltarbild den Kirchenpatron von Franz Xaver Kirchebner (1778) zeigt. Auch das linke Seitenaltarbild (Maria Immaculata) ist von ihm, das rechte (Kreuzabnahme) von Franz Anton Stecher (1837). Die Deckenfresken gehen auf Josef Anton Puellacher (1788) zurück. Der schöne **Pfarrhof** ist aus einem Jagdhaus Erzherzog Sigmunds hervorgegangen. Überhaupt war das Sellrain ein beliebtes Jagdgebiet der Tiroler Landesfürsten.

> **Murmel Abenteuerspielplatz**, Kinder schlüpfen in die Rolle eines Murmels, Gries 30a, Tel. +43(0)5236/333, www.abenteuerspielplatz.at

ST. SIGMUND IM SELLRAIN
1516 m, 169 Einwohner

Von der hintersten Gemeinde des Tales führt die Straße weiter nach Kühtai (siehe Silz). Zur Gemeinde selbst gehören die Ortsteile Lüsens und Praxmar.

Bei der **Pfarrkirche zum hl. Sigmund** handelt es sich um eine Stiftung von Erzherzog Sigmund dem Münzreichen. Er hatte sich auf der Jagd verirrt und als Dank für seine Rettung 1490 die gotische Kirche erbauen und mit einem wertvollen Flügelaltar (heute im Stift Wilten) ausstatten lassen. 1789 wurde die Kirche um das heutige Schiff und den Chorraum erweitert. Josef Schmutzer der Ä. schuf 1779 die barocken Fresken im Langhaus (u. a. den hl. Sigmund), Josef Leopold Strickner 1790 jene im Chor (Mariä Himmelfahrt).

Schon im 12. Jh. war das gesamte innere Sellraintal ab Gries im Besitz des Klosters Wilten. Zum ehemaligen Sommerfrischhaus des Klosters in **Lüsens**, heute ein Gasthaus, gehört die **Kapelle zur hl. Magdalena**, 1780 erbaut und mit klassizistischen Architekturmalereien von Johann Peter Denifl (1782) ausgeschmückt. Das Hochaltarbild von 1884 zeigt die hl. Magdalena.

> **Natur- und Gletscherlehrpfad Praxmar**, Ausgangspunkt Praxmar, leichte Wanderung, Schautafeln geben Einblick in die Fauna und Flora des Sellraintals sowie in die Entwicklung der Gletscher, Länge 2,5 km, Tel. +43(0)5236/570, www.sellraintal.at

INNSBRUCK UMGEBUNG

Mittelgebirge West

RANGGEN
1032 m, 954 Einwohner

Ranggen liegt abgelegen in einer Mulde der Inntalterrasse. Vermutlich schuf der Götzner Baumeister und Stuckateur Franz Singer 1775–1778 die **Pfarrkirche St. Magnus**. Die Deckenfresken stammen von Franz Anton Zeiller und zeigen den hl. Magnus als Beschützer des Dorfes, außerdem in einer ausgezeichneten Darstellung den Tempelgang Mariens und weiters verschiedene Heilige. Die Altarbilder dürften von Joseph Anton Zoller (um 1782) stammen. Sehenswert ist der spätgotische Wappengrabstein der Klara Eppaner vom Münchner Erasmus Grasser (1515), auf dem sie und ihr Gatte als Stifterfiguren abgebildet sind. Sie hatten für Ranggen 1498 die erste ständige Seelsorge gestiftet.

Nahe Unterperfuss liegt im Inntal der **Ansitz Ferklehen** mit einer doppelgeschossigen Kapelle. Die Fergen betreuten die Innfähre bei Zirl. 1573 kaufte Erzherzog Ferdinand II. das Anwesen für seine Gattin Philippine Welser. Später diente es als Jagdschloss der Landesfürsten.

Peter-Anich-Wanderweg von Oberperfuss über Ranggen gegen Westen bis nach Oberhofen oder Pfaffenhofen, leichte Familienwanderung, Tel. +43(0)5232/81489 www.innsbruck.info/ranggen
Besinnungsweg Ranggen, Rundwanderweg, Ausgangs- und Endpunkt Pfarrkirche, gesamte Route ca. 4,5 km
Wanderung zur Rosskogelhütte, Bergwanderung, Gehzeit ca. 3,5 Stunden, Tel. +43(0)5232/81419 www.rosskogelhuette.at

OBERPERFUSS
814 m, 2945 Einwohner

Das noch stark bäuerlich geprägte Dorf ist uraltes Siedlungsgebiet. Beliebte Ausflugsziele im Sommer sind der Rosskogel (2646 m), das Kögele und das Rangger Köpfl (1939 m). Im Ort geboren sind die Kartographen und Feldmesser **Peter Anich** (1723–1766) und **Blasius Hueber** (1735–1814). Der **Dorfbrunnen** von Konrad Spiegl zeigt den jungen Anich, auf den die erste umfassende Landkarte von Tirol zurückgeht. Da Oberperfuss auch als **Krippendorf** gilt, können in der Weihnachtszeit und bis zum 2. Februar in zahlreichen Häusern handgeschnitzte Krippen besichtigt werden.

Gallus Gratl erbaute 1729–1733 die **Pfarrkirche zur hl. Margarethe**, deren Inneres Fresken von Franz Altmutter (Ende 18. Jh.) aufweist. Die Seitenaltarfiguren stammen von Gregor Fritz, der neue Tabernakel von Josef Staud, die Kreuzwegstationen von der Schwazer Malerin Anna Maria Moser (1832). Von Peter Anich, dessen Grabstein sich in der Kirche befindet, stammen zwei Sonnenuhren, eine außen an der Kirche (um 1750) und eine an seinem Haus (1752).

Bergbahnen Oberperfuss – Rangger Köpfl, Achter-Gondelbahn „Peter-Anich", Peter-Anich-Weg 11, Tel. +43(0)5232/81505, www.rangger-koepfl.at
Anich-Hueber-Museum, Leben und Werk der beiden Karthographen, technische Geräte, Karten, Globen, Bilder, Orgelbaufamilie Weber aus Oberperfuss, geöffnet nach Voranmeldung, Riedl 1/ Peter-Anich-Haus, Tel. +43(0)5232/81489

Peter-Anich-Wanderweg von Oberperfuss über Ranggen gegen Westen bis nach Oberhofen oder Pfaffenhofen, leichte Familienwanderung,
Tel. +43(0)5232/81489
www.innsbruck.info/ranggen
Wanderung Oberperfuss – Rosskogelhütte, Ausgang Liftparkplatz Oberperfuss, leicht ansteigende Wanderung über Stieglreith, Gehzeit ca. 4 Stunden,
Tel. +43(0)5232/81419
www.rosskogelhuette.at

UNTERPERFUSS
599 m, 215 Einwohner

Unterperfuss zählt zu den kleinsten Gemeinden Österreichs. Auf den in Oberperfuss gebürtigen Peter Anich geht die Sonnenuhr (1745) beim Haus beim Pranger (Nr. 10) zurück. Die Gemeinde verfügt über mehrere Einrichtungen für den Reitsport.

Die **Filialkirche zur hl. Katharina** wurde anstelle einer 1648 erbauten Kapelle im Jahre 1761 vom Götzner Baumeister und Stuckateur Franz Singer nach Plänen von Johann Michael Umhauser im Rokokostil errichtet. Singer schuf auch den Stuck und die Kanzel. Anton Kirchebner malte 1761 die Deckenfresken (im Langhaus Wetterheilige Johannes und Paulus, Disput der hl. Katharina, im Chor Krönung Mariens).

GÖTZENS
868 m, 3991 Einwohner

Vom ursprünglich bäuerlichen Charakter des Ortes ist nur mehr wenig erhalten. Heute ist Götzens überwiegend Wohnvorort von Innsbruck und hat in den letzten Jahrzehnten einen rasanten Bevölkerungszuwachs erlebt. Schon im 12. Jh. wurde auf einem Hügel nördlich des heutigen Dorfes **Burg Vellenberg** er-

richtet, lange Zeit im Besitz der Herren von Vellenberg. Bis ins 17. Jh. saßen hier die Pfleger und Landrichter des Gerichts Sonnenburg. Kaiser Maximilian I. benutzte die Burg gerne als Stützpunkt für Jagdausflüge. Heute sind nur mehr wenige Reste erhalten. In der Kirchstraße, der Mittel- und Ostergasse stehen noch einige ursprüngliche, alte Bauernhäuser. Am **Ulrich-Hof** finden sich Malereien (Maria mit Kind, links hl. Franziskus Seraphikus, rechts hl. Antonius von Padua).

Aus Götzens stammt der Baumeister und Stuckateur **Franz Singer,** auf den zahlreiche Kirchen in Tirol zurückgehen.

Schon 1350 wurde eine Kirche in Götzens erstmals urkundlich erwähnt. Diese stand wohl ungefähr an der Stelle des heutigen **Klosterkirchleins zur hl. Theresia von Lisieux** am Westende des Dorfes. Fresken aus der Zeit um 1520 zeigen in diesem die hl. Anna selbdritt, das Schiff der hl. Ursula sowie Heiligenfiguren und die Kreuzigung Christi. Die Statue der hl. Theresia stammt von Rudolf Millonig (1970).

Zu den prächtigsten Rokokobauten Tirols zählt die jetzige **Pfarrkirche zu den hll. Petrus und Paulus**, 1772–1775 von Franz Singer errichtet. Ein intensiver Volksglaube, der Ehrgeiz der Dorfbevölkerung und der ansässigen Künstler sowie die reichen Einnahmen der damals in Götzens sehr präsenten Franz-Xaver-Bruderschaft (1758 zählte diese fast 16.000 Mitglieder in ganz Tirol und Bayern) geben die Erklärung für diesen üppig ausgestatteten Bau in einem Dorf mit damals nur rund 450 Einwohnern.

Schon das Äußere der Kirche fällt durch Architekturmalereien, die Nischenstatuen der Apostelfürsten Petrus und Pau-

Pfarrkirche Götzens – Prachtbau des Rokoko

lus sowie die gemalte Personifikation der Kirche im Giebel auf. Stuckaturen und Kanzel stammen ebenfalls vom Baumeister, die Deckengemälde malte der Augsburger Matthäus Günther. Die Altäre und Figuren stammen von Johann Schnegg (1775–1780).

Im Hochaltarbild stellt der Wiener Hofmaler Franz Anton Maulbertsch die Gestalt der Kirche dar. Die seitlichen Statuen zeigen v. l. n. r. den Schutzengel, den hl. Johannes, die Bistumspatrone von Brixen Ingenuin und Albuin, den hl. Paulus und den Erzengel Raphael. Der vordere linke Seitenaltar mit dem Bild der Verehrung der Maria Immaculata durch die vier Erdteile von Andreas Nesselthaler und den Statuen der hll. Katharina und Barbara wird als Frauenaltar bezeichnet. Ihm gegenüber steht der Altar der Franz-Xaver-Bruderschaft mit dem Bild des hl. Franz Xaver bei der Taufe von Heiden aus der Werkstatt von Maulbertsch und den Statuen der Jesuiten-

heiligen Ignatius von Loyola und Franz Borgia. An das Bauerntum erinnert der linke hintere Seitenaltar mit den hll. Florian, Martin und Sebastian im Altarbild von Anton Kirchebner sowie den Statuen der Bauernheiligen Isidor und Notburga. Beim rechten hinteren Seitenaltar mit dem Tod des hl. Josef im Bild von Anton Kirchebner und den Figuren der hll. Joachim und Anna (Eltern der Maria) handelt es sich um den Familienaltar.

Erwähnenswert sind weiters die mit schwungvollen Stuckaturen ausgestattete Kanzel, ein großes Kruzifix von Johann Schnegg sowie die Fasten- und die Weihnachtskrippe (nicht ganzjährig).

Im modernen Volksaltar (Helmut Dreger, 1996) befindet sich die mit Stacheldraht umwundene Urne mit der Asche des 1996 seliggesprochenen Pfarrers von Götzens **Otto Neururer**, der 1940 im Konzentrationslager Buchenwald von den Nationalsozialisten ermordet wurde.

BIRGITZ
858 m, 1341 Einwohner

AXAMS
878 m, 5763 Einwohner

Heute sind die Dörfer Götzens, Birgitz und Axams praktisch zusammengewachsen. Der Ursprung der Siedlung liegt auf dem bewaldeten **Hügel Hohe Birga**, wo noch gut die Ackerterrassen der ersten Siedler zu erkennen sind. Ausgrabungen haben eine Gruppe von 12 Bauernhöfen aus der Zeit um 100 v. Chr. sowie zahlreiche Kleinfunde (Hausgeräte, Schmuck, Waffen etc.) freigelegt. In der zweiten Hälfte des 1. Jh. n. Chr. dürfte die Siedlung durch Brand zerstört worden sein. Während der Pestzeit gelobten die Birgitzer, keine Fasnacht zu feiern. Sie halten sich noch heute daran. An den **Häusern Nr. 24 und Nr. 9** befinden sich zwei alte gemalte **Sonnenuhren**. Gebürtige Birgitzer waren der Bildhauer **Gregor Fritz** (1693–1774) und der Maler **Anton Kirchebner** (1821–1868).

Als die Pest im 17. Jh. mehrmals den Ort heimsuchte, ließen die Axamer die Birgitzer wegen der Ansteckungsgefahr nicht mehr in die Kirche. Das war der Anlass für den Bau einer eigenen Kirche (1634–1637). Die jetzige **Pfarrkirche Mariä Heimsuchung und hl. Kassian** entstand 1727/28 durch den Inzinger Baumeister Gallus Gratl. Die Fresken (Dreifaltigkeit, Himmelfahrt Mariens u. a.) schuf Josef Kirchebner (1825). Er malte um 1810 das Hochaltarbild mit der Heimsuchung Mariens. Die Statuen am Hochaltar gehen auf Nikolaus Moll (1726) zurück. Von Josef Kirchebner stammt auch das Bild des hl. Antonius von Padua (1787) am linken Seitenaltar. Sein Vater Anton Kirchebner schuf 1749 das Bild des rechten Seitenaltars mit dem Pestpatron Sebastian.

Axams, das größte und wichtigste Dorf des westlichen Mittelgebirges, wird erstmals im 8. Jh. urkundlich erwähnt und war als Urpfarre für die Umgebung schon früh ein geistliches und kulturelles Zentrum. Die Nähe zu Innsbruck macht den Ort zu einer attraktiven ländlichen Wohngemeinde. An den ursprünglichen Dorfcharakter um die Pfarrkirche erinnern noch einige **alte Bauernhäuser** mit verzierten Giebeln und Fassadenmalereien. Bis in das 19. Jh. war Axams ein wichtiger Flachsproduzent und zählte neben dem Ötztal zu den Hauptlieferanten von Leinen in Tirol. Im **Widum** unterhalb der Kirche hat man in der ehemaligen Hauskapelle Fresken aus der Zeit um 1300 entdeckt, darunter zahlreiche Wappen.

Axams besitzt eine alte **Volksspieltradition**, die auf die Pestzeit zurückgeht. 1651 entstand das „Spiel vom Weltgericht". Alle zehn Jahre wird das „Josefspiel" aufgeführt, in dem es um den alttestamentarischen Josef und seine Brüder geht. In Axams geboren ist der Tiroler Dramatiker **Karl Schönherr** (1867–1943), dessen Werke (Erde, Der Weibsteufel, Frau Suitner u. a.) immer wieder gespielt werden. Die Maler **Anton Kirchebner** (1702–1779) und **Peter Paul Kirchebner** (1812–1846) stammen aus dem Dorf.

Vom Ort führt eine ca. 8 km lange Straße in das im Bereich der Kalkkögel gelegene, äußerst attraktive **Wintersportgebiet Axamer Lizum**. Dieses war bei den Olympischen Winterspielen 1964 und 1976 in Innsbruck Austragungsort mehrerer alpiner Bewerbe (u. a. Abfahrt der Damen).

INNSBRUCK UMGEBUNG

Panoramarestaurant am „Hoadl" in der Axamer Lizum

1732–1734 wurde die **Pfarrkirche zum hl. Johannes dem Täufer** errichtet, vermutlich nach Plänen von Matthias Umhauser. Vom gotischen Vorgängerbau, der auf eine romanische Kirche zurückgeht, ist nur mehr der Turm erhalten. Auf dem Altarblatt in der St.-Michaels-Friedhofskapelle findet sich eine Ansicht der Vorgängerkirche. Die Deckengemälde (Taufe Christi, Predigt und Enthauptung Johannes' des Täufers) schuf Josef Arnold 1841. Das Hochaltarbild (hl. Johannes d. T.) stammt von Johann Georg Dominikus Grasmair (1735), die Figuren sind von Nikolaus Moll (1735).

Die **Friedhofskapelle zum hl. Michael** hat noch romanische Ursprünge. Im Untergeschoss ist die 1666 geweihte **Wilgefortiskapelle** untergebracht. Die hl. Wilgefortis oder Kümmernis sollte laut Legende einen Heiden heiraten, doch Gott ließ ihr auf ihr Flehen einen Bart wachsen und sie wurde ans Kreuz genagelt. Einem armen Geiger, der vor ihr spielte, warf sie einen ihrer goldenen Schuhe zu. Er wurde des Diebstahls bezichtigt, doch zum Beweis seiner Unschuld schenkte sie ihm auch den zweiten.

Hallenbad Freizeitzentrum Axams,
Innsbrucker Str. 80
Tel. +43(0)5234/68322
www.axams-freizeitzentrum.com
Rundwanderweg Axamer Lizum,
Familienwanderung, Gehzeit ca. 75
Minuten, Tel. +43(0)5234/68178

GRINZENS
903 m, 1416 Einwohner

Grinzens ist der westlichste Ort des Sonnenplateaus im Westen von Innsbruck und flächenmäßig eine der größten Gemeinden Österreichs. Bis ins 20. Jh. wurde ebenso wie in Axams Flachs angebaut. Ähnlich wie im Sellraintal wurde auch hier die Wäsche der Innsbrucker Bürger gewaschen.
1954 wurde die **Pfarrkirche zum hl. Antonius von Padua** nach Plänen von Jakob Walcher errichtet. Die Innenausstattung geht auf den Axamer Bildhauer Hans Falkner zurück.

MUTTERS
830 m, 2073 Einwohner

Die Nachbargemeinden Mutters und Natters liegen südwestlich von Innsbruck auf einer Mittelgebirgsterrasse am Eingang zum Wipptal. Die Stubaitalbahn verbindet die beiden Dörfer mit Innsbruck. In Mutters gibt es einen noch gut erhaltenen **bäuerlichen Dorfkern**. Die **Muttereralmbahn** führt in das Gebiet der Kalkkögel und ist im Sommer wie im Winter ein beliebtes Ausflugsziel. In der warmen Jahreszeit erwartet die kleineren Besucher ein Abenteuerspielplatz mit viel Wasser („Zauberwasser" – Wasserrinnen, Teiche, Wasserräder) sowie die beeindruckenden Baumelhäuser (in luftiger Höhe in den Bäumen angebrachte Aussichtsplattformen). Für Abenteuerlustige gibt es die Möglichkeit mit „Mountain Carts" (siehe Bild) auf abgesperrter Strecke 5 km nach unten ins Tal zu düsen. Sobald dann der erste Schnee liegt, kommen die Wintersportfreunde auf ihre Kosten: Zahlreiche – größtenteils familienfreundliche – Abfahrtsmöglichkeiten sowie eine präparierte Rodelbahn erwarten die Besucher.

An der Brennerstraße liegt das **Gasthaus Zum Schupfen**, bei den Freiheitskämpfen von 1809 Hauptquartier von Andreas Hofer. Im ersten Stock befinden sich Erinnerungen an den berühmten Passeier Sandwirt.

1469 fand die Weihe der Pfarrkirche zum hl. Nikolaus statt, die 1759 barockisiert wurde. Die Deckengemälde malten 1759 Anton Zoller (hl. Sebastian und hl. Martin) und sein Sohn Joseph Anton Zoller. Ersterer malte auch die Seitenaltarbilder. Sehenswert sind die Weihnachtskrippe von Johann Giner d. Ä. und ein prachtvolles Heiliges Grab von Johann Joachim Pfaundler.

Mit den Mountain Carts von der Mutterer Alm ins Tal

Freibad Mutters, Schulg. 4, Tel. +43(0)512/586482
Muttereralmbahn, zahlreiche Wanderwege, Nockhofweg 40, Tel. +43(0)676/4226555 oder +43(0)512/548330
www.muttereralm.info
Innsbrucker Almenweg, Wanderungen von der Bergstation der Mutterer Alm (1608 m) zur Raitiser Alm und Kreither Alm bis ins Stubaital, aber auch zur Götzner Alm und Birgitzer Alm, Auskünfte erteilt das Infobüro Mutters

NATTERS
783 m, 1938 Einwohner

In der Gegend bestand schon eine vorrömische Siedlung (ca. 5000–1000 v. Chr.). 1253 ist erstmals die Sonnenburg auf dem Sonnenburger Hügel erwähnt, der im Zuge des Autobahnbaus 1959–1963 abgetragen wurde. Im 14. Jh. bestand hier das Gericht Sonnenburg für das mittlere Inntal. Im ehemaligen **Ansitz Waidburg**, der Erzherzog Sigmund dem Münzreichen und Kaiser Maximilian I. als Jagdschloss diente, ist heute das Gemeindezentrum untergebracht. Sehenswert ist die Kapelle.

Erzherzog Sigmund ließ hier einen Fischweiher anlegen, den Vorläufer des heutigen **Natterer Sees**. Außerhalb von Natters liegt eines der Tiroler **Landeskrankenhäuser**.

Natterer See – für Jung und Alt im Sommer ein Vergnügen

Unterhalb des Ortes erinnert an der Brennerstraße beim Kreisverkehr das **Kaiserdenkmal** an die erste Begegnung von Maria Theresia mit Maria Ludovica von Spanien, der Braut ihres Sohnes Erzherzog Leopold (späterer Kaiser Leopold II.).

Eine Besonderheit stellt der große **Backofen** in der Mittergasse im Ortszentrum dar, der früher gemeinschaftlich genutzt wurde.

1376 ist erstmals eine gotische **Kirche zum hl. Michael** erwähnt. Über Jahrhunderte war sie mit dem Wolfgangaltar auch ein Wallfahrtsort für Gichtleidende. Die jetzige Kirche wurde 1451 geweiht, im 18. Jh. barockisiert und 1909 regotisiert. Anton Zoller malte die vom Kartographen Peter Anich entworfene Sonnenuhr auf dem Turm (1759). Die Ausstattung ist neugotisch mit einer spätgotischen Kreuzigungsgruppe (Ende 15. Jh.). Das ehemalige barocke Altarbild mit dem hl. Michael hängt an der Seitenwand. Als Besonderheit gilt das Marmorgrab der Barbara Fundin (gest. 1592) aus der Werkstatt von Alexander Colin mit dem Relief der Auferweckung des Lazarus. Die Gattin des Leibarztes Erzherzog Ferdinands II. starb in Natters, wo sie auf Kur war. Das damalige Heilbad „in der Plaiken" wurde auch vom Erzherzog und seiner Gattin Philippine Welser besucht.

Badesee Natterer See,
Natterer See 1,
Tel. +43(0)512/546732,
www.natterersee.com
Rundwanderweg Herrensteig – Troie,
Ausgang Oberdorf, Gehzeit ca. 1,5 Stunden, leichte Wanderung, Naturlehrpfadtafeln über die heimische Flora und Fauna

Stubaital

Von Schönberg verläuft das rund 30 km lange Tal in Richtung Südwesten in die Stubaier Alpen mit dem attraktiven Schigebiet Stubaier Gletscher. Der höchste Berg ist das vor allem bei Tourengehern sehr beliebte Zuckerhütl (3505 m). Zum Wipptal hin hat die Ruetz in ihrem Lauf eine Art Schlucht geschaffen, weshalb die Siedlungen zu beiden Seiten des Flusses bis Fulpmes auf einer Terrasse liegen. Beim Hauptort Fulpmes trifft diese Terrasse auf den Talboden. Bis dorthin führt von Innsbruck die Stubaitalbahn. Sowohl im Winter als auch im Sommer ist das Tal ein beliebtes Bergsportzentrum.

SCHÖNBERG IM STUBAITAL
1013 m, 1008 Einwohner

Der Ort liegt sehr günstig auf einer sonnigen Terrasse zwischen Ruetz und Sill am Talanfang. Hier dürfte sich einst eine Burg befunden haben. Schon vor Jahrhunderten war Schönberg eine wichtige Fuhrstation an der Brennerstraße. Wegen der Steilheit des Geländes mussten hier für die Fuhrwerke Vorspannpferde gestellt werden. Im Zuge des Baus der neuen Brennerstraße (1836–1845) entstand die **Stefansbrücke** über die Ruetz, heute immer noch die größte Steinbrücke Österreichs. Das **„Papstl"**, eine Marmorpyramide mit einer Gedenktafel, erinnert nahe der Stefansbrücke an Papst Pius VI., der 1782 hier auf der Rückreise von Wien vorbeikam.

Sowohl der **Stolzenhof** als auch der **Gasthof Domanig** waren in den Freiheitskämpfen von 1809 die Hauptquartiere Andreas Hofers. Der Domanighof mit barocken Fresken von 1713 war einst der Posthof und ist heute als Gemeindezentrum in Verwendung. Elias Domanig, der damalige Postmeister, war ein Freund Andreas Hofers. Letzterer besprach hier mit seinen Vertrauten die Vorgangsweise für die Bergiselschlachten.

Die **„Goethe-Zirbe"** erinnert an die Durchreise des großen Dichters im Jahre 1786. Zu Schönberg gehört auch das westliche Ende der 1960–1963 erbauten **Europabrücke**. Hubert Prachensky plante 1963 die auf einem Hügel aufragende **Europakapelle** mit Fresken des Südtiroler Malers Karl Plattner.

Anstelle einer Pestkirche aus dem 17. Jh. plante der geistliche Baudirektor **Franz de Paula Penz** 1748/49 die **Pfarrkirche zum Hl. Kreuz**, die von Johann Michael Umhauser ausgeführt wurde. Die Fresken schufen Josef Mages (Jüngstes Gericht im Altarraum, um 1749), Giuseppe Gru (Glorie Mariens in der Vierung, 1752) und Franz Anton Leitensdorfer (Auferstehung Christi und Anbetung der Könige im Langhaus). Auf den Bildhauer Johann Perger (1761/62) gehen das Kruzifix am Hochaltar und die Seitenaltäre zurück. Das Heilige Grab des Geistlichen

Die Serles vom Stubaital aus gesehen

Johann Joachim Pfaundler gilt als eines der schönsten Tirols, wird jedoch nicht jedes Jahr aufgestellt.

Die **Filialkirche zu Unserer Lieben Frau in Unterberg** wurde im 18. Jh. im Rokokostil neu ausgestaltet. Das Altarbild (Maria mit den hll. Petrus und Paulus) stammt von Joseph Anton Zoller, der Altar und die Kanzel sind von Johann Perger, die Wandmalereien von Johann Joachim Pfaundler.

Wanderweg zu den Gleinserhöfen, Ausgangspunkt Schönberg Ortsmitte, Wanderweg durch Wälder und Lärchenwiesen zum Ortsteil Gleins, Dauer ca. 1 Stunde, ausgezeichnete Küche! Im Winter ist diese Strecke auch eine beliebte Rodelbahn (Aufstieg und Abstieg getrennt, in der Nacht beleuchtet).
Wanderung von Schönberg nach Mieders und Fulpmes über den Stollensteig, Gehzeit ca. 2 Stunden, leichte Wanderung

MIEDERS
942 m, 1813 Einwohner

Von 1690 bis 1797 und von 1813 bis 1923 war Mieders Sitz des Gerichts Stubai. **Gerichtsgebäude** war das Haus Nr. 3. Fassadenmalereien am **Fürstenhaus** (Haus Nr. 86) aus der Zeit um 1800 erinnern daran, dass sich hier die ehemalige Sommerresidenz des Brixner Fürstbischofs Franz Karl Graf von Lodron befand. Verschiedene andere Häuser weisen **barocke Fassadenfresken** auf, Abbildungen der Gnadenmadonna vom Wallfahrtsort Maria Waldrast (siehe Information zu den Gemeinden Mühlbach bzw. Matrei am Brenner) kommen besonders oft vor. Im **Weberhof** (Haus Nr. 35) wurde der Maler **Johann Jakob Jenewein** geboren, der um 1730 sein Geburtshaus mit Malereien schmückte. Die **Sternmühle am Zirkenbach** (Alte Mühle) dient heute zu Schauzwecken.

Im 19. Jh. war der Ort aufgrund eines Mineralbades außerdem eine beliebte Sommerfrische.

In Mieders gab es wohl schon im 8. Jh. ein Gotteshaus, erst 1320 wird eine Kirche im Ort auch urkundlich bestätigt. 1737–1742 barockisierte der Priesterarchitekt Franz de Paula Penz die gotische Kirche **Pfarrkirche Mariä Geburt.** Der Stuck ist von Anton Gigl (1738/39). Die Fresken sowie die Kreuzwegstationen (1733) und das rechte Seitenaltarblatt mit dem hl. Sebastian stammen von Johann Jakob Jenewein (1691–1745). Im Hauptaltar von Stephan Föger (1740) befindet sich das Bild der Maria mit Kind im Nazarenerstil von Anton Kapferer (1883). Interessant beim ca. 2 m hohen Kruzifix aus der Zeit um 1500 in der **Friedhofskapelle** ist vor allem der expressive Gesichtsausdruck des Heilands.

Von der **Kalvarienbergkapelle** auf einem kleinen Hügel bietet sich ein guter Ausblick auf das Tal.

Der Priesterarchitekt Franz de Paula Penz (1707–1772)

Der in Navis geborene Bauernsohn wurde Priester und Jurist. Er interessierte sich besonders für die Baukunst und sammelte bereits als Priester Erfahrungen in diesem Bereich. Bald stieg er zum Geistlichen Baudirektor auf. In dieser Funktion begann er mit der Barockisierung von Kirchen. Bei seinen Entwürfen für neue, kostengünstige Gotteshäuser ging es ihm vor allem um die Umsetzung seelsorglicher Bedürfnisse und um den praktischen Nutzen für die Gläubigen.

Als ausgezeichneter Organisator gelang es ihm, geschickte Baumeister, Bauhandwerker und Künstler um wenig Geld für seine Projekte heranzuziehen. Er verstand es auch, die Bevölkerung um Gotteslohn für die Errichtung seiner Bauwerke einzusetzen. Penz konnte einen eigenen Kirchenstil schaffen, der in Tirol richtungweisend war. Sein bedeutendster Bau ist die Wiltener Basilika (1751–1755), deren Pläne vom Bildhauer Joseph Stapf aus Pfronten stammen und von den Innsbrucker Baumeistern Matthias und Johann Michael Umhauser ausgeführt wurden. Begraben liegt er in der Pfarrkirche Telfes. Auf seiner Grabplatte wird auf „vierzehn Tempel" und „acht Wohnungen für Priester" hingewiesen.

Kirchenbauten: Arzl bei Innsbruck (Barockisierung, 1735–1737), Mieders (Barockisierung, 1737–1739), St. Michael in Gnadenwald (Barockisierung, 1741), alte Kirche Weerberg (1742–1750), Fulpmes (1746/47), Medraz (1746/47), Schönberg (1748/49), Gossensass (1750/51), Pfarrkirche Wilten (1751–1755), Leiter des Brixner Dombaus (1752/53), Anras in Osttirol (1753–1756), Telfes im Stubaital (1754–1756), Schmirn (1756/57), Navis (1756), Gschnitz (1758–1761), Obertilliach in Osttirol (1762–1764), Steinach am Brenner (1763/64), Kreuzkirchl in Pill (1764–1766), Englische Fräulein in Brixen (1765) und Neustift im Stubaital (1768–1772). In St. Michael in Gnadenwald (1741), Fulpmes (1746/47) und Schönberg (1748/49) gehen auch die Pfarrhäuser auf ihn zurück.

Pfarrkirche Telfes

Altes Freischwimmbad Mieders, eines der ältesten Schwimmbäder Tirols (seit 1928), HNr. 1c, Tel. +43(0)5225/62514
Serlesbahnen, Waldraster Weg 1, Tel. +43(0)5225/62776, www.serlesbahnen.at
Sommerrodelbahn Stubai, siehe Serlesbahnen
Wanderung zum Wallfahrtsort Maria Waldrast, Kapellenweg ab Dorfmitte oder Forstweg ab Lift, Gehzeit ca. 2,5 Stunden, mittelschwere Wanderung

---

TELFES IM STUBAI
994 m, 1516 Einwohner

Die Umgebung von Telfes weist schon im 5. Jh. v. Chr. Besiedlung auf. Der älteste Gerichtssitz und die Urpfarre des Tales befanden sich hier. Ein wichtiger Erwerbszweig war früher das Schmiedehandwerk. Einige Häuser sind mit barocken Fassadenmalereien geschmückt. Am **Widum** nahe der Kirche befindet sich ein Bild des geistlichen Baudirektors und Pfarrers Franz de Paula Penz,

---

der in der Kirche begraben ist. Im Ortsteil Luimes ist der Bildhauer **Ludwig Penz** (1876–1918) geboren, von dem etwa das Speckbacher-Denkmal in Hall und die Figur des Landsknechtführers Jörg von Frundsberg am Schwazer Rathaus stammen.

Auf Franz de Paula Penz geht die **Pfarrkirche zum hl. Pankraz** (Rokoko, 1754/55) zurück. Er wirkte hier von 1753 bis 1772 als Pfarrer und ist im Altarraum bestattet. Bauleiter war Johann Michael Umhauser. Auffallend ist die gemalte Scheinarchitektur an den Außenseiten. 1757 malte Anton Zoller die farbenfrohen Deckenfresken mit Szenen aus dem Leben des hl. Pankraz. Im stark illusionistisch gemalten Hauptfresko ist die Verehrung der Rosenkranzmadonna, u. a. durch die Tiroler Landstände, dargestellt. Johann Perger schuf die große Kreuzigungsgruppe im Altarraum. 1957 erfuhr der Innenraum eine Umgestaltung durch Clemens Holzmeister aus Fulpmes.

Aquarena Telfes-Fulpmes – Frei- und Hallenbad, Telfeser Landstr. 111, Tel. +43(0)5225/62666
Greifvogelpark, europäische Greifvogelarten, Matthias Premm, Luimes, Tel. +43(0)5225/64126

FULPMES
937 m, 4251 Einwohner

Der Hauptort des Tales liegt auf dem Schwemmkegel des Schlicker Baches in die Ruetz und hatte im Laufe seiner Geschichte immer wieder unter Überschwemmungen zu leiden. Bei mehreren Häusern sind noch barocke **Fassadenmalereien** aus dem 18. Jh. erhalten, so etwa am Kranerhaus am Kirchplatz und in der Schmelzhüttengasse 14.

Fulpmes gilt auch als **Krippendorf**. Heute ist der Ort ein bedeutendes Zentrum für den Sommer- und Wintersport. Im Hochtal Schlick befindet sich das **Schizentrum Schlick 2000**. Die Kapelle auf der Schlicker Alm schuf der gebürtige Fulpmer Architekt **Clemens Holzmeister** (1886–1983). Im Ortsteil **Medraz** befand sich einst eine eisenhaltige Heilquelle.

1746/47 errichtete der geistliche Baudirektor Franz de Paula Penz die **Pfarrkirche zum hl. Vitus**. Auf Anton Gigl gehen die Rokokostuckaturen zurück, auf den Augsburger Johann Georg Bergmüller die Deckenfresken (dabei die Verherrlichung des Namens Jesu und der Triumph des Kreuzes über die Laster). Das Hochaltarblatt mit dem hl. Vitus inmitten der Vierzehn Nothelfer und das linke Altarblatt mit der Maria Immaculata stammen von Johann Georg Dominikus Grasmair (1758), das rechte Altarblatt mit dem hl. Martin ist von Joseph Giuseppe Gru.

Oberhalb des Dorfes ist noch die **Sagererkapelle** aus dem Jahre 1368 erhalten. Diese erste Kirche des Ortes wurde 1978 auf Schienen um 20 m nach Westen verschoben und birgt heute noch ein großes, kostbares Kreuz. Auf Franz de Paula Penz geht auch der kleine barocke Zentralbau der **Margarethenkirche in Medraz** (1746/47) zurück, der 1772–1775 nach Überschwemmungen neu gestaltet werden musste. Die Fresken schuf der einheimische Künstler Johann Peter Denifle.

Schlick 2000 Seilbahnen, Tschaffinis Umgebung 26, Tel. +43(0)5225/62270 oder 62321, www.schlick2000.at
Alpenpflanzen-Lehrpfad, Wanderzentrum Schlick 2000, Ausgangs- und Endpunkt Bergstation Kreuzjoch, Länge ca. 1,5 km, ca. 60 verschiedene Pflanzenarten, Tel. +43(0)5225/62270

Schlicker Alm (1645 m), Panoramasee, Familienwanderung von Fulpmes über Froneben, Gehzeit ca. 1,5 Stunden, Tel. +43(0)5225/62409, www.schlickeralm.at
Schmiedemuseum, Einblick in das Schmiedehandwerk, Erzeugnisse der Stubaier Werkzeugindustrie früher und heute, geöffnet Juni bis September Mittwoch 14–17 Uhr, Fachschulg. 4, Tel. +43(0)5225/62240 oder 696024 oder 241124
Tiroler Krippenmuseum, Geschichte, Entstehung und Technik des Krippenbaus, geöffnet Dienstag bis Sonntag 10–12 und 14–18 Uhr, Bahnstr. 11, Tel. +43(0)5225/62908, www.krippenmuseum.at
Puppenmuseum, mehr als 1100 Puppen aus Holz, Porzellan, Stoff und Plastik, Spielzeug von 1840 bis heute, geöffnet Dienstag bis Sonntag 10–12 und 14–18 Uhr, Bahnstr. 11, Tel. +43(0)5225/62908, www.krippenmuseum.at

NEUSTIFT IM STUBAITAL
993 m, 4657 Einwohner

Die flächenmäßig drittgrößte Gemeinde Österreichs umfasst das ganze hintere Stubaital inklusive der Gletschergebiete. Bei Milders teilt sich das Tal in das **Oberberg- und Unterbergtal**. 1505 stiftete Kaiser Maximilian I., der hier gerne zur Jagd ging, eine Georgskapelle, von der die Ortsbezeichnung stammt. Von 1881 bis zu seinem Tod 1884 war der bekannte Ötztaler **Franz Senn** hier Pfarrer. Er war Mitbegründer des Alpenvereins und ist am Neustifter Friedhof begraben. Am **Bauernhof Kampl Nr. 3 (heute Stubaitalstraße 5)** befinden sich barocke Fassadenmalereien. Ca. 12 km von Neustift entfernt liegt im Oberbergtal **Bärenbad** mit einer eisenhaltigen Mineralquelle. Im Unterbergtal liegt **Ranalt**, der letzte Weiler des Tales, ein beliebter Ausgangspunkt für verschiedene Hochtouren.

INNSBRUCK UMGEBUNG

Ausgezeichnete Schneeverhältnisse am Stubaier Gletscher

Von Neustift aus erreicht man über die **Stubaier Gletscherstraße** die 18 km entfernte Mutterbergalm (1728 m). Dort führt die **Stubaier Gletscherbahn**, die höchste Seilbahn Österreichs, hinauf bis auf ca. 3200 m Seehöhe. Zahlreiche Lifte erschließen ein fast ganzjährig nutzbares, sehr attraktives Gletscherschigebiet. Der Fremdenverkehrsort Neustift ist Ausgangspunkt für zahlreiche Wanderungen sowie schwierige Bergtouren. Hier beginnt auch der 120 km lange, landschaftlich äußerst reizvolle Stubaier Höhenweg. Mit seinen insgesamt 8000 m Gesamthöhenunterschied stellt er durchaus eine Herausforderung dar, belohnt den Bergsteiger aber auch mit unvergleichlichen Eindrücken.

An der Stelle der im 16. Jh. gestifteten Georgskapelle steht heute das **Widum**. Franz de Paula Penz ließ 1768–1774 als sein letztes Werk die ungewöhnlich große, hallenartige **Pfarrkirche zum hl. Georg** im Übergangsstil vom Rokoko zum Klassizismus errichten. Die Kirche gehört mit jener in Schwaz zu den größten Gotteshäusern Tirols. Die Deckenfresken stammen von Josef Keller (Abendmahl im Altarraum), Joseph Anton Zoller (Pfingstwunder in der Mittelkuppel, 1772), Franz Haller (Verehrung der Allerheiligsten Dreifaltigkeit durch Heilige in der Westkuppel, 1772) und Franz Altmutter (Kirchenväter). Auf Johann Josef Karl Henrici aus Bozen gehen die fünf Altarbilder zurück, auf Johann Perger der plastische Altarschmuck. Auf dem Friedhof befinden sich ausschließlich schmiedeeiserne Grabkreuze.

Freischwimmbad Neustift, Bachertalweg, Tel. +43(0)501881-0
Hallenbad Freizeitzentrum Neustift, Stubaitalstr. 110, Tel. +43(0)5226/2722
Kampler See, Landschaftssee mit Bademöglichkeit und Kinderspielplatz
Stubaier WildeWasserPark, Wanderung-Projekt mit Grawa-Wasserfall
Elferlifte (Hochstubai Liftanlagen), Tel. +43(0)5226/2270, www.elfer.at
Stubaier Gletscherbahnen, Mutterberg 2, Tel. +43(0)5226/8141, www.stubaier-gletscher.com
Heimatmuseum Forsterhaus, Einblick in die bäuerliche Lebens- und Arbeitswelt sowie in verschiedene Handwerke, geöffnet Anfang Juni bis Anfang Oktober, Dienstag und Freitag 14–17 Uhr, Stubaitalstr. 5, Tel. +43(0)664/5135689
Eispickelsammlung, Eispickel und andere alpine Ausrüstungsgegenstände vom 18. Jh. bis heute, geöffnet nur nach Voranmeldung, Friedl Wallner, Elferweg 12c, Tel. +43(0)5226/2426

Wipptal

Das Wipptal reicht vom Bergisel bei Innsbruck bis zur Talenge bei Franzensfeste in Südtirol. Sein Nordtiroler Teil erstreckt sich bis zum Brenner, wird von der Sill durchflossen und hat zahlreiche Nebentäler: Stubaital, Navistal, Gschnitztal, Schmirn- und Valser Tal sowie das Obernberger Tal. Die durch das Tal verlaufende Brennerautobahn stellt eine der wichtigsten Nord-Süd-Verbindungen in Mitteleuropa dar und ist dementsprechend stark frequentiert. Trotz der Probleme durch den Transit ist das Wipptal durchaus besuchenswert und weist zahlreiche kulturelle wie landschaftliche Höhepunkte auf.

PATSCH
1000 m, 977 Einwohner

Zur Gemeinde Patsch gehört auch das gesamte Gebiet des Patscherkofels (siehe Igls). Dieser weithin sichtbare, markante Berg ist für viele Innsbrucker ein beliebtes Naherholungsgebiet. Im Sommer locken herrliche Wandermöglichkeiten, im Winter laden zahlreiche Pisten zum Schifahren ein.

An verschiedenen Stellen im Ort wurden Reste prähistorischer Besiedlung nachgewiesen. Man nimmt heute an, dass bereits in vorgeschichtlicher Zeit ein Verkehrsweg durch Patsch hindurch nach Matrei am Brenner führte. Am südlichen Dorfrand steht der **Zollerhof**, eine einstige landesfürstliche Zollstätte mit barocken Fassadenmalereien aus dem 18. Jh.

Bei der **Pfarrkirche zum hl. Donatus** handelt es sich um die einzige in Tirol diesem Bischof (und Schutzpatron der italienischen Stadt Arezzo) geweihte Kirche. Ein im 13. Jh. genanntes Gotteshaus wurde im 14. Jh. zerstört, im 15. Jh. neu errichtet und 1767 im Barock neu gestaltet. An die Gotik erinnern noch der steile Turmhelm, Portale sowie der Chorschluss. Das letzte Werk von Anton Zoller sind die Deckenfresken, die nach seinem Tod 1768 von Josef Kremer fertiggestellt wurden. Kremer schuf auch das Hochaltarbild. Franz Xaver Kirchebner malte um 1770 beim rechten Seitenaltarblatt den Ort und die Kirche nach der Barockisierung. Beim Leib des Märtyrers Donatus im Glasschrein handelt es sich nicht um den Kirchenpatron, sondern um einen römischen Soldaten gleichen Namens. Zur Osterzeit ist ein sehenswertes Heiliges Grab (1767) aufgestellt, das dem Pfarrer und Maler Johann Joachim Pfaundler zugeschrieben wird.

Wanderwege rund um den Patscherkofel, ca. 100 km Wanderwege, www.patscherkofelbahnen.at

ELLBÖGEN
1071 m, 1092 Einwohner

Eine erste Besiedlung lässt sich schon durch die Illyrer (1200–1000 v. Chr.) nachweisen. Später erlangte Ellbögen durch seine Lage an der rund 23 km lan-

Matrei war bereits zur Römerzeit als Straßenstation von besonderer Bedeutung.

gen Salzstraße von Hall in Tirol nach Matrei am Brenner eine gewisse Bedeutung. Im Ort gab es zu jener Zeit zahlreiche Gaststätten, 1395 ist auch eine Schmiede an der Mühltaler Brücke erwähnt.

Kaiser Maximilian I. schätzte das **Viggartal** als Jagdgebiet. Auf einem dort befindlichen rund 7 m hohen Felsblock sind verschiedene neuzeitliche Schriften und Symbole zu erkennen. Im Viggar- und Arztal wurde v. a. im 16. und 17. Jh. Eisenerz abgebaut, woran noch viele Knappenlöcher und die Knappenhäuser in Mühltal erinnern. Von den einst zahlreichen Kornmühlen hat man die **Hinterlochermühle** als Schaumühle eingerichtet.

Die im 15. Jh. erbaute **Pfarrkirche St. Petrus** wurde im 18. Jh. barockisiert. Die damals von Leopold Puellacher angebrachten Fresken übermalte Heinrich Kluibenschedl 1887. Josef Kremser malte das Hochaltarbild (um 1769), Josef Liebherr die Seitenaltarbilder (um 1760). Gotische Fresken aus dem späten 15. Jh.

zeigen u. a. eine Kreuztragung, eine Kreuzigungsgruppe und eine Ölbergszene. In der **Friedhofskapelle** stammen die Fresken von Max Spielmann (1946). Dort befindet sich auch eine Darstellung von Christus als Apotheker.

> **Hinterlocher Schaumühle beim Fuchsbauer**, Franz Peer, geöffnet Anfang Juni bis Ende September einmal pro Woche 14–18 Uhr auf Anfrage, Oberellbögen 78, Tel. +43(0)512/376077

PFONS
1043 m, 1209 Einwohner

Pfons teilt sich mit Matrei und Mühlbachl zahlreiche infrastrukturelle Einrichtungen. Hier zweigte die alte Salzstraße über Ellbögen nach Hall ab. Um 1710 entstand der barocke **Ansitz Latschburg** mit Fresken von Kaspar Waldmann im Paradieszimmer. Der Ansitz **Arnholz** (Narrenholz) oberhalb des Weilers Schöfens war die Burg der Ministerialen von Matrei und wurde mehrmals umgestaltet. Der mächtige Rundturm mit drei Erkern stammt noch aus dem 16. Jh.

Die **Pfarrkirche von Matrei** (siehe Matrei), die auch Pfons und Mühlbachl betreut, liegt in Pfons, ebenso wie die **Friedhofskapelle zum hl. Johannes d. T**. Die **Kirche zur hl. Margarethe** auf einer Anhöhe östlich von Pfons wird schon im 12. Jh. erwähnt, wurde im 17. Jh. umgestaltet (Weihe 1656) und 1752 mit einem neuen Chor versehen und barockisiert. Das Hochaltarbild mit den hll. Margarethe und Barbara stammt aus der Werkstatt von Michael Waldmann d. J. Der Hochaltar stammt aus der Wallfahrtskirche Maria Waldrast.

MATREI AM BRENNER
992 m, 937 Einwohner

Die nach Rattenberg flächenmäßig zweitkleinste Gemeinde Tirols bildet in vielerlei Hinsicht eine enge Gemeinschaft mit den Nachbargemeinden Mühlbachl und Pfons. Urgeschichtliche Funde weisen auf eine frühe Besiedlung hin. Unter den Römern entstand die Straßenstation Matreium. Matrei war auch die Urpfarre für verschiedene Gemeinden im Wipptal. 1251 erfolgte die Markterhebung.

Schon im Mittelalter hatte der Markt Matrei so viel **Durchzugsverkehr** wie die Städte Innsbruck und Hall zusammen. Hier gabelte sich die vom Brennerpass kommende Straße. Der westliche Zweig links der Sill führte über Innsbruck, Seefeld und Scharnitz nach Augsburg, der östliche Zweig rechts der Sill über Ellbögen, Patsch, Lans, Ampass nach Hall und weiter in Richtung Kufstein.

Zahlreiche Gasthöfe und Handwerksbetriebe brachten dem Ort Wohlstand. Beim Rathaus standen die Waage für die Fuhrwerke und das Ballhaus zur Lagerung der Waren.

Trotz der Zerstörungen durch den Großbrand 1916 und der Bombardierung 1945 erinnern noch stattliche Bürger- und Bauernhäuser, manche mit Gasthofschildern, an die große Vergangenheit. Heute sind daraus meist Geschäfts- und Wohnhäuser geworden. Beim **Gasthof Stern** befindet sich ein großes Bild der Himmelfahrt Mariens, im **Gasthaus Krone** ein Laubengang im Hof aus der Spätrenaissance. Das **Gasthaus Zur Uhr**, eigentlich das ehemalige Ballhaus, besitzt eine weite Eingangshalle und eine große gotische Treppenhalle. Am **Haus neben dem Rathaus** (Café Wagner) erinnert eine Gedenktafel daran, dass hier 1733 Maria Aigentler, die Mutter Andreas Hofers, geboren wurde. Eine Inschrift weist außerdem darauf hin, dass Papst Pius VI. 1782 auf seiner Durchreise die Brote des hier wohnhaften Bäckermeisters segnete.

Von dem 1979 abgerissenen **Bürgerspital** ist noch die **Spitalskirche zum Hl. Geist** erhalten, 1646–1648 vom Matreier Baumeister Paul Jenewein neu errichtet und mit Kunstwerken aus dem 19. und 20. Jh. ausgestattet.

Auf Pfonser Gemeindegebiet steht die **Pfarrkirche zur Himmelfahrt Mariens**. 1754/55 wurde die ursprünglich romanische und später gotische Kirche nach Plänen des Wiener Hofmalers Josef Adam Mölk vergrößert und barockisiert. Von ihm stammen auch die Deckenfresken (Hauptfresko mit Kaiser Karl VI., der vom Sieg über die Türken erfährt, in den Wolken darüber hll. Dominikus und Maria). Spätgotische Fresken (1482) neben dem Kirchenportal stammen vom Innsbrucker Hofmaler Ludwig Konraiter und zeigen Christi Geburt, die Grablegung und die Verkündigung an die Hirten.

Die **Kapelle zum hl. Johannes dem Täufer** (1509–1521) auf dem Friedhof neben der Pfarrkirche geht auf die Innsbrucker Hofkünstler Niklas Türing d. Ä. (Erbauer des Goldenen Dachls) und seinen Sohn Gregor Türing zurück. Es handelt sich um einen vollständig erhaltenen Bau im maximilianeischen Übergangsstil von der Gotik zur Renaissance. Innen finden sich fein gegliederte Netzgratgewölbe mit Blumenmalereien. Im Chor steht die Jahreszahl 1521. Die auf zwei gedrehten Säulen stehende Empore weist eine Maßwerkbrüstung mit den Wappenschilden der Familie Gstirner und der Zunft der Hufschmiede auf. Im Schrein des spätgotischen Flügelaltars (1520) sind die hll. Johannes d. T., Florian und ein Abt ganzfigurig dargestellt, die Flügelreliefs zeigen die hll. Augustinus und Barbara. In der Predella wird eine geschnitzte Madonna mit Kind von den gemalten hll. Ulrich und Nikolaus flankiert. Die Mondsichelmadonna mit Apfel stammt aus der Zeit um 1500.

Wanderung zum Kloster Maria Waldrast (1638 m, siehe Mühlbachl)

MÜHLBACHL
1000 m, 1375 Einwohner

Auf dem Laimbühel lässt sich bereits prähistorische Besiedlung nachweisen, später befand sich dort eine Burg, aus der schließlich **Schloss Matrei** hervorging, welches wiederum 1945 durch Bomben fast vollständig zerstört, anschließend jedoch teilweise wieder aufgebaut wurde.

Etwa 3,5 km westlich oberhalb von Matrei liegt unterhalb der Serles das **Wallfahrtskloster Maria Waldrast**, das zur Gemeinde Mühlbachl gehört und mit 1641 m Seehöhe die höchstgelegene Wallfahrtsstätte Europas darstellt. Vom Matreier Ortsteil Mützens gelangt man auf breiten Wanderwegen in rund 1,5 Gehstunden dorthin. Es besteht aber auch eine mautpflichtige Straße. Das dort verehrte Gnadenbild, eine geschnitzte Madonna mit Jesuskind, stammt aus dem 15. Jh. Laut Legende sollen zwei Hirtenbuben im Jahre 1407 in einer hohlen Lärche ein geschnitztes Muttergottesbild gefunden und es nach Matrei gebracht haben. Dort soll dann

Rodfuhrwesen

Unter Rodfuhrwesen versteht man den landesfürstlich geregelten, transalpinen Warentransport vom Ende des 13. Jh. bis in die Zeit Maria Theresias (Mitte 18. Jh.). So durfte etwa ein Händler, der von Augsburg nach Venedig Waren transportierte, diese nicht mit dem eigenen Fuhrwerk befördern. Die primitiven Straßen über die Alpen waren meist steil und gefährlich. Nur einheimische Fuhrleute kannten ihre Umgebung und konnten dadurch auch einen sicheren Transport gewährleisten.

In bestimmten Orten mussten die Händler ihre Waren niederlegen (Niederlagsbzw. Stapelrecht) und dafür bezahlen. Die dort ansässigen Fuhrleute bzw. Bauern stellten nach einer genau festgelegten Ordnung (Rod) Fuhrwerke und bei Bedarf Vorspannpferde für den Weitertransport zur Verfügung. Die in Tagesetappen eingeteilten Streckenabschnitte waren zwischen 20 und 40 km lang. Ein Händler von Augsburg nach Venedig war somit sechs bis acht Wochen unterwegs, hin und zurück drei bis vier Monate.

Maria Waldrast – beliebter Wallfahrtsort und Ausgangspunkt für Bergtouren auf die Serles.

wenig später eine Stimme einem Holzhacker befohlen haben, auf der Waldrast eine Kapelle zu bauen.

Die heutige Anlage, die aus der Wallfahrtskirche und dem Servitenkloster besteht, wurde im Auftrag Erzherzog Leopolds V. zwischen 1621 und 1624 errichtet. Der Hofbaumeister Johann Hoffingott schuf die Pläne für die Kirche, die von Paul Jenewein aus Matrei errichtet wurde. Altarbilder (Hochaltar mit der Himmelfahrt Mariens) und Fresken (darunter die Entstehungslegende) malte Michael Waldmann d. J. im Jahre 1666. In einer Seitenkapelle sind zahlreiche Votivbilder und -gaben von Gebetserhörungen aufbewahrt. Die bronzene Madonna mit Kind beim Brunnen gegenüber der Kirche stammt von Hans Pontiller (1959).

Das Wasser wird vor allem für Augenleiden gerne verwendet. In einem Raum des Klosters sind die Neidhart-Fresken (um 1460) aus der ehemaligen Burg Trautson in Mühlbachl aufbewahrt. Dem Servitenheiligen Peregrin, der vor allem bei Bein- und Krebsleiden um Hilfe gebeten wird, ist eine Kapelle geweiht. Sehr beliebt sind die von Mai bis Oktober jeweils am 1. Freitag des Monats stattfindenden Nachtwallfahrten.

Rund 300 m oberhalb des Klosters befindet sich an der Stelle, wo das Gnadenbild angeblich aufgefunden wurde, eine kleine Kapelle. Vom Wallfahrtsort aus besteht die Möglichkeit zahlreicher Wanderungen und Bergtouren, so etwa auf die 2718 m hohe Serles.

Wanderung zum Kloster Maria Waldrast (1638 m), Ausgangspunkt Ortsteil Mützens, rund 1,5 Stunden ansteigend auf breiten Wanderwegen, Tel. +43(0)5273/6278
Schöpfungsweg und Quellenwanderweg, Kloster Maria Waldrast, Tel. +43(0)5273/6278

NAVIS
1340 m, 1966 Einwohner

Bei Matrei zweigt das 8 km lange Navistal gegen Osten ab. Direkt am Talbeginn stehen die **Kirche St. Kathrein** und die **doppelgeschossige Burgkapelle Au-**

fenstein, im 14. Jh. Sitz des Gerichts von Matrei. Die Herren von Aufenstein, Ministerialen der Grafen von Andechs, wurden schon im 13. Jh. urkundlich erwähnt. Sie errichteten zur Kontrolle des Brennerweges hier eine Burg. Von dieser ist so gut wie nichts mehr erhalten, sehr wohl jedoch die 1331 geweihte **Burgkapelle** mit den **bedeutendsten frühgotischen Fresken Nordtirols** (um 1340). In der Unterkapelle sind die Auferstehung Christi, die Begegnung Christi mit den Heiligen Frauen (Apsis), die Kreuzigung mit Stifterfiguren, das Jüngste Gericht und der Triumph des Todes (Südseite), die Hauptlaster mit Musikanten und Tanzenden (Westwand) und der hl. Michael (Nordwand) zu erkennen. Die Oberkapelle zeigt Stifterfiguren, verschiedene Heilige, das Pfingstwunder, die zwölf Apostel, den Schmerzensmann, eine Schutzmantelmadonna (Ostwand), eine thronende Maria mit Kind, die Anbetung und den Zug der Heiligen Drei Könige, die Darstellung im Tempel und den Marientod, das Gastmahl im Hause Simon (Ost- und Südwand), den hl. Christophorus und Fragmente von Personen (Nordwand).

Aus der Burg hervorgegangen ist auch die 1474 erbaute und 1718 barockisierte **Kirche zu St. Kathrein**. Wichtigstes Kunstwerk dort ist eine lebensgroße Gruppe der Verkündigung mit dem Engel und Maria (bedeutendes Tiroler Schnitzwerk aus dem frühen 14. Jh. in Tirol, Kopie), die einst in der Burgkapelle stand.

Bereits 1557 wird eine **Christophoruskirche in Navis** erwähnt. Diese wurde 1756 von dem hier geborenen geistlichen Baudirektor **Franz de Paula Penz** (siehe Stubaital) barock umgestaltet. 1965 musste sie wegen eines Hangrutsches gesperrt werden. 1966/67 baute

der Stubaier Clemens Holzmeister zwischen Widum und alter Kirche einen modernen Zentralbau. Das Schiff der alten Kirche wurde 1967 abgetragen, Turm und Altarraum dienen heute als **Friedhofskapelle**. Auf Josef Bachlechner d. Ä. gehen die große Kreuzigungsgruppe (1912) über dem Hochaltar sowie Engelsfiguren und Holzreliefs (Opfer Abrahams und Melchisedechs, 1913) zurück, auf Anton Tiefenthaler die Kreuzwegstationen (1967). Penz errichtete auch das mit barocken Fresken geschmückte **Widum**.

> **Naviser Almenweg**, Ausgangs- und Endpunkt Parkplatz Grün, leichte Wanderung, Gehzeit ca. 3,5 Stunden

STEINACH AM BRENNER
1048 m, 3425 Einwohner

Als Sitz des Gerichts Matrei zu Beginn des 14. Jh. erlangte Steinach eine gewisse Bedeutung. Ähnlich wie bei Matrei spielte auch in Steinach der Durchzugsverkehr eine wichtige Rolle. Hier konnten die Fuhrleute vor dem letzten Anstieg zum Brennerpass eine Rast einlegen. Zwei Großbrände im 16. und im 19. Jh. zerstörten den Ort jeweils fast vollständig. 1936 erfolgte die Erhebung zum Markt.

Neben der Kirche befindet sich das **ehemalige Jagdschloss Kaiser Maximilians I**. Am **Hotel Rose** erinnert ein Fresko an die Steinacher, die im Dreißigjährigen Krieg nach Graubünden zogen und erst nach sieben Jahren zurückkehrten. Im **Gasthof Steinbock** hatte der Freiheitskämpfer Andreas Hofer im Jahre 1809 zeitweise sein Hauptquartier, hier wurde schließlich auch die Unterwerfungsurkunde unterzeichnet. Seit 1825 ist in Steinach die **Orgelbaufirma Rei-**

nisch/Pirchner ansässig. Das Erkerfresko erinnert an den gebürtigen Steinacher Josef Gregor Zangl (1821–1865), Domkapellmeister in Brixen. Bei der **Velper Quelle** auf dem Weg nach Nösslach handelt es sich um die zweitstärkste radiumhältige Quelle Österreichs. Sie findet für Trinkkuren Verwendung. In Steinach geboren sind die Maler **Martin Knoller** (1725–1804) und **Alfons Graber** (1901–1990) sowie die Bildhauer **Josef Staud** (1903–1980) und **Franz Staud** (1905–1959). Für den Volkskundler und Schriftsteller **Hermann Holzmann** (1906–1971) steht in Steinach ein Denkmal.

Anstelle einer auf das 14. Jh. zurückgehenden Pilgerkapelle ließ der geistliche Baudirektor Franz de Paula Penz 1763–1765 die große barocke **Pfarrkirche zum hl. Erasmus** erbauen, die jedoch beim Großbrand 1853 ein Raub der Flammen wurde. 1855 erbaute der Steinacher **Josef Vonstadl**, von dem mehrere Kirchenbauten in Tirol stammen, ein neuromanisches Gotteshaus. Noch erhalten aus dem Vorgängerbau sind der barocke Hochaltar mit den Figuren von Johann Perger und dem Bild des hl. Erasmus (1772) von Martin Knoller sowie die Seitenaltarbilder von Martin Knoller (hl. Sebastian, 1783, und Johannes d. T., 1794). Die Nazarenerfresken (1867–1871) stammen vom einheimischen Maler **Georg Mader**.

Auf einer Anhöhe liegt in Mauern die **Kirche zur hl. Ursula**, ursprünglich ein romanischer Bau aus dem 13. Jh., 1678 vom Hofmaurermeister Gallus Appeller und seinem Sohn neu erbaut. Am selben Ort bestand schon eine frühchristliche Anlage. Erwähnenswert ist die spätgotische Schnitzgruppe Anna selbdritt (um 1515). Auf dem Friedhof wurden früher die Toten der Umgebung bestattet, sogar jene aus dem rund 30 km entfernten Tuxer Tal. Daran erinnern noch die Tuxer Kreuze.

Die **Filialkirche St. Ulrich** im Weiler Tienzens ist dem Augsburger Bistumspatron geweiht. Der hauptsächlich gotische Bau wurde 1732 barockisiert. Johann Perger schuf den Altar, Franz Anton Zeiller das Altarbild und vermutlich Leopold Puellacher die Fresken.

Freischwimmbad Steinach, Kranebitten, Tel. +43(0)5272/6641
Funpark Bärenbachl, Bergeralm, Abenteuer mit Wasser für die Kinder, Gehzeit ca. 1 Stunde oder Benutzung der Gondelbahn, Huebenweg, Tel. +43(0)5272/6333
Wanderweg zur Bergeralm (ca. 1600 m), Ausgangspunkt Parkplatz der Talstation der Bergeralmbahnen, leichte Bergwanderung, Gehzeit ca. 1 Stunde, Tel. +43(0)664/4044582
Bergeralmbahnen, Wolf 40, Ausgangspunkt verschiedener Wanderungen, Tel. +43(0)5272/6333, www.bergeralm. net

GSCHNITZTAL MIT TRINS
1233 m, 1247 Einwohner
und
GSCHNITZ
1270 m, 424 Einwohner

Das aus den beiden Gemeinden **Trins** und **Gschnitz** bestehende Tal erstreckt sich von Steinach in Richtung Südwesten. Bekannte Berge sind der Habicht (3277 m), der Gschnitzer Tribulaun (2976 m) und der Pflerscher Tribulaun (3097 m). Vom Tal aus bieten sich zahlreiche Bergwanderungen an (Innsbrucker Hütte, Tribulaunhütte, Bremer Hütte, Habicht, Wallfahrtskirche St. Magdalena u. a.).

Das Mühlendorf am Ende des Gschnitztales zeigt die Arbeitswelt vergangener Zeiten.

Trins war ursprünglich eine Bergwerkssiedlung, woran noch Bergwerkszeichen aus dem 16. Jh. an manchen Häusern erinnern. Am Muttejoch wurden Blei und Kupfer abgebaut. Im Südwesten des Dorfes quert die Trinser Endmoräne das Tal. Auf diesem Schotterwall steht der **Ansitz Schneeberg**, der um 1780 aus einem Meierhof entstand und sich im Besitz der Familie Sarnthein befindet. Von der ursprünglichen Burg Schneeberg sind nur mehr wenige Reste vorhanden.

Die **Pfarrkirche zum hl. Georg** wurde erstmals 1359 erwähnt, Ende des 15. Jh. umgebaut, 1755 innen barockisiert und mit Fresken von Anton Kirchebner ausgeschmückt. Das Hochaltarbild mit dem hl. Georg wird Joseph Schöpf zugeschrieben, das Bild am rechten Seitenaltar zeigt die Anbetung der Könige.

Auf einem steil aufragenden Felsen liegt 400 m über dem Tal auf 1661 m Seehöhe an der Stelle einer frühchristlichen Kultstätte die romanisch-gotische **Wallfahrtskirche St. Magdalena** (siehe Gschnitz). Das Kirchlein erhielt 1307 eine landesfürstliche Stiftung. Romanische Fresken aus der Zeit um 1200 zeigen Adam und Eva im Paradies, die Flucht nach Ägypten und verschiedene Heilige.

Sie gehören zu den ältesten Wandmalereien auf Nordtiroler Boden. Ein zweiter Zyklus, vermutlich von einem Brixner Meister aus dem 15. Jh., zeigt drei Szenen aus dem Leben der hl. Magdalena.

Die kleine Gemeinde **Gschnitz** besteht aus weitverstreuten einzelnen Höfe, von denen manche mit Barockmalereien verziert sind. Das Zentrum des Ortes ist die Pfarrkirche. Der obere Teil mancher Häuser besteht noch aus geschnitzten Baumstämmen.

Franz de Paula Penz (siehe Stubaital) gestaltete 1755 die um 1730 erbaute **Pfarrkirche zu Unserer Lieben Frau Maria Schnee** im Stil des Rokoko um und schuf dadurch eine der schönsten Kirchen dieser Art in Tirol. 1759 statteten Anton Zoller und dessen Sohn Joseph Anton das Gotteshaus mit hervorragenden Fresken aus.

Mühlendorf in Gschnitz, Einblick in die Arbeitsweise vor 100 Jahren, Getreidemühle, Schmiede, Barfußweg und imposanter Wasserfall, ideal für Kinder, Öffnungszeiten über Website erfragen: www.muehlendorf-gschnitz.at, Tel. +43(0)664/236 49 17
Wanderung zur Wallfahrtskirche St. Magdalena, Ausgangspunkt Pfarrkirche in Gschnitz, Gehzeit ca. 1 Stunde 45 Minuten, herrlicher Ausblick, mittelschwere Wanderung, Trittsicherheit erforderlich

SCHMIRNTAL MIT SCHMIRN
1405 m, 865 Einwohner

Durch das **Schmirntal** gelangt man in Richtung Osten nach Schmirn und Kasern sowie weiter über das Tuxer Joch in das Tuxer Tal und schließlich ins Zillertal. Das Tal wurde erst 1955 elektrifiziert, 1972 errichtete man dann die jetzige Zufahrtsstraße. Zuvor bestand nur eine sehr steile und gefährliche Straße von St. Jodok durch eine Schlucht.

Ungefähr in der Talmitte liegt der Hauptort. Zum Gemeindegebiet gehörte bis 1926 auch Hintertux, das von hier aus besiedelt worden ist. Bis ins 15. Jh. mussten die Toten aus Hintertux über das Tuxer Joch und das Schmirntal zum Friedhof nach Mauern bei Steinach gebracht werden. Da dies im Winter oft nicht möglich war, wurden die Toten des Öfteren beim Weiler Obern in einer Kammer für Wochen aufgebahrt.

Franz de Paula Penz schuf die Pläne für die **Kirche St. Josef** (1756/57), die von Johann Michael Umhauser im Stil des Rokoko erbaut und von bedeutenden Künstlern ausgestaltet wurde. Anton Zoller und sein Sohn Joseph Anton freskierten 1757 die beiden Kuppeln. Das Hochaltarbild mit dem Tod des hl. Josef ist von Caspar Jele (1843).

Zum **Wallfahrtskirchlein Mariahilf zur Kalten Herberge** gibt es folgende Legende: Eines Tages soll ein Hirte einer schönen Frau mit einem Kind begegnet sein, die unter einer großen Fichte Schutz suchte. Als er sie ansprach, verschwand sie und wurde nie wieder gesehen. Aufgrund der Vermutung, dass es sich um Maria mit dem Jesuskind handelte, wurde hier eine Kopie des Mariahilfbildes von Lucas Cranach im Innsbrucker Dom an der Fichte angebracht. 1730 entstand eine kleine Kapelle, die 1838 durch eine neue ersetzt wurde.

Wanderung zur Geraer Hütte (2324 m), Ausgangspunkt „Touristenrast" im Valser Tal, Gehzeit 2,5–3 Stunden, oder Schmirntal, Ortsteil Toldern, Gasthof Olpererblick, Gehzeit 4 Stunden, Tel. +43(0)664/5106830 oder +43(0)676/9610303, www.geraerhuette.at
Kräutergarten, Alpenkräuter- und Alpenblumen-Schaugarten, Ortsteil Toldern, Tel. +43(0)5279/5204

VALSER TAL MIT VALS
1271 m, 538 Einwohner

Im **Valser Tal** wurde im Zweiten Weltkrieg an der Alpeiner Scharte das kriegswichtige Molybdän abgebaut. Zahlreiche Zwangsarbeiter kamen auf Grund der unmenschlichen Arbeitsbedingungen und durch Unfälle ums Leben. 1989 wurden die Ruinen aus Sicherheitsgründen gesprengt. Aus einem heute aufgelassenen Marmorbruch im Valser Tal stammen übrigens die Bodenplatten für die Hofburg und den Dom in Innsbruck.

In Vals stehen einige typische Wipptaler Höfe. Das zu Vals gehörende **St. Jodok** ist Ausgangspunkt für verschiedene Bergtouren in die Zillertaler Alpen. Durch St. Jodok führte früher der Verkehr über den Padauner Sattel zum Brenner. Im 15. Jh. wurde die **Pfarrkirche zum hl. Jodok** erbaut, 1780–1786 erweitert und barockisiert. Die Deckengemälde (Messe des hl. Wolfgang und Ablehnung der Krone Englands durch den hl. Jodok) stammen von Josef Schmutzer (1784), der auch das Hochaltarbild malte.

Wanderung Geraer Hütte (siehe Schmirn)

INNSBRUCK UMGEBUNG

GRIES AM BRENNER
1165 m, 1337 Einwohner

Das heutige Dorf entstand erst im Spät-mittelalter als Durchzugsort an der Brennerstraße. Davor führte der Verkehr von Steinach über Vinaders zum Bren-ner. Aus dieser Zeit stammen noch die dortigen Siedlungen und die drei alten Kirchen, die den Pilgerpatronen St. Ja-kob (in Nösslach), St. Leonhard (in Vina-ders) und St. Christoph (in Lueg) geweiht sind. Eine **Marmortafel** südlich des Orts erinnert an die Begegnung zwischen Kaiser Karl V. und seinem Bruder Kaiser Ferdinand I.

Die wichtige Zollstätte am Lueg bestand von 1287 bis 1815 und brachte den höchsten Ertrag aller Tiroler Zollstätten ein. In Richtung Brennersee ist neben der Bundesstraße noch ein Stück der alten **Römerstraße** zu sehen. Vom **Brennersee** ist heute nur mehr wenig erhalten. Der Brennerpass (1374 m) wur-de erst durch die Teilung Tirols im Jahr 1919 zu einer Grenze. Im **Gasthof Wei-ßes Rössl** (15. Jh.) erinnert das Fürsten-zimmer an Kaiser Maximilian I., der in der Gegend gerne jagte. Die Sgraffiti außen stammen von Max Spielmann (1957), jene im Speisesaal von Paul Flo-ra. Im Zweiten Weltkrieg wurde in Nöss-lach Steinkohle abgebaut.

1823–1826 entstand die klassizistische **Pfarrkirche Mariä Heimsuchung in Gries** durch Jakob Prantl und Johann Muigg. Vorher bestand eine kleine Ka-pelle (16. Jh.), der eine Kirche (17. Jh.) folgte. Josef Arnold d. Ä. malte 1827/28 die Deckenbilder und die Altarbilder. Die Hochaltarstatuen und die Kanzel stam-men von Gottlieb Klotz d. Ä. Aus der ehe-maligen Nothelferkapelle am südlichen

Ortsausgang stammen die zwei Tafelbil-der der Vierzehn Nothelfer (17. Jh.).

Die 1489 errichtete **Pfarrkirche zum hl. Leonhard in Vinaders** wurde 1803 ver-größert und im Übergangsstil vom Ro-koko zum Klassizismus umgestaltet. Josef Schmutzer schuf das Hochaltar-bild, Georg Mader die Seitenaltarbilder und die Deckenfresken.

Die kleine gotische **Kirche zu den hll. Sigmund und Christoph in Lueg** ließ der Tiroler Landesfürst Herzog Friedrich IV. im 15. Jh. anstelle einer älteren Kapel-le erbauen. Im 17. Jh. erfolgte die Innen-ausstattung im Stil der Spätrenaissance und des Barock. Epitaphe, Grabsteine und eine Votivtafel erinnern an die Be-deutung verschiedener Zöllner.

Auf dem Nösslachplateau steht die se-henswerte **Kapelle zum hl. Jakobus d. Ä.**, 1305 vom Wipptaler Ritter Petrus Trautson gestiftet, der nach Santiago de Compostela pilgerte. 1661 wurde das teil-weise noch romanische Kirchlein barock umgestaltet. Aus dieser Zeit stammen auch der rechte Seitenaltar (Mondsichel-madonna, hll. Veit und Jakobus d. Ä. im Schrein, hll. Katharina und Barbara auf den Flügelinnenseiten) sowie die Kan-zel. Der Hochaltar (um 1490) mit den Sta-tuen der Muttergottes, des hl. Jakobus d. J. und des Pilgerpatrons Jakobus d. Ä. weist bemalte Flügel von Ludwig Konrai-ter mit Darstellungen der Jakobslegen-de und der Verkündigung an Maria auf.

> **Bergwerksweg auf dem Nösslach-plateau**, anschauliche Darstellung vom Steinkohleabbau sowie der Besonder-heiten der karbonzeitlichen Formationen, Fossilien, herrliche Aussicht, Ausgangs-punkt Nösslachhütte (1604 m), leichte Wanderung ca. 1 Stunde, Tel. +43(0)664/3040502

Einmalig gelegen – der Obernberger See

OBERNBERG AM BRENNER
1393 m, 359 Einwohner

Das landschaftlich sehr schön gelegene **Obernbergtal** zweigt bei Gries nach Westen ab. Vom 13. Jh. an bis um 1560 wurden hier Silber, Kupfer und Blei abgebaut. 1569 entdeckte der Bildhauer Alexander Colin am Fuß des Obernberger Tribulauns einen weißen, gräulich geäderten Marmor, der für die Hofkirche in Innsbruck Verwendung fand. In 1593 m Höhe liegt im hintersten Teil des Tals am Fuß der Obernberger Tribulaune der **Obernberger See**. Im Fischereibuch Kaiser Maximilians I. wird schon vom großen Fischreichtum des Sees berichtet. Von dort aus bieten sich zahlreiche schöne Wanderungen und Bergtouren an.

1760/61 erbaute Johann Michael Umhauser, Mitarbeiter des geistlichen Baudirektors Franz de Paula Penz, die sehr harmonisch in die Landschaft eingebundene, barocke **Pfarrkirche zum hl. Nikolaus**, die auf einen gotischen Bau aus dem 15. Jh. zurückgeht. Der Schwazer Maler Christoph Anton Mayr schuf 1760 die Fresken (Verherrlichung des Altarsakraments, Glorie des hl. Nikolaus) und vermutlich auch die Altarbilder. Die Statuen am Hochaltar stammen von Johann Perger.

Wanderung am Seesteig, Wanderung am Talschluss des Obernbergtals, Ausgangspunkt Ortsende, mittlere Wanderung von ca. 2 Stunden

IGLS
(Stadtgemeinde Innsbruck)

Funde am Goldbichl weisen auf Besiedlung schon vor 4000 Jahren hin. Reihengräber werden in die Zeit der Völkerwanderung datiert. Das ursprünglich aus wenigen Bauernhöfen bestehende und abgelegene Dorf wurde um die Mitte des 19. Jh. als Sommerfrischort für Innsbrucker entdeckt. Die Vermögenden unter ihnen bauten hier ihre Villen. 1883 vernichtete ein Großbrand zwei Drittel des Ortes. Vom alten Dorfkern ist daher nur sehr wenig erhalten geblieben. Mit der Zeit spielte der Fremdenverkehr eine immer größere Rolle. Im Jahre 1900 wurde die **Mittelgebirgsbahn** (Igler Bahn oder Straßenbahn Nr. 6) gebaut, die heute noch Innsbruck mit Igls verbindet.

Durch die **Olympischen Winterspiele 1964 und 1976** erlangte der Ort international einen gewissen Bekanntheitsgrad, da auf der nahe dem Ortskern gelegenen Kunsteisbahn die Bob- und Rodel- sowie am Patscherkofel ein Teil der Schiwettbewerbe durchgeführt wurden.

Von Igls führt die **Patscherkofel-Seilbahn** in rund 20 Minuten auf den 2246 m hohen südlichen Hausberg Innsbrucks. Von der Bergstation führt ein Sessellift zum Gipfel. Bekannt ist der Berg nicht zuletzt auf Grund seines markanten Rundfunk- bzw. Fernsehsenders.

Am Ostende des Dorfes bestand schon im 13. Jh. die **Hohenburg**, die jedoch später langsam verfiel und erst im 19. Jh.

in der heutigen Form wieder aufgebaut wurde. Hier wohnte der für Tirol äußerst wichtige Literat Ludwig von Ficker (geb. 1880 in München, gest. 1967 in Innsbruck), Herausgeber der Kulturzeitschrift „Der Brenner" und langjähriger Freund des berühmten Dichters Georg Trakl.

Etwa 2 km von Igls entfernt verlief die alte **Salzstraße** von Hall in Richtung Matrei am Brenner. Das heutige **Gasthaus Grünwalderhof** lag an dieser alten Handelsstraße und war einst eine Poststation.

Die **Pfarrkirche zu den Vierzehn Nothelfern** entstand 1700/01, wobei vom gotischen Vorgängerbau zum hl. Ägidius (1479) der Altarraum übernommen wurde. Auf Josef Schmutzer d. J. gehen die Fresken (Hauptfresko mit den Vierzehn Nothelfern, 1777) zurück, auf Johann Baptist Lampi d. Ä. das Hochaltarbild mit dem hl. Ägidius. In der Friedhofskapelle sind spätgotische Fresken zu bewundern.

In 1240 m Höhe liegt südöstlich von Igls die **Wallfahrtskirche Heiligwasser**. 1651 soll ein Schmied, dem hier in seiner Jugend schon die Muttergottes erschienen war, ein stummes Kind hierhergebracht haben. Die Muttergottes heilte den Knaben, er konnte wieder sprechen. Bereits im 15. Jh. ist eine Quelle erwähnt. 1662 entstand die Wallfahrtskirche zur hl. Ottilie mit Deckenfresken von Hans Andre (1946). Die Wallfahrtskirche ist sehr gut über die Mittelstation der Patscherkofelbahn zu erreichen.

Der Zirbenweg mit Panoramablick auf Innsbruck und das Inntal

Badesee Lanser See, ca. 1 km von Igls entfernt im Dorf Lans, Tel. +43(0)512/377336
Hallenbad im Sporthotel Igls, Hilberstr. 17, Tel. +43(0)512/377241, www.sporthotel-igls.com
Patscherkofelbahn, Bilgeristr. 24, +43(0)512/377234, www.patscherkofelbahnen.at
Wanderwege rund um den Patscherkofel, www.patscherkofel.at/wandern
Alpengarten Patscherkofel, höchstgelegener Alpengarten Europas, im Bereich der Bergstation, ca. 400 Pflanzen, Tel. +43(0)512/5075910 oder +43(0)512/379505
Zirbenweg, leichte Wanderung von der Bergstation der Patscherkofelbahn bis zur Bergstation des Glungezerlifts (Tulfes), größter geschlossener Zirbenbestand der Ostalpen, Gehzeit ca. 2,5 Stunden
Olympia-Bobbahn Igls, Heiligwasserwiese, Tel. +43(0)512/377160 oder +43(0)676/88338270, www.olympia-innsbruck.at

Im Mittelalter bestand hier die **Burg Straßfried**, von ihr ist nichts mehr erhalten. Auf einen einstigen See weisen noch die Bezeichnungen Seebichl und Fischersteig hin.

Wegen ihrer feinen Stuckaturen zählt die **Kirche zum hl. Martin** im Stil des Rokoko (1791) zu den schönsten Landkirchen in der Umgebung von Innsbruck. Eine Vorgängerkirche bestand schon im 14. Jh. Die Deckenfresken mit Szenen aus dem Leben des hl. Martin malten die Brüder Franz Xaver und Josef Anton Kirchebner. Um 1700 entstand das Hochaltarbild (Christus und hl. Martin) von Matthias Pußjäger. Auf einem Votivbild in der Totenkapelle (um 1650) ist Maria als Erlöserin der armen Seelen im Fegefeuer dargestellt.

VILL
(Stadtgemeinde Innsbruck)

Ausgrabungen haben in Vill Hinweise auf Besiedlung in der Bronzezeit, der Hallstattzeit und der frühen Römerzeit zutage gefördert. Die Grabungsstätte ist als Freilichtmuseum zugänglich.

LANS
869 m, 1031 Einwohner

In Bauerndorf Lans befand sich eine Zollstätte an der Salzstraße von Hall über Ampass, Aldrans, Lans und Ellbögen nach Matrei am Brenner. Hier konn-

Gasthof zum Wilden Mann in Lans

Ritter Florian Waldauf, enger Berater Kaiser Maximilians I., besaß hier ein Wirtshaus und schenkte 1503 der Kirche eine umfangreiche Reliquiensammlung (siehe Hall in Tirol). St. Lambert war einst eine vielbesuchte Wallfahrtskirche. Fußleidende steckten zur Heilung ihre Füße in ein Loch im Boden der Kirche oder legten dort ihre Kleider hinein.

Badesee Lanser See, ca. 1 km von Igls entfernt im Dorf Lans, Tel. +43(0)512/377336

ALDRANS
759 m, 2500 Einwohner

Aldrans an der alten Salzstraße von Hall nach Matrei am Brenner weist schon Besiedlung in der Bronzezeit und der Römerzeit auf. 1893 zerstörte ein Brand fast das ganze Bauerndorf. Ab dem 19. Jh. nutzten die Innsbrucker den Ort als Sommerfrische. An moderner Architektur sind das **Haus im Hang** 1985/86 von Horst Parson für die Künstlerin Ilse Abka Prandstetter sowie das spiralförmige **Lichtstudio Bartenbach** 1987/88 von Josef Lackner zu nennen. Der im Gemeindegebiet gelegene **Herzsee** befindet sich in Privatbesitz.

Die 1426 geweihte **Pfarrkirche zum hl. Martin** wurde im 18. Jh. barock verändert, erfuhr jedoch im 19. und 20. Jh. mehrere Umgestaltungen. 1965–1967 wurde das Gotteshaus nach Plänen von Hans Loch erweitert. Die Renovierung zwischen 1981 und 1992 brachte einen neuen Hochaltar von Rudolf Millonig und barocke Kreuzwegstationen von Michael Mildorfer.

Wanderung zur Teufelsmühle und nach Judenstein (Wanderweg Nr. 19)

ten die Pferde gewechselt werden und die Fuhrleute nächtigen. An die Bedeutung als Durchzugsort erinnern noch die alten **Traditionsgasthäuser Zum Wilden Mann und Isserwirt (Zur Traube)**, Letzteres häufig besucht vom Lyriker Georg Trakl (geb. 1887 in Salzburg, gest. 1914 in Krakau, begraben am Mühlauer Friedhof in Innsbruck). Das Lanser Moor und der **Lanser See** sind beliebte Ausflugsziele.

Die gotische **Pfarrkirche zum hl. Lambert**, dem Patron der Diözesen Chiemsee und Freising, wird erstmals 1369 erwähnt, wurde im 15. Jh. umgebaut und 1722 barock umgestaltet. Jörg Gratl aus Amras gestaltete 1739 die Rokokostuckaturen und die Kanzel, Hans Andre 1944 die Fresken. Aus der Zeit um 1500 stammen die Figur des hl. Lambert am Hochaltar und die zwei Flügelreliefs mit den Pestheiligen Rochus und Sebastian. Die barocken Statuen am Hochaltar sind Werke von Ingenuin Lechleitner.

AMPASS
650 m, 1795 Einwohner

Im Bereich des Widumfeldes konnte durch Ausgrabungen Besiedlung aus der Zeit von 1800 bis 300 v. Chr. nachgewiesen werden. Dabei entdeckte man auch die bisher älteste in Österreich gefundene Münze, rund 2500 Jahre alt. An der Straße nach Hall steht auf dem Sonnenbühel die **Viertlsäule** aus rötlichweißem Marmor mit dem Wappen des Mathias (S)Auter, der bedeutendste spätgotische Bildstock Tirols. Vermutlich diente sie als Pest- oder Gerichtssäule. Schon 1270 wird der jetzt barocke **Ansitz Taschenlehen** auf einer Anhöhe südöstlich der Haller Innbrücke urkundlich erwähnt.

Die auf einem Hügel oberhalb von Ampass gelegene **Pfarrkirche zum hl. Johannes dem Täufer** stammt aus dem 15. Jh. und wurde 1744 innen barockisiert. Auf Johann Michael Strickner gehen die Deckenfresken (Geburt, Predigt und Enthauptung Johannes' des Täufers, Heilige über dem Dorf Ampass mit fürbittenden Bauern), auf Nikolaus Moll die Schnitzgruppe Taufe Christi im Hochaltar zurück. Aus dem frühen 16. Jh. stammt das Außenfresko mit dem hl. Christophorus. Jenes mit dem hl. Johannes d. T. malte Wolfram Köberl 1955.
In der Friedhofskapelle befindet sich eine seltene Darstellung der Kelter Christi aus dem 17. Jh. Unter dem Kirchenboden wurden Reste einer frühchristlichen Kirche aus dem 5. Jh. entdeckt. 1739 entstand an jener Stelle, an der sich einst eine Burg befunden haben könnte, ein eigener **Glockenturm**, da die neue Glocke für den alten Turm zu schwer war. Im Erdgeschoss des Turms ist eine Mariahilfkapelle mit einem De-

ckenbild von Josef Ignaz Mildorfer (um 1740). Die Glocke stürzte zweimal beim Läuten herab, 1857 ohne jemanden zu verletzen, 1901 tötete sie einen Bauernknecht. 1622–1624 wurde der im Kern spätgotische ansitzartige **Pfarrhof** gegenüber der Kirche erbaut.

Im Ort selbst befindet sich die 1521 geweihte, spätgotische **Kirche zum hl. Veit in Oberdorf**. Ihre Finanzierung erfolgte hauptsächlich durch Spenden der Salzfuhrleute, die von Hall kommend durch den Ort zogen. Ausgrabungen haben eine romanische Kapelle an derselben Stelle nachgewiesen. Im Hochaltar (1531) zeigt das Bild von Josef Ritterl aus Hall das Martyrium des hl. Veit. Hinter dem Altar sind in der Wand die eingeschriebenen Fürbitten der Salzfuhrleute und Wappen der Länder Kaiser Karls V. zu sehen.

Viertlsäule bei Ampass

SISTRANS
919 m, 2169 Einwohner

Wie die meisten anderen Orte auf den Mittelgebirgsterrassen um Innsbruck wurde auch das Bauerndorf Sistrans zu einer Wohngemeinde im Einzugsbereich von Innsbruck. In dem wunderschön gelegenen Dorf weisen mehrere Häuser **Freskendarstellungen** auf. Sistrans ist beliebter Ausgangspunkt für Wanderungen im Bereich des Patscherkofels und Glungezers. Aus dem 17. Jh. stammt der adelige Ansitz **Isserhof** (Nr. 23) mit seinen barocken Fresken. Eine Gedenktafel erinnert außerdem an den Besuch der englischen Königin Elizabeth II. im Jahre 1969.

Die **Pfarrkirche zur hl. Gertrud von Nivelles** zeigt außen noch ihren gotischen Charakter, innen wurde sie im 18. Jh. barockisiert. Kassian Singer schuf die Stuckaturen. Die von den Sistranser Künstlerfamilien **Mussack** und **Kienast** gestalteten Altäre und die Kanzel zählen zu den schönsten Stuckmarmorarbeiten ihrer Art in Tirol. Franz Xaver Kirchebner schuf 1787 die Kreuzwegstationen und mit seinem Bruder Josef Anton die Deckenfresken. Im Chor links befindet sich ein Abendmahlfresko aus dem 17. Jh.

> **Speckbacherweg**, einfacher Wanderweg von Ellbögen (St. Peter) über Patsch, Mittelstation der Patscherkofelbahn, Sistrans und Rinn nach Tulfes ohne große Steigungen, Gehzeit ca. 4 Stunden

RINN
921 m, 1766 Einwohner

Grabfunde beim **Wiesenhof** weisen auf eine erste Besiedlung in der Bronzezeit hin. Beim **Anderlhof** (Obere Hochstraße) handelt es sich um einen Bauernhof aus dem 17. Jh. mit einem für das Tiroler Unterland typischen Glockenturm. In den heute komplett modernisierten **Schmirnerhof** (Obere Hochstraße 5) heiratete der ursprünglich aus Gnadenwald stammende Josef Speckbacher ein. Er war einer der bedeutendsten und treuesten Mitkämpfer Andreas Hofers in den Tiroler Freiheitskämpfen von 1809.

Aus dem Jahr 1482 stammt die gotische **Pfarrkirche zum hl. Andreas**, die 1775/76 von Thomas Foringer umgebaut und im Spätrokokostil ausgestattet wurde. In den Deckenfresken (1776) von Josef und Franz Giner sind Szenen aus dem Leben des hl. Andreas dargestellt. Das Hochaltarbild mit dem hl. Andreas schuf Josef Liebherr 1783, der auch das linke Seitenaltarbild mit dem hl. Sebastian malte.

Auf eine Ritualmordlegende geht die **Kirche Mariä Heimsuchung in Judenstein** zurück. An der Stelle soll angeblich 1462 der Knabe Andreas von durchziehenden Juden ermordet worden sein. Allerdings gibt es dafür keine Beweise und keine historische Grundlage. Der Universalgelehrte und Haller Stiftsarzt Hippolyt Guarinoni zeichnete die Legende des Anderl von Rinn auf und ließ die Kirche anschließend von 1670 bis 1678 auch erbauen.
Im Jahr 1965 wurde die Wallfahrt dann verboten und in den folgenden Jahren entschloss man sich, alle Kunstwerke in der Kirche, die darauf Bezug genommen hatten, zu entfernen. 1989 schließlich erklärte der damalige Innsbrucker Diözesanbischof Reinhold Stecher den Anderlkult für endgültig beendet. Beim Felsen in der Kirche, dem sogenannten Judenstein, dürfte es sich in Wahrheit um eine vorchristliche Kultstätte handeln.

TULFES
923 m, 1485 Einwohner

Das Bauerndorf Tulfes liegt am Fuß des Glungezers. Bis ins 18. Jh. war die Hochstraße von Hall über Tulfes, Rinn, Lans und Ellbögen nach Matrei am Brenner eine wichtige Handelsverbindung. An ihrem Beginn steht ein um 1200 erbauter Wehrturm, nach der Besitzerfamilie **Kolbenturm** bezeichnet.

Der **Glockenhof** an der Straße von Hall nach Tulfes ist durch den Räuber und Glockengießer Hans Gatterer in die Geschichte eingegangen. Dieser soll vor seiner Hinrichtung noch die große Kirchenglocke von Mils gegossen und ihren Klang gehört haben. Seine Lebensgeschichte erzählt das Theaterstück „Der Räuber vom Glockenhof" von Josef Praxmarer.

Borgiaskapelle in Tulfes

Im Haus ist der „Theaterverein Freilichtspiele am Glockenhof" untergebracht, der dort alljährlich im Sommer Theaterstücke aufführt (2010 „Romed und Julia"). Von der Fassade des Glockenhofes blickt der Räuber aus einem gemalten Scheinfenster heraus.

So manches alte Haus in Tulfes stammt noch aus dem 16. Jh., wie etwa der **Moarhof** (Nr. 36). Durch den größten Zirbenwald Europas führt der **Zirbenweg** auf ca. 2000 m, der mit dem Glungezerlift erreichbar ist und zum Patscherkofel führt.

Aus der Spätgotik stammt die **Pfarrkirche zum hl. Thomas**, die im 18. Jh. barockisiert wurde. Joseph und Franz Giner malten die Deckenbilder mit Szenen aus dem Leben des hl. Thomas. Auf dem Hochaltarbild mit der Darstellung des Ungläubigen Thomas hat sich der Künstler Alois Reisacher selbst als der Apostel Johannes verewigt. Hier sind alljährlich ein Heiliges Grab und die älteste noch erhaltene Krippe Tirols zu sehen (1608).

Am Friedhof wurde die 1971 verstorbene Dr. Adelheid Habsburg, die älteste Tochter Kaiser Karls I., auf eigenen Wunsch bestattet.

In **Volderwald** steht an der Straße die vom Haller Damenstiftsarzt Hippolyt Guarinoni geplante **Borgiaskapelle**, ein eigenwilliger, kleiner Zentralbau.

Glungezerlift, Tel. +43(0)5223/78321 oder +43(0)664/808893333, www.glungezerbahn.at
Zirbenweg, leichte Wanderung von der Bergstation des Glungezerlifts bis zur Bergstation der Patscherkofelbahn, größter geschlossener Zirbenbestand der Ostalpen, Gehzeit ca. 2,5 Stunden

Inntal von Rum bis Kolsass

RUM
622 m, 8993 Einwohner

Die direkt im Einzugsgebiet von Innsbruck gelegene Marktgemeinde besteht aus dem alten **Bauerndorf Rum** auf der nördlich des Tales gelegenen Anhöhe und dem modernen Siedlungs-, Industrie- und Einkaufsgebiet **Neu-Rum** zwischen der Bundesstraße und dem Inn.

Das Dorf hat sich seinen bäuerlichen Charakter großteils bewahren können. In dem mit üppigen Fassadenmalereien versehenen ehemaligen Gasthof Altwirt an der Dörferstraße ist heute das **Gemeindeamt** untergebracht. An den Jesuitenprediger Petrus Canisius (1521–1597) erinnert das **Canisiusbrünnl** am Waldrand.

Entlang der Haller Bundesstraße sind von Innsbruck aus **Bildstöcke** als Wegsäulen (16. Jh.) mit modernen Darstellungen des Rosenkranzgeheimnisses aufgestellt. Sie führen von Innsbruck zu der von Erzherzog Ferdinand II. gestifteten Loretokapelle auf Thaurer Gemeindegebiet (siehe Thaur) an der Bundesstraße direkt vor der Bahnüberführung westlich von Hall. Nordwestlich des Dorfes weist das **Kaiserkreuz** auf die Thronbesteigung Kaiser Franz Josephs I. im Jahre 1848 hin. Seine Mutter Erzherzogin Sophie und seine Brüder Maximilian (späterer Kaiser von Mexiko), Karl Ludwig und Ludwig Viktor waren im Revolutionsjahr 1848 von Wien nach Innsbruck geflüchtet und sollen Rum öfter besucht haben. Am Waldrand befindet sich das **Sanatorium der Kreuzschwestern**.

Rum weist wie die anderen Dörfer des Mittelgebirges zahlreiche private **Krippen** auf.

Zwischen 1470 und 1480 entstand die gotische **Pfarrkirche zum hl. Georg**, 1770 innen barockisiert und 1966 mit neuen Deckenfresken von Wolfram Köberl versehen. Es sind noch Reste der einstigen gotischen Wandmalereien (1474) vorhanden, etwa im Chor die Evangelistensymbole, an der Triumphbogenwand eine Madonna mit Stifterinschrift (dem Hofmaler Jobst Weninger zugeschrieben) und im Langhaus Reste des Kampfes des hl. Georg mit dem Drachen. Das Hochaltarbild malte Josef Arnold d. Ä. (frühes 19. Jh.).

Die **Marienkapelle** (17. Jh.) im Westen des Dorfes an einer Straßengabelung erinnert an die gefährliche Rumer Mur, die das Dorf früher immer wieder heimsuchte. Über dem Eingang ist die Rosenmuttergottes dargestellt. Das Deckengemälde mit den hll. Johannes Nepomuk und Florian zeigt eine alte Ansicht des Dorfes.

Horst Parson schuf die Pläne für die 1976–1978 erbaute moderne **Auferstehungskirche** in Neu-Rum, die in der Art frühchristlicher Kirchen gestaltet ist. Der Gobelin in der Kirche stammt von Ilse Abka Prandstetter, die lange Zeit in Rum lebte.

Hallenbad Neu-Rum, Kugelfangweg 26, Tel. +43(0)512/261342
Hallenbad im Sanatorium der Kreuzschwestern, Lärchenstraße 46, Tel. +43(0)512/2340, www.privatklinik-hoch-rum.com

Gelebtes Brauchtum – Fasnachtstreiben in Rum

Wanderung vom Alpenparkplatz Karwendel nördlich von Rum zur Rumer Alm, Gehzeit ca. 2 Stunden, Tel. +43(0)664/4276159, www.almenrausch.at

ARZL
(Stadtgemeinde Innsbruck)

1940 wurde Arzl nach Innsbruck eingemeindet. Am Abhang der Nordkette liegt das alte **Dorf** mit dem Kalvarienberg, im Talboden **Neu-Arzl**. Letzteres besteht aus einem Gewerbegebiet und einer modernen Wohnsiedlung, zu der auch die großen Wohnblöcke der **zwei Olympischen Dörfer** (1964 westliche und 1976 östliche Wohnbauten) gehören. Wie die bäuerliche Siedlung und die Kirche vor dem Großbrand von 1756 ausgesehen haben, zeigt ein Fresko am **Canisiushaus** nahe der Pfarrkirche im Dorf.

Vermutlich bestand in Arzl schon im 8. Jh. eine frühchristliche Kirche. Bei der heutigen **Pfarrkirche zu den hll. Johannes der Täufer und Johannes der Evangelist** aus der Zeit zwischen 1477 und 1510 handelt es sich um die Veränderung eines Vorgängerbaus. Unter der Leitung des geistlichen Baudirektors Franz de Paula Penz erfolgte 1735–1737 eine Vergrößerung und die Barockisierung. 1867 brachte eine Renovierung im Nazarenerstil zahlreiche Änderungen, so etwa neue Fresken (Christus, Maria, hll. Florian und Josef). Erhalten ist noch der Rokoko-Hochaltar mit Figuren der hll. Johannes d. Täufer, Johannes Evangelist und Johannes Nepomuk sowie Petrus und Paulus (um 1740, Stephan Föger zugeschrieben) und feinen Bandlwerkstuckaturen von Anton Gigl.

Von weitem sichtbar ist der **Kalvarienberg** mit **sieben Wegkapellen** und der **Kapelle zur Schmerzhaften Muttergottes** (1665/65, 1777 verändert und mit Fresken von Aloys Perathoner ausgestattet). Zwei Besonderheiten sind die Darstellung der sieben Blutvergießen und die ganzjährig aufgestellte Fastenkrippe.

Eindrucksvolle Ruine des Thaurer Schlosses

Die extrem starke Bevölkerungszunahme in Neu-Arzl durch den Bau der Olympischen Dörfer (1964, 1976) bewirkte in den Jahren 1959/60 den Bau der **Kirche zum hl. Pius X.** nach Plänen des Architekten Josef Lackner.

THAUR
633 m, 3843 Einwohner

Das Gebiet um Thaur war schon in urgeschichtlicher Zeit besiedelt, worauf ein Urnengräberfeld aus der jüngeren Bronzezeit (1200–900 v. Chr.) hinweist. Bereits im Jahr 827 wurde Thaur erstmals urkundlich erwähnt und ist damit der älteste Ort des mittleren Inntals. Die Klöster Augsburg und Trient besaßen hier Grund.

Bereits um 1200 war das Dorf von großer Bedeutung, da es Urpfarre für die Umgebung war, im Schutz einer großen Burg lag und Salzverarbeitungsstätten besaß. Vom 13. Jh. bis zum Jahr 1809

bestand ein eigenes Gericht. Heute sind noch zahlreiche alte Bauernhöfe erhalten. Bei diesen sogenannten **Mittertennhöfen**, die auch im mittleren Inntal und im Wipptal zu finden sind, liegt das große Scheunentor für die Wägen in der Mitte des Hauses, das Heu wird im Dachboden gelagert. Beidseitig des Tores führen Eingänge in den Wohnbereich und in den Stall.

In Thaur werden noch zahlreiche Bräuche gepflegt, vor allem das **Mullerlaufen**, der **Palmeselumzug**, die Grablegung Christi und seine Auferstehung sowie das **Krippenschauen** (über 60 Krippen).

Die Thaurer Felder, zwischen dem Dorf und dem Talboden gelegen, werden für den groß angelegten Gemüseanbau (Salat, Kraut, Radieschen etc.) genutzt.

Die **Kaisersäule** (1838/39) hoch über dem Dorf erinnert an den Besuch von Kaiser Franz I. im Jahre 1815. Zu den bekanntesten Thaurer Krippen- und Bildschnitzern sowie Bildhauern zählen die

Mitglieder der Familien **Giner** und **Pernlochner** (18./19. Jh.).

Schon von weitem sichtbar ist die **Ruine des Thaurer Schlosses**. Einst bestand hier eine der größten Burgen des Inntals, erbaut von den Herren von Thaur und ausgebaut von den Grafen von Hirschberg. Sie gelangte in den Besitz der Tiroler Landesfürsten und war Sitz des Gerichts Thaur. Im 17. Jh. übersiedelte der Richter in das Pflegamtshaus („altes Schulhaus") im Dorf, das heute als Kulturzentrum Verwendung findet. Durch einen Brand im Jahre 1536 und durch das heftige Erdbeben von 1670 wurde die Anlage zur Ruine. Heute sind die Ruinenteile gesichert und dienen im Sommer als Kulisse und Bühne für die **Thaurer Schlossspiele**.

Hl. Romedius von Thaur

Im Jahr 1244 wurde die **Pfarrkirche zur Himmelfahrt Mariens** erstmals urkundlich erwähnt, es existierte allerdings ein Vorgängerbau aus dem 8. Jh. 1435–1462 kam es zum Umbau im gotischen Stil und 1766 schließlich zur Barockisierung durch Johann Michael Umhauser. Dieser wohnte auf einer Anhöhe oberhalb von Rum und starb in Thaur, wo sich links neben dem Renaissanceportal der Pfarrkirche sein Grabstein befindet.

An der Außenwand befinden sich einige sehenswerte Grabsteine. 1878 wurde das Innere im Nazarenerstil umgestaltet. Die Deckenfresken (Krönung und Himmelfahrt Mariens, Geburt Christi, Kreuzigung, hl. Romedius u. a.) malte Franz Pernlocher d. Ä. aus Thaur. Aus dem 18. Jh. stammen die Altäre, aus der Renaissance der Taufstein. Bei den Apostelstatuen handelt es sich vermutlich um Werke von Johann Giner d. Ä. und Johann Giner d. J. (um 1830). In der Osterzeit wird ein Heiliges Grab aufgestellt.

Das **Wallfahrtskirchlein St. Peter und Paul (Romediuskirchlein)** am Schlossberg nahe der Ruine ist ein barocker Neubau von Johann Michael Umhauser aus dem Jahre 1779. Josef und Franz Giner aus Thaur malten die Deckenfresken (Szenen aus dem Leben der beiden Heiligen, Verehrung des Altarsakraments, hl. Romedius u. a.). Das Hochaltarbild (1625) von Mathias Kager zeigt die Apostelteilung. Davor befindet sich eine Statue des hl. Romedius, darunter ist angeblich sein Schädel als Reliquie (vermutlich jedoch der Schädel eines seiner Begleiter) aufbewahrt. Darüber hinaus sind auch verschiedene echte Reliquien des Heiligen in der Kirche zu sehen. Votivbilder berichten von Gebetserhörungen. Von Thaur führt ein Kreuzweg mit modernen, glasierten Tonreliefs vom Thaurer Bildhauer Romed Speckbacker d. J. (1976/77) vorbei an einem Heiligen Grab zur Kirche. Am Palmsonntag wird in Erinnerung an den Einzug Christi in

Jerusalem der lebensgroße hölzerne **Palmesel mit dem sitzenden Christus** (vermutlich 1772 von Johann Giner d. Ä.) in einer Prozession von Buben vom Dorf heraufgezogen. Die Besichtigung der Kirche ist nur von außen möglich.

Beim **St.-Afra-Hof** (Bauerngasse 7) handelt es sich um einen ehemaligen Meierhof des Hochstiftes Augsburg, welches hier in der Gegend Grund besaß. Vom Hof führt ein direkter Zugang zur **Kirche zum hl. Ulrich**, dem ältesten erhaltenen Kirchenbau Nordtirols, dessen Ursprünge im 8. Jh. zu sehen sind. Später wurde St. Ulrich des Öfteren verändert. Die ältesten Fresken in den Fensterlaibungen sind romanischen Stils (frühestens Mitte des 13. Jh.). Jobst Weninger, Hofmaler unter Erzherzog Sigmund dem Münzreichen, schuf um 1470 die gotischen Malereien an der Wand und in der Apsis. Eine Besonderheit stellt der Renaissance-Flügelaltar (um 1580) mit den hll. Ulrich und Afra dar. Sie sind die Patrone der Diözese Augsburg. Zur weiteren reichen Ausstattung der Kirche gehört auch noch eine Darstellung des Todes als Sensenmann.

Erzherzog Ferdinand II. stiftete 1589 das im Talboden westlich von Hall an der Bundesstraße gelegene **Loretokirchlein** als Wallfahrtsstätte des landesfürstlichen Hofs. Besichtigung ist nur von außen möglich. Entlang eines einfachen Weges am Talboden von Innsbruck (die Straße verlief bis Ende des 16. Jh. durch die Dörfer auf der Anhöhe) führen 15 Stationssäulen zur Kirche. Max Weiler, Max Spielmann und Helmut Rehm haben sie 1955 mit neuen Bildern versehen.

Wanderungen und Bergtouren in der Umgebung, www.almenrausch.at

Theaterverein Thaur – Thaurer Schlossspiele, www.schlossspiele.at
Pfarramt Thaur, Kirchg. 5, Anfragen zu den genannten Kirchen, Tel. +43(0)5223/492850

ABSAM
632 m, 6774 Einwohner

Funde aus der Zeit um 500 v. Chr. lassen auf frühe Besiedlung schließen. Man nimmt heute an, dass im hinteren Halltal, das auf Absamer Gemeindegebiet liegt, bereits sehr früh Salz abgebaut wurde. Am Talausgang, im Ortsteil Eichat, gab es eine Saline (1156 erstmals erwähnt), welche später nach Hall verlegt wurde. Zwei vom Weißenbach aus dem Halltal abgeleitete Wasserläufe lieferten Energie und ließen Handwerksbetriebe entstehen. Im Dorfzentrum gibt es auch heute noch einige sehenswerte **alte Bauernhöfe** mit Fassadenmalereien.

Ähnlich wie in Thaur besaß auch in Absam das Bistum Augsburg einiges an Grund. Im Dorf liegt inmitten eines weiten Parks der barocke **Ansitz Krippach** der Familie Kripp, einst ein Meierhof des Augsburger Bischofs. Vermutlich ebenfalls aus einem Augsburger Meierhof ist der im Barock umgestaltete **Ansitz Melans** nordöstlich des Dorfes hervorgegangen, einst im Besitz von Erzherzog Sigmund dem Münzreichen und der Familie Fieger, jetzt Eigentum der Familie Riccabona.

Im **Ortsteil Eichat** entstand 1969–1972 eine eigene **Kirche** nach den Plänen von Rudolf Siegert und Hermann Hanak. Absam besitzt zahlreiche sehenswerte **Weihnachtskrippen**, zu denen die 1794 vom Thaurer Johann Giner d. Ä. geschnitzte Kirchenkrippe zählt. Ein wich-

Votivtafelkapelle in Absam – mehr als 400 Bilder sind hier zu sehen

tiges Ereignis im Jahreslauf ist das Absamer **Fasnachtstreiben**. Besonderen Ruf erlangte der in Absam geborene Geigenbauer **Jakob Stainer** (1617–1684), oft auch als „Vater der deutschen Geige" bezeichnet. An ihn erinnern ein Gedenkstein an der Absamer Kirche und eine Gedenktafel an seinem Geburtshaus.

Weitere bedeutsame Absamer sind der große Tiroler Maler **Max Weiler** (1910–2001, in Innsbruck Fresken im Hauptbahnhof und in der Theresienkirche auf der Hungerburg), der Barockbildhauer **Johann Michael Fischler** (1707 – um 1764) und die Künstler **Johann Obleitner** (1893–1984) und **Karl Obleitner** d. Ä. (1895–1987).

Das bei Eichat östlich des Dorfes in das Inntal mündende **Halltal** erlangte vor allem durch Salzvorkommen Bekanntheit, der Abbau wurde jedoch 1967 eingestellt. Im hinteren Teil des Tales befindet sich die gotische **Kirche zur**

hl. Magdalena (1300 m Seehöhe). Diese wurde 1486 anstelle einer früheren Kapelle errichtet und 1690 nach der Zerstörung durch ein Erdbeben wiederhergestellt. Der gotische Flügelaltar kam 1923 in die Magdalenenkapelle bei der Pfarrkirche in Hall. Früher gehörte zur Kirche auch ein heute nicht mehr bestehendes, kleines Augustinerinnen-Kloster, heute gibt es hier eine Jausenstation. Die **Herrenhäuser** wurden 1776–1780 auf 1483 m Seehöhe im hintersten Halltal errichtet und dienten als Verwaltungsgebäude des Salzbergwerks sowie als Unterkunft für die Bergleute. Nachdem sie durch eine Lawine 1999 arg in Mitleidenschaft gezogen worden waren, mussten sie geschlossen werden.

Die **Pfarrkirche zum hl. Michael** wurde 1331 erstmals urkundlich erwähnt und 1420–1440 von Hans Sewer, auf den auch die Haller Pfarrkirche zurückgeht, neu erbaut. Die spätgotische Hallenkirche wurde 1779 innen barock umgestaltet, Joseph Anton Zoller malte die Deckenfresken (Letztes Abendmahl, Traum des hl. Josef, Flucht nach Ägypten, Verkauf des ägyptischen Josef, Maria als Himmelskönigin, hl. Michael u. a.). Als 1797 das Absamer Bauernmädchen Rosina Bucher in einer Fensterscheibe der Stube ihres elterlichen Bauernhauses ein Bild der Muttergottes eingebrannt sah, wurde die Scheibe in der Pfarrkirche auf dem rechten Seitenaltar aufgestellt. Dieses **Gnadenbild der Absamer Madonna** bewirkte, dass die Kirche bald zu einem viel besuchten **Wallfahrtsort** wurde. Seit dem Jahr 2000 trägt sie den Ehrentitel Basilika. In der **Votivtafelkapelle** südlich der Kirche sind in der größten Votivtafelsammlung Tirols mehr als 400 Bilder zu sehen.

Wanderung in das Halltal, Gehzeit vom Taleingang bis zu den Herrenhäusern ca. 2 Stunden, leichte Wanderung
Gemeindemuseum Absam, Wirtschafts- und Sozialgeschichte Absams, Salzbergbau, Geigenbauer Jakob Stainer, geöffnet Freitag 18–21 Uhr, Samstag und Sonntag 14–18 Uhr, im alten Kirchenwirt, Walpurga-Schindl-Straße 31, Tel. +43(0)676/840532700, www.absammuseum.at
Matschgerermuseum, Holzmasken, Kostüme u. a. Fasnachtsobjekte, Stainerstr. 1, geöffnet Ostern bis Advent (außer Juli und August) Sonntag 10–12 Uhr und 14–17 Uhr, Tel. +43(0)676/9768608, www.absamer-matschgerer.at

HALL IN TIROL
581 m, 13.577 Einwohner

GESCHICHTE

Hall in Tirol liegt ca. 10 km östlich von Innsbruck, teilweise im Talboden und teilweise auf dem Schwemmkegel des aus dem Halltal fließenden Weißenbaches. Das Wort „Hall" bedeutet Saline bzw. Stätte zum Salzsieden. Bereits 1263 wurde erstmals eine Siedlung am Talboden als Verarbeitungsstätte für Salz aus dem Halltal urkundlich erwähnt. Diese befand sich im Bereich der heutigen Salvator- und Schmiedgasse, dehnte sich bald auf die Anhöhe im Norden aus und wurde 1303 zur Stadt erhoben, umgeben von Stadtmauer und Stadtgraben.

Anlass für die Verlegung der Saline von Thaur nach Hall war der riesige Bedarf an Holz für die Sudpfannen. Dieses wurde auf dem Inn vom Oberinntal nach Hall transportiert, von einer Absperrung im Fluss, dem sogenannten Rechen (erstmals 1307 erwähnt) aufgefangen und an der Lende gelagert. Die Saline befand sich im Umkreis der **Burg Hasegg**.

Von großer Bedeutung war die Innbrücke, über welche die Straße von Hall nach Ampass, Aldrans, Lans, Patsch, Matrei am Brenner und weiter in den Süden führte. Dadurch wurde Hall ein wichtiges Zentrum für Reisende und das Transportgewerbe mit zahlreichen Gasthäusern.

Ebenso sehr wichtig für Hall war die Innschifffahrt, denn die Stadt war Anfangs- und Endpunkt der bedeutsamen Wasserstraße. 1477 ließ Erzherzog Sigmund der Münzreiche die Münzprägestätte von Meran nach Hall verlegen. Die Gründe hierfür mögen die gute Befestigung der Stadt, die Nähe zum Silberbergwerk in Schwaz und die Türkengefahr im Süden des Landes gewesen sein.

Die **Salzverarbeitung** (und damit der Salzhandel), die Durchzugsstraße mit der **Innbrücke**, die **Innschifffahrt** und die **Münzprägung** waren über Jahrhunderte die 4 Säulen, auf denen der Wohlstand der Stadt gründete.

Wirtschaftlich gesehen war Hall bis ins 19. Jh. viel bedeutender als Innsbruck. Den früheren Stellenwert Halls erkennt man schon daran, dass die Grundfläche

HALL IN TIROL

Ein Stadtrundgang

ROUTE:

Unterer Stadtplatz – Salinenpark – Oberer Stadtplatz – Stiftsplatz – Stadtgraben

Am **Unteren Stadtplatz** sind noch mehrere Gasthäuser erhalten, so etwa der Goldene Engl.

Um 1300 entstand die **Burg Hasegg** ❶ zur Sicherung der Innbrücke, der Innschifffahrt und der Saline. Erzherzog Sigmund der Münzreiche und Kaiser Maximilian I. bauten die Burg aus. Maximilian heiratete 1494 hier und in Innsbruck seine zweite Gattin Bianca Maria Sforza. Vom Innenhof gelangt man zur kleinen **St.-Georgs-Kapelle** (1515–1519, Niklas Türing d. Ä. und Gregor Türing) mit Netzgratgewölbe, zarten Rankenmalereien und Wappenkonsolen sowie zum **Stadtmuseum** (wird 2011/12 neu eröffnet).

Als Wahrzeichen von Hall gilt der **Münzerturm** ❷. Die **Münze Hall** ❸ bietet einen ausgezeichneten Einblick in die Geschichte der Tiroler Münzprägung. 1477 verlegte Erzherzog Sigmund der Münzreiche die Münze von Meran nach Hall, wo sie bis 1567 in der Burg Sparberegg an der Stelle des heutigen Damenstifts untergebracht war. Danach kam sie in die Burg Hasegg. Durch die Prägung des Guldiners, einer Silbermünze im Wert einer Goldmünze, schrieb der Erzherzog im Jahre 1486 Münzgeschichte.

Bis 1809 wurden hier Münzen geprägt. Durch das noch erhaltene Münzertor gelangt man zur einstigen Innbrücke, die später durch den heutigen Fußgängersteg ersetzt wurde. Eine neue Brücke entstand in den 70er Jahren des 20. Jh. etwas weiter westlich. Über dem Münzertor zeigt ein Wappenrelief mit der Jahreszahl 1489 den Tiroler Adler und den österreichischen Bindenschild.

Der Burg Hasegg ist im Westen der **Salinenpark** ❹ mit dem **Zwei-Kaiser-Denkmal** (1840) vorgelagert, das an ein Treffen von Kaiser Franz I. mit Zar Alexander I. am 11. Oktober 1822 an dieser Stelle erinnert. Eine Straßenunterführung ermöglicht den Zugang zum ehemaligen **Salinenbereich** ❺. Das **Salzlager**, eine große Halle, wird heute für Veranstaltungen genutzt. Am Eingang vom Unteren Stadtplatz in den Salinenpark erinnert die **Barbarasäule** ❻ von 1486 an die Schutzheilige der Bergleute. Im östlichen Teil des Unteren Stadtplatzes steht die **Spitalskirche zum Hl. Geist** ❼, 1727/28 anstelle einer älteren Kirche aus dem 14. Jh. errichtet. Im Jahre 1845 wurde das 1342 gegründete Stadtspital abgerissen.

Vom Unteren zum Oberen Stadtplatz, dem Zentrum der Altstadt, gelangt man am besten über einen kleinen Platz, auf dem der Erzherzog-Sigmund-Brunnen steht, und weiter den steil ansteigenden Langen Graben entlang. Hier fanden

Münzerturm und Burg Hasegg – Ersterer gilt als Wahrzeichen von Hall.

und finden noch heute Märkte und Veranstaltungen verschiedenster Art statt. Der Platz mit dem Marienbrunnen ist umgeben von stattlichen Bürgerhäusern, dem Rathaus, dem einstigen Gerichtsgebäude, dem Stubenhaus, der Josefskapelle, der Magdalenenkapelle und der Pfarrkirche. König Heinrich von Böhmen, der Vater der Margarete Maultasch, ließ im 14. Jh. das Königshaus als Residenz errichten. Dieses ging 1406 in den Besitz der Stadt über und fand fortan als **Rathaus** ❽ Verwendung. Nach dem Stadtbrand von 1447 wurde es umgebaut, 1536 vergrößert. Die beiden großen Wappen an der Fassade, der österreichische Bindenschild und der Tiroler Adler, stammen vom 1838 aufgelassenen Milsertor. An Kaiser Friedrich III. erinnert beim Bindenschild das Logo „an end" in der Bedeutung, dass Österreich ewig bestehen würde. Auf das Marktrecht weist die Figur des Roland hin. Vom kleinen Innenhof führt eine Treppe zum holzgetäfelten Rathaussaal mit go-

tischer Balkendecke und gemalten Szenen aus der Stadtgeschichte (1903) in den Fensterlaibungen. Im Innenhof befinden sich der sehenswerte Grabstein der Familie Sauter (Ende 16. Jh.) und mehrere Abbildungen des Haller Stadtwappens, einer von zwei Löwen gehaltenen Salzkufe.

Dem hl. Nikolaus, Patron der Schiffsleute und der Knappen, ist die gotische **Pfarrkirche** ❾ (1420–1437, Erweiterungsbau einer Vorgängerkirche von Hans Sewer) geweiht, die 1752 von Josef Adam Mölk mit Fresken aus dem Leben des hl. Nikolaus ausgemalt wurde. Der nach Süden abgeknickte Chor lässt sich dadurch erklären, dass das Langhaus nach Norden und Westen erweitert wurde, wegen des abfallenden Geländes jedoch nicht nach Süden. Sowohl nach dem Stadtbrand von 1447 als auch nach dem Erdbeben von 1670 musste der obere Teil des Turmes (Jahreszahl 1676 auf dem Turmhelm) erneuert werden.

Im Chor befinden sich mehrere bedeutende Kunstwerke, so ein gotischer hölzener Palmesel mit der Christusfigur (um 1430) und zwei große Renaissanceepitaphe. 1494 wurde im Westen die Grabkapelle der reichen Bürgerfamilie Fieger angebaut.

An Ritter Florian Waldauf, einen der engsten Vertrauten Kaiser Maximilians I., und seine große Reliquiensammlung erinnert die von einem kunstvollen Gitter abgegrenzte **Waldaufkapelle** (ebenfalls ❾) (1495) in der Kirche. Einige Reliquien sind noch erhalten und hinter Glas ausgestellt. Das Haller Stadtmuseum birgt weitere Erinnerungsstücke an diesen großen Stifter. Um die Pfarrkirche lag einst der Friedhof. Die kleine barocke **Josefskapelle** ❿ entstand 1698 anstelle einer spätgotischen Wolfgangskapelle.

Als besonderes Schmuckstück gilt die **Magdalenenkapelle** ⓫, die heutige Kriegergedächtnisstätte. Aus dem Jahre 1490 stammt der kleine spätgotische Flügelaltar aus der Magdalenenkirche im Halltal. Der Schrein zeigt die Muttergottes zwischen den hll. Margarethe und Katharina, die Predella die Geburt Christi. Auf den Flügelinnenseiten sind die Verkündigung, die Heimsuchung, die Anbetung der Könige und der Marientod gemalt. Auf das Jahr 1466 wird das Fresko mit der Darstellung des Jüngsten Gerichts an der Südwand datiert. Unterhalb von Christus in der Mandorla sind die zwölf Apostel dargestellt. Die Seligen auf der linken Seite kommen in den Himmel, die Verdammten auf der rechten Seite werden von Teufeln in die weit geöffneten Höllenrachen eines Drachens getrieben. Der Maler hat in den Verdammten die Haller Bürgerschaft der damaligen Zeit als Vorbild genommen – einige tanzen und jubeln, andere sind nachdenklich und bereuen ihre Sünden. Überall dazwischen findet man kleinere und größere

Am Oberen Stadtplatz kann man bei Kaffee und Kuchen das Rathaus bewundern.

Teufel. An der Ostseite der Kapelle sieht man die ältesten Fresken von Hall (um 1400): eine thronende Muttergottes, Heilige und den Zug der Heiligen Drei Könige.

Ebenfalls auf Ritter Florian Waldauf geht das **Stubenhaus** ⑫ an der Ecke zum Langen Graben zurück. Dort befand sich der Sitz der von ihm gegründeten Stubengesellschaft, einer einst exklusiven Gemeinschaft des reichen Haller Bürgertums. Treffpunkt war eine holzgetäfelte Trinkstube.

Einen guten Einblick in den einstigen Salzabbau und die Salzverarbeitung bietet das **Bergbaumuseum** ⑬. Am Beginn der Wallpachgasse steht das schmale, aber weit zurückreichende ehemalige **Gerichtshaus** ⑭. Im Südwesten der Altstadt erhebt sich noch im Talboden die gotische **Salvatorkapelle** ⑮, eine Stiftung von Hans Kripp am

Ende des 14. Jh. mit einer Darstellung des Jüngsten Gerichts von Hans von Bruneck um 1406.

Fast schon als „geistlicher" Bezirk kann die Südostecke der Anhöhe der Stadt bezeichnet werden. Um den **Stiftsplatz** liegen das ehemalige königliche Damenstift, das ehemalige Jesuitenkolleg und die heutige Volksschule, das frühere Gymnasium. Die Erzherzoginnen Magdalena, Margarethe und Helena, Schwestern des Tiroler Landesfürsten Erzherzog Ferdinand II., blieben unverheiratet und gründeten 1567 das **Königliche Damenstift** ⑯ im Stil der Renaissance. Baumeister waren Giovanni Lucchese und sein Sohn Albert. 1608–1610 entstand die **Jesuitenkirche** ⑰ als erste Barockkirche Tirols. Im einstigen **Jesuitenkolleg** (ebenfalls ⑰) ist heute das Bezirksgericht untergebracht. Beide Bauwerke wurden im Barock verändert.

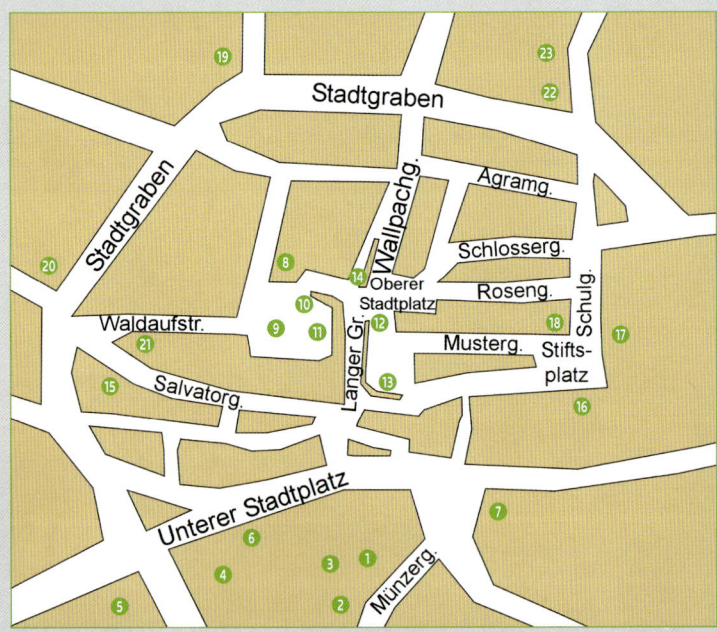

Neues und altes Parkhotel im Norden von Hall

Kaiser Joseph II. hob 1783 das Damenstift auf, 1912 übergab Thronfolger Erzherzog Franz Ferdinand die Anlage den
„Töchtern vom Herzen Jesu", die es heute noch besitzen. Auf dem Stiftsplatz
steht der Brunnen mit einer Statue der
Erzherzogin Magdalena (1953, von Rudolf Reinhart).

Die heutige **Volksschule** 18 ist im Gebäude des ehemaligen Jesuitengymnasiums untergebracht. Nach der Aufhebung des Jesuitenordens 1773 übernahmen die Franziskaner das Gymnasium
und führen es noch heute, allerdings im
Westen der Altstadt. Das **Franziskanerkloster** 19 mit seiner einfach ausgestatteten Kirche wurde 1644 außerhalb der
Stadtmauer im Nordwesten erbaut.

Beim Kreisverkehr westlich der Altstadt
steht das **Josef-Speckbacher-Denk-
mal** 20 von Ludwig Penz (1876–1918),
das an den Freiheitskämpfer in den
Bergiselschlachten von 1809 erinnert.
Gegenüber dem ehemaligen Nagler-
haus, auch als **Nagglburg** 21 bekannt,
erhebt sich der **Ansitz Rainegg**. Nördlich des Stadtgrabens, gegenüber der
schon oben erwähnten Stadtmauer, stehen das **Kurmittelhaus** 22 (1930/31,
Hans Illmer) und das **alte Parkhotel** 23
(1930/31, Lois Welzenbacher), beide Gebäude im Stil der Neuen Sachlichkeit.
Dieter Henke und Marta Schreieck schufen 2003 das runde Turmgebäude des
neuen Parkhotels 23.

Beim Spaziergang durch die engen Gassen mit ihren hohen Häusern und Brunnen erlebt der Besucher das Flair einer
gut erhaltenen mittelalterlichen Stadt.
Verschiedene Ereignisse während des
Jahres (Konzerte, Theateraufführungen
und andere Events), vor allem aber der
stimmungsvolle und ursprüngliche Ad-
ventmarkt in der Vorweihnachtszeit,
stellen besondere Höhepunkte dar.

der Altstadt doppelt so groß ist wie jene der Innsbrucker Altstadt. Die Landesfürsten statteten Hall mit besonderen Vorrechten aus, so etwa mit dem Recht, jährlich zweimal Jahrmärkte abhalten zu dürfen.

Innsbruck war ab 1420 Sitz des Landesfürsten und damit politisch gesehen das Zentrum Tirols, die Stadt Hall besaß jedoch als Nebenresidenz ebenfalls große Bedeutung. Daher ließen sowohl Erzherzog Sigmund der Münzreiche als auch sein Nachfolger Kaiser Maximilian I. die Burg Hasegg mehrfach ausbauen. 1567 gründeten drei Schwestern des Tiroler Landesfürsten Erzherzog Ferdinand II. das Königliche Damenstift. 1571 ließen sich auch die Jesuiten hier nieder und 1644 folgten die Franziskaner. Viele reiche Haller Bürger ließen sich in den Jahrzehnten um 1500 in der Stadt prächtige Häuser (etwa in der Wallpachgasse, die einst Herrengasse hieß) sowie in der Umgebung von Hall Ansitze errichten.

Zur Zeit Maria Theresias erfolgte eine Umorientierung der Stadt, die Hauptstraße führte nicht mehr über den Oberen Stadtplatz, sondern unten im Tal. Kurz vor 1800 begann der Abbruch der Stadtbefestigung. Ein Teil der Stadtmauer ist noch im Nordosten beim ehemaligen Stadtgraben erhalten.

Einen großen Prestigeverlust erlitt die Stadt durch den Bau der Eisenbahn um 1860, da dieser das Ende der Innschifffahrt bedeutete. 1967 wurde nach fast 700 Jahren das Salzbergwerk im Halltal endgültig geschlossen.

Die letzten Jahrzehnte des 20. Jh. waren durch Altstadterneuerungskonzepte gekennzeichnet, das Wohnen in der Stadt sollte wieder erstrebenswert werden. Durch das geschlossene mittelalterliche und neuzeitliche Altstadtbild ist Hall heute eine äußerst attraktive, besuchenswerte Stadt.

Zwei bedeutende Ereignisse haben die Geschichte der Stadt nachhaltig beeinflusst: 1447 zerstörte ein Brand einen Großteil der Häuser, der Wiederaufbau erfolgte im Stil der Spätgotik. 1670 und 1689 erschütterten heftige Erdbeben das Inntal. Viele Bauwerke waren beschädigt oder zerstört und mussten im Stil des Barock neu errichtet bzw. renoviert werden (Bürgerhäuser, Damenstiftskirche, Umgestaltung der gotischen Pfarrkirche etc.).

Hall und das Salz

Im hinteren Halltal im Karwendelgebirge nördlich der Stadt wurde das Salz mittels Wasser aus dem Berg gelaugt. Die Sole (Gemisch von Salz und Wasser) gelangte mittels 9,5 km langer Holzleitungen zur Saline am Inn. Dort wurde sie in großen Pfannen (bis zu 15 m lang, 5 m breit und 0,5 m tief) versotten. Zum Beheizen benötigte man große Mengen an Holz. Dieses wurde mittels einer Absperrung, „Rechen" genannt, im Inn aufgefangen, ans Ufer geholt und dort gelagert. Das Salz wurde vor allem über den Brennerpass nach Südtirol und Oberitalien sowie über den Fernpass und Reutte nach Süddeutschland und in die Schweiz transportiert, wo es vor allem für die Viehzucht und die Käseherstellung von großer Bedeutung war. In Richtung Oberinntal und Außerfern führte die Salzstraße. Seit 1967 wird im Halltal kein Salz mehr abgebaut.

Die Kirche St. Martin in Gnadenwald

Seit 1938 gehört das westlich von Hall gelegene Dorf **Heiligkreuz** zur Stadt. In der spätgotischen **Kirche zum Heiligen Kreuz** sind Fresken aus der Gotik und der Renaissance erhalten, darunter eine Anbetung der Könige (1443). Am Friedhof ist der Tiroler Priesterdichter **Sebastian Rieger** (1867–1953), bekannt als Reimmichl, begraben.

Freischwimmbad, Scheidensteinstr. 24, Tel. +43(0)5223/45464, www.hall.ag
Erlebnis Münze Hall, Münzgeschichte, Münzprägemaschinen, Blick vom Münzerturm auf Hall, Stadtarchäologie, geöffnet April bis Oktober Dienstag bis Sonntag 10–17 Uhr, November bis März Dienstag bis Samstag 10–17 Uhr, Burg Hasegg 6, Tel. +43(0)5223/5855165, www.muenze-hall.at
Bergbaumuseum, Einblick in den Salzbergbau und die Salzverarbeitung, Stollennachbau, Schächte, Rutsche, Bilder, geöffnet nur mit Führung, 1. Mai bis 31. Oktober, Führungen Montag, Donnerstag, Samstag um 11.30 Uhr, Treffpunkt Fürstengasse 1, Tel. +43(0)5223/45544-0, www.hall-wattens.at
Stadtmuseum in der Burg Hasegg, derzeit geschlossen, Neueröffnung 2011/2012, Tel. +43(0)5223/45544-0, www.hall-wattens.at

Haller Friseur-Museum, Entwicklung des Friseurhandwerks seit 100 Jahren, zahlreiche Ausstellungstücke, im ehemaligen Damensalon von Gertraud Lener, geöffnet nur nach Voranmeldung, Schulgasse 3, Tel. +43(0)676/7904252 oder +43(0)676/5074840

GNADENWALD
879 m, 772 Einwohner

Gnadenwald ist eine Gemeinde auf der breiten nördlichen Inntalterrasse unterhalb des Bettelwurfs zwischen Absam und Terfens und besteht aus den beiden Kirchdörfern **St. Martin** und **St. Michael**. Auf Grund der sonnigen Lage und der landschaftlichen Schönheit ist das Mittelgebirge ein beliebtes Wandergebiet. Eine Kapelle erinnert an den 1767 hier geborenen **Josef Speckbacher**, einen der bekanntesten Freiheitskämpfer von 1809.

An der Stelle der malerisch gelegenen **Kirche St. Martin** soll schon im 11. Jh. ein Jagdhaus mit einer Martinskapelle gestanden haben. Um 1445 existierte eine kleine Einsiedelei. 1497 wurde ein kleines Kloster gestiftet, das nach einer bewegten Geschichte heute den Tertiarschwestern in Hall gehört. Im Zuge der Barockisierung der Kirche 1724–1732 malte Michael Ignaz Mildorfer die Deckenfresken mit Szenen aus dem Leben des hl. Martin sowie das linke Seitenaltarbild mit den Vierzehn Nothelfern. Die Seitenaltarstatuen dürften von Stephan Föger stammen. Josef Bachlechner d. J. schuf 1957 den Hochaltar mit der Kreuzigung Christi zwischen den barocken Figuren (1730) der beiden hll. Johannes d. Evangelist und Johannes der Täufer.

Die ursprünglich gotische **Kirche zum hl. Michael** wurde 1741 von Franz de Paula Penz erneuert. Stephan Föger schuf um 1740 die Altäre. Josef Arnold malte 1730 das Deckenbild mit der Ansicht der beiden Kirchen St. Martin und St. Michael sowie der zu Absam gehörenden Kapelle in der Breitwies. Auf der Südseite befindet sich außen ein spätgotisches Christophorusfresko. Ebenfalls von Franz de Paula Penz stammt das Widum.

MILS
607 m, 4162 Einwohner

Aus dem einstigen kleinen Bauerndorf auf dem Schwemmkegel des Weißenbaches ist heute ein ausgedehnter Wohnort mit zahlreichen Auspendlern im Einzugsbereich von Innsbruck geworden. Die Legende einer dort im 10. Jh. in einem hohlen Baum gefundenen Marienfigur machte Mils zu einem bedeutenden Wallfahrtsort. Mit der Zerstörung der Wallfahrtskirche durch einen Brand im Jahre 1791 endete die Wallfahrt. Im Schallerhaus, einem alten Mitterennhof, ist heute das Gemeindeamt untergebracht. Der 1553 erbaute

Ansitz Schneeburg westlich des Dorfes geht auf den reichen Haller Bürger Hans Schneeberger zurück. Reste der Fassadenmalerei aus der Renaissance sind noch erhalten. Direkt daneben befindet sich das Tiroler **Gehörloseninstitut** (1878/79).

1792–1804 wurde die neue **Pfarrkirche Mariä Himmelfahrt** im Stil des Spätbarock und des Klassizismus errichtet. Am linken Seitenaltar steht eine Marienfigur aus dem 15. Jh. als Ersatz für die ursprüngliche Gnadenmadonna. Typisch frühbarock sind die schwarzgoldenen Altäre. Die Legende von der Auffindung des Gnadenbildes mit Heiligen wird auf dem Hochaltarbild von Aloys Wagner (1797) dargestellt. Rudolf Margreiter malte 1907/08 die Deckenfresken (Geburt Christi, Kreuzigung, Verkündigung, Himmelfahrt Mariens) im Nazarenerstil.

Die spätgotische **Annakapelle** (1511), ein Spätwerk der Haller Bauhütte, beherbergt die Milser Ölberggruppe (1505–1510). Vermutlich von Seebald Bocksdorfer stammen die lebensgroßen Figuren von Christus und den drei schlafenden Aposteln Petrus, Jakobus d. Ä. und Johannes mit starkem Gefühlsausdruck. In der Kapelle ist auch eine christliche Türkin begraben, die Anna Caterina Gonzaga, die zweite Gattin Erzherzog Ferdinands II., immer beim Besuch ihrer Ansitze in Baumkirchen und Mils begleitete.

Rundwanderweg Baumkirchner Tal, Ausgangspunkt Parkplatz Gasthaus Grünegg, Gehzeit ca. 2 Stunden, mittelschwere Wanderung
Rundwanderweg Bogner Aste, Ausgangspunkt Parkplatz Bogner Aste, Gehzeit ca. 3/4 Stunde, leichte Wanderung
Wanderweg Biotop, Brunnholzstr.

Schloss Friedberg liegt etwas oberhalb von Volders.

VOLDERS
557 m, 4415 Einwohner

Volders weist eine sehr alte Besiedlungsgeschichte auf, hier entdeckte man einen Friedhof aus der Urnenfelderzeit (3000 v. Chr.). Auf einer bewaldeten Kuppe an der Grenze zu Wattens liegen außerdem die Reste der **Rätersiedlung Himmelreich**. Diese geht wohl auf das 4. Jh. v. Chr. zurück und ist heute als Freilichtmuseum zugänglich. Die Funde selbst befinden sich großteils im Museum in Wattens. Mit dem Sammeln von Funden begann der Wattener Gemeindearzt Dr. Karl Stainer (1868–1949), der Heimatkundler Dr. Alfons Kasseroler (1893–1972) führte die Ausgrabungen fort. Über Jahrhunderte war die Volderer Innbrücke direkt bei der Karlskirche die einzige Brücke zwischen Hall und Schwaz. Etwas oberhalb des Servitenklosters erinnert auf dem **Tummelplatz** ein großer **Kriegerfriedhof** mit rund 800 Gefallenen an die napoleonischen Kriege von 1797, 1799 und 1809. Damals diente das Kloster als Notlazarett. In der **Langegasse** sind noch einige alte Häuser aus dem 17./18. Jh. erhalten, darunter der **Ansitz Khuepach** (Nr. 19). Bis 1968 war die Heilquelle von **Volderwildbad** in Verwendung. Hippolyt Guarinoni schuf die Pläne für die dortige kleine **Badkapelle zu den heiligen Ärzten Kosmas und Damian**.

Burg Friedberg etwas oberhalb des Ortes befindet sich im Besitz der gräflichen Familie Trapp. Die bewohnte Anlage geht in ihren Ursprüngen auf das 13. Jh. zurück und wurde mehrmals um- und ausgebaut. Um einen romantischen Innenhof gruppieren sich die Wohnräume, die Kapelle, der Rittersaal mit Wandmalereien aus der Zeit Kaiser Maximilians I. (Jagd- und Turnierszenen), die alte Rauchküche, Kellergewölbe, der Bergfried u. a.

Die Karlskirche in Volders war der erste barocke Zentralbau Tirols.

Nahe Burg Friedberg steht der Ansitz Hauzenheim (13. Jh.), im 17. Jh. nach den damaligen Besitzern **Ansitz Stachelburg** genannt. Der **Ansitz Aschach** östlich von Friedberg wurde 1575–1586 im Stil der Renaissance von Hans und Albert Lucchese, den Hofbaumeistern Erzherzog Ferdinands II., für Ernst von Rauchenberg errichtet.

Die **Pfarrkirche zum hl. Johannes d. Täufer** aus dem 15. Jh. wurde 1963–1965 nach Plänen von Clemens Holzmeister umgebaut und erweitert. Zu den wenigen Kunstwerken zählen das ehemalige Hochaltarbild der Mutter Maria von Joseph Schöpf (1798) auf der Empore, ein Kruzifix von Franz Seraph Nissl (um 1800) sowie ein spätgotisches Relief mit der Geburt Christi.

Westlich des Ortes liegt direkt an der Autobahn das **Kloster der Serviten mit der Kirche zum hl. Karl Borromäus**.

Der Haller Damenstiftsarzt und Universalgelehrte Hippolyt Guarinoni schuf die Pläne für das von 1620 bis 1652 gebaute Gotteshaus. Dieser erste barocke Zentralbau Tirols mit stark manieristischen Elementen ist dem Pestheiligen Karl Borromäus geweiht. Grundriss ist ein Kreis mit drei angebauten halbrunden Kapellen (Borromäuskapelle mit Hauptaltar, Ignatiuskapelle und Franziska-Romana-Kapelle).

Auf den in Steinach am Brenner geborenen Martin Knoller (1724–1804) gehen die Kuppelfresken zurück. Im Hauptfresko ist über der Uhr die Aufnahme des hl. Karl in den Himmel dargestellt. Der Heilige wird von den drei göttlichen Tugenden Glaube, Liebe und Hoffnung begleitet, über denen Jesus schwebt. Links schließen die zwölf Apostel mit Maria und dem von Engeln getragenen Kreuz an. Es folgen verschiedene Heilige. Über der Orgel weisen in Ordenstracht gekleidete heilige Männer und

Frauen auf den Servitenorden hin. Die Pestpatrone Rochus und Sebastian führen weiter zu Johannes d. T. Den Abschluss des meisterhaft gestalteten Heiligenreigens auf Wolken bilden die vier Kirchenväter und der hl. Michael, der mit seinem Kreuz die Gruppe der dunkel gestalteten Irrlehrer aus dem Rahmen des Bildes und damit in die Tiefe stößt.

Auf dem Hochaltarbild, ebenfalls von Martin Knoller, spendet der hl. Karl den Pestkranken die letzte Kommunion. Vor dem rechten Seitenaltar mit der Darstellung der Anbetung des Kindes durch die Heiligen Drei Könige ist Guarinoni mit seiner zweiten Frau bestattet. Die schwarz gekleidete Figur auf dem Altarbild ist er selbst. Im linken Seitenaltarbild ist der hl. Ignatius von Loyola, der Begründer des Jesuitenordens, zu sehen. In der Vorhalle weist der „Stein des Gehorsams" auf eine Sage hin. Während der Bauarbeiten soll sich oberhalb der Kirche in einem Steinbruch ein großer Felsbrocken gelöst und fast ein Fuhrwerk überrollt haben. Ein Mann, angeblich Hippolyt Guarinoni selbst, soll ausgerufen haben: „Bleibe stehen im Namen Gottes!" Der Fels bewegte sich nicht weiter. Ein Teil von ihm ist hier zu sehen.

Die 1797 hinten links angebaute **Fiegerkapelle** besitzt Fresken von Kaspar Waldmann (1698, Maria mit den sieben Gründervätern des Servitenordens und Szenen aus ihrem Leben) sowie eine Pietà von Andreas Thamasch (1694). Auf die Grafen **Stachelburg** geht die gleichnamige hintere rechte Kapelle (1710) zurück. Kaspar Waldmann zeigt in seinen Fresken die hl. Anna als Fürbitterin der Bettler, Krüppel und Pilger, umrahmt von Szenen aus ihrem Leben. Die plastische Gruppe stellt die Mutter Anna mit ihrer Tochter Maria dar. Im Decken-

bild der Vorhalle unterrichtet der hl. Karl Borromäus, Kardinal von Mailand, den kleinen Hippolyt Guarinoni, dessen Erzieher er angeblich war. Im **Kloster** ist heute das Private Oberstufenrealgymnasium der Serviten sowie das dazugehörige Internat untergebracht.

Freilichtmuseum Rätersiedlung Himmelreich, Anhöhe am östlichen Ortsrand von Volders, Fundamente von 8 Gebäuden, die von einem Ringwall umschlossen sind
Historischer Rundwanderweg von der Karlskirche Volders über den Tummelplatz mit Kriegerfriedhof, Burg Friedberg, Ansitz Aschach, Rätersiedlung Himmelreich nach Wattens, Gehzeit ca. 2 Stunden, Ausgangspunkt Parkplatz Karlskirche oder umgekehrt in Wattens Parkplatz hinter der Fa. Moriel, zurück jeweils durch das Walderer Oberdorf
Website des Buchautors über die **Karlskirche**: karlskirche-volders.tibs.at

BAUMKIRCHEN
595 m, 1220 Einwohner

Das idyllische Bauerndorf besaß über lange Zeit ein Heilbad, welches von 12 Quellen gespeist wurde und insbesondere bei Frauenleiden sehr beliebt war. In den 50er Jahren des letzten Jahrhunderts fielen die Quellen und das Bad jedoch leider dem Straßenausbau zum Opfer.

Bereits Erzherzog Ferdinand II. besuchte mit seiner Gattin Anna Caterina Gonzaga den Ort häufig. 1474 ließ Erzherzog Sigmund der Münzreiche den **Ansitz Wohlgemutsheim** am Nordende des Dorfes errichten. Heute nutzen die Don-Bosco-Schwestern das Gebäude als Bildungszentrum. In der dortigen Kapelle ist ein Deckenfresko mit der Darstellung der Vierzehn Nothelfer aus dem 17. Jh. zu bewundern.

Die **Pfarrkirche zum hl. Lorenz** wurde 1310 erstmals erwähnt. Der heutige Bau stammt aus dem Ende des 15. Jh. und wurde im 17. und 18. Jh. barockisiert. Von der ursprünglichen Ausstattung ist kaum etwas erhalten. Neben den barocken Deckenfresken sind noch die modernen Glasfenster von Fred Hochschwarzer und eine Büste der hl. Magdalena auf dem Beichtstuhl von Franz Seraph Nissl aus Fügen (frühes 19. Jh.) zu sehen.

Am westlichen Dorfeingang steht die **St.-Anna-Kapelle**, ein barocker Zentralbau mit der Einrichtung aus der Entstehungszeit 1645. Vermutlich stammen die Pläne von Hippolyt Guarinoni, dem Bauherrn der Karlskirche in Volders.

WATTENS
567 m, 7702 Einwohner

Funde aus der La-Tène-Zeit auf dem Abhang zwischen Wattens und Volders (Freilichtmuseum Rätersiedlung „Wattener Himmelreich" – siehe Volders) zeugen von einer frühen Besiedlung der Region. An den ehemaligen Gemeindearzt Dr. Karl Stainer, der mit den Ausgrabungen der Siedlung begann, erinnert

Faszinierend – Kristallwelten

der 1953 von Josef Bachlechner d. J. gestaltete **Dr.-Karl-Stainer-Brunnen** mit Büste. 1985 gestaltete der Osttiroler Jos Pirkner den **Markterhebungsbrunnen** am Kirchplatz mit der Darstellung von Kindheit, Jugend, Familie und Alter. 2001 plante der französische Stararchitekt Dominique Perrault, der auch die Rathausgalerien in Innsbruck gestaltete, im Ort einen neuen **Supermarkt**.

Wattens ist einer der bedeutendsten Industrieorte Tirols. Bereits 1559 entstand hier eine Papiermühle, welche den Wattenbach als Antriebskraft nutzte. Die aus der Mühle hervorgegangene **Fabrik Wattenspapier** kann heute auf eine erfolgreiche Firmengeschichte zurückblicken. Hergestellt werden dort vor allem Spezialpapiere, so etwa Zigarettenpapiere (97 % Export in über 100 Länder der Welt), Filterpapier und Papiertaschentücher.

1895 ließ sich der aus Böhmen stammende Glasschleifer Daniel Swarovski im Ort nieder und gründete das gleichnamige Familienunternehmen. An ihn erinnert vor der Hauptschule das **Swarovski-Denkmal** von Gustinus Ambrosi. Heute umfasst die Produktpalette des weltweit bekannten **Swarovski-Konzerns** u. a. Kristallglasschmucksteine, Kristallglasskulpturen, optische Präzisionsgeräte, Schleifmittel, künstlich hergestellte Edelsteine, Straßenrückstrahler etc.

Eine einzigartige Attraktion sind die **Swarovski-Kristallwelten**, ursprünglich gestaltet von André Heller anlässlich des 100. Gründungsjubiläums der Firma im Jahr 1995. Erweiterungen erfolgten in den Jahren 1998, 2003 und 2007. Seit dem Frühjahr 2015 präsentieren sich die Kristallwelten noch größer mit neuen Wunderkammern (gestaltet

Die Kristallwelten von außen – ein wasserspeiender Riese empfängt die Gäste.

von internationalen Künstlern wie Tord Boontje, Alexander McQueen, Studio Job, Lee Bul oder Fredrikson Stallard) und einem neuen Garten rund um den wasserspeienden Riesen, in dem die Besucher viele spannende Gebäude und Installationen bewundern können. Mit über 700.000 Besuchern jährlich zählen die Kristallwelten zu den beliebtesten Attraktionen Österreichs.

Schon im 7. Jh. bestand in Wattens ein kleines Gotteshaus. Die heutige klassizistische **alte Pfarrkirche zum hl. Laurentius** wurde 1810 erbaut, nachdem 1809 fast der ganze Ort mit der gotischen Kirche abgebrannt war. Zum Teil erhalten ist noch der gotische Chor aus der Zeit um 1500. Die Deckenfresken von Joseph Schöpf zeigen Szenen aus der Legende des Kirchenpatrons, das Hochaltarbild des Künstlers stellt den Heiligen mit der Gottesmutter dar. Josef Arnold d. Ä. malte die Seitenaltarbilder (Mutter Anna und Maria sowie die Geburt Christi).
Durch die starke Bevölkerungszunahme ab 1900 wurde diese Kirche bald zu klein, weshalb 1958 die **neue Pfarrkir-**

che zur Unbefleckten Empfängnis Mariens geweiht wurde. Franz Staud schuf den Hochaltar mit der schwebenden Madonna im Strahlenkranz und die Plastiken der Seitenaltäre, Ilse Glaninger den Volksaltar und die Bronzetore, Hans Buchgschwenter die Kanzel.

Freibad Alpenschwimmbad, Dr.-Karl-Stainer-Str. 32, Tel. +43(0)5224/52396
Swarovski-Kristallwelten, geöffnet täglich 9–18.30 Uhr, 24. Dez. 9–14 Uhr, 31. Dez. 9–15 Uhr, letzter Einlass jeweils 1 Stunde vor Schließung, Kristallweltenstr. 1, Tel. +43(0)5224/51080, www.kristallwelten.swarovski.com
Industrie- und Heimatmuseum, Geschichte von Wattens und der Umgebung, Funde des Wattener Himmelreichs (Schmuck, Waffen, Werkzeuge, Keramiken), Entwicklung der Firmen Wattenspapier und Swarovski, Neueröffnung im Herbst 2016, Tel. +43(0)5224/54012, www.museum-wattens.at
Schreibmaschinenmuseum, mechanische und elektrische Schreibmaschinen 1884–1996, geöffnet: Di–Sa 14–17 Uhr, Do 14–19 Uhr, an Feiertagen geschlossen, Andrä-Angerer-G. 1, Tel. +43(0)5224/54687, www.smm-wattens.tsn.at

WATTENBERG
1000 m, 728 Einwohner

Im Wattental liegen die Häuser oft weit auseinander, man kann hier von einer typischen Streusiedlung sprechen. Kirchlich gehört der Ort zu Wattens. Das Almgebiet der **Wattener Lizum** ist seit 1934 ein Truppenübungsplatz des Bundesheeres und dient vor allem der alpinen Ausbildung der Soldaten.

1961 entstand an der Stelle der alten **Spiltener Kapelle** ein Neubau nach Plänen von Josef Menardi. Im Inneren hängt ein spätromanisches Holzkruzifix, die Fresken außen stellen die 15 Rosenkranzgeheimnisse dar und stammen von Walter Honeder.

FRITZENS
592 m, 2091 Einwohner

Scherbenfunde aus der La-Tène-Zeit (5.–1. Jh. v. Chr.) mit den typischen Ritzmustern lieferten als „Fritzner Keramik" einen wichtigen Beitrag zum besseren Verständnis der Tiroler Ur- und Frühgeschichte. Aufgrund weiterer Funde dieser Epoche bei Birgitz, im Himmelreich bei Volders/Wattens sowie in Sanzeno im Trentiner Nonstal entstand die Bezeichnung „Fritzens-Sanzeno-Kultur".

Auf der Gnadenwald-Terrasse liegt der **Ansitz Tierburg** (um 1490). Bereits Kaiser Maximilian I. besuchte gerne den schön gelegenen Adelssitz seines Sekretärs Blasius Hölzl und ging in der Umgebung jagen und fischen. Durch ein starkes Erdbeben im Jahre 1670 wurden der Fürstentrakt und der Rittersaal zerstört. Heute wird die Tierburg von der Familie Liphart bewohnt und ist leider nicht zu besichtigen.

In der Kapelle des einstigen Ansitzes Fritzenheim wurde ein angebliches Haupt Christi von der Bevölkerung stark verehrt. Die Legende besagte, dass dieses im Inn gefunden worden war. 1648 entstand hier eine kleine Kirche, die 1856 anlässlich der Errichtung der Eisenbahn abgebrochen und 1863–1886 in der Ortsmitte durch eine Johanneskirche ersetzt wurde. Durch die industrielle Entwicklung von Fritzens und Wattens war diese Kirche bald zu klein.

Die heutige **Pfarrkirche zum hl. Johannes d. Täufer** mit dem „Haupt Christi" rechts vom Haupteingang geht auf Hans Menardi (1933) zurück. An die einstige Wallfahrt erinnern noch eine Votivtafel sowie das Deckenfresko von Franz Xaver Fuchs (1936) mit der Auffindung des Gnadenbildes. Der Schwazer Carl Rieder schuf die Glasgemälde.

KOLSASS
555 m, 1586 Einwohner

Aus dem einstigen Bauerndorf wurde um die Mitte des 19. Jh. eine Gemeinde mit hohem Auspendleranteil. Die beiden Gemeinden Kolsass und Weer sind heute fast zu einem Ort zusammengewachsen.

Die gotische **Pfarrkirche zur Heimsuchung Mariens** hat einen romanischen Kern und wurde im 17. Jh. barock erweitert und umgestaltet. Im regotisierten Chor befinden sich Fresken aus dem 15. und 16. Jh., die Reste einer Darstellung der Himmelfahrt der hl. Magdalena dürften sogar aus dem 14. Jh. stammen. Auf Alois Höfer gehen die modernen Fresken im Chor zurück (1952), auf Wolfram Köberl jene im Langhaus (Verkündigung und Krönung Mariens, 1962). Über

Ansitz Tierburg bei Fritzens wurde bereits von Kaiser Maximilian I. gerne besucht.

dem Hauptaltar schwebt eine thronende Madonna (1510/20) im modernen Strahlenkranz. Sie war vor allem im 17. Jh. ein beliebtes Wallfahrerziel. An der Außenseite der **Friedhofskapelle** befindet sich das Epitaph des Hans Velderer (1586) in Renaissanceform.

> **Panoramarunde** Kolsass – Weer – Gartlach (ca. 1 Stunde) – Höfeweg – Hohenleach

KOLSASSBERG
700 m, 790 Einwohner

Auf dem Weg von Kolsass zur Streusiedlung auf der Anhöhe liegt die **Ruine Neu-Rettenberg**, einst Sitz des gleichnamigen Gerichts. Ritter Florian Waldauf von Waldenstein (er stammte aus einer Osttiroler Bergbauernfamilie und

wurde enger Berater Kaiser Maximilians I.) ließ als Gerichtsinhaber die Burg erbauen. Dabei wurden Reste der im 13. Jh. errichteten, rund 500 m entfernten **Burg Alt-Rettenberg** verwendet. Während von Alt-Rettenberg nur noch wenige Reste der Fundamente vorhanden sind, sieht man bei Neu-Rettenberg noch Teile von Wehrmauern und Ecktürmen. Florian Waldauf legte eine große Reliquiensammlung an (siehe Hall), die er 1501 nach Hall übertragen ließ, wo noch die Waldaufkapelle in der Pfarrkirche an ihn erinnert.

Vom 14. bis zum 16. Jh. wurden am Kolsassberg Eisen, Kupfer und Silber abgebaut und im Inntal verarbeitet.

Die moderne **Kirche zur Rosenkranzkönigin** nach Entwürfen von Josef Bachlechner d. J. und Herbert Junker wurde 1972–1974 errichtet.

KAPITEL 4

TIROLER UNTERLAND

Im Osten – die Bezirke Schwaz, Kufstein und Kitzbühel

TIROLER UNTERLAND

Inntal von Weer bis Erl

Geografisch gesehen beginnt das Unterinntal östlich der Martinswand, wo die aus dem Sellraintal fließende Melach in den Inn mündet. Das Tal erweitert sich gegen Osten zum Becken von Innsbruck, in dem die Landeshauptstadt auf dem Schwemmkegel der aus dem Wipptal kommenden Sill entstand. Zwischen Innsbruck und Kufstein liegen die Städte Hall, Schwaz, Rattenberg und Wörgl. Gletscher haben das breite U- oder Trogtal ausgeschliffen, das streckenweise von Terrassen (etwa Gnadenwald-, Weerberg- und Angerbergterrasse) begleitet wird. Die Orte liegen großteils auf den von Bächen angehäuften Schuttkegeln, da früher der Inn den Talboden immer wieder überschwemmte.

Nördlich des Inns liegen die Kalkalpen mit Karwendel- und Rofangebirge sowie der Pendlinggruppe, im Süden die Tuxer Voralpen und die Kitzbüheler Alpen. Das Kaisergebirge zählt zu den Nördlichen Kalkalpen.

Die größeren Seitentäler im Norden sind das Achen-, Brandenberg- und Thierseetal, im Süden das Ziller- und Alpbachtal sowie die idyllische Hochfläche der Wildschönau. Bei Wörgl zweigt das Brixental ab, das von der Brixentaler Ache durchflossen wird und nach Kitzbühel führt.

Nördlich von Kufstein werden die Berge niedriger und gehen in das Hügelland des bayerischen Alpenvorlandes über. Nördlichster Ort Tirols ist Erl.

WEER
559 m, 1513 Einwohner

Das Haufendorf weist heute noch gut erhaltene Bauernhöfe und vor allem in der Talebene auch zahlreiche moderne Siedlungshäuser auf. Aufschwung brachte schon im 15. Jh. der Bergbau in Schwaz, da am Weerbach Schmelzhütten und Hammerwerke entstanden und im Bach auch Gold gewaschen wurde.

Schon im 8. Jh. bestand an der Stelle der heutigen **Pfarrkirche zum hl. Gallus** ein Gotteshaus. 1778 erbaute Johann Michael Umhauser die jetzige Kirche im Stil des Rokoko. Das helle Innere zählt zu den prächtigsten Raumschöpfungen des Unterinntals. Franz Anton Zeiller aus Reutte malte die Deckenfresken

(Verherrlichung Mariens durch die Vierzehn Nothelfer, Bau des Klosters St. Gallen und Heilung eines Besessenen durch den hl. Gallus), das Hochaltarbild (hl. Gallus mit Maria) sowie das linke Seitenaltarbild (hll. Jakobus, Sebastian und Petrus). Der Meister des rechten Seitenaltarbildes mit den hll. Ulrich und Kaiser Heinrich II. ist Anton Kirchebner. Beim hl. Gallus handelt es sich um einen irischen Missionar, der als Wandermönch im Bodenseeraum wirkte.

WEERBERG
882 m, 2418 Einwohner

Der Ort mit einem hohen Auspendleranteil liegt günstig auf einer Mittelgebirgsterrasse im Süden des Inntals am Fuße des 2506 m hohen Gilfert. Im ehemali-

Idyllisch – die Weerbergterrasse

gen Mesnerhaus bei der alten Pfarrkirche ist heute das **Heimatmuseum Rablhaus** eingerichtet. Weerberg ist der einzige Ort in Nordtirol, in dem die traditionelle Herz-Jesu-Prozession am Freitag und nicht am Sonntag nach dem Herz-Jesu-Fest stattfindet. Das geht auf ein Gelöbnis von 1796 zurück.

Schon von weitem fallen die zwei Weerberger Kirchen auf. Bei der älteren **Kirche zum hl. Petrus**, die einsam auf einem Hügel außerhalb des Dorfes steht, handelt es sich um einen Neubau des Priesterarchitekten Franz de Paula Penz im Barockstil um 1745. Vom Vorgängerbau wurde der gotische Turm übernommen. 1870 verkürzte man diese, um Steine für die neue Kirche zu gewinnen. 1754 malte Josef Jais die Fresken (Abendmahl, Schlüsselübergabe an Petrus, Tod des Petrus, Begegnung von Petrus und Paulus sowie Anbetung Christi). Im Hochaltarbild von Joseph Anton Zoller kniet Petrus vor Christus.

Die **neue Pfarrkirche Mariä Empfängnis** in Mitterweerberg entstand 1856–1872 nach Plänen von Josef Vonstadl im neuromanischen Stil. Es handelt sich um eine dreischiffige Basilika mit erhöhtem Mittelschiff, niederen Seitenschiffen und zwei Fassadentürmen. Philipp Schumacher aus Innsbruck malte die Fresken mit Szenen aus dem Leben Jesu und der Mutter Maria sowie von Vorbildern der Maria im Nazarenerstil. Das Bild beim Kriegerdenkmal, welches Weerberger Heimkehrer aus dem Ersten Weltkrieg darstellt, schuf Toni Kirchmayr 1922.

Heimatmuseum Rablhaus, ursprüngliches Mesnerhaus am Weg zur alten Pfarrkirche, Wohn- und Arbeitskultur vergangener Zeiten, dabei Handwerkszeug, Rauchküche, Küchengeräte, Textilherstellung etc., geöffnet Mai bis Oktober Mittwoch, Freitag, Samstag, Sonntag 15–19 Uhr, Kirchgasse,
Tel. +43(0)5224/68250 oder +43(0)664/5063068

Planetenlehrpfad in Terfens

TERFENS
591 m, 2122 Einwohner

Zentrum des Ortes ist das auf einer schmalen Innterrasse gelegene Haufendorf Terfens, an das sich westlich Neu-Terfens und östlich Vomperbach angliedern. Bereits im 15. und 16. Jh. bestanden hier Verarbeitungsstätten für das Schwazer Silber und Kupfer. Im Ortsteil Vomperbach im Bereich des Forchat (Föhrenwald) bietet der **Planetenlehrpfad** eine einstündige Wanderung durch unser Sonnensystem. Maßstabgetreue Nachbildungen der Planeten zeigen die Entfernungs- und Größenverhältnisse im Weltall auf.

1515 wurde die spätgotische **Pfarrkirche zur hl. Juliana** anstelle einer früheren Kirche aus dem 14. Jh. errichtet. 1767 erfolgte die Barockisierung des Inneren. Christoph Anton Mayr aus Schwaz malte das Hochaltarbild und die Deckenfresken mit Szenen aus dem Leben der Kirchenpatronin. Auf 1470 werden die se-

henswerten gotischen Fresken (Verkündigung, Geburt Christi, Anbetung der Könige) links im Hauptschiff datiert. Auch der hl. Christophorus an der Außenwand ist um 1470 entstanden.

Vom Ortskern führt der Besinnungsweg zur **Wallfahrtskirche Maria Larch**. 1665 soll ein Geistlicher eine kleine, aus Lehm gefertigte Muttergottesfigur an einem Lärchenbaum („Larch") aufgehängt haben, damit die Gläubigen dort beten konnten. Bald entstand eine Holzkapelle. Die Legende besagt, dass 1718 eine junge und stumme Frau namens Maria Jenewein vor dem Bild betete und plötzlich wieder sprechen konnte. Auch ein schwer krankes Kind wurde hier geheilt. Diese Wunderheilungen sprachen sich schnell herum. 1699 bzw. 1718 entstand die jetzige Kirche, in der Anna Maria Moser aus Schwaz den Kreuzweg malte. Dem in der Brunnenkapelle sprudelnden, rechtsdrehenden Wasser werden besondere Eigenschaften zugeschrieben.

Badesee und Freizeitzentrum Weißlahn, künstlich angelegter Badesee im Talboden südöstlich von Terfens, Beachvolleyballplatz, Ballspielplatz, Panoramaweg, Tel. +43(0)5224/67212
Rundwanderweg Planetenlehrpfad Vomperbach, Ausgangspunkt Christuskirche (Parkplätze vorhanden), Gehzeit ca. 1 Stunde durch den Terfener Forchat, Information Planetarium Schwaz, Tel. +43(0)5242/72129, www.planetarium.at
Naturwanderung Terfener Forchat (Föhrenwald), letzter Tiroler Talwald zwischen Silz im Oberinntal und Kufstein, zahlreiche Vogelarten sowie geschützte und gefährdete Pflanzenarten, Ausgangspunkt Christuskirche (Parkplätze vorhanden)
Besinnungsweg nach Maria Larch, Ausgangspunkt Dorfkirche Terfens, Gehzeit ca. 1/2 Stunde, fünf Skulpturen von Terfner Künstlern sollen dem Betrachter Hoffnung und Zuversicht vermitteln

PILL
556 m, 1143 Einwohner

Größere Bedeutung erlangte das einstige Bauerndorf um 1500, als am Pillbach Schmelzhütten und Hammerwerke zur Verarbeitung von Silber und Kupfer errichtet wurden. Im früheren barocken **Gutshof der Grafen Tannenberg** (18. Jh.) ist heute ein Gasthof untergebracht. Das **Schusterhaus** (16. Jh.) wurde renoviert und dient als Gemeindehaus.

1516–1518 ließen Knappen die **Pfarrkirche zur hl. Anna** erbauen, deren Inneres 1750 barockisiert und mit Fresken vom Schwazer Christoph Anton Mayr ausgeschmückt wurde. Um 1520 entstand die Statue der Anna selbdritt. Um 1900 schuf Ludwig Penz die Madonna. Interessant ist das große gemalte Holzepitaph in der Friedhofskapelle für den Gerbermeister Daniel Frey (gestiftet 1587 von seinen Kindern) mit der Hl. Dreifaltigkeit nach Albrecht Dürer und der Familie des Toten.

Östlich von Pill steht direkt an der Bundesstraße nach Schwaz das sehenswerte ehemalige **Wallfahrtskirchlein zum Hl. Kreuz**. Die Entstehungsgeschichte berichtet von einem Kreuz auf der Zirler Innbrücke, das im Zuge der Kämpfe im Spanischen Erbfolgekrieg 1703 in den Fluss fiel und hier in Pill von den Bauern, die Wache hielten, herausgefischt werden konnte. Das Volk erbaute eine kleine Kapelle, die 1764–1766 durch die jetzige barocke Kapelle nach Plänen von Franz de Paula Penz, ausgeführt von Johann Michael Umhauser, ersetzt wurde. Im Vorraum sind die Entstehungsgeschichte und die Übertragung des Kreuzes in die barocke Kapelle abgebildet, Christoph Anton Mayr stattete das Innere mit

Malereien aus. Im Hochaltar befindet sich das verehrte Kreuz. 1981 wurde das Gotteshaus gehoben und einige Meter von der Bundesstraße nach rückwärts verschoben.

Der Weg der Sinne, Entspannung pur, Familien-Rundwanderung durch den Wald mit verschiedenen Kunstwerken (etwa Steingarten, Kugelbaumhaus, Labyrinth u. a.), Ausgangspunkt Parkplatz Hochpillberg, Gehzeit ca. 1,5 Stunden, Pillbergstr. 205, Info TVB Silberregion Karwendel (s. unten)
Museum im Schusterhaus, kleines Gemeindemuseum, Dorfgeschichte und -entwicklung, geöffnet Montag bis Freitag 7.30–12.30 Uhr, Montag bis Donnerstag 13.30–17 Uhr, Dorf 9, Tel. +43(0)5242/64191
Tiroler Schnapsmuseum, historische Schnaps-Destillerie, Gasthaus Plankenhof, geöffnet April bis Oktober, täglich nach Voranmeldung, Dorf 6, Tel. +43(0)5242/641950, www.plankenhof.com
Schimuseum Grafenast, Entwicklung des alpinen Schilaufs, Wintersport-Ausrüstung, Fotografien, Hochpillberg, Tel. +43(0)5242/63209, www.grafenast.at

VOMP
566 m, 4833 Einwohner

Wie viele andere Orte in der Umgebung profitierte auch Vomp vom Schwazer Bergbau im 15./16. Jh., da sich auch hier Verarbeitungsstätten für die Edelmetalle befanden.
In dieser Zeit kultureller und wirtschaftlicher Blüte ließ Erzherzog Sigmund der Münzreiche 1472/73 **Burg Sigmundslust** als Jagdsitz erbauen, 1520–1526 befand sich hier die erste Druckerei Tirols. Nach der fast völligen Zerstörung im Jahre 1809 erfolgte ein Wiederaufbau. Heute ist der Ansitz in Privatbesitz und kann nicht besichtigt werden.

Am Innufer östlich von Schwaz steht der 1620 von Ritter Hieronymus Stauber er-

Burg Sigmundslust in Vomp

baute **Ansitz Mitterhart**, auch als **Gwercherschlössl** bezeichnet. Um 1700 wurde er von den Grafen Fieger barock verändert. Heute ist dort ein Gasthaus.

Vom Dorfzentrum führt ein Kreuzweg zur 1705 erbauten **Wallfahrtskapelle der Schmerzhaften Muttergottes am Kreuzbichl**. Während der Tiroler Freiheitskämpfe 1809 wurden 80 Häuser in Vomp niedergebrannt und die Kirche schwer beschädigt. Daran erinnern Mahnmale in der Vomper Au und im Vomper Forchat.

Auf Vomper Gemeindegebiet liegen auch das **Stift St. Georgenberg-Fiecht** (siehe Infokasten) und im Ortsteil Vomperberg die Gralssiedlung. 1928 erwarb Oskar Ernst Bernhardt (1875–1941), der Begründer der **Gralsbewegung**, ein Anwesen auf dem Vomperberg. Dieses wurde bald zum geistigen und verwaltungsmäßigen Zentrum seiner Bewegung. Nach seinem Tod wurde Bernhardt auch dort begraben.

Mit dem kleinen Ort **Hinterriss** weist Vomp noch eine Besonderheit auf. Dieser liegt ca. 25 km von Vomp entfernt im Karwendelgebirge und ist nur über Bayern zu erreichen.

1480 wurde die **Pfarrkirche zu den hll. Petrus und Paulus** errichtet, um 1520 erweitert und im Barock innen reich ausgestattet. Nach der Zerstörung der Inneneinrichtung durch den Brand von 1809 malte Josef Arnold d. Ä. 1820 die Fresken (Szenen aus dem Leben der beiden Apostelfürsten Petrus und Paulus), die jedoch 1893 von Emanuel Walch teilweise verändert wurden. Von Josef Arnold d. Ä. stammt auch das Bild im klassizistischen Hochaltar, von Franz Hellweger jenes des Sebastiansaltars.

Die **Stiftskirche zum hl. Josef** wurde vom Schwazer Baumeister Jakob Singer im Stil einer barocken Wandpfeilerkirche mit Gewölben errichtet (1741–1750) und vom Augsburger Maler Matthäus Günther mit Fresken ausgestattet. Die Wessobrunner Künstler Franz Xaver und Michael Feichtmayr sowie Johann Georg Üblhör schufen den Stuck, der Absamer Bildhauer Johann Michael Fischler die Skulpturen. Die geschnitzten Stuhlwangen und die eigenwilligen Putten auf den Beichtstühlen, welche die Reue darstellen, stammen von Franz Xaver Nissl (1774/75). 1868 erforderte ein Brand die teilweise Erneuerung des Inneren.

Fresko (Geburt Christi) in der Stiftskirche Fiecht

Die Fresken zeigen den Weihnachtszyklus (im Hauptschiff die Geburt Christi mit der Anbetung der Hirten sowie die Darbringung Jesu im Tempel, in der Vierung die Anbetung der Könige und die vier Erdteile) und Szenen aus dem Leben des hl. Josef (rechts im Chor die Verlobung von Josef und Maria, über der Orgel die Vermählung der beiden, im Chorgewölbe den Tod des hl. Josef und links im Chor die Hl. Sippe). Anstelle des einstigen Hochaltarbildes steht heute eine Figur des hl. Josef vom Innsbrucker Künstler Hans Andre (1950), begleitet von den Brixner Diözesanpatronen Ingenuin und Albuin. Ein modernes Werk von Leopold Hafner aus Aicha vorm Walde ist die Kreuzigungsszene im linken Querschiff (2000). Gegenüber, im rechten Querschiff, steht die Originalstatue der hl. Maria von der Annasäule in Innsbruck, geschaffen von Christoforo Benedetti (1706). Die Bilder der Verehrung des hl. Benedikt auf der linken westlichen Langhausseite vor dem Chor und des Schutzengels auf der rechten östlichen Langhausseite malte Wolfram Köberl (1961). Das Bild des rechten Langhausaltars zeigt die hl. Notburga

Benediktinerstift St. Georgenberg-Fiecht

Um 950 gründete der bayerische Adelige Rathold von Aibling im Stallental nördlich von Schwaz eine klösterliche Gemeinschaft und stattete sie mit reichen Schenkungen aus. Die erste Kirche war dem hl. Georg geweiht.

1138 übernahmen die Benediktiner das abgelegene Kloster. Durch die Verehrung des hl. Georg, eines Muttergottesbildes unter einer Linde und einer seltenen Heilig-Blut-Reliquie (1310 soll sich während einer Messe der Wein plötzlich in Blut verwandelt haben) entstand schon früh eine Wallfahrt.

1706 beschlossen die Mönche nach vier Bränden die Verlegung ins Tal. Zwischen 1706 und 1750 entstanden Kirche und Kloster. St. Georgenberg-Fiecht gehört neben Stams und Wilten zu den drei großen Nordtiroler Barockstiften.

Wallfahrtskirche und Wallfahrtskloster St. Georgenberg

(Philipp Haller, 1758), eingerahmt von den Statuen der Bauernheiligen Wendelin und Isidor. Stephan Kremer ist der Künstler der Darstellung des Martyriums des hl. Florian (1761/62) am linken Langhausaltar. Die beiden Figuren stellen die hll. Georg mit dem Drachen und Martin mit der Mantelspende dar. Direkt gegenüber dem Eingang erinnert eine Kopie der Pietà an das originale Gnadenbild in St. Georgenberg.

Die **Wallfahrtskirche und das Wallfahrtskloster St. Georgenberg** erheben sich auf einem steilen Felsen im Stallental. Der Weg dorthin führt über die Hohe Brücke, eine Steinkonstruktion mit vier Pfeilern aus der Zeit um 1500, über die eine gedeckte Holzbrücke errichtet wurde. Verehrt werden eine spätgotische Pietà (um 1420) im Hochaltar und der hl. Georg. Die barocke Kirche (1733–1738) stammt von Hans Singer

und ist mit Fresken im Nazarenerstil (1863) vom Innsbrucker Franz Lair ausgestattet (St. Georg im Kampf mit dem Drachen, Gottesmutter mit Kind als Zuflucht der Bedrängten). Die Statuen der hll. Georg und Florian stammen von Johann Michael Fischler, die des hl. Jakobus und des seligen Klostergründers Rathold von Franz Xaver Nissl. 1739 schuf Fischler die Kanzel mit der Darstellung der vier Erdteile in Form von Putten. In der Kirche befand sich einst die von mehreren Bränden zerstörte Grabstätte der Edlen von Schlitters, die dem Kloster das gesamte Achental vermachten.

Etwas abseits steht die **Linden- bzw. Dreifaltigkeitskirche**, die ursprüngliche Wallfahrtskirche. St. Georgenberg zählt zu den beliebtesten Wallfahrtsorten Tirols. Die **Benediktiner** im Stift betreuen heute verschiedene Pfarreien, bieten Exerzitien und Kurse an, sind in der Missionstätigkeit in Übersee tätig und betreuen die Wallfahrt auf St. Georgenberg. Es gibt außerdem ein kleines **Stiftsmuseum** und eine so gemütliche wie traditionelle Wallfahrtseinkehr.

Großer Ahornboden in der Eng, 500 Jahre alter Ahornbestand, eingesäumt von hohen Felswänden, eine der größten unberührten Naturlandschaften Europas, einzige Zufahrt auf der Mautstraße von Vorderriss über Hinterriss, Ausgangspunkt zahlreicher Wander- und Bergtouren, Verein Alpenpark Karwendel, Adolf-Klinge-Platz 72, A-6108 Scharnitz, Tel. +43(0)5245/28914, www.karwendel.org
Themenweg Eng, Naturlehrpfad Großer Ahornboden, Bergahorn, Almwirtschaft, Daten und Fakten zum Karwendelgebirge, www.karwendel.org
Klimaweg Vomperberg, Ausgangs- und Endpunkt Gasthof Karwendelrast, 20 Infotafeln zum Thema Erdklima, leichte Wanderung von ca. 45 Minuten, Tel. +43(0)5242/63240, www.silberregion-karwendel.at

Wanderung zum Wallfahrtskloster St. Georgenberg, Ausgang Parkplatz Weng oberhalb von Stift Fiecht, Gehzeit rund 45 Minuten, letztes Stück steil ansteigend, auch Möglichkeit der Wanderung von Stans im Inntal durch die Wolfsklamm (siehe Stans), von Mai bis Oktober jeweils am 13. Nachtwallfahrt (hl. Messe um 20.30 Uhr), Gottesdienste 1. Mai bis 31. Oktober Montag bis Samstag 15 Uhr, Sonn- und Feiertage 9, 11 und 15 Uhr, 1. November bis 31. April Montag keine hl. Messe, Dienstag bis Samstag 15 Uhr, Sonn- und Feiertage 9, 11 und 15 Uhr, Gasthof Wallfahrtseinkehr, Tel. +43(0)5242/63788, www.georgenberg.com, www.st-georgenberg.at
Stiftsmuseum Fiecht, Geschichte und Entwicklung des Stifts und des Benediktinerordens, sakrale Kunst, Volksfrömmigkeit, Missionstätigkeit (Kleidung, Bilder, Schmuck etc. aus anderen Kontinenten), geöffnet nach Vereinbarung, Fiecht 4, Tel. +43(0)5242/63276/11, www.st-georgenberg.at

STANS
566 m, 1933 Einwohner

Zur Gemeinde, die zwischen Vomp und Jenbach am Eingang des Stallentals liegt, gehören **Schloss Tratzberg** und das **Kloster St. Georgenberg** (siehe Vomp – Stift Fiecht). Von Stans aus führt die wildromantische **Wolfsklamm** zum Kloster.

Im Zuge des aufblühenden Bergbaus in Schwaz entstanden in Stans Verarbeitungsstätten für die Edelmetalle sowie eine Großbäckerei zur Versorgung der Bevölkerung. Die **ehemalige Schmelzhütte** ist als Haus Nr. 71 mit den Wappen der Gewerken Tänzl noch erhalten. Heute ist der bekannteste Industriebetrieb die **Marmeladen- und Fruchtsäftefabrik Darbo** mit ihrer neuen Produktionshalle von Achammer-Tritthart & Partner. Der Maler **Josef Arnold d. Ä.** (1788–1879) zählt zu den berühmten Söhnen des Dorfes.

Die **ehemalige gotische Pfarrkirche zu den hll. Laurentius und Ulrich** stammt aus dem Jahr 1510 und wurde 1702 innen barockisiert. Vorgängerbauten datieren auf das 8. Jh. Johann Georg Höttinger schuf 1726 die Fresken (Leben des hl. Laurentius). An der linken Chorwand hängt das ehemalige Altarbild von Josef Arnold d. Ä. (1831, Maria mit dem Jesuskind und den beiden Kirchenpatronen). 1896 war das Gotteshaus zu klein geworden. Heute finden dort wieder Messen statt.

1884–1896 entstand die **neue Herz-Jesu-Pfarrkirche** im Stil der Neugotik. Die Fresken stammen von Heinrich Kluibenschedl (Aufnahme der Seligen in den Himmel am Chorbogen) und August Wagner (Heilige im Langhaus und Darstellungen im Chor). Auf den Grödener Franz Santifaller d. J. geht der gotisierende Hochaltar zurück.

Oberhalb von Stans, versteckt im Wald, steht die **Wallfahrtskapelle Maria Tax**. Der Legende nach war dem Bauern Georg Nocker 1616 auf einem großen Stein die Muttergottes erschienen und hatte dort ihren Händeabdruck hinterlassen. Als auch Gebetserhörungen bekannt wurden, zogen mit der Zeit immer mehr Wallfahrer hierher. An einem „Taxbaum" (Fichte) wurde ein Gnadenbild der Muttergottes angebracht, das später in einer Kapelle verehrt wurde. Dorthin wurde auch der Stein übertragen, über dem sich der Altar erhebt.

Das heutige Gotteshaus entstand 1721. In den Jahren 1756/57 malte der Schwazer Künstler Christoph Anton Mayr das Innere aus (Verehrung des Gnadenbildes am Taxbaum und Aufnahme Mariens im Himmel). Am Altar befindet sich heute in einer Nische das Gnadenbild.

Kupfer- und Silberbergbau in Schwaz

Schwaz wird gerne als „aller Bergwerke Mutter" bezeichnet. Um 1520 war der Ort mit rund 20.000 Bewohnern nach Wien die zweitgrößte Siedlung im Habsburgerreich. Der Bergbau bestimmte das gesamte Leben der Bevölkerung, die Bergleute kamen aus verschiedenen Gebieten Europas.

Über den Beginn des Bergbaus in Schwaz existiert eine Sage: Die Magd Gertraud Kandlerin hütete in Gallzein nahe Schwaz Vieh, als ein Stier mit seinen Hörnern und Hufen den Boden aufwühlte und glänzende Steine freilegte. Die Magd trug diese Steine nach Hause, wo sie als Silber erkannt wurden.

Tatsache ist, dass ab ca. 1410 innerhalb weniger Jahrzehnte der Bergbau aufblühte. Schwaz und die Dörfer der Umgebung wurden zu einem überaus bedeutenden Industriegebiet. Die Bäche der Dörfer Pill, Stans, Vomp, Weer, Jenbach, Buch und Brixlegg dienten als Antriebskraft für die Blasebälge der Schmelzöfen und die Hammerwerke der Schmieden. Die Tiroler Landesfürsten, vor allem Herzog Friedrich IV. mit der leeren Tasche, Erzherzog Sigmund der Münzreiche und Kaiser Maximilian I., erkannten die Bedeutung der Bodenschätze. Reiche Familien wie die Fugger, Paumgartner, Fieger u. a. gewährten den Landesfürsten Darlehen und erhielten dafür Schürfrechte. Die vielen tausend Knappen stellten eine einflussreiche Bevölkerungsschicht dar, erhielten Sonderrechte vom Landesfürsten sowie überdurchschnittliche Bezahlung.

Die älteste Form des Erzabbaus stellte die Feuersetzung dar. Das Gestein wurde erhitzt, dann mit Essig oder Wasser übergosssen, wodurch feine Risse entstanden. Der Vortrieb mit Schlägel und Eisen war sehr mühsam, bei schlechtesten Bedingungen betrug dieser nur rund 0,5 cm pro Achtstundenschicht bei einer Stollenweite und -höhe von rund 55 cm. Schwarzpulver wurde erst ab 1666 verwendet.

Im Jahr 1515 waren 274 Stollen in Betrieb. Der Sigmund-Erbstollen führte bis 240 m unter die Talsohle hinab. Das größte Problem stellte das Wasser dar, das mit komplizierten Hebevorrichtungen nach oben befördert werden musste. Die Schwazer Knappen entwickelten ein großes Wasserrad und bauten es im Berginneren ein. Es wurde von einem Bach angetrieben und hob das Wasser mit großen Ledersäcken nach oben. Die Erzbrocken wurden in kleinen Wägen ans Tageslicht befördert und dann im Pochwerk zerkleinert. Im Waschwerk konnte das taube Gesteinsmehl vom Erz getrennt werden.

In großen Schmelzhütten in der Umgebung von Schwaz erfolgte die weitere Verarbeitung. Sowohl Silber als auch Kupfer wurden teilweise verkauft, aber auch in Hall zu Münzen geprägt. Das Kupfer fand etwa beim Guss der Schwarzen Mander in der Innsbrucker Hofkirche, in den Tiroler Geschützgießereien und für die 15.000 handgehämmerten Kupferschindeln der Schwazer Pfarrkirche Verwendung.

Um 1550 begann der langsame Rückgang der Förderung, der Abbau wurde mit zunehmender Tiefe der Stollen schwieriger, die Kosten stiegen. Zudem wurden in ganz Europa immer größere Mengen an Silber aus Mittel- und Südamerika importiert.

Habsburgersaal in Schloss Tratzberg

Bereits im 13. Jh. gab es an jener Stelle, an der heute das **Schloss Tratzberg** steht, eine Burg. Diese wurde durch Erzherzog Sigmund den Münzreichen 1462/63 ausgebaut, bereits 1490 jedoch durch einen Brand fast vollständig zerstört. Kaiser Maximilian I. tauschte dann die Ruine gegen Burg Berneck bei Kauns im Kaunertal. So gelangte Tratzberg an die Brüder Tänzl, welche die Burg 1500–1514 wieder aufbauen ließen. Maximilian kam aber nach wie vor gerne hierher und benutzte Tratzberg als Ausgangsort für Jagden im Karwendel.

Unter den nachfolgenden Besitzern (Mathias Manlich, Georg Ilsung, Familie Fugger u. a.) erfolgte der Ausbau zum Renaissanceschloss. 1847 kam Tratzberg an die Familie Enzenberg. Heute wird das sehr sehenswerte Schloss von der Familie Ulrich Graf Goess-Enzenberg bewohnt.

Das Schloss besteht aus vier Flügeln, die einen Innenhof mit Renaissancemalereien und -portalen umschließen. Die Schauräume im ersten Stock sind noch im Original erhalten und zeigen den Wandel von der Gotik zur Renaissance. Im Jagdsaal erinnern geschnitzte Tiergruppen an die Bedeutung des Waidwerks. Besonders reich ausgestattet sind Fuggerstube und Fuggerkammer, in denen man einen guten Eindruck vom Leben der Menschen im 16. Jh. gewinnt. Hauptattraktion des Schlosses ist der Habsburgersaal mit dem gemalten Stammbaum der Familie Habsburg von König Rudolf I. (1273) bis zu den Kindern Philipps des Schönen (Anfang 16. Jh.). Beim Künstler dürfte es sich um Hans Maler aus Schwaz handeln. Frauenstübl und Königinzimmer entstanden in der Renaissance. Die Schlosskapelle zur hl. Katharina wird heute gerne für Trauungen verwendet. An Wehrhaftigkeit,

Kampf und Verteidigung erinnern die Schaustücke in der Waffenkammer. Besonders reizvoll, speziell im Herbst, ist ein Spaziergang durch die Mischwälder mit weitem Blick auf das Inntal.

Freibad Stans, Unterdorf 62, Tel. +43(0)5242/66715
Wanderung durch die Wolfsklamm nach St. Georgenberg, Gehzeit ca. 1 Stunde, geöffnet April bis November, feste Schuhe notwendig, Tel. +43(0)5242/69093830
Wanderung von Stans über Wallfahrtskirche Maria Tax nach Schloss Tratzberg, Gehzeit ca. 1 Stunde, mittelschwere Wanderung
Wanderung von Stans über Weng nach St. Georgenberg (siehe Vomp)
Schloss Tratzberg, geöffnet Ende März bis Anfang November tgl. 10–16 Uhr, Juli und August tgl. 10–17 Uhr, Familienstiftung Schloss Tratzberg, A-6200 Jenbach, Tel. +43(0)5242/63566, www.schloss-tratzberg.at

SCHWAZ
538 m, 13.248 Einwohner

Etwa 30 km östlich von Innsbruck liegt am Fuß des Kellerjochs (2344 m) und des Eiblschrofens die Bezirkshauptstadt Schwaz. Der Lahnbach, der früher immer wieder über die Ufer trat und den Ort bedrohte, trennt die Stadt in die Gebiete Markt (westlich) und Dorf (östlich). Auf der nördlichen Seite der Innbrücke bestand noch das Spitalsviertel mit der Spitalskirche. Im Süden erhebt sich auf einem Hügel die Burg Freundsberg. Bergbau gab es schon in prähistorischer Zeit. In St. Martin und am Pirchanger weisen Urnengräberfelder auf Besiedlung in der Bronzezeit hin. Schwaz wurde erstmals 930 in einer Urkunde erwähnt. Um 1170 errichteten die Herren von Freundsberg (spätere Bezeichnung Frundsberg) eine einfache Burg und übten von hier die Ge-

richtsbarkeit aus. 1326 erreichte die Siedlung mit dem Wochenmarktprivileg einen gewissen Wohlstand.

Mit der Entdeckung von Silber und Kupfer um 1410 begann der Aufstieg zu einem der bedeutendsten europäischen Bergbauorte, dessen Blütezeit von ca. 1450 bis 1550 andauerte. Um 1510 hatte Schwaz eine Einwohnerzahl von etwa 20.000 und war damit nach Wien die zweitbevölkerungsreichste Siedlung im Habsburgerreich. In der Barockzeit brachte der Bergbau noch einmal einen großen Aufschwung. Ab etwa 1650 jedoch, als der Abbau der Edelmetalle zunehmend unrentabel wurde, verlor Schwaz stark an Bedeutung.

Im Zuge der Freiheitskämpfe von 1809 wurde fast der ganze Ort (und damit so gut wie alle mittelalterlichen Gebäude) Opfer eines verheerenden Brandes. Schwaz ist keine mittelalterliche Stadt wie Rattenberg oder Hall, sondern wurde erst 1899 zur Stadt erhoben. An die große Zeit des Bergbaus erinnern vor allem die Pfarrkirche mit der Totenkapelle, das Franziskanerkloster, das Fuggerhaus, die Spitalskirche, aber auch die Burg Freundsberg, einzelne Wohnhäuser, Grabplatten und verschiedene andere Kunstwerke in der Stadt. Von den vielen in Schwaz geborenen Künstlern seien nur die Maler **Christoph Anton Mayr** (um 1720–1771), **Maria Anna Moser** (1758–1838), **Toni Kirchmayr** (1887–1965), **Carl Rieder** (1898–1980) und **Fred Hochschwazer** (1914–1990) genannt.

Familien- und Erlebnisfreibad, Innsbrucker Str. 72, Tel. +43(0)5242/63227
Schwazer Silbersommer, Kulturveranstaltungen, Tel. +43(0)6960/319, www.schwaz.at

SCHWAZ

Ein Stadtrundgang

Bei der **Pfarrkirche Zu Unserer Lieben Frau ❶** handelt es sich um die größte gotische Hallenkirche Tirols. Bereits Ende des 15. Jh. wurde der 1460–1478 entstandene Vorgängerbau auf eine Doppelkirche mit vier Schiffen und zwei Chören erweitert. Baumeister war Christoph Reichartinger, die Pläne stammen vom Münchner Erasmus Grasser.

Außen sind die typischen Elemente einer gotischen Kirche (Höhenstreben, spitzbogige Maßwerkfenster und Strebepfeiler) gut erkennbar. Der fünfgeschossige Dachstuhl ist mit 15.000 handgehämmerten Kupferplatten gedeckt. Von Jakob Zwiesel aus Augsburg stammt der Turm. Die Westfassade zeigt einen Dreieckgiebel, eine Mondphasenuhr und zwei Portale.

Im 17./18. Jh. wurde die gotische Einrichtung durch eine barocke ersetzt, die allerdings zu Beginn des 20. Jh. großteils im Zuge einer Regotisierung wieder entfernt wurde. Barock sind etwa noch die beiden Seitenaltäre, neugotisch der linke Hochaltar und die neu angebrachten Gewölberippen. Zur Entstehungszeit gab es einen großen gotischen Flügelaltar von Veit Stoß. Die zwei Orgelemporen im Westen und im Südchor wurden 1515–1520 von Konrad Vogl errichtet. Ihre Gottesdienste hielten die Gewerken (Bergwerksherren, Pächter) in der nördlichen Hälfte und die Knappen (Bergwerksarbeiter) in der südlichen Hälfte der Kirche getrennt voneinander ab. Bis ins 19. Jh. hinein verlief in der Mitte der Kirche entlang der Rundpfeiler eine Trennwand aus Holz.

Der gotische Taufstein im Westen trägt die Inschrift „Ulrich Kandler zahlt den Stein 1470". Im linken Chor wurde der neugotische Hochaltar (1913) nach Plänen von Josef Schmid von Clemens Raffeiner, Alois Winkler und Emanuel Raffeiner angefertigt. Der Schrein zeigt die Himmelfahrt Mariens, die Flügel die vier Evangelisten. 1952–1960 schuf der Schwazer Fred Hochschwarzer die Glasfenster im Südchor.

Auf dem linken Seitenaltar (1730) mit dem Bild Mariä Opferung von Jakob Zanusi steht die Figur der Maria mit dem Kind als ältestes noch erhaltenes Ausstattungsstück aus der Vorgängerkirche (1410, das Kind ist barock). Im rechten Annenaltar von 1730 sind drei gotische Heilige erhalten, links die hl. Barbara als Bergwerkspatronin (durch einen Pfeil wurde sie später unfreiwillig zur hl. Ursula umfunktioniert), in der Mitte die Mutter Anna mit der Maria und dem Jesuskind (bezeichnet als Anna selbdritt –

Friedhofskapelle in Schwaz

brannte eine Kerze zur Erinnerung an die Verstorbenen. Der große Turm im Südosten wurde 1910 als **neuer Glockenturm ❸** errichtet. Dort hängt die berühmte „Maria Maximiliana" (4508 kg, Spruch „Maximiliana heiß' ich, alle Wetter weiß ich, für alle Wetter bin ich gut, wenn man mich nur läuten tut"), 1503 von Peter Löffler gegossen und mit den Wappen der Länder Kaiser Maximilians I. verziert. In der **Pölzbühne** zu Füßen des Turms fanden vom 16. bis zum 19. Jh. kirchliche Theateraufführungen statt.

Nördlich der Kirche steht die **Friedhofskapelle ❹** zu den hll. Michael (Untergeschoss) und Veit (Obergeschoss). Erbauer ist Christoph Reichartinger (1504–1506). Über dem Eingang zur Unterkapelle steht die Inschrift „HIE LIGEN BIR ALL GELEYCH – RITER EDEL ARM UND AUCH REICH 1506". Rechts daneben ist das Schwazer Wappen zu sehen – Schlägel und Eisen. Der spitze Teil des Eisens wurde am Felsen angesetzt, mit dem Schlägel auf den flachen Teil geschlagen. Die Oberkapelle beherbergt einen dem hl. Veit geweihten, spätgotischen Flügelaltar von Christoph

Anna selbst und zu dritt) und rechts die hl. Elisabeth von Thüringen als Patronin der Armen und Notleidenden.

Im Süden der Kirche liegt der einstige Friedhof, heute als **Stadtpark ❷** genützt. In der **Totenleuchte** in der Mitte

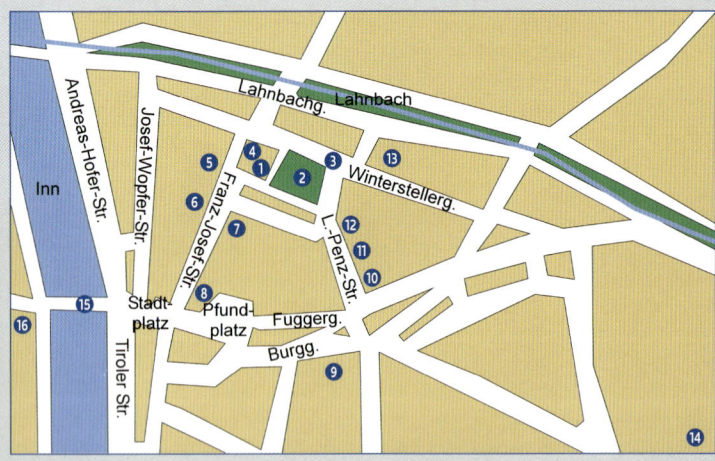

Scheller aus Memmingen (1510). In der steinernen Handleiste des Stiegenaufgangs weisen Kröten und Schlangen auf die Vergänglichkeit hin.

Das barocke **Palais Tannenberg-Enzenberg** ❺ mit seinem markanten Portal erstreckt sich links vor der Westfassade der Pfarrkirche. Der reiche Gewerke Veitjakob Tänzl ließ sich hier 1515 ein Stadtpalais erbauen, das 1700–1705 von den Grafen Tannenberg umgebaut wurde. Im Stiegenhaus befinden sich barocke Figuren der Diana und des Apoll von Ingenuin Lechleitner (1705).

In der Franz-Josef-Straße, der Hauptstraße, schließt westlich des Palais Tannenberg-Enzenberg die **Bezirkshauptmannschaft** ❻ an. Im **Haus Nr. 12 (Blaues Haus)** ❼ war einst ein Gasthof untergebracht. An der Fassade erinnert eine Inschrift an Maria Theresia. Die weite Durchfahrt mit einer modernen Darstellung der Straße führt in den Hinterhof zu den einstigen Stallungen. Dort erinnert ein Bild von Fred Hochschwarzer an einen Besuch Kaiser Maximilians I. in Schwaz. Erhalten sind noch ein Wirtshausschild mit der Abbildung eines Elefanten, mehrere Eisentüren und Wappen sowie Arkaden.

Das große Haus am Stadtplatz ist erst seit 1970 als **Rathaus** ❽ in Verwendung. 1505–1510 wurde es von den Gewerken Hans und Jörg Stöckl als Wohnsitz erbaut. Von 1563 bis 1572 war dort die landesfürstliche Bergbehörde untergebracht, anschließend gelangte der Kaufmann Bartlme Penz in den Besitz des Hauses und ließ es außen mit Fresken von Christoph Anton Mayr ausstatten (um 1760, verschiedene Heilige). Unter dem Eckerker zum Stadtplatz steht das Bronzestandbild des Landsknechtführers Jörg von Frundsberg von Ludwig

Einladend – die Franz-Josef-Straße

Penz (1916, Guss 1954). Der Hof zeigt drei Stockwerke mit Arkadengängen. 1632 starb hier der Tiroler Landesfürst Erzherzog Leopold V.

Das **Franziskanerkloster** ❾ wurde im Jahre 1507 von Kaiser Maximilian I. gegründet. Die dazugehörige wohlproportionierte, spätgotische **Hallenkirche** entstand 1508–1515 nach Plänen von Christoph Reichartinger, wurde jedoch um 1735 von Hans Singer barockisiert. Zur Ausstattung gehören ein Steinkreuz von Gregor Erhart (1520), die Reliefgruppe der Schmerzen Mariens (1518) und die modernen Glasfenster mit Szenen aus dem Leben des hl. Franz von Assisi von Fred Hochschwarzer (1966). In der Karwoche ist das größte Heilige Grab Tirols, das von Christoph Anton Mayr stammt, aufgestellt. Eine Besonderheit stellt der **Kreuzgang** dar, den Pater Wilhelm von Schwaben von 1519 bis 1526 mit Szenen aus der Leidensge-

Das Fuggerhaus zeugt heute noch vom früheren Reichtum dieser Familie.

schichte Christi ausschmückte. Dabei sind vor allem Details wie die Kleidung der dargestellten Personen, Alltagsgeräte, Waffen, Einrichtungsgegenstände, Wohnhäuser etc. von Interesse. Im Laufe der Jahrhunderte wurde durch mehrere misslungene Restaurierungsversuche viel zerstört. Die Wappen an den Gewölbekonsolen zeigen die Länder Kaiser Maximilians I.

Östlich der Franziskanerkirche steht das **Fuggerhaus** ❿ (1525, Ludwig-Penz-Str. 21), ein typischer Tiroler Edelsitz an der Wende von der Gotik zur Renaissance. Charakteristisch sind die Erker, das einspringende Grabendach sowie die Wandgliederung und die Fenstereinfassungen. Die reiche Augsburger Handelsfamilie Fugger gewährte den Habsburgern Darlehen und erhielt dafür die Genehmigung, in den Schwazer Bergwerken Edelmetalle abzubauen. Eine

Büste von Sepp Baumgartner zeigt Ulrich Fugger. Heute sind hier die Tertiarschwestern untergebracht. Im **Orglerhaus** ⓫ (Ludwig-Penz-Str. 15) wohnte der Überlieferung nach einige Zeit der berühmte Arzt Paracelsus, der sich mit Silberschmelzen und Alchemie befasste. Die Erzstufe über dem Portal weist auf den Bergbau hin.

Das **alte Gericht** ⓬ (Ludwig-Penz-Str. 13) stammt ursprünglich aus dem 16. Jh., besitzt noch einen Treppenturm und einen Arkadengang mit Säulen. Der Meistersinger Hans Sachs unterrichtete hier im 16. Jh. in einer Meistersingerschule. Der Meistersingersaal fiel einem Bombenangriff im Zweiten Weltkrieg zum Opfer. Nahe dem neuen Glockenturm steht das **Rabalderhaus** ⓭ (Winterstellerg. 9), ein gut erhaltenes Haus aus der Zeit der Spätgotik, in dem heute immer wieder Ausstellungen stattfinden.

Stammsitz der Herren von Freundsberg bzw. Frundsberg war die um 1170 erbaute **Burg Freundsberg** . Die heutige Schlosskirche entstand 1634–1637 durch Zusammenlegung der alten Kapelle mit dem Palas. Sie ist den Pestheiligen Rochus und Sebastian, dem Pilgerpatron Jakobus d. Ä. und den Vierzehn Nothelfern geweiht. Im Bergfried, dem ältesten Teil der Anlage, ist heute das **Museum der Stadt Schwaz** untergebracht.

Der weltbekannte Stubaier Architekt Clemens Holzmeister baute 1928/29 die **Steinbrücke** über den Inn, die zu der von 1515 bis 1542 von Konrad Vogl erbauten spätgotischen **Spitalskirche** führt. Durch den Brand von 1809 wurde die Inneneinrichtung zerstört, das Bauwerk als solches ist gut erhalten. Die

Glasfenster mit Szenen aus dem Marienleben und der Auferstehung schuf der Einheimische Carl Rieder (um 1960).

Im Osten von Schwaz liegt das ehemalige von Kaiser Maximilian I. gegründete **Augustinerinnenkloster St. Martin**. Die 1516–1521 erbaute gotische Kirche wurde im Barock mit Fresken von Christoph Anton Mayr ausgestattet (1764, Tempelgang Mariens, Anbetung der Hirten, Szenen aus dem Leben des hl. Martin, verschiedene Heilige u. a.). Schon im 8. Jh. bestand hier eine Kirche. In einem Teil des Klosters ist das **Haus der Völker** untergebracht. Östlich der Stadt befindet sich auch die moderne **Kirche zur hl. Barbara**, 1980–1985 nach Plänen von Peter Margreiter erbaut. Die Kreuzigungsgruppe ist von Sepp Baumgartner.

Burg Freundsberg – hier befindet sich das Museum der Stadt Schwaz.

UNTERLAND

Silberbergwerk in Schwaz

Bergbaulehrpfad, Rundwanderung durch das Bergbaurevier Falkenstein, Ausgangspunkt beim Parkplatz „Pflanzgarten" (östliches Ende von Schwaz südlich oberhalb des Friedhofs) oder beim Silberbergwerk, steile Passagen, feste Schuhe notwendig, Gehzeit ca. 3 Stunden, Tel. +43(0)5242/63108

Klangspuren, Festival zeitgenössischer Musik, jedes Jahr im September, Klangspureng. 1/Franz-Ullreich-Str. 8a, Tel. +43(0)5242/73582, www.klangspuren.at

Pflanzgarten-Waldlehrpfad, Rundwanderung, Ausgangspunkt Pflanzgarten (östliches Ende von Schwaz oberhalb des Friedhofs), Gehzeit ca. 1 Stunde, einfache Wanderung durch einheimische Sträucher, Bäume und ähnliche Gewächse

Vogellehrpfad Schiller-Mensi-Weg, Ausgangspunkt Burg Freundsberg, 35 einheimische Vogelarten in Bild und Text

Schwazer Silberwald, Mystik und Magie der Moderne im Naherholungsgebiet Pflanzgarten, Zufahrt östliches Ende von Schwaz oberhalb des Friedhofs, verschiedenste Veranstaltungen, Tel. +43(0)5242/63240, www.schwazersilberwald.at

Zehn-Kapellen-Weg, einfache Rundwanderung, Ausgangspunkt Schwazer Silberbergwerk, Gehzeit ca. 2 Stunden, die Kapellen dienten zu Andachten und Dankesgebeten der Bergleute

Kellerjochbahn, Innsbrucker Str. 73, Tel. +43(0)5242/62323, www.kellerjochbahn.at

Museum der Stadt Schwaz auf Schloss Freundsberg, Geschichte der Stadt, Bergbau, Handel und Handwerk, Freiheitskriege, Waffen etc., geöffnet April bis Oktober täglich 10–17 Uhr außer Donnerstag, Burgg. 55, Tel. +43(0)5242/63967

Rabalderhaus – Museum Kunst in Schwaz, geöffnet Mai bis Oktober, Dezember, Donnerstag bis Sonntag 16–19 Uhr, Winterstellerg. 9, Tel. +43(0)5242/64208, www.rabalderhaus-schwaz.at

Haus der Völker, Kunst und Kultur aus Afrika und Asien, zusammengetragen von Gert Chesi, geöffnet täglich 10–18 Uhr, St. Martin 16, Tel. +43(0)5242/66090, www.hausdervoelker.com

Schwazer Silberbergwerk, Schaubergwerk mit Information über den Schwazer Bergbau, geöffnet Mai bis September täglich 9–17 Uhr, Oktober bis April täglich 10–16 Uhr, Alte Landstr. 3a, Tel. +43(0)5242/72372, www.silberbergwerk.at

Zeiss-Planetarium, erreichbar von Mittwoch bis Sonntag 9–16 Uhr, Anmeldung erforderlich, Alte Landstr. 15, Tel. +43(0)5242/72129, www.planetarium.at

Feuerwehrmuseum, Uniformen, Fahrzeuge, Dokumente, geöffnet nach Vereinbarung, Münchner Str. 21, Tel. +43(0)5242/62371, www.schwaz.at/feuerwehr

Motorradmuseum „Motorbär", geöffnet Montag bis Freitag 8–18 Uhr, Samstag 9–15 Uhr, Hermine-Berghofer-Str. 44, Tel. +43(0)5242/63830, www.motorbaer.com

Schlossermuseum Stauder, Schlosserhandwerk, Werkzeuge, Maschinen, geöffnet nach Voranmeldung, Husslstr. 2, Tel. +43(0)5242/62311

Kaiserjägermuseum, Geschichte der Tiroler Kaiserjäger, Uniformen, Abzeichen, geöffnet nach Voranmeldung, Ludwig-Penz-Str. 12, Tel. +43(0)5242/62950, www.tiroler-kaiserjaeger.at

Buch in Tirol mit Inntal

BUCH IN TIROL
541 m, 2535 Einwohner

Das Zentrum der langgestreckten Gemeinde, deren wichtigste Ortsteile Buch, Maurach, Rotholz und St. Margarethen sind, liegt mit dem Gemeindeamt und der Pfarrkirche in St. Margarethen. Vom 15. bis zum 18. Jh. befanden sich hier wichtige Verarbeitungsstätten für Silber und Kupfer. Abbaugebiet war die gesamte Gebirgszone südlich der Gemeinde, woran noch verschüttete Stolleneingänge erinnern. Von dem an der Landesstraße zwischen Buch und Strass gelegenen Gasthof Esterhammer gelangt man auf dem Bibelweg zur **Ruine Rottenburg**. Die mächtigen Ritter von Rottenburg, die in ganz Tirol Besitzungen hatten, verschworen sich mit anderen Adeligen gegen den Landesfürsten Herzog Friedrich IV. mit der leeren Tasche. Der Aufstand schlug fehl und das Adelsgeschlecht verlor 1410

seinen Besitz, damals wurde auch die Burg komplett zerstört. Erhalten sind noch einige Ruinenreste, die von der einstigen Größe der Anlage zeugen.

1957 baute Josef Menardi aus Steinen der Ruine die **Notburgakapelle**. Die Heilige soll auf der Burg als Magd gearbeitet haben und 1313 hier verstorben sein (siehe Rattenberg). Das Fresko an der Außenwand stammt von Carl Rieder aus Schwaz. Die 2010 eingeweihte Rosenkranzstiege zeigt Bronzetafeln mit Rosenkranzmotiven vom Weerberger Künstler Franz Knapp. In der Nähe steht die Notburgafichte, mit 56 m die höchste Fichte Tirols.

Auf einem Felskopf, der früher von einem Seitenarm des Inn umflossen wurde, erhebt sich die **Pfarrkirche zur hl. Margarethe**. Der ursprünglich gotische Bau wurde 1809 im Zuge der Freiheitskämpfe von den einfallenden Bayern

zusammen mit 50 Häusern niedergebrannt. 1819 entstand der jetzige Bau,
ausgestattet mit Fresken von Johann
Endfelder (1824, Marter der hl. Margarethe, Taufe Christi, hl. Barbara). Das Hochaltarbild mit der Glorie der hl. Margarethe stammt von Josef Arnold d. Ä. (1817).

> **Rundwanderung zur Ruine Rottenburg
> – Bibelweg**, Ausgangspunkt Gasthof
> Esterhammer, steiler Anstieg, feste
> Schuhe notwendig, Gehzeit ca. 1 $\frac{1}{4}$
> Stunden, Bibelweg mit geschnitzten
> Skulpturen, Friedensstiege auf der Burg,
> Rosenkranzstiege, Notburgafichte
> **Wanderung zum Bucher Wasserfall**,
> Ausgangspunkt Bucherwirt in Buch,
> leichte Wanderung von ca. 30 Minuten
> **Erlebnisspielplatz Knippingpark**, am
> Waldrand südwestlich vom Gasthof
> Esterhammer

GALLZEIN
800 m, 641 Einwohner

Die auf einer Terrasse des Unterinntals
gelegene, kleine Gemeinde besteht aus
verschiedenen Weilern und ist über eine
Straße von Schwaz oder von Buch in Tirol erreichbar. Laut einer Sage hat der
Schwazer Bergbau hier um 1410 seinen
Ausgang genommen. Als die Bauern-
magd Gertrud Kandler einen Stier beob-
achtete, der mit den Hörnern im Boden
wühlte, sah sie etwas Glänzendes – Silber. Erinnerungen an den Bergbau in

Achenseebahn

Form von Schutthalden, Stolleneingän-
gen und Gebäuderuinen sind im Gebiet
von Koglmoos zu finden.

JENBACH
562 m, 6955 Einwohner

Bereits in der Bronzezeit und der frühen
La-Tène-Zeit lässt sich Besiedlung in
dieser Region nachweisen. Im 15. Jh.
entstanden am Kasbach unter Führung
der Augsburger Handelsfamilie Fugger
Schmelzwerke und Hammerschmie-
den für die Verhüttung der Schwazer
Silber- und Kupfererze. Der Weg zu einer Industriesiedlung war damit vorge-
geben. 1685 entstand eine Eisenhütte,
in der etwa gusseiserne Grabplatten und
Brunnen hergestellt wurden. Daraus
gingen die Jenbacher Werke hervor, in
denen im Laufe der Zeit Flugzeugteile,
Eisenbahnwaggons, Diesellokomoti-
ven, Kompressoren und vieles andere
produziert wurde. Heute ist **GE Jenbacher** in amerikanischem Besitz und
stellt nur mehr Gasmotoren und Block-
heizkraftwerke her. Der zweite große
Betrieb im Ort ist das Familienunternehmen **Binder Holz** mit einem Brett-
schichtholzwerk. Bis 1970 bestand auch
ein Sensenwerk. Der Jenbacher **Sigmund Haffner** (1699–1772) war Bürgermeister von Salzburg und ein Freund
von W. A. Mozart.
Entlang des Kasbachs gab es im Laufe
der Zeit mehrere Mühlen. Heute erinnern dort einige **beschilderte Indust-
riedenkmäler** (Jenbacher Themenweg) an die Geschichte des Ortes.
Eine gewisse Bedeutung erlangte Jenbach auch dadurch, dass die Straße zum
Achensee und weiter nach Bayern durch
den Ort führte. Heute verkehren vom
Bahnhof Jenbach Züge mit drei verschiedenen Spurweiten. Die **Zillertalbahn**

Jenbacher Museum

(760-mm-Spur) stellt die Verbindung nach Mayrhofen her, die **Achenseebahn** (Zahnradbahn seit 1890, Spurweite 1 m) überwindet die Steigung bis zum Achensee und die **Züge der ÖBB** (Spurweite 1435 mm) fahren durch das Inntal.

Das Äußere der **Pfarrkirche zu den hll. Wolfgang und Leonhard** (1487–1500, Gilg Mitterhofer) ist noch in reinem spätgotischem Stil erhalten, während das Innere 1735 von Jakob Singer barockisiert wurde. Auffallend ist die reiche Verwendung des Hagauer Marmors (siehe Kramsach). Die Fresken von Johann Georg Höttinger aus Schwaz zeigen im Chor Szenen aus dem Leben Jesu und die Allegorie des Rosenkranzes, im Schiff Szenen aus dem Leben des hl. Wolfgang sowie verschiedene Heilige. Die Farbfenster im Chor stammen vom Schwazer Künstler Fred Hochschwarzer (1976–1983). Bei dem kleinen gotischen Flügelaltar (um 1500) an der linken Triumphbogenwand handelt es sich um ein Werk aus der Gegend von Hall.

Freischwimmbad, Auf der Huben 3, Tel. +43(0)5244/6930/100 oder +43(0)5244/6930/34
Erlebnisspielplatz Hobbyplatz im Nordwesten von Jenbach
Achenseebahn – Nostalgiefahrten, Mai bis Ende Oktober, Bahnhofplatz 1–3, Tel. +43(0)5244/62243, www.achenseebahn.at
Zillertalbahn, Austr. 1, Tel. +43(0)5244/606, www.zillertalbahn.at
Jenbacher Museum, Orts- und Industriegeschichte, Eisenbahnen, Hüttenwesen, Südtiroler in Jenbach, große Schmetterlingssammlung, geöffnet Montag, Donnerstag, Freitag, Samstag 14–17 Uhr, Achenseestr. 21, Tel. +43(0)5244/61409 oder +43(0)664/9517845, www.jenbachermuseum.at
Schloss Tratzberg, siehe Stans

WIESING
568 m, 2057 Einwohner

Dieses Dorf hat sich bis heute viel von seinem bäuerlichen Charakter bewahren können und liegt an der Bundesstraße von der Inntalautobahn zum Achensee. Zum Gemeindegebiet gehört der Buchberg zwischen Jenbach und Wiesing, ein ins Inntal ragender Felsrücken. Dort wurden Verteidigungsanlagen aus der frühen Bronzezeit ausgegraben. Kaiser Maximilian I. errichtete um 1500 auf dem **Buchberg** eine **Grenzfestung** gegen die Bayern, von der nur mehr die Grundmauern des Pulverturms erhalten sind. Mauerreste erinnern noch an den Tiergarten, den Erzherzog Ferdinand II. um 1580 als Jagdgebiet anlegen ließ. Ein kleines Stück der Mauer südwestlich der Höheren Technischen Lehranstalt (HTL) auf Jenbacher Gemeindegebiet wurde restauriert. Zentrum war das Jagdschloss Thurneck bzw. Rotholz (siehe Strass im Zillertal). Ein herrlicher Ausblick auf Wiesing, das Inntal und den Eingang des Zillertals bietet sich von der **Kanzelkehre** an der Achenseestraße.

Von der einst gotischen **Pfarrkirche zu den hll. Martin und Nikolaus** aus dem 14. Jh. ist nur mehr der Turm erhalten, die Kirche selbst wurde 1777–1780 von Thomas Sandbichler aus Jenbach neu errichtet. 1779 malte Matthias Ruef aus Volders die Deckenfresken. Franz Anton Zeiller schuf das Hochaltarbild mit der Darstellung der hll. Martin, Nikolaus und Franziskus vor Maria (1779). Das Bild der Hl. Familie am linken Seitenaltar stammt von Josef Leopold Strickner (um 1800), jenes des hl. Josef am rechten Seitenaltar von Anna Maria Moser (um 1800).

Schwimmbad Camping Inntal, HNr. 100, Tel. +43(0)5244/62693, www.camping-inntal.at
Wanderung Buchbergl-Tiergarten, Waldlehrpfad, leichte Wanderung, Ausgangspunkt Parkplatz Tiergarten südwestlich von Wiesing, Gehzeit ca. ¾ Std.
Wanderung Wiesing – Inntal-Camping – Grünangerl – Münster, Ausgangspunkt Dorfplatz, leichte Wanderung, Gehzeit ca. 2 Stunden, www.wandern.achensee.info

MÜNSTER
535 m, 3240 Einwohner

Der Name Münster leitet sich von einem kleinen Kloster (lat. monasterium) ab. Schon im 6. Jh. hatten sich hier vermutlich iro-schottische Mönche niedergelassen. Durch die Lage an der Grenze zwischen den Diözesen Freising und Brixen erlangte der Ort eine gewisse Bedeutung.

Zu Münster gehören auch die auf der Südseite des Tales und jenseits des Inns gelegenen Adelssitze Lichtwerth und Lipperheide. Die einstige **Wasserburg Lichtwehr** lag früher auf einer Insel (wehr oder wörth = Insel) zwischen zwei Innarmen und geht in ihren Ursprüngen auf das 12. Jh. zurück. Sie ist nicht zu besichtigen. Ungewöhnlich sind zwei Bergfriede. Der Palas beherbergt neben den Wohnräumen die spätromanische, in der Gotik umgebaute und später barockisierte Kapelle. Noch vorhanden sind ein barocker Theaterraum und die gewölbte Küche mit dem großen Rauchabzug.

In nur kurzer Entfernung von Lichtwerth liegt der **Ansitz Neumatzen oder Lipperheide**, 1880–1891 vom Berliner Verleger Franz von Lipperheide an der Stelle eines Badhauses im Stil des Historismus erbaut. Baumeister war Georg Ritter von Hauberrisser, der Erbauer des Münchner Rathauses. Der Freiherr ließ auch den englischen Park anlegen, der sich zwischen Neumatzen und Burg Matzen im Osten erstreckt (siehe Reith im Alpbachtal). Im „Jägerhäusl" schrieb der Tondichter Hugo Wolf die Oper „Der Corregidor".

Jüngere Grabungen in der **Pfarrkirche zur Himmelfahrt Mariens** brachten Grundrisse eines römischen Hauses aus

Die Burg Lichtwehr war früher vom Wasser des Inns umgeben.

dem 2. bis 3. Jh. zutage. Darunter fand man Keramik aus der La-Tène-Zeit. Auf eine romanische Kirche folgte um 1490 eine gotische. 1747 wurde der barocke Umbau durch Jakob Singer vollendet. Von den Fresken von Christoph Anton Mayr ist nur mehr die Anbetung der Hirten über der Orgel erhalten, die übrigen übermalte Emanuel Walch im Jahre 1891 (Anbetung des Kindes, Letztes Abendmahl, verschiedene Heilige). Im Langhaus konnten frühgotische Freskenfragmente (um 1330) freigelegt werden. Das Gnadenbild Maria mit dem Kind (um 1420) wurde früher hoch verehrt. Angeblich brachte man totgeborene Kinder zu ihm, um sie für die Taufe noch einmal kurz zum Leben zu erwecken. Die Statuen am Hochaltar schnitzte Franz Xaver Nissl (1767). In der frei stehenden Halle im Friedhof (1532), bezeichnet als Obs, versammelte sich früher das Volk. Im **Pfarrhof** befinden sich Fresken des Schwazer Barockmalers Christoph Anton Mayr.

Freischwimmbad Münster,
Tel. +43(0)5337/8248
**Besinnungsweg zur Kapelle
Grünangerl**, Wanderweg R 2

KRAMSACH
513 m, 4698 Einwohner

Kramsach liegt gegenüber von Rattenberg auf dem Schwemmkegel der Brandenberger Ache und ging aus den beiden früheren Gemeinden Voldöpp und Mariathal hervor. Am Beginn des 16. Jh. errichteten die Fugger an der Ache (Achenrain) eine Kupferhütte, aus der 1647 eine Messinghütte hervorging. 1627 war bereits eine Glashütte dazugekommen. Auf der Brandenberger Ache

Bauernhöfemuseum Kramsach

Inschriften. Ein Beispiel: „Es ruhet die ehr- und tugendsame Jungfrau Genovefa Voggenhuberin betrauert von ihrem einzigen Sohn."

An der Brandenberger Ache besteht der **Kramsacher Skulpturenpark** von Alois Schild, eine Kombination von moderner Kunst und Natur. Auch im einstigen Getreidekasten sind moderne Skulpturen untergebracht.

Bei der ehemaligen Messinghütte steht der **Ansitz Achenrain**, 1655 erbaut und heute im Besitz der Grafen Thurn und Taxis. Das **Claudiaschlössl**, 1640 als Jagdschloss errichtet, ist heute ein Forstamt. An der Straße zu den Reintaler Seen zeigt an der **Sommereggermühle** ein Fresko von 1820 den Rückzug der Bayern im Jahre 1809. Die **Reintaler Seen** (Frauensee, Buchsee, Krummsee, Reintaler See) auf der Angerbergterrasse sind ein beliebtes Bade- und Naherholungsgebiet. Etwas höher (700 m) liegt der Berglsteiner See. 1974 gründete der Kramsacher Heinz Mantl das sehenswerte **Museum Tiroler Bauernhöfe**. Dort sind 14 Originalhöfe aus Nord-, Ost- und Südtirol zu bewundern, die Besucher erhalten ei-

konnte das für die Öfen benötigte Holz getriftet werden. Heute befindet sich in Kramsach die einzige **Glasfachschule** Österreichs.

Eine Attraktion ist der **Museumsfriedhof** bei der Sagzahnschmiede westlich der Gemeinde mit Grabkreuzen und Grabsteinen mit lustigen bis skurrilen

Die Hagauer Bauschule

Im Bereich der Hagau, des Grenzgebiets zwischen Kramsach und Münster, wurde im Bergsturzgelände des Pletzachkogels vom 15. bis zum 19. Jh. ein rötlichweißer Kalkstein gewonnen, der als Hagauer, Kramsacher oder Tiroler Marmor bezeichnet wird. Die Steinmetze dieser Gegend verwendeten den Stein vor allem für die Verkleidung von Kirchen (etwa bei der Pfarrkirche Rattenberg und der Wallfahrtskirche St. Leonhard bei Kundl), für Fenstereinfassungen, Portale, Säulen, Rundpfeiler, Grabsteine, Bildstöcke, Brunnentröge etc. Zur Hagauer Bauschule gehören etwa die Steinmetze und Baumeister Christian Nickinger, Jörg Steyrer sowie Hans und Gilg Mitterhofer. Die meisten Werke gehören der Spätgotik an. Bei den meist mit mehreren Vertiefungen gestalteten Portalen finden sich im spitzbogigen Scheitel überkreuzte Stäbe. Andere Werke dieser Bauschule sind etwa die Pfarrkirchen in Jenbach und Brixlegg.

nen ausgezeichneten Einblick in die bäuerliche Lebenswelt. Neben den Höfen sind dort unter anderem auch Bauerngärten, Brunnen, Backöfen, Kapellen zu besichtigen.

Die **Pfarrkirche zum hl. Dominikus in Mariathal** trägt den Ehrentitel Basilika. 1267 gründeten die Ritter von Freundsberg, die ihren Stammsitz in Schwaz hatten, ein Kloster, das 1782 aufgehoben wurde. Die jetzige Barockkirche entstand 1676–1682 auf den Grundmauern eines Vorgängerbaus.

Altäre und Kanzel sind in Schwarzgold gefasst und stammen ebenso wie die Figuren von Michael Mayr. Das Hochaltarbild zeigt die Rosenkranzspende, jenes des rechten Seitenaltars die hl. Rosa von Lima vor der Madonna und jenes des linken Seitenaltars Thomas von Aquin vor dem Kruzifix.

Über dem Privataltar mit dem Reliquiensarg der römischen Märtyrerin Privata befindet sich das kleine spätromanische Fieberkreuz, das lange Zeit als Wallfahrtskreuz verehrt wurde. Bis ins 19. Jh. hinein erkrankten Menschen in den sumpfigen Auen der Hagau öfters an Malaria und erhofften sich durch die Wallfahrt Heilung.

In einer Seitenkapelle wird eine kleine spätgotische Pietà (um 1500) ebenfalls als Ziel zahlreicher Wallfahrten verehrt. In der Vorhalle weist ein Bild auf die Stiftungslegende hin.

Die **Pfarrkirche zum hl. Nikolaus in Voldöpp** geht auf die Gotik zurück. Im Zentrum des barocken Hochaltars wird die Figur des hl. Nikolaus von den hll. Joachim und Anna flankiert. Im linken Altar befindet sich ein Mariahilf-Bild, auf dem rechten steht eine barocke Darstellung von Johannes dem Täufer (um 1700).

Ehemalige Klosterkirche Mariathal

Zwischen Kramsach und Münster fällt neben den Bahngeleisen die kleine barocke **Antoniuskapelle** auf, deren Fresken Christoph Anton Mayr zugeschrieben werden.

Als bekanntes Wallfahrtsziel gilt das **Hilaribergkirchlein Maria auf dem Karmel**, 1689 vom Karmeliterbruder Hilarion mit einer Einsiedelei errichtet. Verehrt wird dort das Gnadenbild Mariahilf auf dem Hilariberg, eine Kopie des Gnadenbildes der Kirche Santa Maria della Bruna in Neapel. Betreut wird das Kloster von den Kamillianern, einem Krankenpflegeorden, und den Dominikanerinnen.

Badesee Krummsee, Liegewiese, Kinderspielplatz, Bootverleih, Seebühel 7, Tel. +43(0)5337/62402
Badesee Reintaler See, Liegewiese, Kinderspielplatz, Bootverleih, Wanderung um den See ca. 1 Stunde, Tel. +43(0)664/8554138
Freibad Camping Stadlerhof, beheiztes Schwimmbad (auch im Winter), Seebühel 15, Tel. +43(0)5337/63371, www.camping-stadlerhof.at

Herrenhaus in Brixlegg

Alpbacher Bergbahnen, Sonnwend-jochbahn, auf ca. 1800 m Wandergebiet im Rofan, beliebtes Ausflugsziel Zireiner See, Tel. +43(0)5337/62563 oder +43(0)5336/5233, www.alpbacher-bergbahnen.at
Museum Tiroler Bauernhöfe, geöffnet Palmsonntag bis 31. Oktober täglich 9–18 Uhr, Angerberg 10, Tel. +43(0)5337/62636, www.museum-tb.at
Museumsfriedhof, Sagzahnschmiede Guggenberger, Hagau 80, Tel. +43(0)5337/62447, www.museumsfriedhof.info
Skulpturenpark Kramsach, geöffnet ganzjährig, Alois Schild, Mosau, Tel. +43(0)5337/65656

BRIXLEGG
535 m, 2870 Einwohner

Die am Eingang des Alpbachtals gelegene Marktgemeinde zählte im 16. Jh. neben Schwaz und Jenbach zu den bedeutendsten Industriezentren Tirols. Ab 1505 verarbeitete hier die große landes-fürstliche Schmelzhütte Silber und Kupfer aus der Umgebung und aus Schwaz. Aus der Kupferhütte sind die heutigen **Montanwerke** hervorgegangen, die nun nach modernsten Methoden Kupfer verarbeiten. Durch Luftangriffe im Zweiten Weltkrieg wurde das alte Ortsbild großteils zerstört. Erhalten sind noch das **Kupferschmiedhaus** aus dem 17. Jh., der turmartige **Ansitz Lanegg** und der wieder aufgebaute **Ansitz Grasegg (Gasthof Herrenhaus)**. Das **Steubdenkmal** am Mühlbichl von Ernst Pfeier (1898) erinnert an den Reiseschriftsteller Ludwig Steub. Am Eingang zum Alpbachtal liegt das **Heilbad Mehrn** mit einem breiten Angebot im Gesundheits- und Wohlfühlbereich. Schloss Lipperheide gehört zu Münster, der westliche Teil des Matzenparks zu Reith im Alpbachtal.

Die Jahreszahl 1508 beim Hauptportal zeigt das Entstehungsjahr der **Pfarrkir-**

che zu Unserer Lieben Frau. Zu der um 1765 gestalteten Ausstattung gehören die Fresken des Schwazer Malers Christoph Anton Mayr (Leben des hl. Josef und der Hl. Familie, Verkündigung u. a.). Die Fresken im Chor zeigen die hll. Georg und Martin (1692). Das Hochaltarbild (Vermählung Mariens, 1692) und die beiden Seitenaltarbilder stammen von Kaspar Waldmann.

Die **Zwölfbotenkirche zum hl. Bartholomäus** im Weiler Mehrn wurde 1357 erstmals urkundlich genannt und im 17. Jh. barock umgestaltet. Südöstlich von Brixlegg liegt auf der Anhöhe die **Mariahilfkapelle am Bergl**, 1698 mit einer Einsiedelei errichtet und mit Fresken von Christoph Anton Mayr ausgestattet.

Inntor in Rattenberg

Freibad Brixlegg, Römerstr. 32b, Tel. +43(0)5337/66424
Skatepark „The Cradle", Innsbrucker Straße – neben Spar östlich von Brixlegg nahe Rattenberg, Tel. +43(0)699/12132079
Tiroler Bergbau- und Hüttenmuseum, Bergbau, Geologie, Mineralogie, Ur- und Frühgeschichte der Region, geöffnet 1. Juni bis 30. September, Mo, Mi, Fr, Sa 10–16 Uhr, Tel. +43(0)5337/6151150 oder +43(0)650/5339980, www.tiroler-bergbau.at

RATTENBERG
514 m, 410 Einwohner

In Bezug auf die Anzahl der Häuser (ca. 90) und die Größe des Stadtgebiets (0,1 km²) ist Rattenberg die kleinste Stadt Österreichs. Der Name bezieht sich auf einen Rato(ld) aus der Familie der Rapotonen, der hier im 10. Jh. eine Burg erbaute. Ende des 13. Jh. wurde hier angeblich die hl. Notburga geboren. Bis 1504 gehörte der Ort als wichtiger Umschlagplatz für die Innschifffahrt und Zollstelle zu Bayern. Strategische Überlegungen waren vermutlich für die Entstehung einer Siedlung maßgebend, denn mit nur 9 Monaten direkter Sonneneinstrahlung im Jahr und ohne Ausdehnungsmöglichkeiten liegt Rattenberg eigentlich sehr ungünstig.

Urkundlich wurde der Ort erstmals 1254 erwähnt, 1393 erfolgte die Erhebung zur Stadt, in Folge genoss der Ort zahlreiche wirtschaftliche und politische Privilegien. 1504 kamen die Gerichtsbezirke Rattenberg, Kufstein und Kitzbühel unter Kaiser Maximilian I. im Zuge des bayerisch-pfälzischen Erbfolgekrieges zu Tirol.

Mit dem Silber- und Kupferbergbau im 15. und 16. Jh. begann eine Blütezeit für die kleine Siedlung im Schutz der Burg. Hier lag der Verwaltungssitz, die Verarbeitungsstätten befanden sich jedoch in Brixlegg. Mit dem langsamen Niedergang des Bergbaus in der 2. Hälfte des

RATTENBERG

Ein Stadtrundgang

ROUTE:

Westlicher Stadteingang – Südtiroler Straße – Pfarrgasse – Inngasse – Klostergasse – Spitalskirche – Hassauerstraße – Burgbereich – Biennerstraße bis Kundler Tor

Die Stadt Rattenberg bildet ein Dreieck zwischen dem Inn, dem Burgfelsen und der östlich gelegenen Häuserzeile entlang der einstigen Stadtmauer. Bis 1415/16 führte die Hauptstraße über den Burgfelsen. Von den einstigen vier Stadttoren ist nur noch das Inntor erhalten. Entlang der Hauptstraße (Südtiroler Straße) liegen die großen gotischen Bürgerhäuser, manche im Barock verändert. Vor dem Bezirksgericht (Notburgabrunnen) zweigt die Hassauerstraße gegen Norden zum Inn und die Biennerstraße gegen Süden zum Bahnhof ab. Es gibt nur wenige kleine Seitengassen. Auffallend bei Fenster- und Türeinfassungen, bei Brunnen und bei der Verkleidung der Pfarrkirche ist der rötlich-weiße Marmor, der als Hagauer, Kramsacher oder Tiroler Marmor bezeichnet wird. Das Kalkgestein wird in einem Bergsturz zwischen Kramsach und Münster abgebaut.

Beim westlichen Eingang zur Stadt liegen in der Südtiroler Straße die in den Felsen gebauten **Nagelschmiedhäuser** ❶, die in ihren Ursprüngen auf das 12. Jh. zurückgehen. Der Nagelschmied fertig-te die Nägel zum Beschlagen der Pferde und Maultiere an. Heute befindet sich dort ein Museum. Entlang der Straße liegen mehrere Glasfachgeschäfte sowie ein Geschäft mit geschnitzten Krippenfiguren. Das **einstige Handelshaus** ❷ (Südtiroler Str. Nr. 24) ist mit einem Wappenfresko der Länder des Tiroler Landesfürsten Erzherzog Leopold V. geschmückt. Hinter den hochgezogenen Hausfassaden verstecken sich teilweise Graben- und Muldendächer. In Richtung Stadtplatz werden die Häuser breiter und ansehnlicher. Rattenberg besaß einst fünf Brauereien und zahlreiche Gasthäuser, in denen die Fuhrleute nächtigen und ihre Zugtiere unterbringen konnten. Daran erinnern noch einige Gasthausschilder („Post", „Stern", „Lamm" u. a.). Am **Geburtshaus der hl. Notburga** ❸ (1265–1313, Klosterg. Nr. 67) zeigen Malereien Szenen aus ihrem Leben. Unweit davon steht der **Notburgabrunnen** ❹ mit der modernen Notburgastatue von Rudolf Millonig. Als einer der schönsten Plätze der Stadt gilt der **Malerwinkel** ❺. Daneben lohnt sich ein Blick auf das **Haus mit der Apotheke** ❻ (Pfarrg. Nr. 9). Über dem Eingang erinnert eine Büste an den großen Arzt und Gelehrten Paracelsus. Im Stiegenhaus weisen in den Stein gemeißelte Darstellungen auf die Tätigkeit des Apothekers hin (Granatapfel als Symbol des Lebens, Destillierkolben und Arzneifläschchen, Äskulapstab, der Skorpion, dessen tödliches Gift in kleinen Dosen verabreicht auch als Medizin Verwendung finden kann).

Eine Stiege führt vorbei am **Gemeindeamt**, dem neuen **Panoramalift** und der **Lourdeskapelle** zur **Pfarrkirche zum hl. Virgil** ❼. Schon 1254 ist ein Gotteshaus an dieser Stelle urkundlich erwähnt, dieses wurde mehrmals erweitert. Der heutige Bau (1473–1506) stammt von den Rattenberger Baumeistern Christian Nickinger und Jörg Steyrer und zählt zur Hagauer Bauhütte (siehe Kramsach). Das Äußere ist mit Platten aus rotem Hagauer Marmor verkleidet, der Chor trägt die Jahreszahl 1473. Wie bei der Schwazer Pfarrkirche handelt es sich eigentlich um zwei Kirchen unter einem Dach. Im nördlichen Schiff wurde die Messe von den Bürgern und Gewerken (Bergwerksbesitzer bzw. -verwalter) besucht, im südlichen von den Knappen. Dazwischen bestand bis ins 19. Jh. entlang der Rundpfeiler eine trennende Bretterwand.

1733 wurde das Innere barockisiert. Anton Gigl brachte den Stuck an, Simon Benedikt Faistenberger malte die Fresken im Chor und Matthäus Günther schuf jene im Langhaus (Abendmahl, Szenen aus dem Marienleben, über der Orgel Ansicht von Rattenberg mit der Gestalt der Kirche, dem hl. Virgil und der hl. Katharina). Beide Hochaltäre tragen Bilder von Jakob Zanusi. Im linken Bürgeraltar ist der hl. Virgil (1728) dargestellt, im rechten Knappenaltar die Mutter Anna mit ihrer Tochter Maria. Über einige Stufen erreicht man die im hinteren Bereich der Kirche gelegene **Notburgakapelle**.

Im Jahre 1384 stiftete der Jägermeister Hans Kummersprucker das **Kloster der Augustiner-Eremiten** ❽, das 1817 die Serviten übernahmen. Nach der Auflösung 1971 ist hier seit 1993 das **Augustinermuseum** ❽ mit sakralen Kunstwer-

Notburgabrunnen

ken aus dem Tiroler Unterland untergebracht. Die Klosterkirche wurde um 1710 von lombardischen Meistern neu erbaut und mit Kuppelfresken von Johann Josef Waldmann geschmückt.

Beim Grabstein des Klosterstifters und seiner Gattin an der südlichen Kirchenschiffwand handelt es sich um den ältesten Bildnisgrabstein Tirols (1396). Der Rundgang durch das Museum zeigt den kleinen **Kreuzgang**, die spätgotische **Hoferkapelle** mit einem Rippengewölbe und einer schönen Madonna (um 1500) und die barocke **Ecce-Homo-Kapelle** mit einer Statue des Schmerzensmannes (um 1515).

Das **einstige Gasthaus zur Traube** ❾ vor dem Eingang zum Museum diente lange Zeit als Wohnsitz der Herzöge von Bayern und später als Rathaus. Wappenabbildungen erinnern an frühere Besitzer. Noch gut erhalten ist der **Turm** des einstigen **Inntores** ⑩, der die Brücke schützte. Links davon befand sich das **Badhaus** ⑪.

Hans Kummersprucker stiftete auch das **Spital mit der Spitalskirche** ⑫ neben dem Kloster. Die Gewölbefresken in der um 1720 barock umgestalteten Kirche zeigen Sintflut und Paradies, das Hochaltarbild die hl. Notburga. Das einstige Bürgerspital ist heute ein Wohnhaus.

Ein eigener **Burgbereich** ⑬ zur Sicherung der Stadt und als Zolleinnahmestelle an der bayerisch-tirolischen Grenze (bis 1504) liegt auf der Anhöhe südlich der Stadt. Heute sind nur mehr Ruinen vorhanden. Von der unteren Burg (um 1330) ist noch der Bergfried erhalten, dessen unterer Teil aus dem 12. Jh. stammt. Kaiser Maximilian I. ließ 1504–

1521 den oberen Burgbereich zu einer modernen Festung mit fünf Geschütztürmen auf einer Felsplatte hoch über der Hauptburg ausbauen. 1651 wurde der Tiroler Kanzler Wilhelm Bienner nach einem Scheinprozess auf der Festung durch das Schwert hingerichtet.
Am Ende der Biennerstraße führt außerhalb des ehemaligen Kundler Tores ein in Serpentinen ansteigender Weg zur oberen Burg. Dorthin gelangt man auch auf einem steilen Steig (Trittsicherheit und Schwindelfreiheit erforderlich) von den Zuschauertribünen in der Senke zwischen oberer und unterer Burg.

Beim schon erwähnten **Kundler Tor** ⑭ erinnert ein großes Holzrelief mit Andreas Hofer, Josef Speckbacher und Pater Joachim Haspinger an die Tiroler Freiheitskämpfer des Jahres 1809.

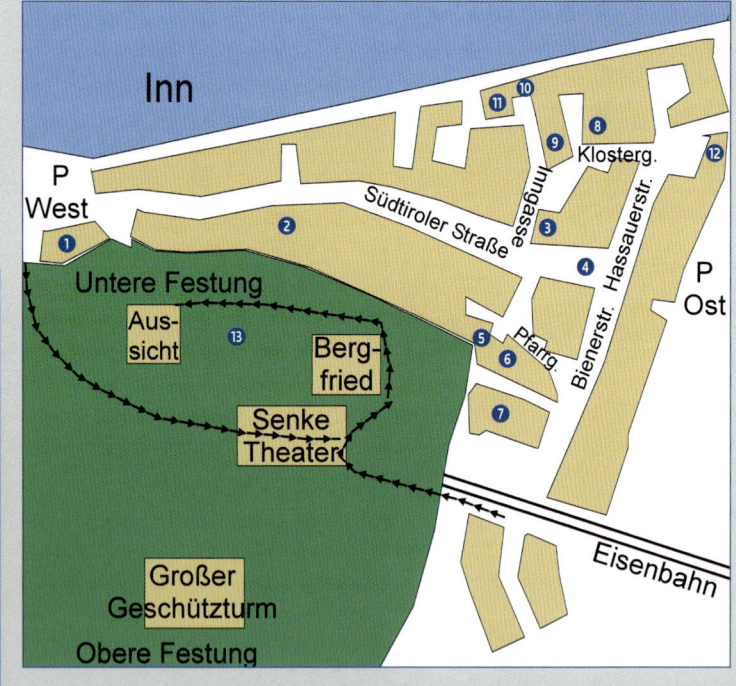

16. Jh. verlor Rattenberg allmählich an Bedeutung. In der Zeit des Barock gab es nochmals rege Bautätigkeit. Im 20. Jh. entstanden dann mehrere Glasveredelungsbetriebe und heute wird von der **Glasstadt Rattenberg** gesprochen. Die Tradition der Glasherstellung geht auf die 1626 in Kramsach gegründete Glashütte zurück.

Seit 1996 entlastet ein Umfahrungstunnel die Stadt, deren größter Teil jetzt Fußgängerzone ist. Zwei große gebührenpflichtige Parkplätze liegen außerhalb der Stadt. In den letzten Jahrzehnten konnten im Zuge von Altstadterhaltungskonzepten zahlreiche Häuser renoviert und zeitgemäß bewohnbar gemacht werden. In den Sommermonaten finden alljährlich die **Schlossbergspiele** statt. Die malerische Inn-Salzach-Stadt ist auf Grund ihres ausgezeichnet erhaltenen mittelalterlichen Stadtbilds über die Grenzen Tirols hinaus bekannt und wird deshalb gerne besucht.

Rattenberg wird gerne auch als **Stadt der Brunnen** bezeichnet. Ausgehend vom Notburgabrunnen am Stadtplatz lassen sich sieben weitere Brunnen erkunden. Das Glaser-Bründl auf dem Weg von der Pfarrkirche zum Kundler Tor ist der älteste Brunnen der Stadt. Außerhalb des Kundler Tores sprudelt das Wasser des Rendl-Brunnens in einen großen Marmortrog mit der Jahreszahl 1817. Vor der Spitalskirche erinnert der Spitalsbrunnen aus dem Jahre 1934 an das letzte große Hochwasser, das die Stadt heimsuchte. Im Hof neben dem Augustinermuseum wurde der Rathausbrunnen aus Marmorteilen eines Zister-

Die mittelalterliche Inn-Salzach-Stadt

Zwischen dem 11. und dem 14. Jh. entstanden entlang der wichtigen Verkehrswege im Bereich von Inn und Salzach Siedlungen, aus denen Städte mit ähnlichen Merkmalen hervorgegangen sind. In Nordtirol handelt es sich dabei um Kitzbühel, Kufstein, Rattenberg, Hall sowie Innsbruck, in Osttirol um Lienz und in Südtirol um Sterzing, Brixen, Klausen, Bruneck, Bozen, Meran und Glurns. Es gibt jedoch regionale Unterschiede.

An Straßenkreuzungen, Flussübergängen, in Gebieten mit Bodenschätzen, bei Burgen, Klöstern und Bischofssitzen sowie bei Niederlassungen der Landesfürsten entstanden Märkte. Dort fand ein regelmäßiger Warenaustausch zwischen der Siedlung und den landwirtschaftlich orientierten Dörfern der Umgebung statt. Oft erhielten solche Siedlungen auch Privilegien durch den jeweiligen Landesfürsten oder Bischof. Dazu gehörte etwa die Abhaltung eines Wochen- oder Jahrmarkts. Lag ein Markt an einer der großen Handelsstraßen, konnten durch Zölle, Mauten und Steuern zusätzliche Einnahmen lukriert werden. In der Regel entschieden die Landesfürsten, ob und wann ein Markt zur Stadt erhoben wurde, darüber hinaus war der Bau einer Befestigung mit Mauer und Graben dafür Voraussetzung. Diese Städte stellten den wirtschaftlichen Mittelpunkt der Umgebung dar, waren Warenumschlagplatz, Hauptstandort für Handwerk und Gewerbe, Station für den durchziehenden Verkehr und Zentrum der Verteidigung der Landesherrschaft.

nenaufsatzes zusammengesetzt. Entlang der Hauptstraße in Richtung Westen diente die Wasserleitung zum Kremerbrunnen vermutlich zur Versorgung der benachbarten Kremerbrauerei. Außerhalb der Stadt im Westen ziert der Christophorusbrunnen mit einer Figur des Reisepatrons vom Innsbrucker Künstler Helmut Millonig ein Haus gegenüber den Nagelschmiedhäusern. Ein kleines Stück weiter steht an der Straße der Florianbrunnen.

Augustinermuseum, Sammlung sakraler Kunstgegenstände des Tiroler Unterlandes, darunter Heiligenfiguren, Messkelche, Paramente, Bilder, Gold- und Silberschmiedearbeiten, geöffnet 1. Mai bis 2. Sonntag im Oktober tgl. 10–17 Uhr, Klosterg. 95, Tel. +43(0)5337/65175, www.augustinermuseum.at
Handwerkskunstmuseum Nagelschmiede, bäuerliche Möbel, Haus- und Handwerksgeräte, Heiligenfiguren, Krippen u. a., geöffnet täglich 9–18 Uhr, Südtiroler Str. 33, Tel. +43(0)5337/67097
Volksschauspielverein Schlossbergspiele Rattenberg, Juli und August, Tel. +43(0)5337/93570 oder +43(0)5337/93571, www.schlossbergspiele-rattenberg.at

RADFELD
511 m, 2393 Einwohner

Radfeld grenzt östlich direkt an Rattenberg und besteht einerseits aus dem alten Dorf um die Kirche und andererseits aus zahlreichen Einfamilienhäusern. Auffallend ist die große Figur des Inntalengels auf dem Radfelder Klärwerk östlich des Ortes und nahe der Autobahn von Alois Schild aus Kramsach (1992).

Die **Kirche zum hl. Briccius** bestand 788 schon als Eigenkirche, wurde im 14. Jh. neu errichtet und um 1490 erweitert. Das Hochaltarbild des hl. Briccius stammt von Christoph Anton Mayr

(1763). Bekannt ist das „Bricciuswasser", das ursprünglich als Taufwasser und später zum Segnen der Felder und des Viehs Verwendung fand.

An der Bundesstraße steht die **Auflegerkapelle**, die von den Fuhrleuten im 18. Jh. gestiftet und wegen des dortigen Brunnens gerne als Rastplatz besucht wurde. Zahlreiche Mütter kamen zur Kapelle, um vom hl. Bischof Abundius für ihre Kinder einen ruhigen Schlaf zu erbitten.

KUNDL
539 m, 4165 Einwohner

Schon während der La-Tène-Zeit und Hallstattzeit lässt sich in der Umgebung von Kundl Besiedlung nachweisen. Im 13. Jh. wohnte die Adelsfamilie Kummersprucker auf der heute nicht mehr vorhandenen Kundlburg am Eingang zur Kundler Klamm. Der Abbau von Silber und Kupfer im 15. und 16. Jh. ließ im Ort ein Hütt- und Schmelzwerk entstehen.

Auf 1658 geht die bekannte Kundler Brauerei zurück, aus der 1946 die Biochemie Kundl hervorgegangen ist. Die Tiroler Chemiker Ernst Brandl und Hans Margreiter entwickelten hier das erste oral einzunehmende Penicillin. Heute stellt der zu **Sandoz** gehörende Großbetrieb eine breite Palette von Arzneimitteln her. Ein weiteres bekanntes Industrieunternehmen ist das **Traktorenwerk Lindner**. Während des Zweiten Weltkriegs waren in einem Stollen bei Kundl die „Schwarzen Mander" aus der Innsbrucker Hofkirche untergebracht.

Ausgrabungen brachten eine Kirche aus dem 8. Jh. zutage. Die heutige barocke **Pfarrkirche zur Himmelfahrt Mariens**, erbaut 1735 von Philipp Appeller, steht an der Stelle eines gotischen Vorgängerbaus aus dem 14. Jh. Anton Gigl brachte die Stuckaturen an, Johann Georg Höttinger d. J. die Fresken. Das Hochaltarbild mit der Himmelfahrt Mariens entstand um 1630 und wird Hilarius Duvivier zugeschrieben. Aus den Jahrzehnten um 1500 sind noch mehrere sehr sehenswerte gotische Grabsteine erhalten.

Als eine der schönsten gotischen Kirchen Tirols gilt die **ehemalige Wallfahrtskirche St. Leonhard auf der Wies** an der Bundesstraße zwischen Kundl und Rattenberg. Der Legende nach soll an dieser Stelle bereits im 11. Jh. von Kaiser Heinrich II. auf einer Italienreise ein Gotteshaus gegründet worden sein.

Der heutige Bau wurde 1480–1512 von den zur Hagauer Bauhütte zählenden Meistern Christian Nickinger und Jörg Steyrer errichtet. Ein besonders schönes Beispiel der Steinmetzkunst dieser Bauhütte ist das Haupt Christi aus Kramsacher oder Hagauer Marmor am Südportal. Außen ist auch ein hl. Christophorus aufgemalt. Über dem Hochaltar befinden sich die gemalten Deckenbilder der hll. Wolfgang und Leonhard (um 1512). Um 1590 werden die Wandmalereien im Schiff datiert. Die barocke Ausstattung der Kirche stammt aus der Zeit um 1645. Zu Ehren des Viehpatrons findet auch heute noch alljährlich im November der Leonhardiritt statt, dieser wird traditionsgemäß mit einer Viehsegnung verbunden.

Leonhardskirche in Kundl

Wanderung durch die Kundler Klamm, Ausgangspunkt Kundl, Endpunkt Wildschönauer Mühltal, Gehzeit ca. 1,5 Stunden, Bummelzug in den Sommermonaten mehrmals am Tag, feste Schuhe, Trittsicherheit und Schwindelfreiheit erforderlich

BREITENBACH AM INN
513 m, 3347 Einwohner

Das ursprüngliche Bauerndorf erlangte durch die Innschifffahrt Bedeutung. Hier wurden von den Schoppern (Schiffbaumeistern) Boote repariert. Zwischen Breitenbach und Kramsach liegen die spärlichen **Ruinen der Schintlburg**, die zur Sicherung der Landstraße gebaut wurde und den Herren von Freundsberg (siehe Schwaz) gehörte. Mit der Verlegung der Straße nach 1400 auf die rechte Innseite verfiel die Burg.

1737–1739 errichtete Georg Hueber die barocke **Pfarrkirche zum hl. Petrus**. Die Fresken im Schiff stammen von Franz X. Fuchs (1905), das Chorbild des hl. Petrus vermutlich von Johann Michael Waginger (1740). Früher war der Schrein mit den Gebeinen des hl. Valentin Ziel einer Wallfahrt.

UNTERLAND

Die spätgotische **Kirche zum hl. Johannes dem Täufer in Kleinsöll** entstand um 1480 an der einstigen Hauptstraße über die Angerbergterrasse und wurde zu einer beliebten Wallfahrtsstätte. Vermutlich bestand hier schon im 8. Jh. ein Vorgängerbau. Das sehenswerte Innere ist mit Malereien (Ranken, Heilige) aus der Entstehungszeit ausgeschmückt. Der Hochaltar stammt aus dem 19. Jh.

Badl, Naturbadesee, Sportplatz
Puppenmuseum, Puppenstuben, altes Spielzeug, Schulmöbel, geöffnet Mitte April bis Ende Oktober Mittwoch bis Sonntag 11–17 Uhr, HNr. 56 – Asperhof (Straße zum Berglsteiner See), Tel. +43(0)5338/8848

WÖRGL
511 m, 13.057 Einwohner

Die Umgebung von Wörgl, vor allem der Bereich des Grattenbergls, war schon um 1000 v. Chr. besiedelt. Ausgrabungen im Egerndorfer Feld haben etwa 500 rund 2500 Jahre alte Urnengräber freigelegt. Die günstige Lage am Schnittpunkt zwischen dem Brixental, dem Sölllandl, dem Hochtal Wildschönau und dem Inntal sowie an der Mündung der Brixentaler Ache in den Inn bedingte, dass der Ort sehr bald zu einem bedeutenden Verkehrsknotenpunkt heranwachsen konnte. Der Aufstieg begann mit dem Bau der Giselabahn (1873–1875). Heute treffen hier zwei Eisenbahnlinien aufeinander. Durch schwere Bombardierungen in den Jahren 1944/45 wurden die alten Siedlungskerne weitgehend zerstört. 1951 erfolgte die Stadterhebung. Im Zuge des Jahrhunderthochwassers im Jahr 2005 wurde die Stadt stark in Mitleidenschaft gezogen. Wörgl ist eine **Schulstadt**, außerdem findet man hier ein Kino, ein beliebtes

Veranstaltungszentrum („Komma") und ein **Erlebnishallenbad**. Darüber hinaus gibt es zahlreiche Einkaufsmöglichkeiten, so etwa in der Bahnhofstraße. Von Wörgl aus ist die Ferienregion Hohe Salve leicht zu erreichen.

Das von Christan Plattner 1909 gestaltete **Bronzedenkmal „Schlacht von Wörgl"** vor der Pfarrkirche erinnert an eine entscheidende Schlacht beim Grattenbergl in Zuge der Tiroler Freiheitskämpfe von 1809. Auf den polnischen Arzt Dr. Ludwig Zamenhof (1859–1917), den Erfinder der Weltsprache Esperanto, weist das **Denkmal vor dem Bahnhof** hin. Der Wörgler Hans Steiner setzte sich stark für dessen Errichtung ein und erwarb sich große Verdienste in der Verbreitung dieser Sprache in Österreich.

An der Stelle der 1212 erstmals erwähnten **Pfarrkirche zum hl. Laurentius** dürfte schon ein spätantikes Gotteshaus bestanden haben. Um 1740 entstand ein barocker Bau, der 1912 von Peter Vonstadl im Stil des Neubarock erweitert wurde. 1961–1964 gestaltete Jakob Walcher das Gotteshaus um. Damals schufen Carl Rieder (Geburt Christi sowie Christus in der Vorhölle im Langhaus) und Max Spielmann (hll. Petrus und Laurentius im Chor) die modernen Glasfenster, Ilse Glaninger den Taufstein und Elmar Kopp das Portal. Erhalten ist noch eine Madonna aus der Zeit um 1500.

Wave – die Wörgler Wasserwelt, Innsbrucker Str. 112, Tel. +43(0)5332/77733-0, www.woerglerwasserwelt.at
Veranstaltungszentrum Komma, KR-Martin-Pichler-Str. 21 a. Tel. +43(0)699/12273872, www.komma.at
Heimatmuseum Wörgl, Stadtgeschichte, Ur- und Frühgeschichte, Kriege in Wörgl, geöffnet, Juni bis September Dienstag und Samstag 10–11.30 Uhr, Donnerstag und Sonntag 17–18.30 Uhr, Brixentaler Str. 1, Tel. +43(0)5332/76007

Wörgl bei Nacht

ANGATH
500 m, 999 Einwohner

Neben Hall und Langkampfen war Angath vom 16. bis ins 20. Jh. ein wichtiges Zentrum der **Innschifffahrt**. Hier wohnten zahlreiche Schiffer und Schiffsbauer, die auch Schiffe für Bayern und Oberösterreich herstellten. Mit dem Bau der Unterinntalbahn 1858 verlor dieses Gewerbe rasch an Bedeutung. Bis 1982 bestand hier noch eine Innfähre. Das nach wie vor ländlich geprägte Dorf ist Wohnort für viele Pendler nach Wörgl und Kufstein. Denkmalgeschützt sind der **Kornkasten beim Huberhof** (16. Jh.) und der **Gasthof Kammerhof**.

Die jetzige barocke **Pfarrkirche zum hl. Martin** entstand 1746/47 durch den Schwazer Jakob Singer. Nach einem Brand wurde das Innere im 19. Jh. verändert, nur der Turm ist noch gotisch (um 1500). 1965 malte Wolfram Köberl die Fresken mit den Sieben Gaben des Hl. Geistes sowie das Hochaltarbild (Pfingstfest) und die Seitenaltarbilder (Maria und Josef). 1747 schuf der Salzburger Hofbildhauer Josef Anton Pfaffinger zwei Statuen (hll. Martin und Nikolaus) am barocken Hochaltar.

ANGERBERG
650 m, 1856 Einwohner

Die in erster Linie bäuerlich geprägte Gemeinde, durch die früher die alte Landstraße führte, liegt auf der Angerbergterrasse nordwestlich von Angath bzw. von Wörgl und ist heute wegen ihrer günstigen Lage auch ein beliebtes Wohngebiet. Erste Siedlungsspuren konnten in der Bronzezeit nachgewiesen werden. Kirchlich gesehen gehört der Ort zu Angath. Auf einem Felsen im Wald erhebt sich romantisch die **Steinkapelle** (1751). Beliebtes Wanderziel ist die **Hundalm Eis- und Tropfsteinhöhle**, die einzige ihrer Art in Tirol.

Burg und Wallfahrtskirche Mariastein

Die wenigen Räume sind über eine steile Wendeltreppe erreichbar. Dazu gehören von unten nach oben: die zwei ehemaligen Rüstkammern (heute eine Felsenkapelle), der einstige Rittersaal, eine winzige Küche und die Kreuzkapelle, vermutlich früher der Wohnraum der adeligen Burgherren.

Im obersten Geschoss ist seit dem 15. Jh. der Hauptraum untergebracht, die Gnadenkapelle mit der Statue der Muttergottes mit Kind aus der Zeit um 1470. Hier entstand im Spätmittelalter ein beliebter Wallfahrtsort, als das Gnadenbild trotz mehrmaliger Entfernung immer wieder auf wundersame Weise nach Mariastein zurückkehrte und sich angeblich auch zahlreiche Krankenheilungen ereigneten.

Bekannt ist die Burg auch deshalb, da sich hier heute noch einer der drei in Österreich noch erhaltenen Erzherzogshüte sowie ein Zepter, gestiftet vom Tiroler Landesfürsten Erzherzog Maximilian III. dem Deutschmeister, befinden. Die anderen zwei Kronen sind in Graz und im Stift Klosterneuburg. Als Erzherzöge und Erzherzoginnen wurden ab dem 15. Jh. die Mitglieder der österreichischen Herrscherfamilie Habsburg bezeichnet.

Wanderung auf die Hundalm Eis- und Tropfsteinhöhle, Ausgangspunkt Gasthof Schlossblick, Gehzeit ca. 3 Stunden, geöffnet Mitte Mai bis September Samstag, Sonn- und Feiertag 10–16 Uhr, Mitte Juli bis Ende August auch an Wochentagen, Tel. +43(0)664/2536138, www.hoehle-tirol.com
Husky Ranch, Erlebnistage mit den Huskys, Kinderprogramm etc., Embach 3, Tel. +43(0)664/9191109, www.husky.co.at

MARIASTEIN
563 m, 350 Einwohner

Anziehungspunkt der kleinen Gemeinde auf der Angerbergterrasse nördlich von Wörgl ist die **Wallfahrtsburg Mariastein**. Hier führte einst die Straße durch das Unterinntal vorbei. Zu deren Schutz erbauten die Herren von Freundsberg (siehe Schwaz) 1360 auf einem gewaltigen Felsbrocken die rund 42 m hohe Turmburg.

Burg und Wallfahrtskirche Mariastein, ganzjährig geöffnet von 7.30 Uhr bis Einbruch der Dunkelheit, im Sommer bis 20 Uhr, Tel. +43(0)5332/56474
Rittersaal Museum Mariastein, Sakrale Kunst, Volksfrömmigkeit, geöffnet auf Anfrage, HNr. 1, Tel. +43(0)5332/56474
Heimatmuseum Mariastein, Alltagsgegenstände aus der Region, Perchtenmasken, Wallfahrtserinnerungen, geöffnet nach Voranmeldung, HNr. 14 (Hotel Mariasteinerhof), Tel. +43(0)5332/56717, www.mariasteinerhof.at
Wanderung auf die Hundalm Eis- und Tropfsteinhöhle, Ausgangspunkt Parkplatz Embach etwas westlich von Mariastein, Gehzeit ca. 3 Stunden (siehe Angerberg)

KIRCHBICHL
520 m, 5537 Einwohner

Auf dem zu Kirchbichl gehörenden Grattenbergl wurde die größte befestigte Siedlung aus der Hallstattzeit in Nordtirol gefunden. Archäologen nehmen jedoch an, dass hier schon früher Menschen gelebt haben.

Im Ortsteil Kastengstatt (Kasten = Lagerhaus) war zum einen vom 17. bis zum 19. Jh. eine große Eisenhütte in Betrieb, zum anderen bestand hier ein bedeutender Stapelplatz und Schiffbauplatz der Innschifffahrt.

Hier wurden die für die Kitzbüheler Knappen bestimmten Lebensmittel von den Innschiffen auf Fuhrwerke verladen und die Häringer Steinkohle auf Schiffen weitertransportiert. Das **Herrenhaus** als Sitz der Beamten erinnert heute noch daran. In Kirchbichl befinden sich außerdem das moderne **Zementwerk Schretter & Cie** sowie ein **Inn-Laufkraftwerk**.

1733–1735 erbaute Jakob Singer die **Pfarrkirche Mariä Himmelfahrt** mit Fresken des aus Volders stammenden Malers Matthias Ruef (1784, Himmelfahrt Mariens) und Altären von Johann Georg Lengauer (1739). An die Besetzung Tirols im Jahre 1805 erinnert ein großes Votivbild.

1738 entstand die heutige **Mariahilfkapelle auf dem Grattenbergl**. Lange Zeit gab es auch einen Einsiedler. Im Jahre 1809 verloren hier in der Schlacht von Wörgl die Tiroler gegen die Bayern und Franzosen. Im Ortsteil **Bruckhäusl** steht die 1977/78 nach Plänen von Clemens Holzmeister erbaute **Pfarrkirche zu den hll. Petrus und Paulus**.

> **Freibad Moorstrandbad am Moorsee**, Strandbadstr. 16, Tel. +43(0)5332/87149

Bad Häring – Stolleneingang

BAD HÄRING
594 m, 2606 Einwohner

Der auf einem Hochplateau oberhalb des Inntals gelegene Ort war ursprünglich ein Knappendorf. Hier wurde vom 18. Jh. bis 1954 **Braunkohle** abgebaut, ab 1854 Mergel und Kalkstein für die Zementherstellung. Durch eine schwefelhaltige Heilquelle entstand ein **Kurbetrieb**. Seit 1973 besteht hier ein großes **Rehabilitationszentrum**.

Die ursprünglich gotische **Pfarrkirche zum hl. Johannes dem Täufer** wurde 1732 und 1877 vergrößert. Abgesehen von einer spätgotischen Madonna von 1490 ist die Inneneinrichtung barock.

> **Freischwimmbad Plitsch Platsch**, Dorf 87, Tel. +43(0)5332/85475
> **Themenrundwanderweg – Auf den Spuren der Knappen und des Bergbaus**, Kohlebergbau, Bergbauspielplatz, Bergbaumuseum im Café Linde, Ausgangs- und Endpunkt Dorfzentrum, Gehzeit ca. 2 Stunden
> **Haslacher Moor**, zahlreiche seltene Pflanzen, Ausgangspunkt Dorfzentrum in Richtung Wörgl

Pfarrkirche St. Ursula in Unterlangkampfen

LANGKAMPFEN
503 m, 3861 Einwohner

Am Fuße des Pendlings erstreckt sich entlang der einstigen Römerstraße von der Talsohle aufwärts entlang des Südhangs das Dorf Langkampfen. Vom 16. bis ins 19. Jh. war der Ort ein Zentrum der Innschifffahrt mit Schopperwerkstätten und dem Sitz der Schopperbruderschaft. **Schloss Schönwörth** in Niederbreitenbach stammt aus dem 12. Jh., ist heute in Privatbesitz und nicht zu besichtigen. Im Gemeindegebiet liegt auch das **Innkraftwerk** Langkampfen.

Die **Pfarrkirche St. Ursula in Unterlangkampfen** wurde 1720–1723 in barocker Form vermutlich von Wolfgang Dienzenhofer aus Aibling erbaut. Johann Schmutzer d. J. malte um 1780 die Deckenfresken (Geburt Christi, Marienkrönung, Martyrium der hl. Ursula), Josef Liebherr 1786 das Hochaltarbild. Oberhalb des Dorfes erhebt sich die **Kalvarienbergkapelle**.

In **Oberlangkampfen** steht die **Filialkirche zum hl. Georg**, ein gotischer Bau, der im 17. Jh. barockisiert wurde. Hier dürfte schon im 7. Jh. eine Kirche bestanden haben. Die Pietà entstand um 1510, die Gewölbefresken stammen aus der Zeit um 1700. Im Chor gibt es noch Reste von Malereien um 1440 (zwölf Apostel).

> **Badesee Stimmersee**, Am Stimmersee 1, Tel. +43(0)5372/62756
> **Thurnerhof**, archäologische Fundstätte, geöffnet Donnerstag 18–20 Uhr, Unterlangkampfen Nr. 286, Tel. +43(0)5332/87669

SCHWOICH
584 m, 2334 Einwohner

Schwoich liegt rund 5 km entfernt von Kufstein auf einem Hochplateau. Hier entstanden an der Weißache die Brennöfen der ältesten Zementwerke Österreichs (1841), gegründet von Franz Kink. Der Ort bietet zahlreiche Sportmöglichkeiten.

1390 wird erstmals eine Kirche im Ort erwähnt. Die jetzige **Pfarrkirche zum hl. Ägidius** geht auf 1690 zurück. Die Stuckaturen stammen aus der Zeit um 1700, die Fresken schuf Josef Gold aus Salzburg (1883). Ein Bild von Franz Xaver Fuchs (1931) zeigt die Muttergottes mit den hll. Ägidius und Georg sowie einer Ansicht des Ortes. 1974/75 kam es zu einer Umgestaltung der Kirche nach Plänen von Clemens Holzmeister.

Bananensee, Biotop-Badesee, Tel. +43(0)5372/58113, www.schwoich.net/bananensee
Mineraliensammlung im Gasthof Hirtl-Forellenhof, Tel. +43(0)5372/8190
Freilicht-Zementmuseum, restaurierte Kalköfen an der Ortseinfahrt, Gelände frei zugänglich, Tel. +43(0)5372/58190

KUFSTEIN
500 m, 18.410 Einwohner

Die zweitgrößte Stadtgemeinde Tirols und Hauptstadt des gleichnamigen Bezirks liegt in einer beckenartigen Erweiterung am Ausgang des Inntals in das Alpenvorland und ist seit 1504 Grenzstadt zu Deutschland. Im Westen erhebt sich der Pendlingberg, im Osten das Kaisergebirge. Im Tal steigen zwei strategisch günstig gelegene Inselberge auf, der Zellerberg und der Festungsberg. Die Verkehrswege aus dem Alpenvorland münden hier alle direkt in das Inntal und konnten von Kufstein aus gut kontrolliert werden.

GESCHICHTE

Von besonderer Bedeutung ist die **Tischofer Höhle** am Eingang des Kaisertals in der Nähe der Stadt. Dort gefundene Knochenspitzen und Tierreste weisen darauf hin, dass in der Region bereits um 30.000 v. Chr. eine Jägerkultur existierte. Dauerhafte Besiedlung im Bereich dieser Höhle bestand dann etwa ab der Jungsteinzeit (um 2000 v. Chr.). Zur Römerzeit führte bei Kufstein eine Straße vorbei. Um die Mitte des 6. Jh. begann im Zuge der Völkerwanderung die Besiedlung des Inntals durch Bajuwaren und Franken. Im 8. Jh. wurde Tirol ein Teil des Herzogtums Bayern. Vor 1257 kam es zur Gründung eines Marktes im Schutz des Burgfelsens. Von entscheidender Bedeutung war dabei ein gesicherter Flussübergang.

1393 erhob der bayerische Herzog Stefan III. den Markt zur Stadt. Kufstein erhielt eine Stadtmauer und einen Stadtgraben sowie bestimmte Privilegien. Dazu gehörten z. B. das Recht, Zölle einzuheben, das Niederlags- und Umschlagsrecht sowie das Recht, Wochen- und Jahrmärkte abzuhalten.

Das 15. Jh. war geprägt von kriegerischen Auseinandersetzungen zwischen den Tiroler Landesfürsten und den bayerischen Landesherren. Kaiser Maximilian I. mischte sich in die internen Streitigkeiten unter den bayerischen Wittelsbachern ein und konnte 1504 im Zuge des bayerisch-pfälzischen Erbfolgekriegs die Stadt erobern. Die Gerichtsbezirke Kufstein, Rattenberg und Kitzbühel kamen in dieser Zeit zu Tirol. Auch später war Kufstein immer von großer militärischer Bedeutung. Während des Spanischen Erbfolgekriegs 1703 und während der Tiroler Freiheitskämpfe 1809 kam es zu einer Belagerung der Stadt. Im 18. Jh. wurde die Festung erweitert und verstärkt, im 19. Jh. war sie Sitz einer Garnison und eines Staatsgefängnisses.

Kurz nach 1900 entstanden mehrere bedeutende Bauten im Jugend- und Heimatstil (etwa Hotel Egger, Sparkasse, Gymnasium). Heute ist Kufstein Schul- und Krankenhausstadt und besitzt eine Fachhochschule.

UNTERLAND

KUFSTEIN

Ein Stadtrundgang

ROUTE:

*Innbrücke – Unterer Stadtplatz
(unterer Teil) – Wasserbastei – Innpromenade – Römerhofgasse – Unterer
Stadtplatz (oberer Teil) – Oberer
Stadtplatz – Kinkstraße – Schiller-
straße (Gymnasium) – Arkadenhof*

Der historische Stadtkern, einst umgeben von einer Mauer und einem Graben, ist verhältnismäßig klein. Der Untere Stadtplatz ist als dessen Zentrum anzusehen. In Richtung Inn bestand das Inntor, in Richtung oberer Stadtgraben das Obere Tor. Über die Innbrücke mit der modernen Statue des **Brückenheiligen Johannes Nepomuk ❶** führte jahrhundertelang der Hauptverkehr durch das Tal.

Am Unteren Stadtplatz steht der **Marienbrunnen ❷** mit der vergoldeten Statue der hl. Maria mit dem Kind. Der Platz steigt von der Innbrücke zum Oberen Stadtplatz an. Heute finden hier noch manchmal Märkte statt. Die einstigen Altstadthäuser gehen baugeschichtlich großteils auf die Gotik zurück, wurden jedoch in späterer Zeit erneuert. Die Verwicklung Kufsteins in kriegerische Handlungen in den Jahren 1504, 1703 und 1809 war die Ursache für die Zerstörung vieler alter Häuser. An so manchem Haus entdeckt man aber heute noch interessante Details wie alte Gasthausschilder, Malereien und barocken Stuck.

Eine breite Tordurchfahrt führt zur **Wasserbastei ❸**, einem der letzten Reste

Blick vom Inn auf die Festung Kufstein

UNTERLAND

der ehemaligen Stadtbefestigung. Auf dem kleinen Platz vor der dem Inn abgewandten Seite dieser Bastei steht eine bildhauerisch gestaltete Weltkugel, die an die Partnerschaft der Stadt Kufstein mit der italienischen Stadt Rovereto hinweist. Direkt den Inn entlang führt ein Fußweg innaufwärts zu einem **Eckturm** ❹ und dem einstigen Tor am Ausgang der **Römerhofgasse** ❺. Diese ist eine der wenigen Seitengassen des alten Kufstein. Ihre Bezeichnung geht auf eine Veränderung des Familiennamens Renner zurück. Hier sind zahlreiche Geschäfte und Gasthäuser zu finden. Besonders bekannt ist das Gasthaus Auracher Löchl. Die Auracher waren eine angesehene Kufsteiner Familie, die im Laufe der Zeit sechs Bürgermeister stellte. Durch seine originelle Bemalung fällt das Weinhaus Batzenhäusl Schicketanz auf, auf dessen Fassade es eine Menge zu entdecken gibt. Auf dem brückenartigen Übergang beim Auracher Löchl erinnern Abbildungen von Kaiser Maximilian I. und Hans von Pienzenau sowie von Kanonen an die Eroberung der Stadt im Jahre 1504. Weitere Bilder weisen auf das Jahr 1809 und Andreas Hofer hin.

Gegenüber dem Batzenhäusl steht die ehemalige Fronfeste, das einstige Stadtgefängnis. Das Bild eines Tretrades an der Fassade erinnert an den „Tiefen Brunnen" auf der Festung Kufstein. Weitere interessante Details in der Straße sind ein Hinweis auf das Kufsteiner Lied und seinen Komponisten Karl Ganzer sowie in die Wand eingelassene Eisenkugeln von der Belagerung 1504.

Im oberen Teil des Unteren Stadtplatzes fällt das **Rathaus** ❻ mit seinem Treppengiebel auf. Ganz oben sind die Wappen der meisten Städte in Nord-, Ost- und Südtirol zu erkennen (von links nach rechts gesehen: Innsbruck, Sterzing,

Imst, Vils bei Reutte, Lienz, Rattenberg, Brixen, Bruneck, Schwaz, Klausen, Kitzbühel, Glurns, Bozen, Landeck, Meran und Hall). Direkt unter der Giebelspitze steht in einer Nische eine plastische Gestaltung des Kufsteiner Wappens – ein Salzfass mit drei Füßen auf einem Berg. Es erinnert an die frühere Innschifffahrt und an das Niederlagsrecht. Weiters sind Abbildungen von Kaiser Maximilian I., Hans von Pienzenau und einem Bürgerpaar in alter Tracht zu sehen.

Vom Rathaus geht es steil aufwärts in Richtung der Stadtpfarrkirche, vorbei am **Denkmal für Dekan Dr. Matthäus Hörfarter** ❼ (1817–1896), den Begründer des ersten Tiroler Kindergartens (1870) und der ersten Bildungsanstalt für Kindergärtnerinnen in Österreich. Auch für den Fremdenverkehr erwarb er sich große Verdienste. Das Denkmal wurde 1899 nach einem Entwurf von Otto Lasne aus München errichtet, die Büste stammt von Norbert Pfretzschner.

Die **Stadtpfarrkirche zum hl. Vitus** ❽, eine dreischiffige spätgotische Hallenkirche, entstand um 1420. Im 17. Jh. wurde sie barockisiert, 1703 durch die Einfälle der Bayern schwer beschädigt und schließlich um 1840 innen spätklassizistisch umgestaltet. Das große Kruzifix des aus Schwoich stammenden Bild-

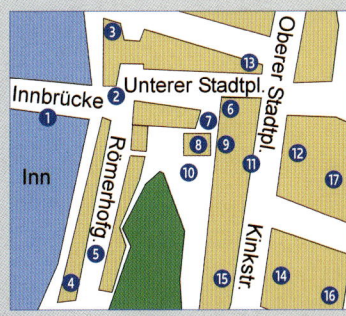

Grabstein des Hans Baumgartner

schnitzers Kaspar Bichler (19. Jh.) wird von den Statuen der hll. Petrus (links, mit Schlüssel) und Paulus (rechts, mit Schwert) flankiert. Das ursprüngliche Hochaltarbild von Josef Arnold d. Ä. mit dem hl. Vitus hängt heute rechts im Altarraum. Rudolf Stolz aus Bozen schuf 1929 die Deckenmalereien mit den vier Evangelisten und verschiedenen Propheten. Aus der alten Kirche stammen noch die zwei gotischen Plastiken der hll. Joachim und Anna selbdritt, der Eltern der Maria. Die Grabplatte des reichen Bürgers Hans Baumgartner (1493) ist besonders sehenswert. Baumgartner verlieh Geld an die Tiroler Landesfürsten und erhielt dafür das Schürfrecht in den Schwazer Bergwerken.

Gegenüber der Pfarrkirche liegen das Pfarrhaus und die **Dreifaltigkeitskirche** mit einer **Gruftkapelle** ❾. Die Oberkirche war einst Klosterkirche, denn von 1681 bis 1810 waren die Augustiner-Eremiten in Kufstein ansässig und betreuten die Pfarre und das Hospital. Sehenswert ist der Rokokoaltar mit Baldachin (1765). An der Kirchenaußenseite erinnern Grabdenkmäler an alte Kufsteiner Familien. Ein Tor führt zum **Festungsneuhof** ❿ mit dem Spieltisch für die Heldenorgel. Zu Fuß oder mittels eines Schrägaufzugs gelangt man auf die Festung.

Am **Oberen Stadtplatz** erinnert das **Kink-Denkmal** ⓫ an Anton Kink (1820–1868), Wohltäter, Bürgermeister von Kufstein und Begründer der Zementindustrie. Der Platz war früher Teil des Stadtgrabens. Dort steht das ehemalige **Hotel Egger** ⓬, ein Werk des Stuttgarter Architekten Willy Graf und einer der schönsten Jugendstilbauten Tirols (1909). Schräg gegenüber erhebt sich das mit Türmen und Balkonen geschmückte **Sparkassengebäude** ⓭. Es wurde 1907 nach Plänen von W. Bürger im Heimatstil errichtet. Auffallend sind die Portalreliefs mit Innschiffern und Fuhrleuten von Norbert Pfretzschner. An einem Erker erinnern Holzschnitzereien an die Belagerung von 1504. Zu sehen ist unter anderem Kaiser Maximilian I. beim Abschießen von Kanonen.

Etwas weiter entfernt in Richtung Süden befinden sich die **Volksschule** und die **Sonderschule** ⓮, beide im Jugendstil errichtet. Im **Geburtshaus von Josef Madersperger** (1768–1850) ⓯ (Kinkstr. 16), dem Erfinder der Nähmaschine, ist ein kleines Museum eingerichtet. Beim **Gymnasium** ⓰ handelt es sich um einen sehenswerten Jugendstilbau von Willy Graf (1910), wobei vor allem das mit Reliefplastiken geschmückte Portal zu den schönsten Kunstwerken dieser Art in Tirol zählt. Der **Arkadenhof** ⓱ auf dem Areal der einstigen Brauerei Egger ist heute von modernen Geschäften, Wohnbauten, Gastlokalen und Büros eingesäumt.

WEITERE SEHENSWÜRDIGKEITEN KUFSTEINS

Auf der nordöstlichen Talseite erinnern mehrere **Denkmäler an berühmte Persönlichkeiten**. Josef Madersperger ist eines gewidmet, ebenso dem in Kufstein geborenen Freiherrn Johann Josef von Spindler. Letzterer konnte 1790 als Anführer einer kleinen Gruppe in Rumänien die Türken besiegen und galt seitdem als „Held von Kalafat". Vom Kalvarienberg mit dem Denkmal Andreas Hofers genießt man einen schönen Ausblick auf Kufstein. Zu Füßen des Heldenhügels breitet sich der Friedhof aus. Ein weiteres Denkmal erinnert an den deutschen Nationalökonomen Friedrich List (1789–1846). Er setzte sich für den Bau von Eisenbahnen und den Abbau der Zollschranken in Deutschland ein und beging 1846, nachdem er zahlreiche Schicksalsschläge verkraften hatte müssen, in Kufstein Selbstmord.

Die neuromanische **Spitalskirche zum Hl. Geist** wurde 1863 mit dem Spitalskomplex errichtet, der Ende des 20. Jh. abgerissen wurde. Heute erhebt sich südlich der Stadt ein modernes Bezirkskrankenhaus.

Bei **Mariahilf in Kleinholz** (um 1680, Inneneinrichtung um 1715) im Westen der Stadt handelt es sich um eine Wallfahrtskirche. 1670 ließ der Kufsteiner Bäckermeister Hans Schiestl eine Kapelle errichten, in der eine Kopie des bekannten Mariahilfbildes von Lucas Cranach im Innsbrucker Dom verehrt wurde. Das Kuppelfresko vom Münchner Maler Richard Holzner (1939) stellt die Verehrung des Kostbaren Blutes durch die Predigt des hl. Kaspar del Bufo dar. Das Hochaltarbild vom Innsbrucker Barockkünstler Kaspar Waldmann zeigt das Fest Mariä Heimsuchung. Seit 1922

Burgruine Thierberg

ist hier das Kloster der Missionare vom Kostbaren Blut beheimatet. Der Klosterbau stammt von Clemens Holzmeister (1926–1928).

Die spätgotische **Pfarrkirche zum hl. Martin im Stadtteil Zell** wurde 1722 innen gewölbt und 1927 von Rafael Thaler mit Szenen aus dem Leben des Kirchenpatrons ausgemalt. Die Barockaltäre schuf der Zeller Bildhauer Franz Stitz (1717–1787). Schon 788 ist eine erste Kirche in Zell erwähnt. Vermutlich stand hier eine kleine Klosterzelle.

Nördlich von Kufstein erhebt sich die **Ruine Thierberg**, um 1280 eine Burg der Herren von Freundsberg (siehe Schwaz). Ende des 16. Jh. setzte die Wallfahrt zum hl. Johannes d. T. ein. Seit dem Beginn des 19. Jh. befindet sich dort auch eine Nachbildung des bekannten Gnadenbildes Maria mit dem Jesuskind und dem Granatapfel vom Kloster Montserrat in Nordspanien. Im

Josefsburg auf der Festung Kufstein

einstigen Palas der Burg sind die doppelstöckige Gnadenkapelle und eine große Weihnachtskrippe im orientalischen Stil untergebracht. Der Bergfried bietet einen herrlichen Ausblick.

Badesee Hechtsee, Tel. +43(0)5372/64516
Badesee Längsee, frei zugänglich
Badesee Pfrillsee, frei zugänglich
Badesee Stimmersee, Tel. +43(0)5372/62756
Freischwimmbad Kufstein, Tel. +43(0)5372/692020
Sesselbahn Wilder Kaiser, Obere Sparchen 17, Tel. +43(0)5372/62364
Vier-Seen-Rundwanderung, Ausgangspunkt Stadtteil Morsbach im Nordwesten Kufsteins, Gehzeit ca. 4 Stunden, einfache Familienwanderung, www.tirol-infos.at/kufstein/kufstein-vier-seen-wanderung.html
Wanderung zur Thierberg-Kapelle, Ausgangspunkt Gasthof Neuhaus oder Parkplatz Längsee, www.thierberg.at
Festung Kufstein, Rundgang durch die Festung mit ihren verschiedenen Teilen,

Staatsgefängnis im Kaiserturm, Felsengang, Tiefer Brunnen, Kaiserjägermuseum, wechselnde Sonderausstellungen, Oberer Stadtplatz 6, Tel. +43(0)5372/602/350, geöffnet in den Sommermonaten 9–18 Uhr, in den Wintermonaten 10–17 Uhr (genaue Öffnungszeiten bitte nachfragen), www.festung.kufstein.at
Heimatmuseum auf der Festung Kufstein, Urgeschichte mit Tischofer Höhle, Volkskunst, bäuerliches Leben (Stube, Rauchkuchl), Belagerungen von Stadt und Festung, Geologie, Zünfte, religiöse Kunst, geöffnet Palmsonntag bis 2. November täglich 9–17 Uhr, Tel. +43(0)5372/602/650, www.festung.kufstein.at
Madersperger-Museum, Geschichte des Kufsteiner Schneidermeisters Josef Madersperger, Nähmaschinen, geöffnet täglich 10–17 Uhr, Kinkstr. 16, Tel. +43(0)5372/72060
Riedel-Glas, Schaubetrieb Glasherstellung, geöffnet Montag bis Freitag 9–12 Uhr und 13–16 Uhr, Weißbachstr. 28–34, Tel. +43(0)5372/64896, www.riedel.com

FESTUNG KUFSTEIN

Ein Rundgang

Mitten im Inntal erhebt sich ein langgestreckter, in Nord-Süd-Richtung verlaufender Dolomitfelsen, der für den Bau einer mittelalterlichen Burg besonders geeignet war. Von hier aus konnte der Eingang ins Tal gut kontrolliert werden. 1205 wurde erstmals eine Burg erwähnt, die aus einem Bergfried und einem Hof mit umgebenden Gebäuden bestand. Im 14. und 15. Jh. kam es zu mehreren Belagerungen und zum Ausbau der Burg. 1504 gelangten im Zuge des bayerisch-pfälzischen Erbfolgekriegs die Gerichtsbezirke Kufstein, Rattenberg und Kitzbühel an Kaiser Maximilian I. und damit an Tirol. Der Kaiser belagerte die Burg, zerstörte sie und ließ den Burghauptmann Hans von Pienzenau und seine Gefolgsleute köpfen.

Der Baumeister Michael Zeller erhielt vom Kaiser den Auftrag zur Errichtung einer neuzeitlichen Festung mit mehreren Geschütztürmen. Zentrum wurde der 1518–1522 erbaute Kaiserturm. Im 16. Jh. entstanden weitere Bauwerke sowie der Felsengang. 1703 konnten die Bayern die Festung für eine kurze Zeit erobern. Bis ca. 1750 erfolgten der Ausbau und die Erweiterung gegen Süden, so entstand etwa die Josefsburg. Kaiser Joseph II. ließ alle Tiroler Festungen schleifen, Kufstein jedoch ausbauen. 1805 gelangten Burg und Stadt im Zuge der napoleonischen Kriege abermals in bayerische Hände. Tirol blieb bis 1814 bei Bayern.

Im 19. Jh. hatte die Festung keine militärische Bedeutung mehr und diente vor allem als Sitz einer Garnison und bis 1865 als Staatsgefängnis. 1882 erfolgte die endgültige Auflassung als Festung, 1924 der Erwerb durch die Stadt. Heute finden hier immer wieder verschiedene Events wie Opern- und Konzertaufführungen, Popkonzerte etc. statt. Allein der Rundgang durch die neuzeitliche Festung ist ein Erlebnis.

Vom **Festungsneuhof** ❶ mit dem Spieltisch der Heldenorgel führt der **Gedeckte Aufgang** ❷ in mehreren Windungen hinauf zu einer Zugbrücke, vorbei am Zwinger und an der **Einbruchsstelle der Bayern im Jahr 1703** ❸. Im runden **Bürgerturm** ❹ waren die Waffen der Bürgerschaft untergebracht. Heute sind hier die Kufsteiner Heldenorgel und das Museum der Tiroler Kaiserjäger und der Schützen zu sehen. Ein Tor führt zur Unteren Schlosskaserne und der **Gaudenzbatterie** ❺, von der sich ein guter Blick auf die Innbrücke, das Bahnhofsgelände und den Stadtteil Zell bietet. Der **Fuchsturm** ❻ diente zum Schutz des dahinterliegenden Brunnenhauses mit dem **Tiefen Brunnen** ❼, der im 16. Jh. von Bergknappen in den Felsen geschlagen wurde und mit einer Tiefe von 57,64 m das Grundwasser des Inn erreichte. Das hölzerne Schöpfwerk ist noch im Originalzustand erhalten. Im 16. Jh. wurde der **Felsengang** ❽ ange-

Kaiserjägermuseum auf der Festung Kufstein

legt, durch den die Soldaten in den südlich gelegenen Teil der Festung mit **Carolibastion** ❾, **Pfauenschwanz** ❿, **Theresienfläche** ⓫, **Kriegsbäckerei** ⓬, **Francisci-Ravelin** ⓭ und **Josefsburg** ⓮ gelangen konnten. Letztere dient heute mit ihrer zusammenklappbaren Überdachung als Veranstaltungsort. Weitere Teile der Festung sind das **Eugen-Halbhornwerk** ⓯, die **Annabatterie mit dem Kräutergarten** ⓰, die **Elisabethbatterie mit historischen Kanonen** ⓱ sowie das **Artillerielaboratorium** ⓲ mit einer Ausstellung über die Festung in der Zeit des Ersten Weltkriegs. Zum Kern der Anlage, dem obersten Bereich, gelangt man durch das **Schlossrondell** ⓳ in den Innenhof der **Oberen Schlosskaserne** ⓴ mit der einstigen Kapelle. Hier ist das Heimatmuseum der Stadt Kufstein untergebracht. Der **Kaiserturm** ㉑ (1518–1522) mit einem Durchmesser von 21 m und einer Mauerdicke von 4 bis 7,5 m erhebt sich an der Stelle des ursprünglichen Bergfrieds. Im 19. Jh. war im Turm das Staatsgefängnis untergebracht, in dem neben einfachen Verbrechern auch vornehme Persönlichkeiten inhaftiert waren. Es handelte sich vor allem um politische Häftlinge. Der wohl bekannteste Insasse war der ungarische Räuberhauptmann Rózsa Sándor.

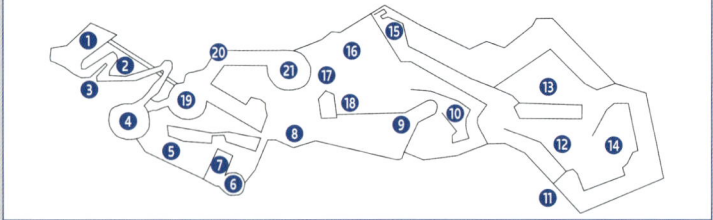

EBBS
473 m, 5168 Einwohner

Das bevölkerungsreichste und am tiefsten gelegene Dorf Tirols wurde schon 788 erstmals urkundlich erwähnt und liegt direkt an der Grenze zu Bayern. Von der Burg der Herren von Ebbs ist nur die ehemalige Kapelle zum hl. Nikolaus erhalten. In den Kämpfen von 1703 und 1809 wurde das Dorf arg in Mitleidenschaft gezogen. Im 18. und 19. Jh. gab es in Ebbs zahlreiche Sensenschmiede.

Heute ist Ebbs vor allem auch aufgrund des hier beheimateten **Haflingergestüts** bekannt. Der Haflinger-Pferdezuchtverband Tirol ist Eigentümer des Fohlenhofs Ebbs, dessen Zentrum Schloss Wagrein bildet. Es ist das Weltzentrum der Haflingerzucht.

Das **Kaisertal**, welches vom Gemeindegebiet in Richtung Wilder Kaiser abzweigt, war bis 2007 nur über einen Fußweg erreichbar. Erst 2008 wurde mittels eines ca. 800 m langen Tunnels der Straßenanschluss hergestellt, welcher allerdings nur von den Anrainern benutzt werden darf.

Im Kaisertal liegt auch die etwa 60 m tiefe und 20 m breite **Tischofer Höhle** (siehe Heimatmuseum auf der Festung Kufstein), in der Funde von Knochenspitzen und Tierresten auf eine Jägerkultur 30.000 v. Chr. hinweisen.

Die **Pfarrkirche zu Unserer Lieben Frau Geburt** wurde in ihrer jetzigen Form 1748–1756 von Abraham Millauer unter Verwendung des alten Kirchturms erbaut und wird wegen der reichen Ausstattung gerne als „Dom des Unterlandes" bezeichnet. Schon in frühchristlicher Zeit bestand hier ein Gotteshaus. Außen an der Westseite sind die Grab-steine der Ritter von Ebbs aus dem 15. Jh. angebracht. Der Wiener Hofmaler Josef Adam Mölk, der längere Zeit in Ebbs wohnte, schuf 1750 die Fresken mit Szenen aus dem Marienleben sowie die Altarbilder. Auf Josef Martin Lengauer aus Kitzbühel gehen die Altäre, die Kanzel und die Apostelstatuen (1756) zurück. Eine gotische Madonna (1445) im Hochaltar war Ziel zahlreicher Wallfahrten. Das Fresko über der Orgel zeigt das Dorf und die Kirche in der Barockzeit.

Das schon von weitem sichtbare spätgotische **Wallfahrtskirchlein St. Nikolaus** (1490) auf einer Anhöhe ist aus der Burgkapelle der Herren von Ebbs hervorgegangen. Von der Burg ist nichts mehr erhalten. Beim geschnitzten Flügelaltar handelt es sich um eine im 19. Jh. angefertigte Kopie des damals nach München verkauften Originalaltars. Im Schrein wird der hl. Nikolaus von den hll. Erasmus und Blasius flankiert, als Schreinwächter dienen die hll. Georg und Florian. Die barocke Kanzel stammt von Johann Edenhofer (1679). Sehenswert sind auch die Rankenmalereien im Gewölbe und gotische Malereien aus dem frühen 16. Jh. an der linken Langhauswand.

Freibad Ebbs und Funarena „Hallo Du", Schwimmbad, Großwasserrutsche, Ballsportmöglichkeiten, Gießenweg 20, Tel. +43(0)5373/43282, www.hallodu.at
Fohlenhof Ebbs, Haflingergestüt, Haflinger- und Kutschenmuseum, Besichtigung täglich 9–17 Uhr, Schlossallee 31, Tel. +43(0)5373/42210, www.haflinger-tirol.com
Blumenwelt Hödnerhof, Gartenschau, Spaziergang durch die Gartenlandschaften, Spielpark für Kinder, geöffnet täglich 9–18 Uhr, Ebbs-Eichelwang 2, Tel. +43(0)5372/62677, www.hoednerhof.at
Raritätenzoo, ca. 70 verschiedene Tierarten, über 500 Tiere, geöffnet Ostern bis Anfang November tgl. 9–18 Uhr, Kaiserbergstr. 20, Tel. +43(0)664/4553630, www.raritaetenzoo.at

NIEDERNDORF
499 m, 2649 Einwohner
mit Rettenschöss und
Niederndorferberg

Niederndorf liegt an der Grenze zu Bayern und ist auch heute noch landwirtschaftlich geprägt. Durch den Einfall der Bayern während des Spanischen Erbfolgekriegs im Jahre 1703 wurde fast der gesamte Ort zerstört. Die erbitterten Kämpfe des Jahres 1809 hinterließen in Niederndorf noch einmal große Schäden.

Die **Pfarrkirche zum hl. Georg** 1685–1687 wurde in ihrer heutigen Form vom Oberaudorfer Simon Weiser auf einer Anhöhe über dem Dorf errichtet. Es gab aber wohl schon um 788 ein Gotteshaus in Niederndorf. Der Turm der Pfarrkirche stammt noch aus dem 13. Jh. Josef Adam Mölk malte 1756 die Fresken mit Szenen aus dem Leben der hll. Georg, Margarethe und Martin. Die Kreuzigungsgruppe am Hochaltar stammt von Kaspar Bichler (1844). Die Leiber der hll. Florentinus und Hyazinth in den Glassärgen auf den Nebenaltären stammen aus aufgehobenen Klöstern in München. Besonders wertvoll sind die spätgotischen Statuen der hll. Margarethe und Katharina (um 1465). Die **Margarethenkapelle** auf dem Friedhof geht auf das Jahr 1518 zurück.

Auf dem Hechenberg ist die 1776 vermutlich von Andre Hueber erbaute **Wallfahrtskirche Mariahilf** Ziel der Gläubigen. Der spätklassizistische Altar mit einer Kopie des Mariahilfbildes vom Innsbrucker Dom stammt von Josef Stumpf (1848). Sehenswert sind die Wachsfiguren der hll. Notburga und Isidor aus dem 19. Jh. sowie zahlreiche Votivbilder aus dem 18. und 19. Jh.

Die Gemeinde **Rettenschöss** (680 m, 438 Einwohner) gehört kirchlich zu Niederndorf. Etwa ein Drittel des Gemeindegebietes besteht aus Almen. 1739 wurde die **Kirche zum hl. Antonius** im Weiler Harland erbaut.

Die Gemeinde **Niederndorferberg** (738 m, 660 Einwohner) gehört kirchlich zur Pfarre Niederndorf.

Waldschwimmbad, Badweg 10, Tel. +43(0)5373/61366, www.waldschwimmbadniederndorf.com
Hechenbergrundgang, Ausgangspunkt Dorfmitte Niederndorf, Ziel Wallfahrtskirche Mariahilf am Hechenberg, mittelschwere Wanderung, Gehzeit ca. 1 Stunde
Wildpark Wildbichl, Rotwild, Gämsen, Wildschweine u. a., Niederndorferberg, Tel. +43(0)5373/62233, www.wildbichl.com
Heimatmuseum Niederndorf, alte Handwerkskunst, geöffnet nach Voranmeldung, Dorf 25, Tel. +43(0)5373/61296 oder +43(0)699/13919833

ERL
476 m, 1477 Einwohner

Erl liegt direkt an der bayerischen Grenze und ist damit die nördlichste aller Tiroler Gemeinden. Hier verlässt der Inn Tirol. Die Grenze verläuft parallel zum Inn zwischen der Autobahn und dem Fluss. In den Kriegswirren von 1703 und 1809 wurde jeweils das ganze Dorf von den einfallenden Bayern zerstört. An der Engstelle vor der Grenze bestand die Schanze von Windhausen. Bei der 1991 neu errichteten **Innbrücke** handelt es sich um die längste Holzbrücke Österreichs. Berühmt ist Erl nicht zuletzt auf Grund der hier alle sechs Jahre stattfindenden Passionsspiele. Als 1610 die Pest die Gegend heimsuchte, gelobte die Bevölkerung, alle sechs Jahre die

Das Festspielhaus in Erl – vor allem im Sommer Anziehungspunkt für Musikfreunde

Leiden Christi aufzuführen, sollte sie von der Seuche verschont bleiben. Ab 1613 sind die Spiele tatsächlich nachweisbar. Das heutige **Passionsspielhaus** mit seinen 1600 Plätzen und einer ausgezeichneten Akustik wurde 1959 nach Plänen von Robert Schuler errichtet. Neben Oberammergau und Thiersee gehört Erl heute zu den bekanntesten Passionsspielorten Europas.

Seit 1998 finden in der Zwischenspielzeit im Sommer außerdem die von Gustav Kuhn gegründeten „**Tiroler Festspiele**" mit Orchester-, Opern- und Choraufführungen statt.

In der Nähe des Festspielhauses sind ein 30 Meter hoher **Wasserfall** und die „**Blaue Quelle**" mit einer Wasserschüttung von 700 Litern pro Sekunde zu bewundern.

Am **Zollhaus** bei der Innbrücke erinnert eine Gedenktafel an den hier geborenen Tiroler Geologen und Dichter **Adolf Pichler** (1819–1900). Bei der Brücke steht eine große Sandsteinfigur des hl. Johannes Nepomuk.

1682 wurde die **Pfarrkirche zum hl. Andreas** anstelle einer älteren Kirche erbaut. In den Kriegsereignissen von 1703 und 1809 zweimal zerstört, geht ihre heutige Form auf die Jahre 1810–1828 zurück. Sebastian Anton Defregger schuf um 1818 die Ausstattung. Vermutlich stammen die Fresken mit Szenen des hl. Andreas von Franz Altmutter (1817). Starke Verehrung erfuhr früher das Gnadenbild Mariahilf am Hochaltar.

Frischwimmbad Erl, Dorf, Tel. +43(0)5373/8226
Passionsspiele Erl, nächste Spiele 2013, Mühlgraben, Tel. +43(0)5373/8139, www.passionsspiele.at
Tiroler Festspiele Erl, Büro Adamg. 1, A-6020 Innsbruck, Tel. +43(0)512/578888, www.tiroler-festspiele.at

UNTERLAND

Achental

Von Jenbach führt der steil ansteigende Kasbachgraben gegen Norden in das Achental, durch das man über den Achenpass weiter nach Deutschland (Bayern) gelangt. Westlich des Tals erstreckt sich das Karwendelgebirge, östlich der Rofan. Beide Gebirgsgruppen gehören zu den Nördlichen Kalkalpen, sind felsig, schroff und steil und damit gute Kletterberge. Mit dem Ausbau des Saumpfads über den 941 m hohen Achenpass im Jahre 1495 zu einer Fahrstraße nahm der Verkehr nach Bayern rasch zu. Im Bereich des heutigen Hotels Scholastika am See stand ein landesfürstliches Zollhaus, im Achenwald und am Pass gab es Befestigungen. Bei Wiesing zweigt die Achenseebundesstraße mit dem Aussichtspunkt **Kanzelkehre** in mehreren Windungen nach Eben am Achensee ab. Im 19. Jh. gewann der Fremdenverkehr langsam an Bedeutung. Das Achental ist heute ein sehr bekanntes Sommer- und Wintertourismusgebiet.

Der fast 10 km lange, 1 km breite und bis zu 133 m tiefe **Achensee** ist der größte See Tirols. Auf Grund der steil neben dem Wasser aufsteigenden Felsen wird er oft gerne als „Tiroler Fjord" bezeichnet. Als Besitzer schienen zunächst die Herren von Schlitters auf, die um 1120 den See an das Kloster Georgenberg bei Schwaz übergaben. Haupterwerbszweige für die Bevölkerung waren früher der Fischfang, die Jagd sowie die Holzwirtschaft und die damit verbundene Herstellung von Holzkohle für die Verarbeitungsstätten von Silber und Kupfer aus dem Schwazer Bergbau. Die Tiroler Landesfürsten, etwa Erzherzog Sigmund der Münzreiche und Kaiser Maximilian I., schätzten die wildromantische Gegend als Jagd- und Fischereiparadies. Erzherzog Ferdinand II. hatte eine kleine Flotte aus Prunkschiffen und ließ Wasserspiele aufführen.

Ab ca. 1850 entstanden die ersten Hotels. Nach dem Ersten Weltkrieg verkaufte das Stift St. Georgenberg-Fiecht den See an die Stadt Innsbruck, die sämtliche Nutzungsrechte an die Tiroler Wasserkraft übertrug. Das Wasser des Sees fließt durch eine Druckleitung zur Stromerzeugung in das Achenseekraftwerk nach Jenbach. Im Winter wird deshalb der See einige Meter abgesenkt. Während der Sommermonate ist das südliche Ende des Sees im Bereich von Buchau zum Baden bestens geeignet. Der Achensee ist außerdem ein äußerst beliebtes Ziel für Segler, Kitesurfer und Taucher.

Wanderungen im Bereich Achental–Steinberg–Karwendeltäler–Rofan, www.wandern.achensee.info
Achensee-Schifffahrt, Seerundfahrten mit den Anlegestellen Buchau, Seespitz, Pertisau, Gaisalm, Scholastika, 1. Mai bis Ende Oktober, Achenseehof, A-6213 Pertisau, Tel. +43(0)5243/5253-0, www.tirol-schiffahrt.at
Achenseebahn – Nostalgiefahrten, Mai bis Ende Oktober, 6200 Jenbach, Bahnhofsplatz 1–3, Tel. +43(0)5244/62243, www.achenseebahn.at
Segelclub Tiroler Wassersportverband, www.sctwv.at

Tiefblaues Wasser und färbige Blätter – der Achensee im Herbst

EBEN AM ACHENSEE
963 m, 3016 Einwohner
mit Pertisau

Von Jenbach im Inntal kann die am südlichen Ende des Sees gelegene Gemeinde mit der **Achenseebahn**, der ältesten dampfbetriebenen Zahnradbahn Europas (1889, siehe Jenbach), erreicht werden. Die Fahrt ist für Jung und Alt ein besonderes Erlebnis! Von der Schiffsanlegestelle Buchau bis nach Seespitz ist entlang der Achenseepromenade (ca. 2 km) die **„Straße der Lieder"** angelegt. In 12 Stationen soll eine musikalische Verbindung zwischen dem Achensee und dem durch Tirol führenden „Adlerweg" aufgezeigt werden. An jeder Station ist ein bekanntes Volkslied zu finden. Die Stationen selbst sind nach Entwürfen des Salzburger Diözesanarchitekten Mag. Peter Schuh von der Sagzahnschmiede Guggenberger in Kramsach kunstvoll ausgeführt. Bekannt ist Eben auch als Begräbnisort der in Rattenberg geborenen hl. Notburga (siehe Rattenberg). Das barocke **Prälatenhaus** in Buchau (1783) gehört dem Stift St. Georgenberg-Fiecht und diente früher als Sommersitz der Äbte.

Im Ortsteil **Pertisau** erinnert das **Fürstenhaus** daran, dass sich die Tiroler Landesfürsten gerne hier aufhielten. Erzherzog Sigmund der Münzreiche ließ ein Fischerei- und Jagdhaus errichten, das später zu einem Hotel ausgebaut wurde. Ein großer Teil Pertisaus besteht aus Hotels und Pensionen, von hier aus gelangt man in die landschaftlich sehr schönen **Karwendeltäler (Falzthurntal und Gerntal)**. Dichter wie Adolf Pichler und Hermann von Gilm (19. Jh.) verbrachten hier ihre Sommerfrische und beschrieben das Achental in ihren Werken. Seit 1902 wird im **Bächental** von der Familie Albrecht Ölschiefer gewonnen, ein bewährtes Naturmittel bei Gelenksbeschwerden, Problemen mit dem Bewegungsapparat und Durchblutungsstörungen. Die Geschichte des Tiroler Steinöls, seine Gewinnung und Anwendung wird im **Museum Vitalberg** eindrucksvoll erklärt.

Im Süden von Eben steht die **Pfarr- und Wallfahrtskirche zur hl. Notburga**, ursprünglich die Kirche zum hl. Rupert, ein gotischer Bau (um 1515), der 1736–1738 innen entweder von Georg Anton Gumpp oder Georg Philipp Appeller barockisiert wurde. Turm und Chor des Vorgängerbaus wurden beibehalten. Die Deckenbilder mit Szenen aus dem Leben der Heiligen stammen vom Schwazer Maler Christoph Anton Mayr, die sehenswerten Stuckaturen von den Wessobrunner Künstlern Anton und Augustin Gigl. Im Hochaltar befindet sich in einem Glasschrein das Skelett der Kirchenpatronin, das in der Advent- und Fastenzeit verhüllt ist. Der Notburga-Sonntag nach dem Fest der hl. Notburga (13. September) ist in Eben ein besonderer Feiertag. Mit der sogenannten Söllerpredigt vom Balkon des Mesnerhauses und dem eucharistischen Bittgang und Segen wird der Volksheiligen gedacht. Im Widum neben der Kirche ist das **Notburga-Museum** eingerichtet.

1969 wurde die **Kirche zum Hl. Kreuz in Pertisau** nach Plänen von Clemens Holzmeister errichtet, ein eher nüchterner und trotzdem eindrucksvoller Bau.

Achensee – Badestrand Buchau, frei zugänglich, weitere Bademöglichkeiten entlang des Sees
Adlerweg Tirol, www.adlerweg.tirol.at
Rofanseilbahn, von der Talstation auf 980 m Seehöhe geht es in fünf Minuten zur Bergstation auf 1840 m, Ausgangspunkt zahlreicher Wanderungen und Klettertouren, Tel. +43(0)5243/5292, www.rofanseilbahn.at
Karwendel-Bergbahn, Gruppenumlaufbahn auf den Zwölferkopf (1480 m), Tel. +43(0)5243/5326, www.karwendel-bergbahn.at
Aussichtsplattform Adlerhorst, Stahlkonstruktion in Form eines Adlerhorstes auf 2000 m im Rofangebirge, Rofanseilbahn AG, Tel. +43(0)5243/5292, www.rofanseilbahn.at

Airrofan Skyglider, Erlebnisflug mit dem Fluggerät „in den Fängen des Adlers" vom Gschöllkopf mit rund 85 km/h über 200 Höhenmeter in die Tiefe, Tel. +43(0)5243/5292, www.rofanseilbahn.at
Achenseebahn – Nostalgiefahrten, Mai bis Ende Oktober, Bahnhofsplatz 1–3, Tel. +43(0)5244/62243, www.achenseebahn.at
Dien-Mut-Weg – Besinnungsweg, Ausgangspunkt Parkplatz ca. 200 m nach dem Gasthof Hubertus in Richtung Pertisau, Gehzeit ca. 1,5 Stunden, www.wandern.achensee.info
Notburga-Museum in Eben im Widum neben der Kirche, Verehrung der hl. Notburga, Wallfahrt, geöffnet Jänner bis April Sonntag 10–12 Uhr, Mai bis Oktober Mittwoch, Freitag, Sonntag 16–18 Uhr, November und Dezember geschlossen, HNr. 1, Tel. +43(0)5243/5227 oder +43(0)664/3914186, www.notburga-museum.at
Achenseer Museumwelt, Traktorenmuseum, historische Technik, Lebens- und Arbeitsweise im Alpenraum, Puppen und Spielzeug, geöffnet 8. Dezember bis 31. März, 1. Mai bis 31. Oktober Mittwoch, Freitag (ab 1. Mai), Sonntag und Feiertag 13.30–17 Uhr, Maurach 120a, Tel. +43(0)664/1026424 oder +43(0)676/4283131, www.achensee-museumswelt.at
Tiroler Steinölmuseum Vitalberg, Steinölabbau und -brennerei im Bächental, Geschichte der Familie Albrecht, Pertisau, geöffnet Mai bis Nov. 9–17.30 Uhr, Dez. bis April 10–16.30 Uhr, Tel. +43(0)5243/20186, www.vitalberg.at
Achenseer Edelbrennerei Kostenzer, Einblick in die Herstellung von Schnaps, Edelbränden, Likören etc., geöffnet Montag bis Freitag 8.30–12.30 und 14–18 Uhr, Samstag 8.30–12.30 Uhr, HNr. 220, Tel. +43(0)5243/5795, www.schnaps-achensee.at

ACHENKIRCH
923 m, 2105 Einwohner

Die am Nordende des Sees gelegene Gemeinde reicht bis zur bayerischen Grenze. Seit 1495 führt hier die Straße zum Achenpass durch. Beim einstigen **Salzstadel** erinnern die zwei großen

Annakapelle in Achenkirch

Einfahrtstore und die Fresken mit den Städten Hall und München (1672) an die Salztransporte von Hall über den Achenpass nach Norden. Neben dem Verkehr bestimmten früher der große Holz- und Fischreichtum der Region das Leben der Menschen.

Auffallend sind noch einige alte bemalte **Bauernhäuser**, so etwa der Dollnhof (Haus Nr. 391). Im 19. Jh. wurde das Achenseegebiet ein Mekka der Erholungssuchenden, zu denen der Dichter Adolf Pichler (1819–1900), der Zillertaler Nationalsänger Ludwig Rainer (1821–1893, begraben im Achenkircher Friedhof) und im 20. Jh. der Philosoph Sir Karl Popper (1902–1994) gehörten. Rainer ließ den heute nicht mehr bestehenden Seehof als Alterssitz errichten.

An den hier gebürtigen Freiheitskämpfer **Anton Dominik Aschbacher** (1782–1814) erinnert ein **Denkmal neben der Pfarrkirche**. 1948 wurde in Achenkirch außerdem der Schauspieler, Dramatiker und Autor **Felix Mitterer** geboren.

Die gotische **Pfarrkirche zum hl. Johannes dem Täufer** wurde 1520 neu erbaut und 1750 von Jakob Singer barockisiert. Philipp Haller malte 1762 das Hochaltarbild der Taufe Christi, Johann Endfelder 1842 im Nazarenerstil die Deckenfresken mit Darstellungen aus dem Leben des Kirchenpatrons. Das Chorfresko stammt von Josef Haun (1933). Besonders verehrt wird hier noch der hl. Vinzenz, der Patron der Holzknechte.

Auf dem Dollenbühel steht die achteckige barocke **Annakapelle** mit Statuen der 12 Apostel aus dem Jahre 1667. Das Altarbild mit dem Tod und der Krönung Mariens stammt aus der Mitte des 18. Jh. Die beiden Statuen der hll. Joachim und Anna sind Werke des Fügener Bildhauers Franz Xaver Nissl. 1804 wurde der interessante **Kalvarienberg** mit den sieben Kreuzwegkapellen, welche die Leidensgeschichte Jesu erzählen, gestiftet. Zweiundachtzig Betonstufen führen zur Kapelle hinauf.

Achensee – Badestrand Schwarzenau, Tel. +43(0)5243/20236 oder +43(0)664/4662070, www.schwarzenau.cc
Achensee – Strandbad Achenkirch (s. TVB Achensee)
Hallenbad Cordial Familien & Vital Hotel, HNr. 173+177, Tel. +43(0)5246/6644, www.cordial.at/achenkirch
Wanderungen im Bereich des Achensees, www.wandern.achensee.info
Abenteuerpark Achensee, Erlebnisreise von Baum zu Baum, Waldseilgarten, geöffnet Anfang April bis Mitte Juni sowie Ende September bis Ende Oktober am Mi, Sa, So und Ft. von 13–19 Uhr, im Hochsommer (Mitte Juni bis Ende September) Di bis Fr von 13–19 Uhr und Sa, So, Ft. von 10.30–19 Uhr, Achenkirch 256, Tel. +43(0)699/19089968, www.abenteuer-achensee.at,
Bergwildgehege Achenkirch, Am Sonnberglift (s. TVB Achensee)
Wanderung zum Seehof-Wasserfall, oberhalb des Achenseehofes (östlich der Bundesstraße), Gehzeit 15 Minuten
Heimatmuseum Sixenhof, typischer Tiroler Einhof, Lebensart und Arbeitswelt der Bewohner des Achentals in früherer Zeit (Handwerk, Jagd, Fischerei, Holzwirtschaft, Achenseeschifffahrt etc.), geöffnet 1. Mai bis 31. Oktober tgl. 13–17 Uhr, Tel. +43(0)5246/6508 oder +43(0)5246/5303, www.heimatmuseum-achental.at

Steinberg am Rofan – bereits früh siedelten sich Menschen hier an.

STEINBERG AM ROFAN
1015 m, 288 Einwohner

Von Achenkirch aus gelangt man durch ein Seitental nach rund 10 km zur kleinen, abgelegenen Streusiedlung Steinberg in einem breiten Talkessel am Übergang zum Brandenbergtal. Die Bevölkerung lebte hier früher von der Viehzucht und der Lieferung von Holz und Holzkohle an die Hüttenwerke im Inntal. An der Steinberger Ache sind noch Reste der Holzklausen vorhanden. Hier wurde das Holz nach Brandenberg und weiter nach Kramsach getriftet.

Bekannt sind die 1957 am Nordhang des Schneidjochs am Fuß des Gufferts in einer Höhle (1400 m) entdeckten **Schneidjoch-Inschriften**. Die etruskische Schrift konnte bis heute nicht entziffert werden. Die Inschriften sind in sieben Zeilen angeordnet und bestehen aus über 100 Buchstaben. Die unterschiedlich gut erhaltenen Schriftbänder im Fels sind zwischen einem und zwei Meter lang. Hier befand sich nahe einer

Quelle die älteste nachweisbare Kultstätte Tirols (zwischen 400 v. Chr. und Chr. Geb.).

Eine **Pfarrkirche zum hl. Lambert** bestand schon im 12. Jh., wurde jedoch im 15. Jh. gotisch umgebaut und 1737 barockisiert. Jakob Mayr schuf das Hochaltarbild mit Maria und den hll. Lambert und Vinzenz. Der hl. Vinzenz, Patron der Holzarbeiter, ist auch am rechten Seitenaltar als Statue mit dem Holzhaken der Triftarbeiter dargestellt. Am linken Seitenaltar fällt eine seltene Darstellung der Heiligsten Dreifaltigkeit aus dem 17. Jh. mit drei Köpfen auf (1628 verbot Papst Urban VIII. diese Art der Darstellung, der Hl. Geist muss seither durch die Taube symbolisiert sein). Die Deckenfresken zeigen im Chor die Verherrlichung Mariens durch verschiedene Heilige, im Langhaus die Taufe Christi, den hl. Georg und die Hl. Familie. Über der Sakristeitüre wurde eine gotische Darstellung der Israeliten in der Wüste mit dem Manna freigelegt.

Das Zillertal und seine Seitentäler

Etwas östlich von Jenbach, rund 40 km entfernt von Innsbruck, zweigt das rund 30 km lange Zillertal nach Süden ab. Durchflossen wird das breiteste Nebental des Inntals vom Ziller. Es gibt keine Talstufen, die Siedlungen liegen auf den Schuttkegeln der Seitenbäche. Der Anstieg von Strass am Taleingang (522 m) bis Mayrhofen (628 m) ist nur gering. Sowohl die Tuxer Voralpen im Westen als auch die Kitzbüheler Alpen im Osten zeigen sanft ansteigende, mit Wiesen bedeckte Hänge, die bis auf etwa 1200 m Höhe besiedelt sind. Die Gletscherregion der Zillertaler Alpen im Süden gehört zu den Zentralalpen. Bei Mayrhofen teilt sich das Tal in vier tief eingeschnittene Seitentäler, die auch als „Gründe" (Tuxer Tal, Zemmgrund oder Dornaubergtal, Stillupgrund und Zillergrund) bezeichnet werden.

Zur Römerzeit war der Ziller die Grenze zwischen den Provinzen Rätien im Westen und Noricum im Osten. Im Zuge der Völkerwanderung siedelten sich im 6. und 7. Jh. die Bajuwaren im Inntal und in Folge auch im Zillertal an.

Im 8. Jh. entstanden die ersten Kirchenbauten in Zell und in Fügen. 738 wurde der Ziller als Bistumsgrenze zwischen Säben-Brixen (bis 1919) und Salzburg festgesetzt. Er trennt noch heute das Bistum Innsbruck vom Erzbistum Salzburg. Die Kirchtürme östlich des Ziller auf der Salzburger Seite sind grün, jene westlich auf der Innsbrucker Seite rot gedeckt. Eine Ausnahme bildet Strass am Eingang des Tals. Erst seit 1816 gehört das gesamte Tal zu Tirol, vorher war der Bereich südlich von Fügen ein Teil Salz-

burgs. Bergknappen und Wanderhändler brachten die protestantische Lehre Martin Luthers, die sich rasch verbreitete. Die Zillertaler Protestanten wurden verfolgt. 1837 wurden 427 Zillertaler zum Auswandern gezwungen. Auch auf Grund der wirtschaftlich oft schwierigen Situation mussten zahlreiche Bewohner ihre Heimat verlassen. Sie verdienten als Handwerker, Händler und Musikanten ihren Lebensunterhalt in fernen Ländern.

In der zweiten Hälfte des 19. Jh. nahm der Fremdenverkehr stark zu. Er stellt bis heute eine wichtige Einnahmequelle für die Bevölkerung dar. Im hinteren Teil des Tales wurden im 20. Jh. mehrere Stauseen zur Stromerzeugung gebaut. Brauchtum und Tradition werden im Zillertal auch heute noch intensiv gepflegt. Immer im Frühling findet in Zell am Ziller das **Gauderfest**, ein großes Kirchtagsfest, statt. Früher boten bei diesem Fest zahlreiche Wanderhändler ihre Waren an. Die Bezeichnung Gauderfest stammt vom Gauder-Anwesen, auf dem das Fest ursprünglich stattfand.

Der **Hochgebirgs-Naturpark Zillertaler Alpen** beginnt bei Mayrhofen und teilt sich auf zehn verschiedene Seitentäler auf. Eine Besonderheit des Naturparks ist die enge Verbindung von hochalpiner Kultur- und Naturlandschaft. Schwerpunkte liegen in den Bereichen Naturschutz und Forschung. Es wird ein umfangreiches Sommerprogramm mit zahlreichen Themenwanderungen sowie eine Dauerausstellung im Naturparkhaus Ginzling geboten. (www.naturpark-zillertal.at).

UNTERLAND

STRASS IM ZILLERTAL
522 m, 824 Einwohner

Das bäuerliche Dorf Strass liegt am Eingang des Zillertals am Fuß des senkrecht aufsteigenden Brettfallschrofens (628 m). Vom 15. bis zum 18. Jh. wurden hier Silber und Kupfer abgebaut. Im Jahre 1809 hatte der Ort unter den Tiroler Freiheitskämpfen sehr zu leiden. Bis 1805 war Strass Grenzort zum salzburgischen Zillertal, hier befand sich auch die landesfürstliche Zollstation. An der alten Landesstraße zwischen den einstigen Innauen und dem Felsen von Maria Brettfall befand sich ab ca. 1300 eine Klause mit einer Sperrmauer, Wartenberg bzw. Klauseneck genannt.

Der Ortsteil **Rotholz** ist zwischen Strass und Buch in Tirol aufgeteilt. Dort steht direkt an der Bundesstraße **Schloss Rotholz bzw. Thurneck**, um 1580 von Albert Lucchese im Auftrag Erzherzog Ferdinands II. als Jagd- und Lustschloss für sich und seine Gattin Philippine Welser errichtet. Lucchese plante auch den Umbau von Schloss Ambras und erbaute mit seinem Sohn die Silberne Kapelle in Innsbruck. Auf der nördlichen Talseite ließ der Landesfürst zwischen Jenbach und Wiesing einen von einer hohen Steinmauer umschlossenen Wildtierpark mit Hirschen, Rehen und Fasanen anlegen. Reste dieser **Tiergartenmauer** sind noch erhalten und östlich von Jenbach sogar konserviert worden. 1704–1706 ließen die Grafen von Tannenberg das symmetrisch angelegte Schloss mit zwei Ecktürmen im Stil des Hochbarock umbauen.
Seit 1876 ist Thurneck im Besitz des Landes Tirol und beherbergt die **Landwirtschaftliche Lehranstalt Rotholz**. Von der einstigen Innenausstattung ist nur wenig erhalten, so etwa einige Türein-

fassungen aus rötlichem Kramsacher Marmor sowie Kamine aus weißem Marmor. Sehenswert ist die von Johann Josef Waldmann 1706 gemalte Decke mit Allegorien und Engeln in der einstigen Schlosskapelle.
Die **neue Sebastianskirche** entstand 1957–1960 nach Plänen von Jakob Walcher. Das Fresko der hl. Notburga und die Glasfenster im Seitenschiff stammen von Fred Hochschwarzer, der Bronzetabernakel und das Apsisfenster von Max Spielmann.

1737 wurde die **Pfarrkirche zum hl. Jakobus dem Älteren** von Jakob Singer barockisiert. Vom gotischen Vorgängerbau um 1500 wurden Turm und Sakristei übernommen. Anton Kirchebner malte 1736/37 die Fresken mit Darstellungen der Maria Immaculata im Chor sowie der Maurenschlacht und der Gnadenmadonna von Maria Brettfall im Langhaus. Das Hochaltarbild mit dem hl. Jakobus stammt ebenfalls von Anton Kirchebner, die Seitenstatuen der hll. Sebastian und Johannes Nepomuk von Gregor Fritz. Im Chor steht eine Figur des Kirchenpatrons (um 1500).

Von Strass gelangt man in rund 20 Minuten zur **Wallfahrtskirche Maria Brettfall** auf einem steilen Felskopf direkt über dem Ort mit einem herrlichen Ausblick auf das Inn- und Zillertal. Der Zentralbau aus dem Jahre 1671 wurde 1729 neu errichtet. Der Legende nach befestigte ein Knappe auf seinem Weg zur Arbeit ein Marienbild an einem Baum, das jedoch mehrmals auf wundersame Weise verschwand und an einer anderen Stelle wiedergefunden wurde. Dort entstand die Kapelle. Das Gnadenbild der sitzenden Madonna befindet sich im Hochaltar. Im Deckenfresko (um 1820/30) ist die Krönung Mariens darge-

Die Zillertalbahn führt von Jenbach bis nach Mayrhofen.

stellt. Zahlreiche Votivbilder erinnern an Gebetserhörungen. Anstelle der Einsiedelei besteht heute ein Gasthaus.

> **Bäuerliche Gerätesammlung der Landwirtschaftlichen Lehranstalt Rotholz**, Boden- und Holzverarbeitung, Getreideanbau, Milchwirtschaft, geöffnet nur nach Voranmeldung, Rotholz 46, Tel. +43(0)5244/62161, www.rotholz.at

BRUCK AM ZILLER
577 m, 1048 Einwohner

In dem am Fuß des Reither Kogels gelegenen Straßendorf dürfte schon zur Römerzeit eine Brücke über den Ziller bestanden haben. Wichtig für den Ort war der Bergbau von Silber und Kupfer. Im Jahre 1809 fanden an der Engstelle beim ehemaligen Gasthof Landhaus schwere Kämpfe statt, woran ein **Denkmal** erinnert.

Die 1337 erstmals erwähnte **Pfarrkirche zum hl. Leonhard** wurde innen 1648 barockisiert. Die Figuren am Hochaltar (hll. Ulrich und Leonhard) stammen von Josef Martin Lengauer (1768), die Fres-

ken mit verschiedenen Heiligen aus 1822. Das spätgotische Kreuz stand früher auf der Zillerbrücke und wurde als wundertätig verehrt. An der Außenwand zeigt ein Bild von 1718 den hl. Christophorus.

SCHLITTERS
541 m, 1434 Einwohner

Wie bei den anderen Orte in der Umgebung ist auch bei Schlitters die Geschichte des Ortes eng mit dem Abbau von Silber und Kupfer verbunden. Erwähnenswert scheint, dass im Hochmittelalter die **Edlen von Schlitters**, Dienstmannen der Grafen von Andechs, ein bedeutendes Geschlecht darstellten. Ihre Burg soll über dem Dorf gestanden haben, von ihr ist heute nichts mehr erhalten. 1275 starb die Familie aus. In den Freiheitskämpfen von 1809 wurden zahlreiche Häuser zerstört. Erzherzog Sigmund der Münzreiche ließ um 1470 den **Schlitterer See** als Fischweiher anlegen. Heute gibt es hier einen Badesee.

1500–1505 entstand die gotische **Pfarrkirche zum hl. Martin**, die innen 1750 barockisiert und mit Fresken des Schwazer Malers Christoph Anton Mayr (Szenen aus dem Leben des Kirchenpatrons) ausgestattet wurde. Das Hochaltarbild mit der Glorie des hl. Martin ist ein Werk von Josef Arnold (1822). Das **Kriegerdenkmal** stammt von Peter Schneider (1954). Ein Gedenkstein erinnert an die Freiheitskämpfe von 1809.

> **Natur-Badesee Schlitters**,
> Tel. +43(0)5288/72363 oder
> +43(0)5288/72404

FÜGEN
545 m, 4018 Einwohner

Der Hauptort des vorderen Zillertals zählt zu den ältesten Orten des Tals und gehörte bis 1803 zum Erzbistum Salzburg. Bis ins 19. Jh. bestand das Fügener Eisenwerk in Kleinboden, hier waren bereits ab dem 15. Jh. Kanonenkugeln und Harnischbleche erzeugt worden. Fügen war Sitz der Adelsfamilien Schöner, Haun und Hackl. Das **Fügener Schloss** mitten im Ort, ein Bau mit vier Flügeln und Innenhof, wurde um 1550 aus einem Wohnturm erbaut. 1651 kam der Ansitz mit der Eisenhütte an die Grafen Fieger, welche ihm um 1730 sein heutiges Aussehen gaben. 1802 folgte Nikolaus Graf Dönhoff als Besitzer, er betrieb hier eine Nadelfabrik.

Als 1822 bei einem Besuch des Zaren Nikolaus I. beim Grafen das Lied „Stille Nacht, heilige Nacht" von den Rainer-Sängern vorgetragen wurde, lud dieser sie nach St. Petersburg ein. Eine Bronzetafel an der Fassade erinnert daran. Die aus Fügen stammenden **Zillertaler Nationalsänger Rainer**, die auch einen Wanderhandel mit Handschuhen betrieben, machten ab 1924 das oben erwähnte Weihnachtslied in der ganzen Welt bekannt. Ihr bedeutendstes Mitglied war Ludwig Rainer (1821–1893).

Im Schloss ist das Internat der **Bubenburg** untergebracht. Das Seraphische Liebeswerk der Kapuziner betreut hier Burschen bis zum Alter von 16 Jahren, die vorübergehend oder dauerhaft nicht bei ihren Familien leben können. 2010 wurde ein neuer Schulbau eröffnet, die Cyprian-Fröhlich-Schule, benannt nach dem Gründer des Seraphischen Liebeswerks (1853–1931).

Die **Pfarrkirche Mariä Himmelfahrt** wurde 1330 erbaut, 1497 erweitert und nach einem Brand 1943–1947 restauriert. In der Vorhalle befinden sich alte Grabsteine und eine Ölberggruppe aus Ton. Im Inneren sind Fresken aus der Frühgotik (um 1330) zu sehen, im Chor stellen gotische Plastiken Christus und die zwölf Apostel dar. 1958 schuf Max Spielmann die Seitenaltäre. Auf dem Friedhof liegt der Fügener Bildhauer **Franz Xaver Nissl** (1731–1804) begraben, der auch die Plastiken in der Kirche schuf.

Oberhalb von Fügen steht der barocke Zentralbau der 1715–1722 errichteten **Wallfahrtskirche Marienberg**, eine Stiftung der Grafen Fieger und der Marienbruderschaft der Bergknappen. Der Altar beinhaltet eine alte russische Marienikone. Neben reichem Stuck sind bemalte Medaillons mit Szenen aus dem Leben Jesu und der Maria vorhanden.

> **Erlebnisfreibad und Hallenbad**
> **Erlebnistherme Zillertal**, Badweg 1,
> Tel. +43(0)5288/63240,
> www.erlebnistherme-zillertal.at

Hallenbad im Hotel Kohlerhof, Hochfügener Str. 383, Tel. +43(0)5288/62962, www.kohlerhof.com
Hallenbad im Hotel Crystal, Hochfügener Str. 63, Tel. +43(0)5288/62425, www.crystal-vital.at
Hallenbad im Hotel Zur Post, Dorfplatz 14, Tel. +43(0)5288/63212, www.hotel-zur-post.at
Hallenbad Sport- und Wellnessanlage Held, Kapfing 95, Tel. +43(0)5288/62386, www.held.at
Hallenbad im Wohlfühlhotel Schiestl, Hochfügener Str. 29, Tel. +43(0)5288/62326, www.hotel-schiestl.com
Spieljochbahn, von Fügen auf 2100 m Höhe, Tel. +43(0)5288/62991, www.spieljochbahn.at
Naturlehrpfad Marienberg, Ausgangspunkt Wallfahrtskirche Marienberg, Wanderung durch den Mischwald mit reicher Gebirgsflora
Heimatmuseum in der Widumspfiste, Zillertaler Nationalsänger, Handwerker, heimische Künstler, Bergbau, Landwirtschaft etc., geöffnet Juni bis Anfang Oktober und Weihnachten bis Ostern Dienstag und Freitag 16–18 Uhr, Juli und August zusätzlich Montag 20–22 Uhr, Tel. +43(0)5288/63044 oder +43(0)664/2735223, www.hmv-fuegen.at
Käsereimuseum Fügen, Geschichte der Käserei, Geräte zur Käse- und Buttererzeugung, geöffnet Montag bis Samstag 8–12 Uhr, Führungen Montag bis Freitag 10 und 11 Uhr, HNr. 315, Tel. +43(0)5288/62334, www.kaeserei-fuegen.at
FeuerWerk – HolzErlebnisWelt der Binderholz AG, Energiegewinnung aus Holz, BioMasseHeizKraftWerk-Schaukraftwerk, Fernwärme, geöffnet Montag bis Freitag 10–17 Uhr, stündliche Führungen, Fügen 39, Tel. +43(0)5288/601/550, www.binder-feuerwerk.com
Schaubergwerk Öxltal am Spieljoch, Bergbau in Fügen und Umgebung, erreichbar von der Bergstation Spieljochbahn in ca. 45 Minuten, geöffnet Ende Juni bis Ende September (nur mit Führung), Führungen Sonntag bis Freitag 9–12 Uhr, Tel. +43(0)5288/62991 oder +43(0)664/8220400, www.spieljochbahn.at
Wanderweg Fügen – Oberhaus – St.-Pankraz-Kirche – Fügen, Gehzeit ca. 3,5 Stunden, Ausgangspunkt Tourismusverband Fügen

Wallfahrtskirche St. Pankraz

FÜGENBERG
750 m, 1358 Einwohner

Zur Streusiedlung Fügenberg auf der Anhöhe gehören auch die Ortsteile Pankrazberg und Hochfügen. Als im Hochmittelalter die Bewirtschaftung im Talboden nicht mehr ausreichte, begann die Erschließung der Berghänge. Die großen Silber- und Kupfervorkommen, welche hier vom 15. bis zum 18. Jh. abgebaut wurden, begünstigten die Entwicklung der Siedlung. Vom Ortszentrum Fügen führt heute die Hochfügen-Straße nach Fügenberg und weiter zur **Hotelsiedlung Hochfügen**, einem wichtigen Wintersportzentrum.

Von weitem sichtbar ist die alte gotische **Wallfahrtskirche zum hl. Pankraz**, 1338 erstmals erwähnt. Das jetzige Gotteshaus stammt aus den Jahren 1494–1497 und wurde 1520–1522 nach Westen verlängert. Das Netzrippengewölbe der

UNTERLAND

bedeutendsten gotischen Kirche des Zillertals weist dekorative Rankenmalerei sowie Wandfresken (im Chor die vier Evangelisten und die Gregorsmesse, im Langhaus Anbetung der Könige, Kreuzigung, 22 Heilige mit Stifterwappen und Ölbergszene) aus der Zeit um 1497 auf. Den Hochaltar (1698) mit der Mittelstatue des hl. Pankraz und die Seitenaltäre (um 1700) schuf Michael Mayr. Im Schrein über dem Tabernakel befindet sich das angebliche Haupt des Kirchenpatrons. Beim rückwärtigen Seitenaltar mit den Statuen der Bergwerkspatronin Barbara und der Bauernheiligen Notburga und Isidor handelt es sich um eine Stiftung der Bergleute von Kleinboden, um 1770 von Franz Xaver Nissl aus Fügen geschnitzt. Er schuf auch die ganzjährig aufgestellte Weihnachtskrippe mit bekleideten Figuren.

HART IM ZILLERTAL
666 m, 1555 Einwohner

Rund 130 m über dem Talboden liegt auf der östlichen Seite des Zillertales das Dorfzentrum von Hart. Bis um 1870 wurde im Ortsteil Kohlstatt das auf dem Ziller getriftete Holz zu Holzkohle für das Eisenwerk in Fügen verarbeitet.

1734/35 baute Matthias Rangger aus Axams die **Pfarrkirche zum hl. Bartholomäus**, deren Vorgängerbau erstmals 1468 erwähnt wird. Anton Kirchebner aus Götzens malte 1735 die volkstümlichen Fresken mit der Darstellung des Abendmahls und verschiedener Heiliger sowie das Hochaltarbild von 1748 mit dem Kirchenpatron.

Laut Entstehungslegende der 1671–1677 erbauten **Wallfahrtskirche Mariä Reinigung am Harterberg** habe Maria im Bach neben der Kirche die Windeln gewaschen. Deswegen soll das Wasser bei Augenleiden helfen. Das Deckenfresko mit dem Thema Mariä Reinigung stammt von Wolfram Köberl (1954). Im Hochaltar von 1850 befindet sich das Gnadenbild. Zahlreiche Votivbilder erinnern an Gebetserhörungen.

Hallenbad im Ferienhotel Hoppet, HNr. 25, Tel. +43(0)5288/62220, www.hoppet.at
Rundwanderweg Vogellehrpfad mit Schleierwasserfall, Ausgangs- und Endpunkt 300 m südlich der Pfarrkirche, leichte Wanderung, Gehzeit ca. 2,5 Stunden, Tafeln mit Beschreibungen von 44 heimischen Vogelarten, Schleierwasserfall (mit 91 m Höhe höchster Wasserfall des Zillertals)

UDERNS
549 m, 1692 Einwohner

Uderns liegt zwischen Fügen und Ried auf dem Schuttkegel des Finsingbaches. Vom 16. bis zum 19. Jh. waren der **Eisenerzabbau im Finsingtal** sowie die Hochöfen und Eisenhammerwerke im Fügener Ortsteil Kleinboden von großer Bedeutung. Der Bach lieferte Energie für verschiedene Gewerbebetriebe, die Holzkohle kam aus der Kohlstatt in der Gemeinde Hart auf der gegenüberliegenden Talseite. 1870 wurde das Eisenwerk geschlossen. Der **Pachmairhof** (HNr. 26) weist dekorative Malereien aus der Zeit um 1790 auf. Das **Mirakelkreuz** von Franz Seraphikus Nissl (um 1830) an der Straße nach Finsing wurde als Dank für die Rettung nach einem Überfall gestiftet.

1489–1500 wurde anstelle einer älteren Kirche die **Pfarrkirche zum hl. Briccius** erbaut, deren Langhaus 1688 neu errichtet wurde. Christoph Anton Mayr malte 1777 die volkstümlichen Fresken, das Hochaltarbild mit dem Kirchenpatron stammt vom Innsbrucker Wolfram Köberl (1967). Die Statuen der hll. Petrus, Paulus, Anna und Magdalena gehen auf den einheimischen Künstler Franz Xaver Nissl (1771), die Kreuzigungsgruppe vermutlich auf Franz Seraphikus Nissl zurück. Volkskundlich interessant ist das Bild der hl. Kümmernis unter der Empore.

RIED IM ZILLERTAL
572 m, 1249 Einwohner

Das einstige Bauerndorf ist heute, wie viele andere Gemeinden des Zillertals, ein wichtiger Fremdenverkehrsort. Hier befindet sich die nördlichste Zufahrt zur **Zillertaler Höhenstraße**.

1498 wurde die **Pfarrkirche zum hl. Johannes dem Täufer** an der Stelle einer 1434 erwähnten Kirche errichtet, jedoch 1774–1778 durch die spätbarocke Kirche von Thomas Sandbichler aus Jenbach ersetzt. Die Chorfresken stammen von Josef Haun (1905), jene im Langhaus von Josef und Anton Schmutzer sowie Franz Hueber (1776).

Entlang des Riedbachs führt der **neue Kreuzweg** (1998) mit Bronzedarstellungen von Hermann Wildauer aus Ried über Taxach zur **Riedbergkapelle**. Der Guss der Kreuzwegstationen erfolgte durch Walter Rom in Kundl. Von Wildauer stammt auch der hl. Florian am Dorfbrunnen.

Hallenbad im Hotel Almhof Lackner, HNr. 25b, Tel. +43(0)5283/2374, www.almhof-lackner.at
Hallenbad im Hotel Alpina, HNr. 132, Tel. +43(0)5283/2831, www.alpina-ried.at
Hallenbad im Hotel Grillhof, HNr. 80b, Tel. +43(0)5283/2250, www.zillertaler-grillhof.at
Hallenbad im Hotel Magdalena, HNr. 25a, Tel. +43(0)5283/2243, www.magdalena.at

KALTENBACH
551 m, 1268 Einwohner

Kirchlich gehört Kaltenbach zu Ried. Auf Grund der schwierigen wirtschaftlichen Verhältnisse zogen 1685 von hier die ersten Zillertaler Ölträger (Händler mit medizinischen Ölen und Hausmitteln) in die Ferne. Von Kaltenbach bzw. Ried gelangt man auf die mautpflichtige **Zillertaler Höhenstraße**.

Zillertaler Höhenstraße

Mit einer Gesamtlänge von 48 km zählt sie zu den schönsten Alpenstraßen Österreichs und ermöglicht die Fahrt mit dem eigenen PKW bis auf 2020 m Seehöhe. Von der stellenweise sehr schmalen Bergstraße genießt man einen herrlichen Ausblick auf das Zillertal und die umliegenden Berge. Almhütten und Gasthäuser bieten die Möglichkeit zur Einkehr. Der einzige Alpengarten des Tales liegt in der Nähe des „Zirmstadels" und bietet auf ca. 1800 m Höhe einen Einblick in die Pflanzenwelt der Alpen. Im Murmelland bei der Kaltenbacher Schihütte kann man die Lebensweise dieser Alpentiere beobachten. Es gibt hier auch einen Kinderspielplatz und einen Streichelzoo. Auf- bzw. Abfahrten zur Höhenstraße befinden sich in den Orten Ried, Kaltenbach, Aschau, Zellberg (Zell am Ziller) und Hippach-Schwendberg.

An der Stelle der 1650 errichteten **Wallfahrtskapelle Mariä Heimsuchung** entstand 1947/48 als Dank für einen glücklich überstandenen Bombenangriff im Zweiten Weltkrieg eine neue Kapelle nach Plänen von Walter Lottersberger. Das Deckenbild malte Wolfram Köberl aus Innsbruck. Im frühbarocken Hochaltar ist das alte Mariahilfbild aus der Zeit um 1670 aufgestellt. Die Glasfenster sind von Carl Rieder aus Schwaz (1950). Zahlreiche Votivbilder zeugen von der Beliebtheit des Gnadenortes. Das **Kriegerdenkmal** mit einer weinenden Mutter und ihrem toten Sohn geht auf Hans Rieser aus Hippach zurück.

Hallenbad im Hotel Seetal, HNr. 138, Tel. +43(0)5283/2743, www.seetal.at
Wanderung zum Wasserfall, Ausgangspunkt Ortszentrum, Gehzeit ca. 40 Minuten, mittelschwere Wanderung
Wanderung von der Kaltenbacher Schihütte zum Alpengarten, Gehzeit ca. 45 Minuten, mittelschwere Wanderung

STUMM
554 m, 1853 Einwohner
mit Stummerberg

Schon im 8. Jh. war das Gebiet im Besitz des Erzbistums Salzburg. Als Erzbischof Konrad von Salzburg im 12. Jh. dem Bistum Herrenchiemsee hier Eigentum schenkte, wurde Stumm bis 1809 eine eigene Hofmark mit niederer Gerichtsbarkeit. 1550 wurde **Schloss Stumm**, ein dreigeschossiger, quadratischer Ansitz mit Eckerkern, errichtet. Zu den Besitzern gehörten der Innsbrucker Geschützgießer Gregor Löffler sowie die Grafen Spaur und Lodron. Heute ist es in Privatbesitz und kann nicht besichtigt werden. Wunderschön gestaltet ist der Dorfplatz mit der Kirche, dem Dorfbrunnen, Gasthäusern sowie dem Schloss.

Die **Pfarrkirche zum hl. Rupert** wurde 1414 erstmals erwähnt. Die 1511 entstandene gotische Kirche wurde im Barock verlängert und 1765 innen von Christoph Anton Mayr mit Fresken ausgestattet, die Szenen aus dem Leben des hl. Rupert zeigen. Das im Hochaltar befindliche, stark verehrte Bild der Madonna mit Kind und Lilie ist eine Kopie eines gotischen Tafelbildes aus der Zeit um 1440. Franz Xaver Nissl schnitzte um 1765 die Figuren am Hochaltar.

Die Gemeinde **Stummerberg** (800 m, 814 Einwohner) liegt an den Berghängen oberhalb von Stumm beiderseits des Märzenbachs. Schon früh siedelten sich hier Menschen an, wie der Fund eines Lappenbeils aus Bronze beweist. Wichtig für den Ort war lange Zeit die Holztrift aus dem Märzengrund. Das Holz diente vor allem der Herstellung von Holzkohle in den Schmelzhütten im Tal. Das romanische Kruzifix vom Stummerberg aus der Zeit um 1143, vermutlich das älteste Schnitzwerk Tirols, befindet sich heute in der Mittelaltersammlung im Schaudepot des Prunkstalls im Schloss Belvedere in Wien.

Freibad Badewelt Stumm, Unterwaldstr. 1, Tel. +43(0)5283/2364, www.badewelt-stumm.at
Wanderung Großer Rundweg März, Ausgangs- und Endpunkt Gasthof Märzenklamm, Gehzeit ca. 1,5 Stunden

ASCHAU IM ZILLERTAL
568 m, 1749 Einwohner

Neben Mayrhofen ist Aschau die zweite Gemeinde des Zillertals, welche zu beiden Seiten des Zillers liegt. Historisch bedingt gehört daher der Teil westlich des Zillers zur Diözese Innsbruck und der östlich zur Erzdiözese Salzburg. Aus dem 15. Jh. stammt der **Ansitz Thurnbach** der Adelsfamilie Haun von Thurnbach auf der östlichen Zillerseite. Das heute als Gasthof in Verwendung stehende Bauwerk wurde in der Barockzeit verändert und mit Fresken geschmückt. Das **Denkmal beim Krapferhäusl** (Krapferg. 2) an der Landesstraße zwischen Aschau und Zell erinnert an das Gefecht am Klausnereck während der Tiroler Freiheitskämpfe 1809. 1973 wurde Aschau mit der einst selbständigen Gemeinde Distelberg vereint.

Die **Pfarrkirche Maria vom Siege** in Aschau wurde 1848–1850 im Stil des Klassizismus erbaut, im Inneren sind Fresken von Johann Endfelder (Erhöhung des Kreuzes) und Josef Arnold d. Ä. (Szenen aus dem Marienleben) aus der Bauzeit zu bewundern. Die Bilder im Schiff (Herz Jesu, Rosenkranzspende) malte Josef Haun aus Fügen (1902). Das große Kruzifix stammt vom Aschauer Bildhauer Johann Baptist Pendl (1791–1859). Johann Mader malte das Altarbild Maria vom Siege.

In Thurnbach steht die **gotische Kirche zum hl. Leonhard**, gestiftet von der Adelsfamilie Haun von Thurnbach, 1511 geweiht und um 1700 schließlich barock umgestaltet.
Um das Problem der Feuchtigkeit durch den nahen Ziller in den Griff zu bekommen, wurde bei der Sanierung 1989–1992 die Kirche mit ihrem Turm um 1,60 m gehoben. Um 1460 entstand die Statue des hl. Leonhard, im frühen 17. Jh. die Kreuzigungsgruppe an der rechten Chorwand. Am linken Seitenaltar steht eine Kopie der Mariazeller Gnadenmadonna. Die äußerst sehenswerte Renaissance-Kanzel wird heute als Ambo verwendet.

Denkmal beim Krapferhäusl

Erlebnispark, Hallenbad und Erlebnisteich Aufenfeld, Badegewässer, Spielplätze, Ballspielpätze, Aufenfeldweg 6, Tel. +43(0)5282/2916, www.camping-zillertal.at
Kristalleum Zillertal, Dokumentation der Bergbautradition und der Mineralienschätze des Tales, geöffnet Mai bis Oktober tgl. 12–17 Uhr, Distelberg 1, Tel. +43(0)5282/2916, www.camping-zillertal.at

ZELL AM ZILLER
575 m, 1749 Einwohner
mit Rohrberg und Zellberg

Die Marktgemeinde Zell liegt in einem weiten Talkessel an der **Mündung des Gerlostals** und ist flächenmäßig die kleinste Gemeinde des Zillertals. Verwaltungsmäßig und wirtschaftlich bildet der Ort mit einer Außenstelle der Bezirkshauptmannschaft Schwaz, einem Bezirksgericht und den Zillertaler Tou-

Zell am Ziller liegt in einem Talkessel im hinteren Zillertal.

rismusschulen das **Zentrum** des Tals. Für das Erzstift Salzburg war Zell von großer Bedeutung, da von hier aus der direkte Weg durch das Gerlostal und über den Gerlospass in das Land Salzburg führte.

Vermutlich entstand im 8. Jh. durch den hl. Rupert ein kleines **Missionskloster (Zelle)**. 1187 wurde das Johannesspital zur Versorgung der Pilger und Reisenden gegründet. Durch die **Goldfunde** am Rohrberg und am Hainzenberg im 16. Jh. stieg die Bedeutung des Ortes. 1592 wurde der Ort Gerichts- und Verwaltungssitz des salzburgischen Zillertals. Einige städtisch anmutende Häuser weisen noch auf Zell als Verwaltungssitz hin. Um 1500 entstand hier die **erste Brauerei Tirols**. Am ersten Sonntag im Mai findet hier das traditionelle **Gauderfest** statt. Im Jahr 2000 entstand die **Zillertal Arena** als Zusammenschluss der Schigebiete Zell, Gerlos und Königsleiten. Aus Zell stammt die **Nationalsängerfamilie Leo**, die auch einmal vor dem Zaren in St. Petersburg sang. Das einfache **Kaiserdenkmal** beim Gerichtsgebäude erinnert an den Besuch Kaiser Franz' I. in Zell im Jahr 1817 anlässlich der Vereinigung des Zillertals mit Österreich. Die **Knappensäule** an der oberen Gerlosstraße (1823) zeigt den Dank für den Schutz der Muttergottes beim gefährlichen Goldabbau.

Die gotische **Pfarrkirche zum hl. Veit und zum sel. Engelbert Kolland** wurde im 18. Jh. verschüttet und musste abgetragen werden. Erhalten ist noch der Westturm. 1772–1778 wurde die jetzige Kirche nach abgeänderten Plänen des Salzburgers Wolfgang Hagenauer von Andre Hueber als Zentralbau mit Laterne errichtet. Auf den Reuttener Maler Franz Anton Zeiller gehen die Fresken (1775–1779) mit der Verehrung der Heiligsten Dreifaltigkeit durch Vertreter des Alten und Neuen Testaments zurück. Das Hochaltarbild zeigt die Glorie des hl. Veit, flankiert von den Figuren der hll. Petrus und Paulus.

1854 wurde die **Spitalskapelle zum hl. Franziskus** im Stil der Neugotik erbaut. Das Altarbild malte Alois Reisacher.

Die **Gemeinde Rohrberg** (570 m, 523 Einwohner) besteht aus vielen Weilern und Einzelhöfen und gehört kirchlich zu Zell am Ziller. Vom 16. bis zum 19. Jh. wurde dort Gold abgebaut. An der Straße zwischen Zell und Aschau erinnert seit 1909 ein Denkmal an die aus Rohrberg stammenden Brüder Jakob und Sebastian Riedl, die 1809 als Freiheitskämpfer in die Geschichte eingegangen sind. Gegenüber Zell liegt auf der anderen Seite des Zillers die **Gemeinde Zellberg** (900 m, 649 Einwohner).

Erlebnisbad Freizeitpark Zell, Schwimmbad, Ballspielplätze, Erlebnis-Spielplatz, Tel. +43(0)5282/4946-30, www.freizeitparkzell.at
Sommerrodelbahn Arena Coaster, Gesamtstreckenlänge 1450 m, Talstation Zillertal Arena, Tel. +43(0)5282/7165, www.zillertalarena.com
Zillertal Arena – Zeller Bergbahnen, Rosenalmbahn und Gerlossteinbahn, Rohr 23, Tel. +43(0)5282/7165, www.zillertalarena.com
Hallenbad im Gästeheim Aufeld (auf Anfrage), Aufeld 10, Tel. +43(0)5282/7123, www.aufeld.at
Wanderung zum Talbach-Wasserfall, Ausgangspunkt Ortszentrum Zell, Gehzeit ca. 45 Minuten, leichte Wanderung
Zillertaler Regionalmuseum, Wohnhaus mit eingerichteten Räumen, Trachten, Volksfrömmigkeit, Leben im Dorf, bäuerliches Handwerk, geöffnet Mitte Juni bis Mitte Oktober Sonntag bis Freitag 10–16 Uhr, Tel. +43(0)5282/4408 oder +43(0)664/ 1313787, www.gemeinde-zell.at
Zillertaler Goldschaubergwerk, Hochzeller Käsealm, Tierpark (siehe Hainzenberg)
Lehrpfad Holzweg, Ausgangspunkt Zillerbrücke, interaktive Wissensvermittlung über den Wald, Gehzeit ca. 2–3 Stunden, mittels schwere Wanderung
Kneipp- und Wasserspiellandschaft Gänsanger, Gerlosstein, Tel. +43(0)5282/2281

HAINZENBERG
900 m, 708 Einwohner

Bekannt wurde der Ort durch den um 1500 einsetzenden **Goldbergbau**. Streitigkeiten zwischen dem Tiroler Landesfürsten Erzherzog Leopold V. und dem Salzburger Erzbischof Paris Graf Lodron wegen der Schürfrechte führten 1630 fast zu einem Krieg zwischen Tirol und Salzburg. Das Bergwerk war bis 1870 in Betrieb und ist seit 1997 als Schaubergwerk öffentlich zugänglich.

Am **Kulturwanderweg** von Zell am Ziller nach Hainzenberg liegt die sehenswerte **Wallfahrtskirche Maria Rast**. Da eine höher gelegene Kapelle, 1658/59 von Knappen am Weg zum Gerlospass errichtet, zu klein für die vielen Wallfahrer wurde, entstand 1738/39 der jetzige achteckige Zentralbau. Laut Legende trugen Tauben die blutgetränkten Holzspäne eines verletzten Zimmermanns von der alten Kapelle an den neuen Standort. Josef Michael Schmutzer aus Wessobrunn malte die Deckenfresken mit Szenen aus dem Leben Jesu (1741) sowie das rechte Seitenaltarbild der hl. Notburga. An der Empore ist zweimal die Legende von der Entstehung der Wallfahrt dargestellt. Im beachtenswerten Rokokoaltar (1748) steht die bekleidete Gnadenmadonna von 1658. Altarstatuen und Kanzel schnitzte Stephan Föger aus Innsbruck.

Hallenbad im Ferienhotel Dörflwirt (auf Anfrage), Dörfl 398, Tel. +43(0)5282/3162, www.doerflwirt.at
Zillertaler Goldschaubergwerk, Hochzeller Käsealm, Tierpark, Einblick in den Abbau von Gold, geöffnet von Mai bis Oktober, Führungszeiten Mai, Juni und Oktober alle 2 Stunden, Juli, August und September stündlich, Unterberg 109, Tel. +43(0)5282/4820, www.goldschaubergwerk.com

UNTERLAND

GERLOS
1245 m, 783 Einwohner
mit Gerlosberg

Das **Gerlostal**, ein Seitental des Zillertals, reicht von Zell im Zillertal bis zum Gerlospass (1507 m). Es stellt den Übergang von Tirol in den Salzburger Pinzgau und nach Krimml dar. Vom 16. bis zum 19. Jh. war der Abbau von Gold ein wichtiger Wirtschaftsfaktor. Heute noch ist das Tal ein bedeutender Holzlieferant. Lange Zeit gab es nur einen einfachen Saumweg als einzige direkte Verbindung zwischen dem Zillertal und dem Erzbistum Salzburg. Erst 1912 wurde eine erste Straße gebaut, seit 1964 ist die Verbindung vom Zillertal in den Pinzgau ganzjährig befahrbar und bietet zu allen Jahreszeiten ein einzigartiges Naturerlebnis. 1940–1945 wurde das **Gerloskraftwerk** gebaut, 1956–1967 ein **Großspeicher am Durlassboden**, dem obersten Teil des Tales. Im Straßendorf Gerlos sind einige **alte Einhöfe** mit zwei Stockwerken und einem Balkon erhalten.

Die barocke **Pfarrkirche zu den hll. Leonhard und Lambert** wurde 1730–1735 vom Zillertaler Baumeister Hans Holzmeister errichtet. Eine erste Kirche ist schon 1470 erwähnt. Die Fresken von Josef Michael Schmutzer stellen Maria, das Letzte Abendmahl, Heilige und Szenen aus dem Leben Christi und der Maria sowie die Kirchenpatrone dar. Im Hochaltar aus dem 18. Jh. steht die Figur der Madonna von Josef Bachlechner (1911). Eine Darstellung an der Außenwand zeigt den hl. Leonhard als Viehpatron mit einer Ortsansicht.

1929 entstand die **Schwarzachkapelle zur Kühlen Rast**, in der sich ein von den Einheimischen hochverehrtes Gnadenbild der Muttergottes befindet.

Die **Gemeinde Gerlosberg** (1100 m, 454 Einwohner) zählt kirchlich zu Zell am Ziller. In der 1951 errichteten **Schulkapelle** befinden sich ein Kruzifix von Otto Moroder aus Mayrhofen und ein Fresko des Schwazer Künstlers Carl Rieder. Hier stand das Pochwerk des Goldbergbaus in der Umgebung.

> **Isskogelbahn**, Ausgangspunkt zahlreicher Wanderungen, Schiliftzentrum Gerlos, Innertal, Tel. +43(0)5284/5376, www.wandern.com
> **Gerlossteinbahn**, von Hainzenberg auf die Gerlossteinalm, Zeller Bergbahnen Zillertal, Tel. +43(0)5282/7165, www.zillertalarena.com
> **Gerlos-Alpenstraße**, 1960–1962 erbaut, Panoramastraße von 12 km Länge bis zum Gerlospass und weiter zu den Krimmler Wasserfällen (Salzburg), herrliche Ausblicke, insbesondere bei Motorradfahrern sehr beliebt, Tel. +43(0)6564/7261, www.gerlosstrasse.at
> **Rundwanderung und Bademöglichkeit am Stausee Durlassboden** (6 km lang, 2 km breit, bis zu 55 m tief)
> **Themenwanderung Erlebnisreich**, von Gerlos nach Gerlos-Gmünd, Ausgangspunkt ArenaFUNten-Club im Ortszentrum, Beziehung zwischen Mensch und Ökologie, Gehzeit ca. 1 Stunde

HIPPACH
602 m, 1409 Einwohner
mit Schwendau und Ramsau

Während der Ortsteil Hippach aus einem Straßendorf auf einem Schwemmkegel besteht, liegt der Ortsteil Schwendberg auf der Anhöhe. Die Sängerfamilien **Rieser** und **Strasser** stammen aus dem Ort, letztere Familie trug stark zur Verbreitung des heute weltberühmten Liedes „Stille Nacht, heilige Nacht" bei.

Speicher Durlassboden im Gerlostal

Auch von Hippach gelangt man auf die Zillertaler Höhenstraße (siehe Kaltenbach bzw. Ried). Aus Schwendberg stammen unter anderem die Bildhauer **Matthäus Schiestl d. Ä.** (1834–1915) sowie **Johann Sporer** (1862–1959) und der Maler **Matthäus Schiestl d. J.** (1869–1939).

Die jetzige **Pfarrkirche zu den Brixner Diözesanpatronen Ingenuin und Albuin** wurde 1699–1701 von Gallus Appeller errichtet, hat jedoch einen Vorgängerbau aus dem 13. Jh. Die Fresken (die vier Evangelisten, Szenen aus dem Leben Christi und verschiedene Heilige) schufen Josef Michael Schmutzer (1746) und Wolfram Köberl (1976). Im Hochaltar sind unter anderem die barocken Figuren der hll. Josef, Ingenuin und Albuin zu bewundern.

Die Gemeinde **Schwendau** (620 m, 1556 Einwohner) gehört kirchlich zu Hippach.

In der Gemeinde **Ramsau im Zillertal** (599 m, 1574 Einwohner) wurde die **Kirche zu den Sieben Schmerzen Mariens** 1841–1843 im Stil des Spätklassizismus erbaut. Der Hippacher Bildhauer Johann Sporer (1862–1959) schuf die sehenswerte Pietà in einer Nische der Fassade. Um 1770 entstanden der Hochaltar und die Figuren der hll. Notburga und Isidor. Ein Bild erinnert an den 1926 seliggesprochenen Franziskanerpater **Engelbert Kolland** (1827–1860), der in Ramsau geboren wurde.

Sport- und Erlebnisschwimmbad, Lindenstr. 34a, Tel. +43(0)5282/4199 oder +43(0)5282/3630, www.mayrhofen.at
Heimatmuseum im Strasserhäusl, altes Zillertaler Holzhaus, einst Wohnhaus der Sängerfamilie Strasser, bäuerliche Lebens- und Arbeitswelt, Kleidung, Volksfrömmigkeit, Verbreitung des Liedes „Stille Nacht, heilige Nacht", geöffnet Samstag bis Freitag 10–12 Uhr und 14–17 Uhr, Tel. +43(0)5282/2646 oder +43(0)676/3225522

Blick auf Ramsau

MAYRHOFEN
630 m, 3867 Einwohner
mit Brandberg

Die Marktgemeinde liegt am Talschluss des Zillertals. Hier kommen die **Quelltäler** (auch „Gründe" genannt) des Zillertals zusammen: Zillergrund, Stillup, Zemmgrund mit dem Floitental und das Tuxer Tal. Die **Zillertalbahn** erreicht von Jenbach nach 32 km den Hauptort des Tales. Gut erhaltene **alte Bauernhöfe** sind noch in den Ortsteilen Dorf Haus, Hollenzen und Brandberg zu sehen.

1978/79 wurde das **Europahaus** errichtet, hier finden das ganze Jahr über zahlreiche Kongresse und Veranstaltungen statt. 2010 konnte der Um- und Neubau eröffnet werden. Der **Europabrunnen** von Elmar Kopp aus Imst im Ortszentrum bildet ein „E" für Europa. Der Gemeinde Mayrhofen und ihren Partnerstädten Bad Mondorf, Terracina, Chur, Cabourg und Bad Homburg wurde ein halbrunder Zulauf zugeordnet.

Die Innsbrucker Künstlerin Patricia Karg gestaltete in bunten Farben die **Fassade des Karg-Hauses** (Scheulingstr. 371). Vor der Pfarrkirche steht der historische **Marienbrunnen**. 1971 schuf Albin Moroder eine große **Bronzeplastik vor dem Tauernkraftwerk**. Sie symbolisiert den Menschen, der die wilden Naturkräfte zähmen und für sich nützen kann.

Peter Habeler, Bergsteiger und Autor, stammt aus dem Ort. Zusammen mit Reinhold Messner hat er den Mount Everest als erster Mensch ohne Sauerstoff bestiegen. Aus Mayrhofen stammt auch der Bildhauer **Albin Moroder** (1922–2007). Der Ort ist Ausgangspunkt für zahlreiche Wanderungen und hochalpine Bergtouren.

Die 1511 entstandene gotische **Pfarrkirche zu Unserer Lieben Frau Himmelfahrt** wurde nach zwei Bränden um 1600 neu erbaut und 1740 barock vergrößert. 1969 errichtete Clemens Holzmeister das Schiff in Form eines Zentralbaus. Turm und Chor sind noch gotisch. Auf Max Weiler geht das Deckengemälde Rose von Jericho (1969) zurück.

Auf einer steilen Felskuppe mitten im Tal wurde 1844/45 die **Wallfahrtskirche zum Gekreuzigten Heiland** am Burgstallschrofen als Erinnerung an die Ausweisung der Protestanten errichtet. Es handelt sich um einen Rundbau mit der Nachbildung des Heiligen Grabes in Jerusalem und Kreuzwegstationen. Angeblich soll sich hier die Burg der Herren von Mayrhofen befunden haben, die 1364 von den Herren von Rottenburg zerstört worden sein soll.

Die rund 200 m über dem Ziller gelegene kleine Gemeinde **Brandberg** (1092 m, 355 Einwohner) war in der Zeit der Religionswirren ein Zentrum der Zillertaler Protestanten. Von den 427 Protestanten, die 1837 das Tal verlassen mussten, kamen 87 aus Brandberg. Daran erinnert die 1845 erbaute **Kirche Maria Schnee**. In der **Wallfahrtskapelle Brandberg** zeigen zwei Votivtafeln die bewegte Geschichte der Entstehung des Gotteshauses.

Zum Teil zum Gemeindegebiet von Mayrhofen gehört das Bergsteigerdorf **Ginzling**. Hier erfahren Besucher im **Naturparkhaus Zillertaler Alpen** alles über dieses faszinierende Schutzgebiet inmitten der Alpen (Gletscherforschung, Orchideen, Kristallvorkommen, Schwarzensteinermoor), siehe auch Infokasten rechts.

Erlebnisbad Mayrhofen, Frei- und Hallenbad, Waldbadstr. 539, Tel. +43(0)5285/62559, www.erlebnisbad-mayrhofen.at
Hallenbad im Hotel St. Georg, Rauchenwaldg. 670, Tel. +43(0)5285/62792, www.hotelstgeorg.at

Hallenbad im Hotel Strass, Hauptstr. 470, Tel. +43(0)5285/6705, www.hotelstrass.com
Ahornbahn, Mayrhofner Bergbahnen AG, Hauptstr. 472, Tel. +43(0)5285/62277, www.mayrhofner-bergbahnen.com
Penkenbahn, Mayrhofner Bergbahnen AG, Hauptstr. 472, Tel. +43(0)5285/62277, www.mayrhofner-bergbahnen.com
Erlebnissennerei Zillertal, Schaubetrieb, Hollenzen 116, Tel. +43(0)5285/62713, www.sennerei-zillertal.at
Naturparkhaus Zillertaler Alpen, fiktive Reise vom Tal bis zu den Gletschern, geöffnet täglich 8.30 bis 12 Uhr, 13 bis 17 Uhr, Ginzling 239, Tel. +43(0)5286/5218 oder +43(0)664/1205405, www.naturpark-zillertal.at
Alpenstraße Schlegeis, 16 km lange kurvenreiche mautpflichtige Panoramastraße bis zum Stausee Schlegeis, geöffnet 21. Mai bis 26. Oktober, Tauernkraftwerke AG, Tuxer Str., Tel. +43(0)5285/8127, www.tauerntouristik.at
Alpenstraße Stilluptal, kurvenreiche mautpflichtige Panoramastraße zum Speicher Stillup, Tauernkraftwerke AG, Tuxer Str., Tel. +43(0)5285/8127, www.tauerntouristik.at
Alpenstraße Zillergrund, kurvenreiche mautpflichtige Panoramastraße zum Stausee Zillergründl, geöffnet vom 28. Mai bis 17. Oktober, Tauernkraftwerke AG, Tuxer Str., Tel. +43(0)5285/8127, www.tauerntouristik.at
Kulturlandschaftsweg Brandberg, Rundwanderung von 4 km, Einblick in die bäuerliche Kulturlandschaft, Tel. +43(0)5285/63185, www.brandberg.at

FINKENBERG
839 m, 1516 Einwohner

Finkenberg liegt rund drei Kilometer südwestlich von Mayrhofen auf einer Sonnenterrasse am Eingang zum schluchtartigen Tuxer Tal. Wichtig war früher die Verbindung über das Pfitscher Joch mit Südtirol. Sehenswert sind zwei Holzbrücken, wertvolle Zeugnisse alter Holzbautechnik. Die **Teufelsbrücke** (1876) führt über die Schlucht

Die eindrucksvolle Spannagelhöhle auf über 2500 m Seehöhe kann auch besichtigt werden.

des Tuxer Baches, die gedeckte **Hoch-stegbrücke** (19. Jh.) über den Zemmer-bach. Zu den bekanntesten Finkenber-gern zählt der Schirennläufer **Leonhard Stock**.

1719/20 entstand an der Stelle einer Ka-pelle aus dem 15. Jh. die heutige **Pfarr-kirche zum hl. Leonhard**, eine viel be-suchte Wallfahrtskirche mit Statuen der Bauernheiligen Leonhard, Isidor und Notburga. 1965 malte Wolfram Köberl aus Innsbruck die Freskenmedaillons (Gestalt der Kirche, Gottvater, Christus, Schiff). Das **Kriegerdenkmal** mit der Pi-età stammt von Peter Schneider (1959).

Erlebnisfreischwimmbad Finkenberg, Persal 216, Tel. +43(0)5285/64590 oder +43(0)5285/62668
Hallenbad Olympia-Relax-Hotel Leonhard Stock, Dorf 151, Tel. +43(0)5285/62688, www.olympiahotel.at
Finkenberger Almbahnen, Persal 200, Tel. +43(0)5285/62196, www.finkenberg. at

Mineralien- und Bergkristallmuseum, geöffnet nach Voranmeldung, Persal 204, Tel. +43(0)5285/62089
Moorlehrpfad am Penken, Ausgang Mittelstation der Finkenberger Almbahn, Rundgang von ca. 2 Stunden, Informationstafeln zur Moorlandschaft

TUX
1290 m, 1915 Einwohner

Die Gemeinde Tux umfasst heute das ganze **Tuxer Tal**, das in in einer Schlucht bei Mayrhofen vom Zillertal abzweigt und früher schwer zugänglich war. Schon in der Frühzeit bestand mit dem 2338 m hohen Tuxer Joch ein wichtiger Übergang in das Schmirntal, ein Seiten-tal des Wipptals. Kirchlich gehörte Tux lange Zeit zur Pfarre Matrei am Brenner. Dies hatte zur Folge, dass die Toten über das Tuxer Joch getragen und in Mauern bei Steinach beerdigt werden mussten.

Dort gibt es heute noch einige soge-
nannte „Tuxerkreuze". Im 15. Jh. über-
nahm dann Hippach die Seelsorge. Von
1921 bis 1976 gab es oberhalb von Vor-
derlanersbach auf fast 1700 m Höhe das
Magnesitwerk Tux mit bis zu 400 Arbei-
tern. Erhalten sind noch die 1947 nach
Plänen von Hubert Prachensky auf dem
Gelände des Bergwerks erbaute und mit
Fresken von Max Weiler ausgestattete
Barbarakapelle sowie zwei ehemalige
Wohnhäuser.

Das Dorf Lanersbach wurde 2005 in Tux
umbenannt und kann als wichtigster Ort
des Tals angesehen werden. Hintertux
hingegen ist ein Hoteldorf und Zentrum
des Wintersports. Am gleichnamigen
Gletscher ist das Schifahren sogar ganzjährig möglich. Hier befindet sich außerdem das höchstgelegene Thermalbad
Europas. Eine weitere Attraktion in Hintertux stellt die **Spannagelhöhle** dar.
Sie ist mit über 10 km Länge die größte
Naturhöhle der Zentralalpen und kann
ganzjährig besichtigt werden. Im Weiler
Gemais ist noch ein gut erhaltenes **Ensemble alter Bauernhöfe** erhalten.

*Der „Natur Eis Palast" am Hintertuxer
Gletscher ist ganzjährig geöffnet.*

In Tux steht die **Pfarrkirche zum hl.
Thomas**, ursprünglich 1465 erbaut,
1686 durch einen Neubau von Georg
Sieberer ersetzt und 1739 barockisiert.
Johann Endfelder stattete 1830 das Gotteshaus mit Fresken aus dem Leben des
hl. Thomas aus. Das Hochaltarbild
stammt von Johann Georg Dominikus
Grasmair (um 1740), die Figuren der
Wetterheiligen Johannes und Paulus
sind Werke von Stephan Föger. 1985/86
wurde die Kirche verlängert. Die **Mariahilfkapelle** in Vorderlanersbach geht
auf das Jahr 1720 zurück.

**Thermalfreischwimmbad und
-hallenbad Kirchler**, Hintertux 765,
Tel. +43(0)5287/8570,
www.sporthotel-kirchler.at
Hallenbad Hotel Bergfried, Lanersbach
483, Tel. +43(0)5287/87239,
www.bergfried.at
Hallenbad Hotel Bergland, Madseit 690,
Tel. +43(0)5287/8500,
www.bergland.com
Eggalmbahnen, Lanersbach 395,
Tel. +43(0)5287/87246,
www.eggalm.com
Hintertuxer Gletscher, Hintertux 794,
Tel. +43(0)5287/8510,
www.hintertuxergletscher.at
Kulturerbe Mehlerhaus, bäuerliche
Lebens- und Arbeitswelt, Magnesitabbau,
Madseit, geöffnet Juli bis September
Freitag 14–18 Uhr,
Tel. +43(0)664/8398908
Bauernmuseum Höllensteinhütte,
bäuerliche Arbeitswelt, Heiligenbilder,
verschiedene Arbeitsgeräte, Öffnungs-
zeiten bitte nachfragen, Lanersbach 510,
Tel. +43(0)676/6086908
Spannagelhöhle, Hintertuxer Gletscher,
ganzjährig geöffnet, Führungen täglich
10–16 Uhr, Tel. +43(0)664/5158273 oder
+43(0)5287/87251 oder
+43(0)5287/87707,
www.spannagelhaus.at

Alpbachtal

Bei Brixlegg zweigt das schluchtartige Alpbachtal in Richtung Süden ab. In dem bis zum 20. Jh. relativ abgeschlossenen Tal liegen die Gemeinden Reith im Alpbachtal sowie Alpbach mit Inneralpbach. Haupteinnahmequelle seiner Bewohner ist heute während des ganzen Jahres der Fremdenverkehr.

REITH IM ALPBACHTAL
657 m, 2736 Einwohner

Das Kirchdorf Reith erstreckt sich auf einer Hochterrasse südlich von Brixlegg. Vom 15. bis zum 19. Jh. wurden im Gebiet des Reither Kogels (1336 m) bei St. Gertraudi Silber und Kupfer abgebaut. Zum Gemeindegebiet gehören auch der noch im Inntal gelegene **Weiler St. Gertraudi** mit der **Burgruine Kropfsberg** sowie **Burg Matzen** mit einem ausgedehnten Park. Auf einem isolierten Felskegel steht die erstmals um 1130 errichtete Burg Kropfsberg, die bis 1592 Sitz der salzburgischen Verwaltung des Zillertales war. Mit der Verlegung des Gerichtssitzes nach Zell am Ziller begann der Verfall der Burg. Die heutige Ruine ist in Privatbesitz und kann nicht besichtigt werden.

Burg Matzen wurde erstmals im 12. Jh. erwähnt. Vermutlich befand sich hier eine römische Straßenstation. Bis 1468 war die Anlage im Besitz der Herren von Freundsberg, 1589–1657 im Eigentum der Grafen Fieger, heute ist Matzen ein Hotel. In unmittelbarer Nähe zu diesem befindet sich der im 19. Jh. von Freiherr Franz von Lipperheide nach englischem Vorbild angelegte, sehr sehenswerte **Matzenpark** mit seinen zahlreichen Baum- und Pflanzenarten. Es gibt den Löwenteich mit Wassertreppe, den Karpfenteich mit dem Nymphäum, eine Grotte, den Rolandsbogen und einen Kinderspielplatz.

Die **Pfarrkirche St. Peter**, der größte klassizistische Saalbau Tirols, wurde 1803 von Andre Hueber errichtet. Schon 1187 ist eine erste Kirche erwähnt. Die Fresken mit Szenen aus dem Leben Petri und die Altarbilder malte Joseph Schöpf (1804) aus Telfs.

1685 entstand die **Kirche St. Gertraudi im Inntal** unter Verwendung gotischer Bauelemente. Ein interessantes Werk der Volkskunst ist ein Bild mit zwölf Szenen aus dem Leben des hl. Johannes Nepomuk (um 1720).

Badesee Reither See, hinter der Pfarrkirche, Tel. +43(0)5337/62759
Reitherkogelbahn, Achter-Gondelbahn, Alpbacher Bergbahnen, HNr. 311, A-6236 Alpbach, Tel. +43(0)5336/5233, www.alpbacher-bergbahnen.at

ALPBACH
973 m, 2580 Einwohner

Alpbach liegt auf einer sonnigen Terrasse am südlichen Ende einer Schlucht. Vom 15. bis zum 19. Jh. war der Abbau von Silber und Kupfer am Gratlspitz (1898 m) für den Ort von großer Bedeutung. Besonders stolz ist der Tourismus-

Stolz – Bauernhöfe in Alpbach

ort Alpbach heute unter anderem darauf, dass hier noch zahlreiche in Blockbauweise aus Holz errichtete **Bauernhöfe** erhalten sind. Typisch sind dabei Schnitzereien und die auf den Balkonen aufgestellten Blumentröge. 1983 wurde Alpbach zum „schönsten Dorf Europas" gewählt.

Seit 1945 findet in Alpbach im Sommer alljährlich das etwa zwei Wochen dauernde **Europäische Forum Alpbach** statt, gegründet von Otto Molden (1918– 2002) und Simon Moser (1901–1988). Tagungsort ist das moderne Kongresszentrum (1998/99), das den Namen der österreichischen Dichterin Paula von Preradović trägt. Es ist in den Hang hineingebaut und weist als Mittelpunkt eine spiralförmig angeordnete Galerie aus gläsernen Wänden auf. Aus aller Welt kommen Experten aus Politik, Wissenschaft, Wirtschaft sowie Kunst zusammen, um über aktuelle Zeitfragen zu diskutieren.

Um 1500 entstand die jetzige **Pfarrkirche zum hl. Oswald**, sie wurde um 1724 barockisiert. 1754 malte Christoph Anton Mayr die Fresken im Langhaus (Maria und der hl. Oswald als Beschützer des Dorfes, verschiedene Heilige), 1959 Wolfram Köberl jene im Chor. Auf dem Hochaltarbild von Thomas Gwercher wird der hl. Oswald von den hll. Martin und Katharina flankiert. Das Gnadenbild Maria vom Siege auf dem linken Seitenaltar und die Kanzel sind Werke des Alpbachers **Bartl Bletzacher** (1705–1772).

Alpbacher Erlebnis Hallenbad, HNr. 420, Tel. +43(0)5336/5328, www.reith-alpbachtal.at
Alpbacher Bergbahnen, HNr. 311, Tel. +43(0)5336/5233, www.alpbacher-bergbahnen.at
Alpbacher Bergbauernmuseum, alter Bauernhof „Vorder-Unterberg" (1636–1638 erbaut) einige hundert Meter oberhalb der kleinen Kirche in Inneralpbach, bäuerliches Leben, bewirtschafteter Stall mit Tieren, geöffnet Pfingsten bis Ende Oktober Montag, Donnerstag, Samstag, Sonntag 11–16 Uhr, Unterberg 34, Tel. +43(0)5336/5607
Alpbacher Heimatkundeweg, Panoramarundwanderweg um das Dorf, Schautafeln zur Heimatgeschichte, zur Tier- und Pflanzenwelt, Ausgangs- und Endpunkt Mühlbachbrücke im Dorf, Gehzeit 2–3 Stunden, Tel. +43(0)5336/20094

Brandenbergtal

Von Kramsach erstreckt sich gegen Norden das landschaftlich äußerst reizvolle **Brandenbergtal**. Die Brandenberger Ache entspringt nahe der bayerischen Grenze und schuf im Laufe der Zeit eine rund 22 km lange Schlucht. Der Holzreichtum des Tales war bereits im 15. Jh. für die Schmelzwerke in Kramsach und Brixlegg sowie für den Bergbau in Hall, Rattenberg und Schwaz von großem Nutzen. In zehn Klausen wurde das Wasser gestaut, mit dem die gefällten Baumstämme talauswärts nach Kramsach getriftet wurden. Bekannt sind die Stauseen bei der Erzherzog-Johann-Klause und bei der Kaiserklause. Da sich die Stämme oft ineinander verkeilten und gelöst werden mussten, war die Arbeit der Holzknechte schwer und sehr gefährlich. Diese althergebrachte Form des Holztransports bestand bis in das Jahr 1966.

BRANDENBERG
922 m, 1519 Einwohner

Die Gemeinde Brandenberg nimmt fast das ganze Tal ein. Bis ins 20. Jh. lebten die Bewohner fast ausschließlich von der Holzarbeit, heute steht der Tourismus im Vordergrund. Beliebte Ausflugsgebiete sind die **Tiefenbach- und die Kaiserklamm** mit gesicherten Steigen. Aus dem 19. Jh. stammt das ehemalige **Zollhaus** im Weiler Gwercher. Am Schneidjoch wurden **Felsinschriften** in nordetruskischer Schrift entdeckt. Die Brandenberger Ache ist ein beliebtes Gebiet für Kanuten. Eine besondere kulinarische Spezialität ist die Brandenberger **Prügeltorte.**

Die **Pfarrkirche zum hl. Georg**, im 13. Jh. erstmals erwähnt, wurde in ihrer barocken Form um 1680 von Georg und Oswald Zwerger aus Schliersee erbaut. Josef Arnold d. Ä. malte 1853 die Fresken (hl. Georg und andere Heilige). Das Hochaltarbild von Simon Zaglacher zeigt den Drachenkampf des hl. Georg. In einem Mosaik an der Außenwand ist der hl. Vinzenz, Patron der Holzarbeiter, dargestellt. 1956 schuf Peter Schneider das **Kriegerdenkmal**. Aus dem Jahre 1707 stammt die **Kirche zur Schmerzhaften Muttergottes in Aschau** mit Deckenmalereien von Johann Georg Lackner (1852).

Badegelegenheiten in der Brandenberger Ache
Wanderung durch die Tiefenbachklamm und die Kaiserklamm, feste Schuhe, Trittsicherheit und Schwindelfreiheit erforderlich
Wanderung vom Kaiserhaus zur Erzherzog-Johann-Klause, entweder durch die Kaiserklamm oder auf einer Forststraße, Gehzeit jeweils ca. 2,5 Stunden (hin und retour)
TVB Alpbachtal und Tiroler Seenland, A-6233 Kramsach, Tel. +43(0)5336/600600, www.alpbachtal.at

Hochtal Wildschönau und Thierseetal

WILDSCHÖNAU
936 m, 4211 Einwohner

Das 24 km lange Hochtal in den Kitzbüheler Alpen ist von Wörgl und von Hopfgarten (Grafenweg) aus gut erreichbar. Mit dem Inntal ist es durch zwei klammartige Durchbrüche (Wildschönauer Ache nach Wörgl und Kundler Bach nach Kundl) verbunden. Ähnlich wie das Alpbachtal war die Wildschönau, die lange Zeit dem bayerischen Kloster Seeon unterstand, bis ins 20. Jh. ein nur wenig bereistes Gebiet. Über viele Jahre wurde in dem idyllisch gelegenen Hochtal Bergbau betrieben, auch die Almwirtschaft spielte eine bedeutende Rolle. Heute setzen die vier Dörfer der **Großgemeinde Wildschönau** Niederau, Oberau, Auffach und Thierbach vornehmlich auf sanften, zweisaisonalen Tourismus. Von Wörgl kommend erreicht man zuerst **Niederau** mit dem Schigebiet Markbachjoch. Nach Niederau führt auch die Straße von Hopfgarten. **Oberau** war immer schon der Hauptort des Tals, da die Siedlung früher am einzigen Karrenweg aus dem Inntal lag. Heute sind hier u. a. das Gemeindeamt und die Hauptschule beheimatet. **Auffach** stellt mit dem Schatzberglift ein Zentrum des Fremdenverkehrs dar und ist idealer Ausgangspunkt für Alm- und Bergwanderungen. 650 m über dem Inntal liegt **Thierbach**, das erst seit 1963 durch eine Straße erschlossen ist. Das hintere Thierbach war im Bereich Gratlspitz einst Zentrum des Silber- und Kupferbergbaus. In Thierbach wurde der bekannte Orgelbauer **Alois Hörbiger** (1810–1872) geboren, ein Vorfahre der Schauspielerfamilie Hörbiger in Wien.

Zur Entstehung des Hochtals existiert eine **Sage,** die von einem großen See berichtet, der früher das Tal bedeckte und an dem ein Drache sein Unwesen trieb. Als ein Bauer das Tier tötete, soll es so stark gegen die Felsen geschlagen haben, dass diese zerbrachen und das Wasser des Sees ins Inntal abfloss. Heute ist dieser Drache Teil des Wildschönauer Wappens.

Die **Pfarrkirche zu den hll. Sixtus und Oswald in Niederau** stammt aus dem 15. Jh., wurde 1740 von Jakob Singer barockisiert und 1970 von Clemens Holzmeister verlängert. Johann Georg Höttinger malte 1740 die Deckenfresken (Hl. Familie, hl. Sixtus). Im barocken Hochaltar von 1676 sind Reliefs der beiden Kirchenpatrone von Josef Bachlechner (1900). Die Statuen am Mariahilfaltar dürften von Johann Michael Mayr stammen.

In der **Wallfahrtskapelle zur Schmerzhaften Muttergottes** auf dem Felshügel des Burgstallsteins oberhalb der Straße von Wörgl nördlich von Niederau sind zahlreiche Votivbilder erhalten.

In **Oberau** steht die **Pfarrkirche zur hl. Margarethe**, 1394 erstmals genannt. 1719 machte ein Großbrand einen Neubau nötig, den Hans Holzmeister aus dem Zillertal 1751/52 im Rokokostil ausführte. Die Fresken stammen von Josef Adam Mölk (1751), Gregor Fritz schuf

UNTERLAND

Antoniuskapelle in Oberau

1763 die barocken Figuren und Anton Kirchebner die Altarbilder.

In der 1706–1708 erbauten achteckigen **Kapelle zum hl. Antonius von Padua** zeigen Malereien Szenen aus dem Leben des Heiligen. Johann Michael Mayr schuf den Hochaltar in Form einer Monstranz. Auf dem Altarbild kniet Antonius vor Maria. Die seitlichen Tafeln zeigen Wunder des Heiligen (1732). An der Seitenwand hängt eine seltene Albertitafel mit den Guten Werken im Sinne des hl. Albertus Magnus (1763).

Andre Hueber baute 1800/01 die **Pfarrkirche zum hl. Johannes Nepomuk in Auffach** mit Deckenbildern von Toni Kirchmayr (1925). Der Hochaltar ist von Anton Bichler (um 1800).

Toni Kirchmayr malte 1953 auch das Chorfresko in der 1791 von Johann Hueber erbauten **Pfarrkirche zum hl. Michael in Thierbach**. Ein Deckenbild aus dem späten 19. Jh. zeigt eine Ansicht des Ortes. Der Hochaltar mit einem Bild des hl. Michael stammt aus dem Ende des 18. Jh.

Erlebnisbad Freibad Wildschönau, Oberau 337, Tel. +43(0)5339/8255/16
Hallenbad im Hotel Austria, Niederau 123, Tel. +43(0)5339/8188, www.hotel-austria.at
Hallenbad im Hotel Bergkristall, Mühltal 40, Tel. +43(0)5339/8917, www.member.aon.at/hotel-bergkristall
Hallenbad im Hotel Talhof, Roggenboden 190, Oberau, Tel. +43(0)5339/8465, www.talhof.at
Hallenbad im Hotel Vital Tirolerhof, Kirchen 275, Oberau, Tel. +43(0)5339/8118, www.hoteltirolerhof.at
Markbachjochbahn, Achter-Gondelbahn, Wildschönauer Bergbahnen, Niederau, Tel. +43(0)5339/8212 oder +43(0)5339/5353, www.schatzbergbahn.at
Schatzbergbahn, Wildschönauer Bergbahnen, Auffach, Tel. +43(0)5339/5353, www.schatzbergbahn.at
Wanderung Kundler Klamm, von Kundl bis nach Mühltal, ca. 2,5 km
Bummelzug Kundler Klamm, Mühltal, Fahrplan Tel. +43(0)5339/8090, www.bummelzug.com
Lehrpfad Auf dem Holzweg, Wissenswertes zum Thema Holz (Nistkästen, Holzknechthütte, Mühle, Schrankzaun etc.), täglich geöffnet, Kontakt: siehe 1. Tiroler Holzmuseum
Bergbauernmuseum „z'Bach", Bauernhof aus dem Jahre 1795, Leben der Bauern, ihre Kultur, Arbeit und ihr tägliches Leben, Öffnungszeiten Tel. +43(0)5339/20055, Oberau, Tel. +43(0)5339/8255 oder +43(0)664/73745300, www.bergbauernmuseum.at
1. Tiroler Holzmuseum, Interessantes zum Thema Holz, geöffnet Mitte Mai bis Mitte Oktober Montag bis Freitag 10–17 Uhr, Samstag 10–12 Uhr, Mitte Dezember bis Ostern Dienstag bis Freitag 10–17 Uhr, Samstag 10–12 Uhr, Auffach, Hubert Salcher, Tel. +43(0)5339/8842 oder +43(0)664/3803212, www.holzmuseum.com
Museum „Zehentraum" im Schellhornhof, Bauernhaus aus dem 15. Jh. mit Fassadenfresko von 1632 (Szenen aus der Kindheit Jesu in 35 Bildern), Zehentraum zur Lagerung von Zins und Zehent, bäuerliche Arbeitsgeräte, Oberau Nr. 69, Tel. +43(0)5339/2327

Wildschönauer Erlebnisbergwerk Lehenlahn, Kupfer- und Silberabbau im Thierbacher Bergwerk, Öffnungszeiten bitte telefonisch erfragen, Thierbach/Lehenlahn, Tel. +43(0)5339/2777 oder +43(0)5339/2700

THIERSEE
677 m, 2872 Einwohner

Von Kufstein erstreckt sich in Richtung Nordwesten bis zur bayerischen Grenze das Thierseetal. Die Thierseer Ache entspringt am Ursprungpass (831 m) und mündet bei Kiefersfelden in den Inn. Die Gemeinde Thiersee besteht aus den Orten Vorderthiersee, Landl und Hinterthiersee. Früher stellte für die Menschen im Tal neben der Viehwirtschaft die Holzarbeit einen wichtigen Erwerbszweig dar. Die Baumstämme wurden bis ins 19. Jh. zu den Eisenwerken nach Kiefersfelden getriftet. Bekannt ist die Gemeinde Thiersee ähnlich wie Erl und Oberammergau auch wegen ihrer **Passionsspiele**, die im Abstand von sechs Jahren stattfinden. 1799 versprachen die Thierseer die Leidensgeschichte Christi aufzuführen, wenn sie von Kriegen verschont blieben. Das Passionsspielhaus entstand 1926. Im gesamten Tal gibt es noch alte und äußerst sehenswerte **Unterinntaler Bauernhöfe**, darüber hinaus eine Vielzahl an Kapellen.

Zu Vorderthiersee gehört der malerische **Thiersee,** er befindet sich heute in Privatbesitz. Im Sommer lädt der See mit seinen bis zu 25 Grad Wassertemperatur zum Schwimmen und Surfen ein, auch Ruder- und Tretboote können ausgeliehen werden.

Die **Pfarrkirche zur hl. Margarethe in Vorderthiersee** erbaute Franz Windhager 1967 unter Verwendung von Turm und Chor des Vorgängerbaus (1686) neu. Die modernen Glasgemälde im Chor stammen von Albert Birkle, der Altar mit dem expressiven Christus sowie der Tabernakel sind Werke von Josef Zenzmaier.

Auf 1684 geht die barocke **Pfarrkirche zum hl. Nikolaus in Hinterthiersee** zurück. Eine als Wunderbrunnen angesehene Quelle war vor allem in der Pestzeit ein beliebter Wallfahrtsort. 1849 wurde sie verschüttet, 1928 wieder neu entdeckt. Ähnlich wie in St. Leonhard bei Kundl findet auch hier alljährlich der Leonhardiritt zu Ehren des Viehpatrons Leonhard statt. Dieser Brauch geht, allerdings mit Unterbrechungen, auf die Einfälle der Bayern im Jahre 1703 zurück. Damals gelobte die Bevölkerung, bei Abzug der Feinde alljährlich den Festtag des hl. Leonhard (6. November) zu feiern.

1794/95 entstand die **Pfarrkirche Mariahilf in Landl** mit Deckenfresken von Sebastian Anton Defregger (1817, Geburt Mariens, Verkündigung, der Engel erscheint Josef, Anbetung der Hirten und Anbetung der Heiligen Drei Könige, Himmelfahrt Mariens mit Darstellung von Landl). Die Altarbilder stammen ebenfalls von Defregger. Im Hochaltar befindet sich eine Kopie des Gnadenbildes Mariahilf, dessen Original im Innsbrucker Dom zu sehen ist.

Badesee Thiersee, Vorderthiersee, Tel. +43(0)5376/5231
Erlebnisprogramm, Kräuter-, Klamm-, Fackelwanderungen u. v. a., für die ganze Familie
Filmmuseum Thiersee, Thierseer Filmgeschichte, Filme, Fotografien, Filmobjekte, geöffnet Juni bis Mitte Oktober Mittwoch, Samstag, Sonntag 13.30–17.30 Uhr, Vorderthiersee (Passionsspielhaus), Tel. +43(0)5372/62207/318, www.filmmuseum-tirol.at

Brixental

Das Brixental ist ein Seitental des Inntals und wird von der Brixentaler Ache durchflossen, welche bei Wörgl in den Inn mündet. Von 1016 bis 1312 war das Tal im Besitz des Hochstiftes Regensburg, anschließend Teil des Erzstiftes Salzburg, erst 1816 kam es zu Tirol. Heute ist das Brixental touristisch geprägt, die sanften Hänge der Kitzbühler Alpen machen es zum idealen Wander- und Schigebiet.

ITTER
694 m, 1160 Einwohner

Bereits um das Jahr 1240 gab es in Itter wohl eine Burg, die zur Bewachung der auf einer Terrasse über dem Mühltal und dem Brixental gelegenen Gemeinde diente. Sie befand sich lange Zeit im Besitz des Salzburger Erzbistums. Von hier aus konnten auch die zwei Straßen von Wörgl nach St. Johann und nach Kitzbühel kontrolliert werden. Nachdem die Salzburger Erzbischöfe 1669 die Verwaltung nach Hopfgarten verlegt hatten, verfiel die **Burg Itter** langsam. Im 19. Jh. wurde sie im romantischen Stil neu erbaut. Franz Liszt und Peter Iljitsch Tschaikowsky weilten hier als Gäste der Besitzerin Sophie Menter, einer Pianistin und Musikpädagogin. Während des Zweiten Weltkriegs waren hier prominente französische Kriegsgefangene untergebracht. Einige Zeit war das Schloss ein Nobelhotel. Heute ist es in Privatbesitz und nicht zu besichtigen.

Die **Rokoko-Pfarrkirche zum hl. Josef** stammt von Andre Hueber (1762/64) nach Plänen von Wolfgang Hagenauer und ist mit Fresken aus dem Leben des Kirchenpatrons und der hl. Maria von Johann Weiß geschmückt. Peter Lorenzoni malte die Altarbilder, Kaspar Bichler schuf 1837 die Darstellung der Schmerzensreichen Maria und das Kruzifix.

Schwimmbad Itter, Liftweg 2, Tel. +43(0)5335/3590

HOPFGARTEN IM BRIXENTAL
622 m, 5599 Einwohner

Die Marktgemeinde an der Einmündung der Kelchsauer und Windauer Ache in die Brixentaler Ache ist die größte Gemeinde im Bezirk Kitzbühel und das wirtschaftliche und verwaltungsmäßige Zentrum des Brixentals. Von der im Bauernkrieg 1526 zerstörten **Burg Engelsberg** auf einer Felsnase am Zusammenfluss der Kelchsauer Ache mit der Brixentaler Ache ist fast nichts mehr erhalten. In der Haslau östlich von Hopfgarten bestand im 16. Jh. eine **Kupferschmelzhütte**. Im Ort residierte ab 1669 der salzburgische Pfleger des Brixentals. Das Ortszentrum mit dem Marktplatz und den großen Häusern macht heute einen fast städtischen Eindruck.

Auf die Kitzbühler Baumeister Kassian Singer und Andre Hueber geht die 1758–1764 errichtete, große doppeltürmige

Im Inneren der Wallfahrtskapelle auf der Hohen Salve

Pfarrkirche zu den hll. Leonhard und Jakobus zurück. Johann Weiß malte 1763 die Deckenfresken. Der barocke Hochaltar stammt von Peter Schmid (1763–1768), das Altarbild mit der Madonna und den hll. Jakobus und Leonhard von Caspar Jele (1864). Die Statuen der Seitenaltäre schuf Franz Xaver Nissl. Unter dem Langhaus erstreckt sich eine Gruftkapelle. 1996 wurde die **rechte Turmkapelle** durch die russischen Künstlerinnen Galina Gorowaja und Soia Litwinowa zu einer modernen Andachtsstätte umgestaltet.

Das **Elsbethenkirchlein** am Fuße des Engelsberges wurde 1494 von Bartholme von Hamerspach gestiftet. Der Altar aus der Zeit um 1700 trägt ein Bild der hl. Elisabeth. Besonders verehrt wird das Gnadenbild der Schmerzhaften Muttergottes.

Auf der Hohen Salve steht in 1829 m Seehöhe die **Wallfahrtskapelle zum hl. Johannes dem Täufer**, 1589 erstmals erwähnt. Kultobjekt ist das Haupt von Johannes dem Täufer auf einer Schüssel.

Im **Dorf Kelchsau**, rund 7 km von Hopfgarten entfernt, steht die **Kirche zum hl. Rupert**, 1850 im klassizistischen Stil erbaut. Das Relief am Hochaltar zeigt Maria mit dem Jesuskind und den beiden Salzburger Diözesanpatronen Rupert und Virgil.

Im **Tal der Kelchsau** befand sich von 1797 bis 1880 aufgrund des Waldreichtums eine Glashütte. Die dortige große **Kirchenruine** von Hörbrunn erinnert an die Glasbläserfamilie Friedrich, die den Bau der Kirche begann, ihn jedoch wegen wirtschaftlicher Probleme einstellen musste.

UNTERLAND

Freizeitanlage Salvenaland, Badesee, Schwimmbecken, Sommerrodelbahn, Funpark, Ballspielpätze etc., Kelchsauer Str., Tel. +43(0)5335/2200, www.salvena-land.at
Bergerlebnis Hohe Salve, 360°-Panoramablick auf über 70 Dreitausender, erschlossen durch die beiden Gondelbahnen aus Hopfgarten und Söll
Bergbahnen Hohe Salve, Meierhofg. 29, Tel. +43(0)5335/2238, www.hohe.salve.at
Gisela-Bahn, Eisenbahnromantik, benannt nach der zweiten Tochter von Kaiser Franz Joseph I. und seiner Gattin Elisabeth von Bayern (Sisi), Nostalgiezug mit Oldtimer-Elektrolok jeden Dienstag und Donnerstag von Ende Mai bis Mitte September von Wörgl (ca. 8.30 Uhr Abfahrt) über Hopfgarten nach Zell am See und zurück nach Wörgl (ca. 14.40 Ankunft), Sonderzug mit der Nummer 18601, genaue Fahrzeiten bitte nachfragen, www.tirol-erleben.at/woergl/giselabahn

WESTENDORF
785 m, 3652 Einwohner

Westendorf liegt auf einem sonnigen und landschaftlich reizvollen Hochplateau abseits der Bundesstraße. Das heutige Gemeindegebiet war schon ab etwa 1200–1000 v. Chr. besiedelt. Im 16. und 17. Jh. wurde auch hier wie in vielen anderen Orten der Region Bergbau betrieben.

In Westendorf befand sich auch ein wichtiger Stützpunkt der **Sekte der Manharter**, gegründet vom Geistlichen Kaspar Hagleitner und dem Bauer zu Untermanhart Sebastian Manzl (um 1780–1841). Die Mitglieder dieser Sekte lehnten alle Priester ab, die den Eid auf Napoleon geleistet hatten. Das letzte Mitglied starb 1897.

Erhalten sind in Westendorf noch einige **alte Bauernhöfe**, teilweise mit Backöfen, Waschhäusern und Hauskapellen. Besonders zu erwähnen ist unter diesen

der **Thumerhof** (um 1580) mit seinen wunderschönen alten Stuben. Er diente auch schon als Kulisse für TV-Musiksendungen.

1320 wird erstmals eine **Pfarrkirche zum hl. Nikolaus** erwähnt. 1772–1775 erfolgte durch Andre Hueber ein Neubau, wobei er Teile der um 1500 erbauten Vorgängerkirche verwendete. 1856–1858 kam es zur historisierenden Umgestaltung. 1774 malte Matthias Kirchner die Fresken, von denen noch die Glorie des hl. Nikolaus und der Gute Hirte erhalten sind. Auf Josef Rattensberger gehen die Bilder im Langhaus zurück. Im Rokoko-Hochaltar befindet sich die Sitzfigur des hl. Nikolaus.

Freischwimmbad Westendorf, Ried 1, Tel. +43(0)5334/6244 oder +43(0)5334/6230, www.kitzbuehel-alpen.at
Erlebniswelt Alpinolino, alpiner Entdeckerpark für Kinder auf dem Gelände des Talkaser (1770 m) zum Kennenlernen der Tiroler Bergwelt mit ihren Tieren und Pflanzen, Fahrt mit der Alpenrosenbahn, Bergliftstr. 18, Tel. +43(0)5334/2000, www.westendorf.at
Alpenrosenbahn, Bergbahnen Westendorf, Bergliftstr. 18, Tel. +43(0)5334/2000

BRIXEN IM THALE
795 m, 2639 Einwohner

Brixen liegt inmitten der Grasberge der Kitzbüheler Alpen. Der bekannteste Berg in der näheren Umgebung ist die Hohe Salve. Vermutlich ist schon in vorrömischer Zeit die Besiedlung des Tales von Brixen ausgegangen. Im 3. Jh. n. Christus erbauten die Römer hier eine Art Tempel. Ein seit Anfang des 8. Jh. bestehendes Gotteshaus gilt als Urpfarre des ganzen Tals. Brixen zählt mit St. Johann in Tirol, Söll, Ebbs und St. Ulrich

Der Antlassritt in Brixen im Thale ist eine jahrhundertelange Tradition.

am Pillersee auch zu den ältesten Pfarren des Tiroler Unterlandes. Bekannt ist der alljährliche **Antlassritt**, eine eucharistische Prozession, die seit über 300 Jahren zum Fronleichnamsfest durchgeführt wird.

Die doppeltürmige **Pfarrkirche zur Himmelfahrt Mariens** wurde im 15. Jh. neu erbaut und 1734 barockisiert. 1789–1795 erfolgte ein völliger Neubau im Spätbarock und Klassizismus von Andre Hueber nach Plänen von Wolfgang Hagenauer. Die Fresken des im nüchternen und strengen Stil des Klassizismus gestalteten Innenraumes, das Hochaltarbild und die Seitenaltarbilder stammen von Joseph Schöpf und Andreas Nesselthaler.

Das stattliche **Widum** wurde bereits im 14. Jh. errichtet und beherbergt die Taz-Bibliothek des ehemaligen Sekretärs von Kaiser Sigismund, der ab 1444 hier Pfarrer war.

Badesee und Freischwimmbad Brixen, Beach-Volleyball, Kinderspielplatz, Dorfstr. 93, Tel. +43(0)5334/8110 oder +43(0)5334/8433

Bergerlebniswelt Filzalmsee Hochbrixen, Wanderwege, Biotop, Kneippstation, Berggasthöfe, Auffahrt mit der Gondelbahn Brixen, Tel. +43(0)5334/8507, www.kitzbuehel-alpen.at

Bergbahn Brixen im Thale, Liftweg 1, Tel. +43(0)5334/8507, www.skiwelt.at

KIRCHBERG IN TIROL
838 m, 5537 Einwohner

Kirchberg liegt an der Aschauer Ache und der Einmündung des Spertentales in das Brixental. Dauerhafte Besiedlung gab es hier wohl schon in der Zeit der Illyrer. Im Mittelalter gelangte der Ort in den Besitz der Bischöfe von Regensburg, später kam er zum Erzbistum Salzburg. Als Zentrum des salzburgischen Bergbaus (Eisen, Kupfer) seit dem frühen 15.

UNTERLAND

Jh. war Kirchberg Sitz eines Bergrichters und einer Schmelzhütte. Bei der „Klause" bestand eine Grenzfestung zu Tirol, da das ganze Brixental bis 1816 zu Salzburg gehörte.

Die **Klausenkapelle** (1750 neu errichtet) steht bis heute an dieser einstigen Grenze (1803). Bis hierher ziehen die Reiter beim alljährlich von Brixen aus stattfindenden Antlassritt. Der Schriftzug „Bis hierher und nicht weiter kamen die schwedischen Reiter 1643" soll an die feindlichen Truppen im Dreißigjährigen Krieg erinnern. Die Schweden kamen jedoch nie in diese Gegend. Tirol blieb in diesem Krieg zum Glück vor feindlichem Einfall verschont.

Das **Spertental**, dessen hinterer Teil mit dem Auto nicht befahren werden darf, ist ein Landschaftsschutzgebiet mit einem Wasserfall und einem Lehrpfad.

Der Ort **Aschau** liegt 7 km von Kirchberg entfernt. Südlich davon liegen die Reste der **Burgruine Falkenstein**. Zwischen Kirchberg und Kitzbühel sind von der **Ruine Löwenburg bei Gundhabing** nur mehr wenige Mauern erhalten.

Auf einer Erhebung oberhalb des Ortes steht die **Pfarrkirche zum hl. Ulrich**. Aus einer Kapelle aus dem 8./9. Jh. ist eine gotische Kirche (1511) hervorgegangen, die 1736 von Jakob Singer innen barockisiert wurde. Clemens Holzmeister schuf die Pläne für eine Erweiterung in den Jahren 1977/78. Die Fresken mit der Glorie des hl. Ulrich, der Übergabe des Skapuliers an Simon Stock und verschiedenen Heiligen malte 1739 der Kitzbüheler Simon Benedikt Faistenberger. Der Hochaltar ist ein Werk von Gallus Schmid aus Mittersill (1796).

Am Eingang ins Spertental steht die **Wallfahrtskapelle zu Unserer Lieben Frau und St. Anna im Kirchanger**, erbaut 1768 von Andre Hueber. 1770 gestaltete der Kitzbüheler Maler Matthias Kirchner die Kuppelfresken. Zentrum des Josef Martin Lengauer zugeschriebenen Altars ist das Gnadenbild Maria mit dem Kind auf Wolken. Sehenswert sind die zahlreichen Votivbilder, die an Gebetserhörungen erinnern.

Ebenfalls von Andre Hueber wurde 1782/83 die **Kirche zum Hl. Kreuz in Aschau** im Spertental errichtet, die Fresken stammen von Matthias Kirchner. Im Hochaltar von Josef Schweinester (1871) befindet sich das Altarblatt Arma Christi von Matthias Kirchner. Die Statue des Schmerzensmannes schuf Franz Offer aus Kitzbühel (um 1740).

Badesee Kirchberg, Seestr., Tel. +43(0)5357/2464
Hallenbad im Hotel Kroneck, Aschauer Str. 45, Tel. +43(0)5357/2842, www.aschaber-hotels.at
Hallenbad im Sunny-Hotel-Sonne, Seestr. 15, Tel. +43(0)5357/2402, www.sunny-hotel-sonne.at
Fleckalmbahn und Gaisberglift, Bergbahn AG Kitzbühel, Hahnenkamm-str. 1a, A-6370 Kitzbühel, Tel. +43(0)5357/2065 oder +43(0)5357/6951, www.bergbahn-kitzbuehel.at
Fun Park Kirchberg, Ballspielplätze, Trampolin, Halfpipe, Ortsteil Klausen
Ölschlagmuseum, Einblick in die Leinölerzeugung, geöffnet nach Voranmeldung, Reither G. 20, Tel. +43(0)5357/2324

Rund um das Kaisergebirge

Östlich von Kufstein erstreckt sich das mächtige Kalkmassiv des Kaisergebirges, bestehend aus dem **Wilden Kaiser** im Süden und dem **Zahmen Kaiser** im Norden, getrennt durch das Kaisertal und das Kaiserbachtal. Das Stripsenjoch (1580) bildet den Übergang zwischen beiden Tälern. Der Großteil des Gebirges steht unter Naturschutz. Über 10 km dehnt sich der Hauptkamm des Wilden Kaisers mit der Ellmauer Halt (2344 m) als höchster Erhebung und vierzig weiteren Gipfeln aus. Beliebte Kletterziele sind das Totenkirchl (2193 m), die Fleischbank (2187 m) und der Predigtstuhl (2115 m). Der höchste Gipfel des Zahmen Kaisers ist die Vordere Kesselschneid (2002 m). Die Orte Söll, Scheffau, Ellmau, Going und Walchsee stellen bedeutende Wintersportzentren dar.

SÖLL
703 m, 3562 Einwohner

Nahe Söll am Fuß der Hohen Salve treffen die Straßenverbindungen von Wörgl nach St. Johann und von Kufstein nach St. Johann aufeinander. **Steinwälle** bei der Kapelle in der Lengau lassen eine urgeschichtliche Besiedlung vermuten. Es bestehen noch **Reste frühmittelalterlicher Burgen** bei Luech (Kirchbichl) und beim Assmannhof am Eiberg. Im 10. Jh. gründeten die Grafen von Andechs in Söll das sogenannte „**Meraner Amt**" als Verwaltungssitz für ihre Gebiete in Istrien (Meranien). Das jetzige Gebäude an derselben Stelle stammt aus dem 15. Jh. und findet nun als **Gasthof Post** Verwendung. 1768 wurde es von Christoph Anton Mayr mit Fassadenmalereien geschmückt (Darstellungen von Heiligen, von einem Fuhrwerk und einer Kutsche sowie von Reitern und einem Wanderer). Söll war im 16. Jh. Standort einer **Schmelzhütte**, in der Kupfererz aus dem Bergwerk Rörerbichl bei Going verarbeitet wurde.

Auf einem Hügel im Ort steht die **Pfarrkirche zu den hll. Petrus und Paulus**, deren Ursprünge vermutlich im 8./9. Jh. liegen. Franz Pock aus Kufstein errichtete 1766–1769 den jetzigen Bau, in dem der Schwazer Christoph Anton Mayr 1768 die Deckenfresken (Szenen aus dem Leben der beiden Kirchenpatrone), das Hochaltarbild (Glorifizierung und Entsendung der Apostel) und die vorderen Seitenaltarbilder (links der hl. Dominikus erhält den Rosenkranz von Maria, rechts hl. Josef) malte.

Die **Stampfangerkapelle** südlich von Söll nahe der Gondelbahn Hochsöll wurde 1673 als Wallfahrtskapelle mitten im Bach auf einem Felsblock errichtet. Zentrum ist eine bekleidete, sitzende Gnadenmadonna mit Kind. Interessant sind verschiedene Votivbilder.

Badegewässer Moorsee, Schellhorn, Pölven 4, Tel. +43(0)5333/6179
Panoramabad Söll – Freibad und Hallenbad, Funpark, Stampfanger 5, Tel. +43(0)5333/5442 oder +43(0)5333/5216, www.panoramabad-soell.at

UNTERLAND

Kletterriese auf der Hohen Salve

Gondelbahn Hohe Salve, Stampfanger 21, Tel. +43(0)5333/5260, www.skiwelt.at
Gondelbahn Hochsöll, Erlebnis-Hexenwasser, Wald- und Lehrpfad, das Element Wasser steht im Mittelpunkt, geöffnet Mitte Mai bis Mitte Oktober tgl. 9–17.30 Uhr (bitte zur Sicherheit nachfragen), Anfahrt mit Bergbahn Söll, Berg- & Skilift Hochsöll, Stampfanger 21, Tel. +43 (0)5333/5260, www.hexenwasser.at
Tiroler Bienenwelt, Imkereiwesen, Naturheilkunde, geöffnet 1. Mai bis 26. Oktober tgl. 9–17 Uhr, 27. Oktober bis 30. April Samstag 9–17 Uhr, Bocking 3, Tel. +43(0)664/1408040, www.tirolerbienenwelt.at

SCHEFFAU AM WILDEN KAISER
752 m, 1361 Einwohner

Auch Scheffau profitierte im 18. und 19. Jh. vom nahen Bergbau, hier befanden sich zahlreiche eisenverarbeitende Betriebe, darunter vor allem **Sensenschmiede**. Im Gemeindegebiet liegt auch der idyllische **Hintersteiner See**, im Sommer bestehen hier ausgezeichnete Bademöglichkeiten.

1438 bestand schon die **Pfarrkirche zum hl. Johannes dem Täufer**, von der nur mehr der gotische Turm erhalten ist. 1755/56 wurde die jetzige Barockkirche von Franz Pock aus Kufstein erbaut. Matthias Kirchner malte 1798 die Fresken mit Szenen aus dem Leben des Heiligen. Das Hochaltarbild von Johann Gratzer (1868) zeigt eine sehr interessante Darstellung des Ortes. Aus der alten Kirche stammt noch die gotische Madonna um 1460.

Die **Wallfahrtskirche zum leidenden Heiland mit Kelch in der Bärnstatt** nahe dem Hintersteiner See wurde 1763–1765 ebenfalls von Franz Pock erbaut, die Deckenmalereien stammen von Matthias Kirchner (1798). Verehrt wird hier besonders der hl. Leonhard, der unter anderem Schutzpatron der Haustiere und der Gefangenen ist. Für den Wallfahrerzustrom aus dem Inntal dürfte die „Steinerne Stiege" am Westende des Sees gebaut worden sein.

Badesee Hintersteiner See, Hinterstein 17, Tel. +43(0)5358/8113 oder +43(0)664/1373137
Abenteuer- und Erlebnispfad Rehbachschlucht, Kindererlebnistag, Anfrage Tourismusbüro Scheffau
Handwerksmuseum, Werkzeuge aus früherer Zeit, geöffnet auf Anfrage, Niederachen 2, Tel. +43(0)5358/8261, www.feuchtner.com
Brandstadlbahn mit Abenteuerspielplatz KaiserWelt, Bergbahn Scheffau, Schwarzach 1+2, Tel. +43(0)5358/8153, www.skiwelt.at, www.kaiserwelt.at

Pfarrkirche in Ellmau

ELLMAU
812 m, 2708 Einwohner

Wie auch die anderen Orte im Sölllandl lebt Ellmau heute vorwiegend vom Tourismus. Das Dorf konnte sich jedoch teilweise seinen ursprünglichen Charakter bewahren, einige **alte Bauernhöfe** und Gasthöfe sind noch erhalten. So zeigt der **Gasthof Hochfilzer** beispielsweise eine Biedermeierfassade. Die umliegende Bergwelt bietet für Einheimische wie Gäste eine Vielzahl an Wandermöglichkeiten.

Jakob Singer erbaute 1742–1746 die heutige barocke **Pfarrkirche zum hl. Michael**, deren Vorgängerbau 1382 erstmals erwähnt ist. Die Fresken stammen von Johann Georg Höttinger d. J. (1746) und stellen in Medaillons u. a. das Abendmahl, den Engelssturz, die Opferung Isaaks und die Geburt Christi dar. Der Hochaltar von 1765 stammt von Josef Martin Lengauer, das Altarblatt mit dem Engelsturz von Josef Liebherr. Den qualitätsvollen Stuck schuf Hans Singer.

Ellmauer Kaiserbad – Frei- und Hallenbad, Erlebnisbad, Kinderspielplatz, Wimm 1, Tel. +43(0)5358/3811 oder +43(0)5358/3812, www.kaiserbad.net
Standseilbahn Hartkaiser, Bergbahnen Ellmau-Going, Weißachgraben 5, Tel. +43(0)5358/2320, www.bergbahnen-ellmau-going.at
Ellmis Zauberwelt, Spielpark, Naturlehrpfade, Rübezahlweg etc., Bergbahnen Ellmau-Going, Hartkaiser, Weißachgraben 5, Tel. +43(0)5358/2320, www.ellmi.at
Heimatmuseum Ellmau „beim Wegmacher", geöffnet Juni bis September Freitag 14–18 Uhr, Steinerner Tisch, Tel. +43(0)5358/2301, www.heimatmuseumellmau.at

GOING AM WILDEN KAISER
798 m, 1897 Einwohner

Auf Besiedlung durch die Bajuwaren in der Zeit der Völkerwanderung lässt die Ortsbezeichnung mit der Endung „-ing" schließen. In dem sonst stark bäuerlich geprägten Dorf spielte im 16. und 17. Jh.

Sommerlicher Badegenuss am Walchsee

der **Bergbau** eine wichtige Rolle. Im Ortsteil Prama waren die Bergknappen der Gruben am Rerobichl angesiedelt. Bekannt ist der **Stanglwirt** als Treffpunkt internationaler Prominenz. Von den noch erhaltenen alten Bauernhöfen sollte der **Erbhof Wagner** (Aschau 81) erwähnt werden, zu dem als separate Gebäude die Tenne und das Waschhaus gehören.

Anstelle einer um 1400 entstandenen gotischen **Pfarrkirche zum Hl. Kreuz** wurde 1774/75 von Andre Hueber aus Kitzbühel ein spätbarocker Zentralbau errichtet, die Fresken stammen auch hier von Matthias Kirchner, der aus Going stammende Thomas Bliem schuf die Altäre. Am linken Altar steht eine gotische Marienstatue aus der Zeit um 1500. Um 1700 malte Ignaz Faistenberger das Hochaltarbild mit der Kreuzigung Christi.

In der **Kapelle von Prama** erinnert eine barocke Statue des Bergbaupatrons Daniel an die Knappen. Volkskundlich interessant ist ein vielfeldriges Andachtsbild (um 1800) mit den 15 Vorzeichen des Jüngsten Gerichts.

Badesee Going, oberhalb des Stanglwirts, romantisch gelegen, Tel. +43(0)5358/2553
Moor & More am Wilden Kaiser, Wanderung durch Moorgebiete
Rundwanderweg Hollenauer-Kreuz, Ausgangspunkt Kreuzung Raiffeisenbank Going, Gehzeit ca. 2,5 Stunden, leichte Wanderung,
Astbergbahn, Marchstr. 34, Bergbahnen Ellmau-Going, Weißachgraben, Tel. +43(0)5358/2442 oder +43(0)5358/2320, www.bergbahnen-ell-mau-going.at

WALCHSEE
660 m, 1852 Einwohner

Der Ort ist ebenso wie Schwendt und Kössen Teil der Ferienregion Kaiserwinkl und heute vor allem touristisch geprägt. Die alten Mittelflurhöfe in Walchsee wurden großteils von modernen Hotelbauten verdrängt. Erhalten ist noch der **Gasthof Schopferwirt** (die Schopper waren die Schiffsbauer) mit Fassadenfresken um 1765, vermutlich von Josef Adam Mölk. Auch beim **Haus Durchholzen** (Nr. 18, Paxerhof) sind noch Malereien erhalten.

Kaiserwinkl Alpine Ballooning – Mitfahrgelegenheiten für Mutige inklusive

Durch die Lage am gleichnamigen See und die damit einhergehenden zahlreichen Wassersport- und Bademöglichkeiten ist der Ort auch im Sommer äußerst attraktiv. In der Nähe des Walchsees liegt zwischen Inn und Großache die **Schwemm**, das größte noch unberührte Hochmoor-Zwischenmoor-Gebiet Nordtirols. Dieses ist Heimat einer ganz speziellen Flora und Fauna, vor allem zahlreicher Vogelarten. Hier liegt z. B. das einzige Brutgebiet der Bekassine in Tirol.

Im Jahr 1399 wurde die **Pfarrkirche zum hl. Johannes dem Täufer** erstmals urkundlich erwähnt. In ihrer jetzigen Form wurde sie 1626 erbaut und 1704 barockisiert. Nur der Westturm ist noch gotisch. 1813 schuf Sebastian Anton Defregger die barockisierenden Fresken (Szenen aus dem Leben des Patrons), die Josef Gold aus Salzburg 1908 übermalte. Die historische Kanzel und der Hochaltar wurden 1855 von Josef Stumpf angefertigt, das Altarbild mit der Taufe Christi dürfte von Franz N. Streicher (Ende 18. Jh.) stammen.

Badesee Walchsee, Seespitz 1, Tel. +43(0)5374/5359 oder +43(0)676/7876129
Hallenbad Wittlinger Therapiezentrum, Alleestr. 30, Tel. +43(0)5374/5245, www.wittlinger-therapiezentrum.at
Liftanlagen – Sommerrodelbahn Zahmer Kaiser, Durchholzen 70, Tel. +43(0)5374/5286, www.zahmerkaiser.com

KÖSSEN
591 m, 4196 Einwohner

Kössen liegt in der Nordostecke des Tiroler Unterlandes nahe der bayerischen Grenze in einem weiten Talkessel. Schon im 15. Jh. ist ein **Schmelzwerk** erwähnt, das die am Rerobichl bei Oberndorf i. T. abgebauten Kupfer- und Silbererze verarbeitete. Später kam das Erz aus dem Pillerseegebiet. Kohlenmeiler zur Herstellung von Holzkohle befanden sich im Kohlenbachtal. Bis ins 19. Jh. war Kössen also auch ein Industrieort.

Am 1567 erbauten **Gasthof Erzherzog Rainer** finden sich barocke Fassadenmalereien aus der Zeit um 1780. Im Dorf bestehen außerdem noch einige stattliche **Unterinntaler Häuser**, die mit Lüftl-malerei geschmückt sind. Ein besonderes Kunstwerk aus dem 17. Jh. ist der sogenannte **Lederer-Herrgott,** ein eindrucksvoll gefertigtes Kruzifix an einem Bauernhof in unmittelbarer Nähe des sehr schön gelegenen Anglerteiches „Kaiserwinkl" in Schwendt.

Die **Pfarrkirche zu den hll. Petrus und Paulus** bestand wohl zumindest ab dem 12. Jh. Im barocken Neubau (1722–1724) von Wolfgang Dienzenhofer aus Aibling ist ein gotischer Turm integriert. Simon Benedikt Faistenberger malte 1722 das Fresko mit der Kreuzigung Petri über der Orgel. Die anderen Fresken mit Themen aus dem Leben der Kirchenpatrone stammen von Johann Friedrich Rattensberger (1860).

Das Hochaltarbild mit der Schlüssel-übergabe an Petrus ist von Caspar Jele (1861). In der **Friedhofskapelle** hängt ein barockes Bild mit dem Jüngsten Gericht. Die dortigen sehenswerten Glasfenster stammen von Fred Hochschwarzer aus Schwaz.

In **Klobenstein** nahe der bayerischen Grenze steht die **Wallfahrtskirche Mariahilf** neben einem geklobenen (gespaltenen) Fels. Der Legende nach drohte ein Felsbrocken eine Bäuerin zu erschlagen. Als sie jedoch in letzter Sekunde Maria um Hilfe anrief, soll sich der Fels gespalten haben, die Bäuerin war verschont worden. Im Jahr 1664 bestand schon eine Gnadenkapelle, in der eine Nachbildung der Madonna von Altötting verehrt wird. Das jetzige Gotteshaus wurde 1731–1733 erbaut und ist mit einer im Jahr 1701 errichteten Loretokapelle verbunden.

Zusätzlich besteht noch eine Lourdeskapelle aus dem Jahr 1886. Früher gab es außerdem noch eine angeblich wunder-tätige Quelle und lange Zeit auch eine Einsiedelei.

Erlebnis-Waldschwimmbad Kössen, Schwimmbadweg 4, Tel. +43(0)676/848535849
Hallenbad Reit im Winkl, Am Hauchen 1, D-83242 Reit im Winkl, Tel. +49(0)8640/8837, www.schwimmstadl.de
Hallenbad Hotel Sonneck, Außerkapelle 2, Tel. +43(0)5375/6453, www.hotel-sonneck.at
Unterberghornbahnen, Thurnbichl 47, Tel. +43(0)5375/6226, www.bergbahnen-koessen.at
Wanderung von Kössen zur Wallfahrtskirche Maria Klobenstein, Ausgangspunkt Kössen, Gehzeit ca. 2,5 Stunden
Höhlenburg, südöstlich des Dorfes unter dem Schnappenstein, Reste einer Höhlenburg aus dem 13. Jh., nur mit Führer zu begehen, Tel. +43(0)5375/6816
Naturlehrpfad Hochschanz-Kalvarienberg, Ausgangspunkt Dorfmitte, Schautafeln über Flora und Fauna der Region

SCHWENDT
697 m, 798 Einwohner

Schwendt liegt im Kohlental zwischen Kirchdorf i. T. und Kössen. Hier wurde im 16. und 17. Jh. Holzkohle für die nicht weit entfernt gelegenen Schmelzhütten in Kössen hergestellt. Auf dem Weg nach Kirchdorf erinnert eine **Burgruine** an die Herren von Moor, die durch den Bergbau am Rerobichl zu großem Reichtum gelangt waren.

Die **Pfarrkirche zum hl. Ägydius** ist erstmals 1390 erwähnt und stammt in ihrer heutigen Form aus den Jahren 1500–1506. Auf 1510 geht das Christophorusbild an der Außenwand zurück. Im Inneren sind Reste gotischer Fresken erhalten. Die Apostelbilder stammen aus dem 17./18. Jh. Das Hochaltarblatt zeigt die hll. Ägydius und Maria Magdalena.

KIRCHDORF IN TIROL
643 m, 3891 Einwohner

Kirchdorf liegt nördlich von St. Johann in Tirol. Im 16./17. Jh. war im Weiler Litzlfelden eine große **Schmelzhütte** zur Verarbeitung der Kupfererze vom Rerobichl bei Oberndorf i. T. in Betrieb. Östlich von Erpfendorf befand sich die **Burg Erpfenstein**, von der nur mehr wenige Reste vorhanden sind. Im **Metzgerhaus**, einem der am besten erhaltenen Bauernhöfe des Tiroler Unterlandes, ist das Heimatmuseum eingerichtet. An den Wirt und Schützenmajor Rupert Wintersteller, einen der engsten Vertrauten Andreas Hofers in den Kämpfen von 1809, erinnert das **Wintersteller-Denkmal** von Johann Piger (1901).

Grabungen unter der **Pfarrkirche zum hl. Stephanus** haben eine frühmittelalterliche Kirche (um 800) auf den Fundamenten einer römischen Villa zutage gebracht. Die um 1510 neu erbaute Kirche wurde in den Freiheitskämpfen von 1809 zusammen mit fast dem ganzen Dorf niedergebrannt. 1815/16 kam es zu einem Neubau, für den Joseph Schöpf die klassizistischen Fresken malte.

Auf den Stubaier Architekten Clemens Holzmeister geht die 1954–1956 erbaute **Kirche zur hl. Barbara in Erpfendorf** zurück, die sich in ihrer landschaftsgebundenen Art sehr gut in die Umgebung einfügt. Sepp Baumgartner aus Schwaz schuf die große Kreuzigungsgruppe, Richard Kurt Fischer die Mosaiken und Hans Pontiller die Madonna.

Freischwimmbad Kirchdorf und Kaiserquell Wellness Center, Kaiserstr. 2, Tel. +43(0)5352/66010, www.kaiserquell.com

Pfarrkirche Kirchdorf

Hochseilgarten, auch für Kinder, Firma Mountain High, Dorfstr. 17, Tel. +43(0)5352/62101 oder +43(0)664/2415561, www.mountain-high.at
Heimatmuseum Metzgerhaus, Dorfgeschichte, Vereine, bäuerliche Arbeitswelt, geöffnet Mai bis Oktober, Montag 10–12 Uhr, Litzlfelder Str. 1, Tel. +43(0)5352/63499
Latschenbrennerei Hofmann, Anfahrt über Mautstrecke Kaiserbachtal oder Wanderung ab Parkplatz Kaiserbachtal (ca. 1,5 Stunden), Herstellung von Latschenkieferöl, geöffnet ca. Anfang Mai bis Ende Oktober, Kaiserbachtal 5, Tel. +43(0)5375/63340 oder +43(0)664/1909496
Schaukäserei Wilder Käser, geöffnet täglich 9–18 Uhr, Schwendter Str. 76, Tel. +43(0)5352/63666, www.wilder-kaeser.at
Flusserlebnisweg Großache zwischen der Kirchdorfer und der Erpfendorfer Brücke, Gehzeit ca. 1,5 Stunden

Das Leukental mit Kitzbühel

REITH BEI KITZBÜHEL
759 m, 1681 Einwohner

Nordwestlich von Kitzbühel liegt an der Reither bzw. Aschauer Ache, die im Spertental entspringt und bei St. Johann in die Großache mündet, die Gemeinde Reith. 1271 wird eine **Burg Münichau** erstmals erwähnt, um 1470 neu errichtet, fiel sie schließlich 1914 großteils einem Brand zum Opfer. Das 1921 erbaute **Schloss Münichau** ist seit 1957 ein Luxushotel.

Abraham Millauer erbaute 1729–1731 die **Pfarrkirche zum hl. Ägydius** anstelle einer Kirche aus dem 12. Jh. Simon Benedikt Faistenberger malte 1729 die Fresken mit der Glorie des hl. Ägydius, der Taufe Kaiser Konstantins durch

Schloss Münichau

Papst Silvester und der Krankenheilung des hl. Johannes Nepomuk. Das Hochaltarbild mit dem hl. Ägydius ist ein Werk von Matthias Kirchner (1790). Die **Totensagra** am Friedhof aus der Zeit nach 1637 zählt zu den geheimnisvollsten Sakralbauten Tirols, da sein genauer Verwendungszweck bis heute nicht entschlüsselt werden konnte.

Waldbad Gieringer Weiher, Am Gieringer Weiher 32, Tel. +43(0)5356/63955

ST. JOHANN IN TIROL
660 m, 9046 Einwohner

In einem weiten Talkessel inmitten des Leukentals liegt die Marktgemeinde zwischen dem Gebirgsmassiv des Wilden Kaisers und dem Kitzbüheler Horn. Hier vereinigen sich die Fieberbrunner Ache, die Weißache sowie die Reither Ache zur Kitzbüheler Ache. Diese mündet in Bayern als Tiroler Ache in den Chiemsee. St. Johann ist ein wichtiger **Verkehrsknotenpunkt** und war schon im frühen Mittelalter ein **Verwaltungszentrum**. Zeitweise nutzten die Bischöfe von Chiemsee, denen das Gebiet kirchlich unterstand, den Ort als ihren Sommersitz. Nach Kitzbühel ist St. Johann der zweite Hauptort des Tales. Im 7. Jh. entstand hier eine **Urpfarre**. Vom 15. bis zum 18. Jh. profitierte St. Johann stark vom **Kupfer- und Silberbergbau** am Rörerbichl bei Oberndorf i. T. 1262 stifteten Gebhard und Ulrich von Velben in Weitau ein Spital mit Kapelle. Heute ist dort seit 1959 eine landwirtschaftliche Schule untergebracht. Einige Häuser im Ort stammen noch aus der Barockzeit, so das **Hofingerhaus** mit einem Marienrelief und das **Schwarzingerhaus** mit gemalten Fensterumrahmungen und Lüftlmalerei aus dem Rokoko. In St. Johann befindet sich das **Bezirkskrankenhaus**. Im Priesterhaus hinter der Pfarrkirche ist das Heimatmuseum untergebracht. Oberhalb des Weilers Rettenbach besteht noch teilweise eine **Ringwallanlage** aus dem 10. Jh.

Die ursprüngliche Kirche von St. Johann stammte aus dem 14. Jh., wurde 1725 jedoch abgerissen, da sie permanent von Überschwemmungen bedroht war. Abraham Millauer baute an einer anderen Stelle 1723–1728 die mit reichem Bandlwerkstuck verzierte jetzige **Pfarrkirche zur Himmelfahrt Mariens**. Sie ist mit ihrer Doppelturmfassade eine der

Pfarrkirche St. Johann

größten Kirchen des Tiroler Unterlandes. 1727 malte Simon Benedikt Faistenberger die Fresken. Alle Altäre und die Kanzel sind Werke von Anton Gigl, die Altarbilder stammen vom Salzburger Hofmaler Jakob Zanusi, die Hochaltarstatuen von Josef Martin Lengauer (um 1769). Vor dem stattlichen barocken Widum erinnert das 1908 von Norbert Pfretschner geschaffene **Denkmal an Dekan Matthias Wieshofer** (1752–1819), der im Jahre 1809 St. Johann vor der Zerstörung durch die feindlichen Bayern und Franzosen schützen konnte.

Bei der **Antoniuskapelle** nahe der Pfarrkirche handelt es sich um einen Rundbau mit Kuppel und Laterne aus dem Jahre 1674. Dekan Jacob de Berti ließ sie als Grab- und Gedächtniskapelle errichten.

Die **ehemalige Spitalskirche St. Nikolaus in der Weitau**, eine Stiftung von 1262, entstand großteils im 15. Jh. Das Innere wurde 1744/45 barockisiert und mit Deckenfresken von Simon Benedikt Faistenberger ausgestattet. Die Wandbilder mit dem Brückensturz des hl. Johannes Nepomuk, der Kreuzigung Christi und der Ölbergszene malte Josef Adam Mölk. Hinter dem Hochaltar ist das gotische Glasgemälde mit elf Heiligen und den Figuren des Stifters Gebhard und der Elisabeth von Velben sowie des Kaplans Strauß aus der Zeit um 1480 erhalten. Es ist das einzig vollständig erhaltene gotische Glasfenster Tirols. Gotisch sind auch die drei Gedenksteine des Kaplans Johannes Strauß.

Panoramabad Badewelt – Hallen- und Freibad, Abenteuerspielplatz, Ballspielplätze, Pass-Thurn-Str. 3, Tel. +43(0)5352/62625, www.badewelt.at
Bergbahnen St. Johann in Tirol/Oberndorf, Hornweg 21, Tel. +43(0)5352/62293, www.bergbahnen-stjohann.at

Hochseilgarten Kletterwald Hornpark, Mittelstation der Gondelbahn Harschbichl am Angereralm-Bergsee, geöffnet täglich 9.30–16.30 Uhr, Hornweg 21, Tel. +43 (0)5352/63063, www.hornpark.at

Museum St. Johann in Tirol, Gemeindegeschichte, Bergbau, Schulgeschichte, Freiheitskämpfe, geöffnet Mitte Juni bis Anfang Oktober Dienstag, Donnerstag, Samstag 10–12 Uhr, Donnerstag 16–18 Uhr, Bahnhofstr. 8, Tel. +43(0)5352/6900/213, www.museum1.at

OBERNDORF IN TIROL
686 m, 2103 Einwohner

Der **Kupferabbau** im Bereich des nahen Rerobichls (1539–1774) verlieh dem zwischen Kitzbühel und St. Johann im Leukental gelegenen Dorf bis zum 18. Jh. eine gewisse Bedeutung. Vor allem im 16. Jh. gehörte der Rerobichl (Rörerbichl) zu den größten Abbaugebieten Mitteleuropas.

Die Ortsteile Haslach und Wiesenschwang weisen heute noch alte **Bauernhöfe** aus dem 18. und 19. Jh. auf. Ein Denkmal an der Außenwand des Dorfwirtshauses erinnert an **Josef Hager**, einen der angesehensten Anführer der Oberndorfer in den Tiroler Freiheitskämpfen von 1809.

1422 wird die **Pfarrkirche zu den hll. Philipp und Jakobus** genannt. Der jetzige Barockbau entstand 1734 durch Jakob Singer, der Bandlwerkstuck von Hans Singer. Simon Benedikt Faistenberger malte 1734 die Fresken. Aus der Zeit um 1500 stammen die Statuen eines Mönches und der hl. Katharina. Das Hochaltarbild (1660) wird Veit Rabl zugeschrieben.

1732 erbaute Jakob Singer die **Johannes-Nepomuk-Kapelle bzw. Bergkapelle** am Rerobichl. Die Deckenfresken mit Szenen aus dem Leben des hl. Nepomuk stammen von Simon Benedikt Faistenberger.

Freibad Bichlachbad, Alfons-Walde-Weg, Tel. +43(0)5352/62994

Wanderung Bichlachrunde, Ausgangspunkt Dorfmitte, herrliche Ausblicke, Gehzeit ca. 4 Stunden, leichte Wanderung

KITZBÜHEL
762 m, 8241 Einwohner

Die Bezirkshauptstadt liegt an der Kitzbüheler Ache und zählt zu den international bekanntesten Wintersportorten. Alljährlich wird hier das Hahnenkammrennen ausgetragen, ein Pflichttermin für zahlreiche Prominente aus Politik, Sport, Wirtschaft und Unterhaltung. Die Stadt ist aber auch Wohn- und Urlaubsort vieler bekannter Persönlichkeiten. Obwohl es sich bei Kitzbühel um eine mittelalterliche Stadt handelt, wirkt diese durch die Satteldächer bei den Häusern bäuerlicher als die übrigen historischen Tiroler Städte (Innsbruck, Hall, Rattenberg, Kufstein und Lienz).

Kaiser Maximilian I. bestimmte in einer Feuerordnung bei zusammengebauten Häusern eine Ummauerung der Dächer. In Kitzbühel jedoch wurden nach bayerischem Vorbild zwischen den Häusern geringe Abstände gehalten. Diese werden als Bauwichen bezeichnet und sind heute großteils vermauert. Auf die oft vertikale Besitzteilung weist noch die unterschiedliche Färbelung der Haushälften hin.

Zu unterscheiden sind die **alte Stadtsiedlung** auf dem Hügelplateau, die **Vorstadt im Gries** unterhalb des Plateaus und das einstige **Siedlungszentrum der Bamberger Oblei** im Bereich der heutigen Pfarrkirche zum hl. Andreas. Alle Stadtteile lohnen den Besuch.

Kitzbühel – im Hintergrund der „Kaiser"

Von den zahlreichen in Kitzbühel geborenen berühmten Persönlichkeiten seien nur die Bildhauer **Andreas Faistenberger d. J.** (1646–1736), **Benedikt Faistenberger d. Ä.** (1621–1693), der Maler **Simon Benedikt Faistenberger** (1695–1759), der Barockkomponist **Benedikt Anton Aufschnaiter** (1665–1742) und der Tibetforscher **Peter Aufschnaiter** (1899–1973) genannt. In der Stadt gewirkt haben unter anderen die Baumeister Kassian Singer (1712–1759) und Andre Hueber (1725–1808), der Maler Alfons Walde (1891–1958), die Malerin Hilde Goldschmidt (1897–1980) und der Schipionier und Bürgermeister Franz Reisch (1863–1920).

GESCHICHTE

Rund um das heutige Kitzbühel wurde bereits ab 1300 v. Chr. **Kupferbergbau** betrieben, daher war das Gebiet schon sehr früh besiedelt. Später entstand eine Ansiedlung um die heutige Andreaskirche, eine weitere auf dem Hügel der heutigen Stadt unter dem bayerischen Sippenführer Chizzo. Während die kirchlichen Fürsten St. Johann als Verwaltungszentrum ausbauten, ließen sich die bayerischen Herzöge als Gegenpol in Kitzbühel nieder. Damals baute man den heutigen Pfleghof zur herzoglichen Burg aus, der Ort erhielt das Marktrecht. 1165 wurde Kitzbühel erstmals urkundlich erwähnt. Damals entstand auch eine Burg, sehr bald ließen Händler und Kaufleute sich hier nieder. Vom 11. bis zum Ende des 16. Jh. besaß das Bistum Bamberg große Gebiete im Raum von Kitzbühel mit der sogenannten Bamberger Oblei als Zentrum. 1271 vereinigte Herzog Ludwig II. Dorf und Burg und erhob Kitzbühel zur Stadt. Mit dem Beginn des Abbaus von Silber und Kupfer in der Umgebung, vor allem am Rerobichl bei Oberndorf, erfuhr die Stadt einen starken Aufschwung.

1505 kam der bisher bayerische Gerichtsbezirk Kitzbühel unter Kaiser Maximilian I. zu Tirol. Das Landgericht und die Stadt wurden zuerst an die Familie Lang von Wellenberg (1506–1580), dann an die Familien Lamberg und Wolkenstein (1580–1678) und schließlich allein an die Familie Lamberg (1678–1840) verpfändet. Ab dem 17. Jh. verlor der Bergbau an Bedeutung, blieb jedoch bis 1909 bestehen. Die Kriege des

KITZBÜHEL

Ein Stadtrundgang

ROUTE:

Ehemaliges Spitalstor – Vorderstadt bis Jochbergtor – Hinterstadt – Kirchplatz – Kirchhügel – Klostergasse

Die **Altstadt**, die im Wesentlichen auf das 15. bis 17. Jh. zurückgeht, liegt auf einem flachen langgestreckten Hügel, der vom Gänsbach und vom Ehrenbach begrenzt wird. Sie besteht aus den zwei parallelen, in Nord-Süd-Richtung verlaufenden Straßenzügen der Vorder- und Hinterstadt. Die beiden Stadtteile waren von einer Stadtmauer mit zwei Toren, dem **Spitalstor** ❶ und dem noch erhaltenen **Jochbergtor** ❷, umgeben. Der einst große Platz in der Mitte wurde später mit Häusern und der **Katharinenkirche** ❸ verbaut. Diese wurde um 1360 als Bürgerkirche errichtet und besitzt einen Flügelaltar (1520) des bayeri-

Flügelaltar in der Katharinenkirche

schen Meisters von Rabenden, gestiftet von der Gewerkenfamilie Kupferschmied. Im Schrein sind die Figuren der hll. Anna selbdritt, Christophorus und Florian, auf den Flügeln Reliefs der hll. Dionysius und Sebastian sowie auf der Rückseite gemalte Darstellungen der hll. Barbara und Katharina. Die Wappen an der Predella zeigen die Stifter Wolfgang Kupferschmied und seine Gattin Barbara Lang von Wellenburg. In der Kirche sind Figuren der hll. Andreas und Jakobus (um 1465) und eine thronende Madonna auf der Mondsichel (um 1465) zu bewundern. Das rückwärtige Rundfenster ist eine Stiftung der Regenbogendivision der US-Army und erinnert an ihre Gefallenen.

Die **ehemalige Burg der bayerischen Herzöge** ❹ besteht aus dem **Pfleghof** (Vorderstadt Nr. 33) mit dem Turm, dem **Jochbergtor** (1481 erbaut) und dem ehemaligen Forstamt mit dem südwestlichen Turm der Stadtmauer. Ein Handstein (Erzbrocken) über dem Portal weist auf die frühere Bedeutung des Bergbaus hin. Daneben steht der einstige Kornkasten des Bergwerks aus dem 16. Jh. Dort und im Südwestturm des Pfleghofs ist heute das **Museum Kitzbühel** ❺ (Hinterstadt Nr. 32) untergebracht. An die Hinterstadt schließt die **Bezirkshauptmannschaft** ❻ (Nr. 28–30) mit einem Arkadengang an, früher das Verwaltungsgebäude der Kössentaler Bergwerksgesellschaft. Ein modernes Sgraf-

Blick auf Pfarrkirche und Liebfrauenkirche in Kitzbühel

fito zeigt die Wappen von Kitzbühel, Salzburg und Tirol sowie die der Gewerken Rosenberger, Thenn und Katzbeck. Bereits 1274 entstand als typisches Kitzbüheler Stadthaus mit vorragendem Giebeldach das heutige **Hotel Goldener Greif** ❼ (Hinterstadt Nr. 24). Hier ist heute auch das Casino Kitzbühel untergebracht. Das Gebäude stammt aus dem 13. Jh., ab dem 16. Jh. gab es hier bereits eine Gastwirtschaft.

In der Hinterstadt stehen noch das ehemalige Berggericht (Nr. 15) und das **Rathaus** ❽ (Nr. 20) mit einer Durchfahrt aus dem 19. Jh. Auf den Kitzbüheler Baumeister Kassian Singer gehen das Portal am Haus Hinterstadt Nr. 12 und das Haus Vorderstadt Nr. 26 zurück, beide um 1750. Der **Stadtbrunnen** ❾ wurde zur 700-Jahr-Feier der Stadterhebung im Jahre 1971 vom einheimischen Bildhauer Sepp Dangl errichtet. Die Figuren stellen Ludwig den Strengen von Bayern als Stadtgründer sowie Margarete Maultasch und Kaiser Maximilian I. dar.

Dem Stadthügel vorgelagert ist ein altes Industrie- und Gewerbeviertel, bezeichnet als **Gries**. Dort bot der Mühlbach die Antriebskraft für Mühlen, Webereien, Färbereien und Gerbereien. Kleine Knappenhäuser stehen neben bäuerlich anmutenden Stadthäusern in lockerer Anordnung. 1412 stiftete Herzog Stephan von Bayern das 1751 umgebaute **Bürgerspital** mit der **Spitalskirche zum Hl. Geist** ❿. Diese Kirche war ursprünglich viel größer, wurde jedoch 1835 beim Bau der neuen Zufahrtsstraße ins Stadtzentrum abgerissen und 1837 von Josef Schweinester im Stil des Klassizismus neu errichtet. Das Altarbild mit der Dreifaltigkeit in Form eines Gnadenstuhls stammt von Simon Benedikt Faistenberger, die große Kreuztragungsgruppe aus der Gotik. Die **Kapelle zum hl. Johannes Nepomuk** ⓫ am Südabhang des Kirchhügels wurde 1727 als barocker Zentralbau über ovalem Grundriss errichtet und mit dem Fresko der Glorie des hl. Johannes Nepomuk von Simon Benedikt Faistenberger ausgestattet. Der Altar mit der Figur des Heiligen stammt aus der Zeit um 1725. Nahe der Kapelle steht das **Denkmal der Freiheitskämpfe von 1809 ⑫**.

Auf einem eigenen Hügel im Bereich der einstigen Bamberger Oblei stehen heute die Pfarrkirche und die Liebfrauenkirche. Die **Pfarrkirche zum hl. Andreas ⑬** wurde 1267 erstmals erwähnt, es gab aber wohl einen Vorgängerbau aus dem 8. Jh. 1435 wurde eine gotische Kirche von Stefan Krumenauer aus Salzburg begonnen, 1506 vollendet und 1785 von Andre Hueber barockisiert. Vom einheimischen Bildhauer Benedikt Faistenberger d. Ä. stammt der Hochaltar (1663), dessen Bild mit den hll. Andreas und Jakobus d. Ä. der Wiener Hofmaler Johann Peter Spillenberger malte (1663). Ein besonderes Kunstwerk ist der große Grabstein der Familie Kupferschmied mit Szenen aus der Leidensgeschichte Christi und Porträts der Stifterfamilie. Es

handelt sich um ein Werk von Hans Frosch aus Hall in Tirol (1520). Als Grabstätte der Herren von Münichau diente die südlich angebaute Rosakapelle (um 1490) mit Fresken von Simon Benedikt Faistenberger aus der Zeit um 1751.

Die **Ölbergkapelle ⑭** am Friedhof besteht aus einer Totenleuchte und einer offenen Kapelle (um 1450). Im **Pfarrhof** war von 1640 bis 1784 das Dominikanerkloster untergebracht.

Bei der **Liebfrauenkirche ⑮** am Friedhof handelt es sich um eine Doppelkapelle mit einem Gruftraum (um 1370) und der Wallfahrtskapelle Mariahilf darüber. Der mächtige Turm (1566–1569) wurde als Aussichtsturm und derart errichtet, dass auch eine große Glocke darin Platz finden konnte. Die Fresken in der von Jakob Singer im 18. Jh. barockisierten Mariahilfkapelle schuf Simon Benedikt Faistenberger (1739). Dargestellt sind die Krönung Mariens, der hl. David, Maria im Sonnenwagen, die drei göttlichen Tugenden Glaube, Liebe und Hoffnung, weiters Arme und Kranke mit der Bitte um Hilfe sowie die Madonna und der hl. Andreas als Fürbitter mit einer Stadtansicht von Kitzbühel. Zahlreiche Votivbilder erinnern an Gebetserhörungen.

Etwas südlich der Altstadt erhebt sich das 1696 von Fürst Lambert gestiftete und bis 1702 erbaute **Kapuzinerkloster ⑯**. Die einfach gestaltete und schlicht eingerichtete Kirche hat drei Altarbilder von Jakob Christoph Platzer. Das Hochaltarblatt zeigt die Taufe Christi.

Das außerhalb des Stadtzentrums gelegene **Schloss Lebenberg** wurde um 1450 errichtet, 1862 umgebaut und war von 1601 bis 1930 im Besitz der Grafen Lamberg. Heute ist es ein Hotel. Auch der **Ansitz Kapsburg** (17. Jh.) ist heute ein Hotel.

Anfassen erlaubt – Tiere hautnah erleben im Wildpark Aurach

18. und 19. Jh. (sowie auch später die beiden Weltkriege) führten zu keinen Zerstörungen in der Stadt. Ab dem späten 19. Jh. begann der Aufstieg Kitzbühels zum Wintersportzentrum. Sehr förderlich für die Stadt war auch der Bau der Salzburg-Tiroler Bahn um 1875.

Badesee Schwarzsee, Schwarzseestr., Tel. +43(0)5356/62381
Aquarena Hallenbad, Klosterg. 3, Tel. +43(0)5356/64385
Stadtmuseum Kitzbühel, Geschichte der Stadt, Handwerk, Volkskultur, Wintersport und Tourismus, Künstlergalerie (Alfons Walde, Lois Welzenbacher u. a.), Öffnungszeiten anfragen, Hinterstadt 32, Tel. +43(0)5356/67274 oder +43(0)5356/ 64588, www.museum-kitzbuehel.at
Bauernhausmuseum Hinterobernau, bäuerliches Leben und bäuerliche Arbeitswelt, geöffnet 1. Juni bis 30. September Montag bis Samstag 13–17 Uhr, Römerweg 91, Tel. +43(0)5357/2220 oder +43(0)5356/66229
Bergbahnmuseum, Geschichte und Entwicklung des alpinen Wintersports, geöffnet während der Saison täglich 10–16 Uhr, Bergstation Hahnenkamm, Tel. +43(0)5356/6951/230, www.bergbahn-kitzbuehel.at

Alpenblumengarten Kitzbühel, am Kitzbüheler Horn, 120 verschiedene Blumenarten, Voranmeldung für kostenlose Führungen tgl. 11 und 13 Uhr, Treffpunkt Gipfelhaus, Gehzeit ca. 4 Stunden, Tel. +43(0)5356/62857, www.kitzbuehel.com
Panoramastraße Kitzbüheler Horn, mit dem Auto bis zum Alpenhaus, mautpflichtig, Tel. +43(0)5356/64761, www.alpenhaus.at

AURACH BEI KITZBÜHEL
848 m, 1100 Einwohner

Aurach liegt rund 5 km südlich von Kitzbühel an der Straße zum Pass Thurn. Wichtig für den Ort war vom 18. Jh. bis zum Beginn des 20. Jh. der **Kupferbergbau** im Gebiet der Kelchalm. Kupfer wurde hier schon in der Bronzezeit gewonnen. Bekannt ist Aurach heute vor allem wegen seines sehenswerten **Wildparks**. Dieser ist insbesondere auch für Familien mit Kindern ein attraktives Ausflugsziel.

Im Dorf sind noch einige gut erhaltene alte **Bauernhöfe** und Dorfhäuser zu finden, so zum Beispiel das **Kramerhäusl** und das **Ensemble Hallerwirt-Messnerwirt**.

Im 14. Jh. wird eine gotische **Pfarrkirche zum hl. Rupert** urkundlich erstmals erwähnt. 1427 wurde sie neu erbaut, 1830 innen neu ausgestaltet. An der Außenseite sind noch gotische Wandmalereien mit Passionsszenen Christi aus der Zeit um 1440 erhalten. Johann Endfelder malte 1824 die spätklassizistischen Fresken im Langhaus (Anbetung der Eucharistie, Taufe des Bayernherzogs Tassilo durch den hl. Rupert). Der barocke Hochaltar mit dem Altarblatt der Glorie des hl. Rupert (1770) wurde um 1830 verändert.

> **Wildpark Aurach**, einheimische und außereuropäische Tierarten, geöffnet von Anfang Mai bis Mitte November tgl. 10–17 Uhr, von Weihnachten bis Mitte Mai Mittwoch bis Sonntag 10–17 Uhr, geschlossen ab Mitte November bis 23. Dezember, Wildparkweg 5, Tel. +43(0)5356/65251, www.wildpark-tirol.at

JOCHBERG
922 m, 1545 Einwohner

Jochberg liegt ca. 8 km südlich von Kitzbühel an der Straße zum Pass Thurn (1274 m). Ab ca. 1400 spielte der Kupfer- und Silberabbau für den Ort eine bedeutende Rolle. Dieser wurde erst 1926 endgültig eingestellt. In dem einst von Knappen bewohnten Ort befanden sich auch mehrere Schmelzhütten. Das **Schaubergwerk Kupferplatte** gibt Besuchern Einblick in die Geschichte des Bergwerks. Der **Gasthof Schwarzer Adler** neben der Pfarrkirche wurde einst von der Stadt Kitzbühel für die Knappen errichtet und zählt zu den ältesten Gasthäusern des Tiroler Unterlandes.

Die **Pfarrkirche zum hl. Wolfgang** entstand anstelle einer 1482–1485 erbauten gotischen Kirche und wurde Mitte des 18. Jh. durch Kassian Singer im Barockstil umgebaut. Simon Benedikt Faistenberger malte um 1750 die Fresken (Szenen aus dem Leben des hl. Wolfgang, der Engelsturz sowie die Marter der hll. Petrus, Paulus und Sebastian). Besonders verehrt werden die Wetterheiligen Johannes und Paulus.

> **Waldschwimmbad**, Schwimmbadweg 1, Tel. +43(0)5355/5241 oder +43(0)676/6149291
> **Bergbau- und Heimatmuseum Jochberg**, bäuerliche Dorfkultur, Bergbau, Handwerke, Mineralien, Alpinsport, geöffnet nach Voranmeldung, Schulg. 3, Außenstelle „Vorderkünstler" mit landwirtschaftlichen Geräten, bäuerlichen Maschinen, Stuben, Tel. +43(0)5355/5416 oder +43(0)5355/5223
> **Schaubergwerk Kupferplatte**, befahrbare Stollen, Kupferbergbau, Abbaumethoden, geöffnet 15. Mai bis 15. Oktober tgl. 8–12 Uhr und 13–17 Uhr, Führungen um 9, 10, 11, 13, 14, 15, 16 Uhr, Führungsdauer ca. 30 Minuten, Bergwerksweg 10, Tel. +43(0)5355/5779, www.schaubergwerk.kupferplatte.at

Zwischen dem Leukental und der Grenze zu Salzburg

WAIDRING
778 m, 1937 Einwohner

Bei Waidring am Fuß der Steinplatte treffen das Strubtal und das Pillerseetal zusammen. Die Engstelle beim **Pass Strub** (677 m) an der tirolisch-salzburgischen Grenze wurde im Dreißigjährigen Krieg auf beiden Seiten befestigt. 1805 konnten die Tiroler Truppen die einfallenden Bayern erfolgreich abwehren, doch 1809 waren die Bayern siegreich. Auf der Salzburger Seite sind noch Ruinen erhalten, auf Tiroler Seite ist alles zerstört.

Das **Jakob-Steiner-Denkmal** im Ortszentrum erinnert an die Kämpfe, die unter der Führung von Josef Hager aus Oberndorf, Rupert Wintersteller aus Kirchdorf und Jakob Steiner aus Waidring stattfanden. Im 17. und 18. Jh. wurde aus einem Steinbruch bei Waidring grauschwarzer Marmor gewonnen und vor allem für Fußbodenplatten verwendet. Von Waidring führt eine Gondelbahn auf die **Steinplatte**, die als besondere Attraktion den **Triassic Park** aufweist. Dieser gibt seinen Besuchern aufschlussreiche Einblicke in die Erdgeschichte.

Die **Pfarrkirche zu den hll. Veit und Nikolaus** wird erstmals 1381 erwähnt. Von der 1478–1505 erbauten gotischen Kirche ist nur mehr der Turm erhalten, die restliche Kirche wurde 1757–1760 von Kassian Singer und Andre Hueber neu errichtet. Die Gewölbemalereien stammen von Josef Perwäger und Matthias Mader. Auf Martin Lengauer gehen die Statuen auf dem Hochaltar zurück (um 1765). Die Figuren der hll. Rupert und Stefan links und rechts des Hochaltars dürften von Franz Xaver Nissl stammen (um 1780).

Triassic Park auf der Steinplatte – nicht nur für Dino-Fans interessant

UNTERLAND

Der idyllische Pillersee steht unter Naturschutz.

Badesee und Freischwimmbad Waidring, Beachvolleyballplatz, Achenweg, Tel. +43(0)5353/5202 oder +43(0)5353/5430
Gondelbahn Steinplatte, Alpegg 10, Tel. +43(0)5353/5330, www.steinplatte.co.at
Naturlehrpfad Steinplatte, Hinweistafeln auf alpine Pflanzen und Tiere, Tel. +43(0)5353/5242
Triassic Park Steinplatte, Kinder-Erlebnislehrpfad zur Erdgeschichte mit zahlreichen Schautafeln, ca. 4 km langer Rundweg, Gehzeit ca. 1,5 Stunden, geöffnet täglich ab Mitte Juni bis Anfang Oktober, Tel. +43(0)5353/5330, www.triassic-park.com

ST. ULRICH AM PILLERSEE
846 m, 1724 Einwohner

Als Erste ließen sich wohl die Bajuwaren im 10. Jh. in der Region nieder. Erstmals urkundlich erwähnt wurde der Ort im 12. Jh., in jener Zeit begannen auch Benediktinermönche des Klosters Rott am Inn hier zu siedeln. Heute ist der kleine Ort immer noch landwirtschaftlich ge-

prägt, aber auch der Tourismus spielt eine Rolle. Der **Pillersee** und seine reizvolle Umgebung stehen unter Naturschutz. Im Sommer wird der See zum Baden und für Bootsfahrten genutzt.

1480–1500 entstand die **Pfarrkirche zum hl. Ulrich**, 1751 wurde diese barockisiert. Simon Benedikt Faistenberger malte die Fresken mit der Glorie des hl. Ulrich, dem Triumph des hl. Benedikt und verschiedenen anderen Heiligen. Aus der Renaissance stammen das gemalte Epitaph des Hieronymus Pegkher (1578) und der Grabstein des Abtes Paul Edlinger von Rott (1536). Das ehemalige **Priorat** neben der Kirche war von 1254 bis 1803 Verwaltungssitz der Hofmark.

Die **Wallfahrtskirche zum hl. Adolari** im Weiler Niedersee wurde im Jahre 1401 erstmals urkundlich erwähnt. Im Chorgewölbe zeigen Fresken aus dem Jahr 1475 in 34 Bildern den größten gotischen Marienzyklus Nordtirols. Dabei werden Szenen aus dem Alten Testa-

St. Jakob in Haus – attraktiver Ferienort im Pillerseetal

ment auf Maria bezogen. Die Chorwand ist mit Szenen aus dem Leben des hl. Adolarius, Bischof von Erfurt und Viehpatron, geschmückt (1613). Die Malereien im Kirchenschiff mit Darstellungen aus der Passionsgeschichte Christi stammen aus der Zeit um 1550. Josef Lengauer schuf um 1790 die Figuren der hll. Florian, Sebastian und Adolarius. Die Pietà am Hochaltar stammt aus der Zeit um 1440. Am Tag des hl. Adolari (8. Mai) gibt es noch heute einen Bittgang verschiedener Pfarren zur Kirche.

Pillersee Naturbadegebiet, Badesee, Angeln, Bootsverleih, Beachvolleyball, Tel. +43(0)5354/56304/20
Hallenbad St. Ulrich am Pillersee, Tel. +43(0)5354/56304/20
Bergbahn Pillersee, Buchensteinwand, Tel. +43(0)5354/77077, www.bergbahn.pillersee.at
Wanderung zur Teufelsklamm, Ausgangspunkt Gasthof St. Adolari, Gehzeit ca. 40 Minuten
Latschenölbrennerei, geöffnet von Mai bis Oktober Montag bis Freitag 8–17 Uhr, Führungen 10 Uhr und 14.30 Uhr, Tel. +43(0)5354/88108 oder +43(0)5354/88834, www.josefmack.de

ST. JAKOB IN HAUS
855 m, 771 Einwohner

Die kleinste Gemeinde des Bezirks Kitzbühel liegt auf einer Sonnenterrasse im Moosbachtal zwischen St. Ulrich und Fieberbrunn. Hauptattraktionen des Ortes sind die **Lifte auf die Buchensteinwand** und der **Erlebnispark Pillerseetal,** der in den Sommermonaten vor allem für Familien mit Kindern ein tolles Ausflugsziel darstellt. Erhalten sind noch einige schöne alte **Bauernhöfe** mit den für die Region typischen Glockentürmchen auf dem Dach.

Nach der Zerstörung der romanischgotischen **Pfarrkirche zum hl. Jakobus d. Ä.** wurde 1690–1699 das jetzige Gotteshaus errichtet. Im Chor befindet sich das gemalte Epitaph der Pillerseer Gewerkenfamilie Prugger von Pruggheim (um 1700), ein Werk Ignaz Faistenbergers. An der Empore zeigen außerdem 14 Bilder Szenen aus dem Leben des hl. Jakobus.

Big Mountain in Fieberbrunn – eine der Stationen der Freeride World Tour

UNTERLAND

Erlebnispark Familienland Pillerseetal, Trampolin, Teichanlage, Rutschturm, Klettergerüste, Hüpfkissen, Piratenschiff, Achterbahn, Streichelzoo etc., geöffnet 1. Mai bis Ende Oktober tgl. 9–19 Uhr, Mühlau 29, Tel. +43(0)664/5962997, www.familienland.net

FIEBERBRUNN
788 m, 4312 Einwohner

Fieberbrunn ist der zentrale Ort des Pillerseetals. Die Bezeichnung der Marktgemeinde leitet sich von einer schon im Mittelalter bekannten **Heilquelle** in der Nähe des Kirchhügels ab. Die Legende besagt, dass die Tiroler Landesfürstinnen Margarete Maultasch und Claudia de' Medici in den Ort kamen, um in der Quelle ein Bad zu nehmen. Dies lässt sich historisch jedoch nicht nachweisen. Der **Fieberbrunnen** mit einer Inschrift und einer Bronzefigur der Margarete Maultasch unterhalb der Pfarrkirche erinnert noch an den angeblichen Besuch. Daneben weist ein bronzener Bergknappe auf die einstige Bedeutung des Bergbaus hin. Vom 16. Jh. bis ins Jahr 1908 brachte der **Abbau** von Kupfer, Eisen und Blei an den Hängen des Wildseeloders dem Ort einen gewissen Wohlstand. Großen Einfluss übte dabei die aus Augsburg stammende Gewerkenfamilie Rosenberg von Rosenegg aus, die zeitweise bis zu 500 Arbeiter beschäftigte. Die Verhüttung fand im Weiler Hütte statt. An die Familie erinnern noch die beiden **Ansitze Rosenegg** (erbaut um 1550, nun ein Schlosshotel) und **Neurosenegg** (erbaut 1634, nun ein Gasthof). In Fieberbrunn haben sich auch einige Industriebetriebe angesiedelt, etwa die **Gebro Pharma** (Herstellung von Medikamenten) und die **Spielwarenfirma „Tiere mit Herz"**.

Ursprünglich gab es im Ort eine gotische **Pfarrkirche zu den hll. Primus**

und Felizian aus den Jahren 1445/46. Im Jahre 1689 erfolgte ein Neubau, der im 19. Jh. verändert, 1954/55 durch Robert Wurzer und Josef Lackner stark umgestaltet und im Zuge der 1984 abgeschlossenen Renovierungsarbeiten rebarockisiert wurde. Damals schuf Wolfram Köberl die Fresken, die auf das Thema Wasser Bezug nehmen. Die barocken Seitenaltarblätter stammen von Simon Benedikt Faistenberger. Bei den Kirchenpatronen handelt es sich um römische Märtyrer, die vor allem in Orten, die Heilbäder besaßen (etwa Badgastein) verehrt werden.

Badegewässer Lauchsee, Lauchseeweg, Tel. +43(0)5354/57016, www.fieberbrunn.at/aubad
Aubad Fieberbrunn – Frei- und Hallenbad, Schulweg 1, Tel. +43(0)5354/56293 oder +43(0)5354/56203, www.fieberbrunn.at/aubad
Bergbahnen Fieberbrunn, Streuböden bzw. Lärchfilzkogel, Bergbahnen Fieberbrunn, Tel. +43(0)5354/56333, www.bergbahnen-fieberbrunn.at
Knappenlöcher am Rettenwandberg, Stollen und Höhlen der Bergknappen im 16. Jh., Führung Montag bis Freitag um 13 Uhr, Treffpunkt Eingang zum Badesee Lauchsee, Anmeldung mindestens 1 Tag vorher beim Tourismusverband Pillerseetal

Tierpark Großlehen, Mufflons, Damwild, Pfaue, Lamas, Affen u. a., geöffnet Mai bis Oktober tgl. 10–19 Uhr, Lehen 21, Tel. +43(0)5354/56455, www.grosslehen.at
Schreiende Brunnen – Wanderung, Wasserfälle, romantisches Tal, Ausgangspunkt Gasthof Eiserne Hand, Gehzeit ca. 1 Stunde

HOCHFILZEN
952 m, 1152 Einwohner

Hochfilzen liegt am Pass Grießen (963 m) am Übergang zu Salzburg. Die Errichtung eines **Magnesitbergwerks** 1957 verwandelte das Bauerndorf in eine Industriesiedlung. 1992 musste der Abbau stark reduziert werden. Erhalten sind jedoch immer noch einige schöne alte **Bauernhöfe**, etwa das Haus Nr. 17 (Warming). Der **Truppenübungsplatz** wird vom österreichischen Bundesheer vor allem als Heeressportzentrum für Biathlon und für die Ausbildung des Jagdkommandos genutzt.

Die **Pfarr- und Wallfahrtskirche Maria Schnee** wurde 1745 anstelle einer Loretokapelle erbaut und 1961 vergrößert. Auf dem von Max Spielmann gestalteten Hochaltar steht die Gnadenmadonna von 1683.

UNTERLAND

KAPITEL 5

TIROLER OBERLAND

Im Westen – die Bezirke Imst und Landeck

LANDECK

ST. ANTON

ISCHGL

PFUND

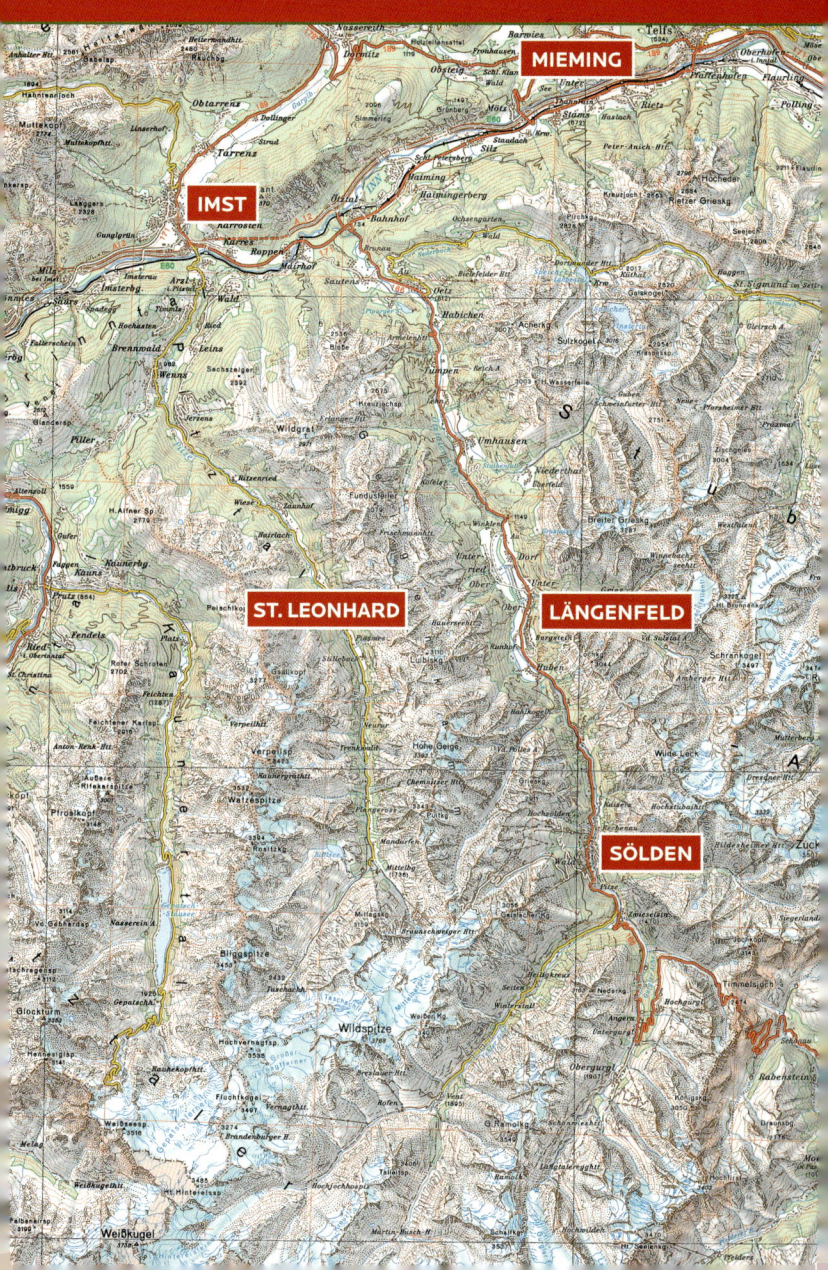

Inntal von Rietz bis Nauders

Die Grenze zwischen Oberinntal und Unterinntal bildet die Melach, die aus dem Sellraintal fließt und gegenüber der Martinswand nahe Zirl in den Inn mündet. Das oberste Inntal ist schluchtartig und bildet mit dem Finstermünzpass über einige Kilometer die Grenze zwischen der Schweiz und Österreich. Ab Pfunds ist das Tal innabwärts noch eng, macht beim Landecker Becken einen Bogen und wird erst dort breiter. Es bildet die Grenze zwischen den Kalkalpen im Norden und den Zentralalpen im Süden.

RIETZ
674 m, 2181 Einwohner

Der kleine Ort Rietz, südlich des Inns zwischen Telfs und Stams auf einem weiten Schuttkegel gelegen, weist noch einige Häuser mit offenen Bundwerkgiebeln auf, zu denen das einstige Gasthaus gegenüber der Heilig-Kreuz-Kirche zählt. Aus Rietz stammt der Kir-

chenmaler **Heinrich Kluibenschädl** (1849–1929).

Ein Vorgängerbau der jetzigen **Pfarrkirche zum hl. Valentin** wurde 1369 erstmals erwähnt. 1508 vergrößerte man das Gotteshaus und 1760/70 wurde es barockisiert. Zu den schönsten Rokokoaltären Tirols zählt der Hochaltar (1769) von Urban Mayr aus Stams. Die Statuen am Hochaltar sowie die Seitenaltäre stammen von Johann Reindl. Auf Josef Anton Puellacher gehen die Fresken (1765) zurück.

Die südlich des Dorfes auf einer Anhöhe gelegene **Kirche zum hl. Antonius** wurde 1733 von Johann Michael Umhauser errichtet und vom Innsbrucker Maler Johann Michael Strickner 1757 mit Fresken ausgestattet, die Szenen aus dem Leben des hl. Antonius von Padua zeigen. Das große Deckenbild zeigt das Eselswunder des Heiligen: Als Ergebnis eines Streits mit einem Katharer über die Gegenwart Christi in der Hostie musste der Esel des Katharers drei Tage lang fasten. Als ihm sein Herr frisches Futter reichte, fiel das Tier vor der Monstranz des Heiligen auf die Knie. Darauf-

Heilig-Kreuz-Kirche in Rietz

Stift Stams – eine der drei großen Stiftsanlagen Nordtirols

hin bekehrte sich der Katharer. Auf der Hügelkuppe nahe der Wallfahrtskirche liegt der **Kalvarienberg**, eine Stiftung von 1661. Bei der Kreuzigungsgruppe (1661) handelt es sich um ein Frühwerk von Andreas Thamasch.

Im Dorf liegt an der alten Römerstraße die kleine **Heilig-Kreuz-Kirche**, 1664 an der Stelle einer gotischen Kapelle erbaut und 1705 vergrößert. Andreas Thamasch schnitzte um 1690 den Hochaltar mit den hll. Josef, Petrus und Paulus sowie Joachim (von links nach rechts). Um 1660 entstand die geschnitzte Rosenkranzmadonna unter dem Chorbogen, 1520 die spätgotische Madonna mit Kind links vom Hochaltar.

Rietzer Heimatmuseum, sakrale und profane Kunst, Werke des Malers Heinrich Kluibenschedl, bäuerliche Arbeitsgeräte, Rietzer Kaffee, Klöppelschule, Rosenkranzfädeln, geöffnet nur nach Voranmeldung, Schulweg 4 (Volksschule Rietz), Tel. +43(0)5262/62753 oder +43(0)5262/62398

STAMS
671 m, 1382 Einwohner

ZISTERZIENSERSTIFT STAMS

Stift Stams zählt neben Fiecht und Wilten zu den drei großen Stiftsanlagen Nordtirols. Schon im 11. Jh. bestand eine Wallfahrtskapelle zum hl. Johannes dem Täufer. 1273 stifteten Elisabeth von Bayern und ihr Gatte, der Tiroler Landesfürst Graf Meinhard II., das Kloster als Familiengrabstätte der Grafen von Görz-Tirol. Weiterer Anlass für die Gründung war die Trauer Elisabeths über die Hinrichtung ihres Sohnes Konradin aus erster Ehe, des letzten Hohenstaufers, in Neapel. 1284 erfolgte die Weihe der romanischen Klosterkirche. Schwere Zeiten brachten die Bauernkriege und die Plünderung durch die Truppen des Moritz von Sachsen im 16. Jh. In der Folge des Brandes von 1593 entstand eine neue Klosteranlage: Wölbung (1607–1609) und Einrichtung (1613) der Kirche,

OBERLAND

Ausbau des Kaisertraktes (1615–1620) und neuer Konventtrakt (1631–1635). 1670 und 1689 verursachten heftige Erdbeben auch in Stams große Schäden. Die Innsbrucker Hofbaumeister Johann Martin Gumpp d. Ä. und Georg Anton Gumpp gestalteten die Pläne für einen Um- bzw. Neubau: neue Prälatur mit der markanten Doppelturmfassade (1692–1697), Heilig-Blut-Kapelle (1715), Westtrakt mit Bernardisaal (1719–1721) und Umbau der Stiftskirche (1729–1733).

Heute beherbergt die Stiftsanlage ein Gymnasium sowie die Kirchliche Pädagogische Hochschule Edith Stein (Ausbildung zum katholischen Religionslehrer an Pflichtschulen sowie für das Lehramt an Volks-, Haupt- und Sonderschulen). Außerhalb des Stiftes liegt eine Internatsschule mit Oberstufenrealgymnasium und Handelsschule für Schisportler (Schule nach Plänen des Südtiroler Architekten Othmar Barth, 1974–1980), aus der schon zahlreiche weltbekannte Sportler hervorgegangen sind, so etwa der Schispringer Anton Innauer und die Schirennläuferin Niki Hosp.

Das **ehemalige Gerichtsgebäude** liegt im westlichen Teil der Anlage, im Norden befindet sich die **Orangerie**, rechts der Kirche liegt die **Heilig-Blut-Kapelle**, links der Stiftsbau.
Bei der barock umgestalteten **Stiftskirche** (1729–1733) ist noch klar der romanische Grundriss erkennbar. Der Augsburger Johann Georg Wolcker schuf die Deckenfresken und der Wessobrunner Franz Xaver Feuchtmayr den Stuck (beides 1730–1734). Während die fünf großen Fresken im Hauptschiff Szenen aus dem Marienleben mit Verbindung zu Marienfesten und den Jahreszeiten darstellen, zeigen die kleineren seitlichen

Bilder sowie die Fresken in den Seitenkapellen Szenen aus dem Leben des hl. Bernhard. Die Seitenaltäre mit ihren Figuren von bedeutenden Kirchenmännern, Ordensgründern und Heiligen sowie den Aufsatzfiguren der zwölf Apostel stammen von den heimischen Künstlern Andreas Kölle und Johann Reindl.

Auf den Tiroler Künstler Andreas Thamasch geht das **Österreichische Grab** (1681–1684) im hinteren Teil der Kirche zurück. Schon 1480 bestand hier ein Tumbagrab (Hochgrab). Thamasch schuf Statuen verschiedener Tiroler Landesfürsten sowie ihrer Gattinnen und Kinder (unter diesen findet man beispielsweise Herzog Friedrich IV. mit der leeren Tasche, dessen Sohn Erzherzog Sigmund den Münzreichen sowie Bianca Maria Sforza, die zweite Gattin Kaiser Maximilians I. – sie wurde 1511 als letzte Habsburgerin hier beigesetzt). Die ursprüngliche Gruft für die beiden Stifter Graf Meinhard II. und Elisabeth sowie deren Kinder mit ihren Familien und Herzog Friedrich IV. befindet sich im Mönchschor. Bei der **Kanzel** von Andreas Kölle (1739) sind am Korb Szenen aus dem Wirken des hl. Bernhard abgebildet. Gegenüber hängt die **Thamasch-Madonna** (1697). Ein Gitter teilt die Kirche in zwei Abschnitte, das Laienschiff im Westen und den Mönchschor mit dem barocken Chorgestühl im Osten. Ein Meisterwerk der frühbarocken Schnitzkunst stellt der **Hochaltar** (1609–1613) in Form eines Lebensbaumes mit 84 Skulpturen und Büsten von Bartlme Steinle und Wolfgang Kirchmayr aus Weilheim in Bayern dar.
Die südwestlich der Stiftskirche gelegene **Heilig-Blut-Kapelle** (1715–1717, ursprünglich 1306) hat ihre Bezeichnung von einer Heilig-Blut-Reliquie, die sich einst dort befand. Joseph Schöpf malte

Bernardisaal in Stift Stams

1800/1801 die Gewölbefelder im klassizistischen Stil. Zur Stiftskirche hin ist die Kapelle durch ein Rosengitter (1716) von Bernhard Bachnetzer mit kunstvoll gestalteten Rosen und einer Darstellung der Heilig-Blut-Reliquie abgeschlossen. Beim Festsaal, dem **Bernardisaal** (1719–1729), steht auf dem Giebel die Reiterfigur des Klostergründers Graf Meinhard II. von Tirol, links begleitet von der Personifikation der Gerechtigkeit, rechts von der Tapferkeit (beide von Ingenuin Lechleitner). Ein prunkvoll gestaltetes Treppenhaus mit einem schmiedeeisernen Gitter (Jahreszahl 1727) und Balustraden vom Silzer Schlosser Bernhard Bachnetzer führt in den ersten und zweiten Stock. An der Decke malte 1729 der Innsbrucker Hofmaler Franz Michael Hueber das Engelskonzert mit dem hl. Bernhard und einem Engel mit dem Klosterplan. Der Saal besitzt in der Deckenmitte eine rechteckige Öffnung mit Balustraden und Bogenloggien für Musikanten. Die malerische Ausgestaltung mit Szenen aus dem Leben des hl. Bernhard von Clairvaux (1721/22) stammt vom Innsbrucker Hofmaler Franz Michael Hueber und seinem Gehilfen Anton Zoller.

Das Stift war über Jahrhunderte ein kulturelles und wirtschaftliches Zentrum der Region. Im 17. Jh. schrieb der Mönch Wolfgang Lebersorg auf 300 Seiten eine Chronik über Stams von den Anfängen bis zum Jahre 1601. Das Stift bewahrt Holzschnitte und Kupferstiche von Albrecht Dürer, Werke des Malers Joseph Schöpf, wertvolle Musikalien und viele andere kostbare Kunstgegenstände auf.

Auf 1873 m Seehöhe liegt die zum Stift gehörende **Stamser Alm**, ein Barockjuwel besonderer Art. Das Wohnhaus ist noch in der ursprünglichen Form erhalten. In der Kapelle Mariä Heimsuchung (1748) befinden sich Deckenmalereien von Josef Jais (Gottvater, hl. Michael, Lactatio Bernardi). Das Hochaltarbild stammt von Josef Bernhard Strebele, der Altar von Johann Reindl.

An der Stelle der heutigen **Pfarrkirche und Wallfahrtskirche zum hl. Johannes dem Täufer** dürfte schon um 700 ein erster Bau bestanden haben. Auch das Patrozinium zum hl. Johannes dem Täufer weist auf ein hohes Alter hin. Die gotische Kirche (1313–1316) wurde Mitte des 18. Jh. barock umgestaltet. Franz Anton Zeiller aus Reutte malte 1755 die Deckenbilder mit Szenen aus dem Leben Johannes' des Täufers. Die drei Rokokoaltäre (1755) stammen vom Stamser Johann Reindl. In der Hochaltarnische steht eine Statue des Kirchenpatrons (15. Jh.), flankiert von seinen Eltern Elisabeth (rechts) und Zacharias (links). Zu den schönsten Werken des Rokoko in Tirol zählt die Kanzel von Johann Reindl, verziert mit den vier Evangelisten sowie dem hl. Bernhard auf dem Kanzelkorb und der Figur des Kirchenpatrons auf dem Schalldeckel.

Bei Stams gibt es auch eine **Hängebrücke** (1934/35, 109 m lang), die anstelle einer früheren Fähre den Inn überquert, der Weg führt von Stams über die Brücke zur Wallfahrtskirche Locherboden und weiter zum Mieminger Plateau.

Besichtigung von Stiftskirche, Kreuzgang und Bernardisaal nur im Rahmen von Führungen möglich, Oktober bis April 9, 10, 11, 14, 15, 16 Uhr, Mai auch um 17 Uhr, Juni bis September zusätzlich um 13 und 17 Uhr (halbstündlich), Tel. +43 (0)5263/6242/512, www.stiftstams.at
Museum Stift Stams, Objekte kirchlicher Kunst, wechselnde Sonderausstellungen, geöffnet nur nach Voranmeldung, Stiftshof 1, Tel. +43(0)5263/6242/0, www.stiftstams.at
Naturlehrpfad Stamser Eichenwald, Ausgangspunkt Dorfplatz Stams in westlicher Richtung, gut beschilderter Lehrpfad durch den letzten Rest ausgedehnter Laubmischwälder, Gehzeit ca. 1 Stunde, Tel. +43(0)5263/6244, www.geozentrum-tirol.at
Stamser Alm (1873 m), Ausgangspunkt Stams, Wanderung von 3 bis 4 Std. zum Konventhaus des Stiftes (1744) mit der Kapelle Mariä Heimsuchung (1748, Fresken von Josef Jais), Tel. +43(0)664/4044362

MÖTZ
655 m, 1277 Einwohner

Westlich von Hall war der Inn nur noch sehr eingeschränkt schiffbar, bis Mötz verkehrten jedoch noch kleinere Boote und hier dürfte auch eine der ältesten Innbrücken bestanden haben. Die Waren der innaufwärts von Pferden gezogenen Boote wurden auf Fuhrwerke umgeladen und vorbei an der Burg Klamm über das Mieminger Plateau, Nassereith und den Fernpass nach Reutte und von dort nach Süddeutschland und in die Schweiz transportiert. Wichtigstes Transportgut war das Haller Salz.

In der **barocken Pfarrkirche Maria Schnee** (1710–1713) erinnert das Fresko mit den hll. Rochus und Sebastian an die Pest, die Tirol mehrmals heimsuchte. Auf den Paznauner Künstler Andreas Thamasch gehen die ausdrucksvollen Statuen der hll. Johannes der Täufer mit dem Lamm und Johannes der Evangelist mit dem Adler (um 1695) im Barockaltar zurück. Das Hochaltarbild im Nazarenerstil zeigt den Pestpatron Sebastian sowie den hl. Martin. Interessant ist eine gemalte Tafel im Chor mit den Marterdarstellungen der zwölf Apostel.

Zu den bekanntesten Tiroler Wallfahrtskirchen zählt **Maria Locherboden** (1896) mit ihrem spitzen Turm auf einer Anhöhe über dem Inn. Der Legende nach soll um 1740 ein Bergknappe als Dank für seine Rettung durch Maria in großer Gefahr am Eingang eines Erzstollens ein Bild der Gottesmutter aufgestellt haben. Die intensive Verehrung des Bildes führte zu einer Erweiterung der Grotte zu einer Kapelle. Im Jahr 1871 wurde Maria Kalb aus Rum bei Innsbruck hier angeblich von einem schweren Leiden geheilt, dies erhöhte die Anzie-

Die Burg Petersberg in Silz beherbergt heute ein Kloster.

hungskraft des Wallfahrtsortes einmal mehr. Die neugotische Kirche (1896–1901) von Heinrich Hörmann aus Mötz ist mit Fresken von Toni Kirchmayr (1915/16) geschmückt, welche die vier Hauptfeste des Kirchenjahres Ostern, Weihnachten, Fronleichnam und Pfingsten darstellen. Im Hochaltar von Josef Bachlechner aus Hall in Tirol befindet sich das Gnadenbild Mariahilf als Kopie des berühmten Bildes von Lucas Cranach d. Ä. im Jakobsdom in Innsbruck, flankiert von den hll. Bernhard und Kassian. In den Nischen der beiden Fialen stehen der hl. Josef mit dem Jesuskind und der Evangelist Johannes. Nachtwallfahrten finden von Mai bis Oktober jeweils am 11. des Monats statt, Treffpunkt 20 Uhr am Parkplatz oberhalb von Mötz.

SILZ
653 m, 2525 Einwohner

Die nahe Silz gelegene Burg Petersberg war einst als Gerichts- und Verwaltungszentrum von großer Bedeutung. Auch heute noch findet sich im Ort ein Bezirksgericht. Es bestehen außerdem noch einige sehenswerte alte Häuser, so etwa das **Alte Gerichtshaus** und der **Steinerhof (Richterhaus)** mit einer barocken Immaculata am Giebel und reichen Stuckdecken im Inneren. Ein Wandbild am **Gasthof Post** von Elmar Peintner (1990) erinnert an Silzer Auswanderer nach Peru (Pozuzo) und Brasilien im Jahre 1857. Auch heute noch werden mit den Nachkommen dieser Emigranten rege Kontakte gepflegt (Gemeindepartnerschaft). Ein **Denkmal vor der Hauptschule** weist auf den in Silz geborenen Freiheitskämpfer Josef Marberger (1779–1811) hin, einen Mitstreiter Andreas Hofers, der in Wien ermordet wurde.

1846–1848 entstand die **Pfarrkirche zu den hll. Peter und Paul** im Stil des Historismus als Nachfolgebau eines gotischen Gotteshauses. Das Innere ist mit nazarenischen Fresken von Josef Arnold d. Ä., Emanuel Raffeiner und Heinrich Kluibenschedl ausgeschmückt. Dargestellt sind vor allem Begebenheiten der Apostelfürsten Petrus und Paulus.

Franz Hellweger (1852) schuf das Hochaltarbild mit der Rosenkranzmadonna und dem hl. Dominikus, flankiert von den beiden Kirchenpatronen.

Wenige Kilometer westlich des Ortes liegt südlich der Bundesstraße **Burg Petersberg**, umgeben von Laub- und Nadelwäldern und einem Teich. Etwas abseits der Burg erhebt sich der Schnitzer- oder Faulturm, der ursprüngliche Sitz der Burggrafen. Eine erste Befestigung entstand an dieser Stelle schon im 12. Jh., Graf Meinhard II. von Görz-Tirol ließ diese dann im 13. Jh. zum Gerichtssitz ausbauen. 1857 zerstörte ein Brand Petersberg, die Burg wurde jedoch im Auftrag von Kaiser Franz Joseph I. wieder aufgebaut. Heute beherbergt diese ein Kloster des Ordens der Regularkanoniker vom Heiligen Kreuz, der die Mitglieder des Engelwerks betreut. Eine Besichtigung ist nur von außen möglich.

An der Grenze zwischen Sellrain und dem Ötztal liegt die Siedlung **Kühtai**, schon unter Kaiser Maximilian I. um 1500 ein beliebtes Jagdgebiet. Auf Erzherzog Leopold V. gehen die Kapelle und ein Jagdsitz zurück. Das jetzige Jagdschloss ist im Besitz der Grafenfamilie Stolberg. Im 20. Jh. wuchs das ausgedehnte Wintersportgebiet Kühtai zu einer Hotelsiedlung heran. 1977 wurde die neue **Kirche** nach Plänen von Hans und Ingo Fessler errichtet. Südlich oberhalb von Kühtai entstand von 1977 bis 1981 auf etwa 2300 m Seehöhe im Finstertal der gleichnamige **Stausee** (zweithöchster Staudamm Österreichs).

HAIMING
668 m, 4528 Einwohner mit Ötztal-Bahnhof

In der Nähe des heutigen Ortes gab es wohl bereits im 14. Jh. eine Innbrücke, wodurch Haiming für Reisende zu einem wichtigen Stützpunkt wurde. 1897 zerstörte ein Brand einen Großteil der Häuser des eigentlichen Dorfes. In Haiming war die barocke Bildhauerfamilie **Schweigl** ansässig. Sie schuf zahlreiche Kunstwerke im Ausland, so etwa 1762 die Ausstattung der Kirche Mariä Himmelfahrt in Brünn.

Die **Pfarrkirche zu den Pestheiligen Chrysant und Daria** wurde 1384 erbaut, 1784 barockisiert und im 19. Jh. neugotisch umgestaltet. Ein gotischer Taufstein aus dem 16. Jh., vier bemerkenswerte Renaissance-Wappenscheiben der Familie Freundsberg zu Petersberg (1521) in den südlichen Chorfenstern, das Hochaltarbild von Josef Bernhard Strebele (1741) und die einstigen Hochaltarfiguren von Andreas Kölle sind noch erhalten.

Um den 1893 erbauten Bahnhof Ötztal entstand inmitten eines Föhrenwaldes die kleine Siedlung **Ötztal-Bahnhof**. Auf 1964 geht die **Pfarrkirche zum hl. Josef dem Arbeiter** nach Plänen von Josef Salzburger und Wilhelm Adamer mit ihrem markanten pyramidenförmigen Betonturm zurück. Die mächtige Glaswand schuf Inge Höck aus Innsbruck.

Die Pfarrkirche Roppen ist auf Grund ihrer einzigartigen Fresken besonders besuchenswert.

Geo-Lehrpfad Forchet, Ausgang Ötztal-Bahnhof, Haiming oder „Kanzel" nahe der Straßenbrücke über die Ötztaler Ache, schmale Fahrwege und Waldwege mit einigen Steigungen durch ein wildes Bergsturzgebiet mit kargem Föhrenwaldbestand, ca. 4 Stunden für die gesamte Runde, www.geozentrum-tirol.at **Knappenrundwanderweg von Hochoetz – Kühtai – Ochsengarten**, Ausgangspunkt Panoramarestaurant Hochoetz, Höhenweg über Wörgetal zum Knappenhaus, weiter über die Balbachalm und die Kühtailealm zurück zum Ausgangspunkt, Gehzeit ca. 6 Stunden, Einstiegsstellen in Ochsengarten beim Balbachhof, Issbrücke „Parkplatz" und vom Kühtai aus, Tel. +43(0)5252/6385/12, www.knappenweg.at

ROPPEN
726 m, 1714 Einwohner

Roppen war einst ein Flößerdorf. Das Holz aus der Schweiz wurde auf dem Inn bis zur Saline nach Hall geflößt. Auch für das Silber und andere Erze vom Tschir-

gant war der Wassertransport wichtig. Einst bestand eine eigene Floßwerft und der „Arzkasten" diente zur Aufbewahrung der Erze bis zur Weiterbeförderung. Über eine Innbrücke führte schon vor Jahrhunderten der Verkehr ins Ötztal.

Eine Besonderheit stellt die Innenausstattung der außen klassizistischen, 1853 von Karl Rokita erbauten **Pfarrkirche zum hl. Leonhard** dar. Emanuel Raffeiner aus Schwaz malte 1909/10 die künstlerisch wertvollen und für Tirol in dieser Größenordnung einzigartigen Jugendstilfresken. Sind dabei die Wände durch marmorierte Felder, geometrische Formen und strenge Ornamente gegliedert, so ist das Gewölbe in Bildfelder aufgeteilt. Dargestellt sind etwa die Marienkrönung, Heilige, Engel, Apostel und Gestalten aus dem Alten Testament. Aus der Kirche von Bach im

Lechtal stammen die 1991–1994 bei der letzten Renovierung eingebauten neugotischen Altäre. Das Fresko am Kriegerdenkmal vor der Kirche stammt von Wilhelm Nikolaus Prachensky (1953).

Erdpyramiden und Innschlucht, Ausgangspunkt ca. 3,5 km westlich von Roppen, schmale Straße nach Wald, kleiner Parkplatz mit Infotafel, nach rechts (Norden) zur Innschlucht, Wanderwege und Fahrwege, Gehzeit ca. 1,5 Stunden, www.geozentrum-tirol.at
Geoweg, Ausgang Parkplatz bei Eigl's Grillstube im Gewerbegebiet an der Bundesstraße, gegenüber der Ortseinfahrt nach Roppen, leicht begehbarer Wanderweg durch einen Föhrenwald, Gehzeit ca. 2 Stunden, www.geozentrum-tirol.at
Badhäusl bzw. „Römerbad", Kneippanlage am linken Innufer, einige hundert Meter von der Innbrücke entfernt
Rafting in der Innschlucht, Info s. TVB Imst-Gurgltal

KARRES
837 m, 597 Einwohner

Karres entstand an der alten Landstraße (Römerstraße) Roppen–Imst. Ausgrabungen haben Reste urgeschichtlicher und römischer Besiedlung sowie einer mittelalterlichen Burganlage freigelegt. An die Zeit des Bergbaus am Tschirgant erinnern noch zwei schöne **Knappenhäuser** mit großen Toreinfahrten und gotischen Hausganggewölben.

Die spätgotische **Pfarrkirche St. Stephan** (1432 erstmals erwähnt) wurde innen 1736 barockisiert und mit Deckenfresken von Josef Jais sowie Stuck von Gallus Gratl versehen. Der Hochaltar von Franz Xaver Renn (1843) trägt ein Bild von Josef Arnold d. Ä. (Glorie des hl. Stephanus, 1828). Ein Hinweis auf die Lage an der einstigen Durchzugsstraße ist die Abbildung des Reisepatrons Christophorus an der Außenwand.

Wanderung über die Karrer Alm zum Tschirgant, Ausgangspunkt Bildungshaus in Karres, Almweg zur Karrer Alm, weiter zum Tschirgant, Gehzeit ca. 4 Stunden, anspruchsvolle Wanderung

KARRÖSTEN
921 m, 692 Einwohner

Für die Gemeinde Karrösten war der vor allem am nahen Tschirgant betriebene **Bergbau** lange Zeit von großer Bedeutung. Insbesondere im 16. Jh. wurden dort größere Mengen an Silber abgebaut, danach ging der Ertrag der Minen immer weiter zurück.

Anstelle einer um 1400 erbauten Nikolauskapelle entstand 1770–1778 die im Rokokostil ausgestattete **Expositurkirche zu den hll. Magdalena und Nikolaus** mit Deckenfresken von Johann Josef Wörle (1777). Ein Tafelbild zeigt die Vierzehn Nothelfer.

Unterhalb von Brennbichl im Inntal erinnert die neugotische **Königskapelle** (1855) an den 1854 hier verunglückten König Friedrich August II. von Sachsen, der an dieser Stelle vom Huf eines scheuenden Pferdes am Kopf getroffen wurde.

Geo-Lehrpfad zur Karröster Alm, Ausgangspunkt Parkplatz über Karrösten, mäßig ansteigende Forststraße, Lehrtafeln geben Einblick die Entstehung der Kalkalpen, man sieht ehemalige Stolleneingänge und Abraumhalden, Gehzeit ca. 2,5 Stunden, www.geozentrum-tirol.at

IMSTERBERG
844 m, 774 Einwohner

Rund 8 km südwestlich von Imst liegt Imsterberg am Nordabhang des Venet. Bei Kampfhandlungen im Zuge der Befreiung Tirols durch amerikanische Truppen im Frühjahr 1945 wurde Imsterberg teilweise, der zur Gemeinde gehörige Ortsteil Imsterau im Tal vollständig zerstört. Von 1953 bis 1956 entstand hier das größte Laufkraftwerk Tirols. Imsterberg ist außerdem Geburtsort des Barockbildhauers **Johann Schnegg** (1724–1784). Werke von ihm befinden sich etwa in Bayreuth sowie in vielen Teilen Tirols. Er gilt neben Andreas Thamasch zu Recht als einer der bedeutendsten Barockbildhauer des Tiroler Oberlandes.

Die **Barockkirche zu den Sieben Schmerzen Unserer Lieben Frau** (1791) im Ortsteil Ried besitzt eine Kanzel und einen Altar von Matthias Thurner von Imsterberg (um 1870) sowie sehenswerte Seitenaltarbilder von Johann Kärle (1872). Aus der ehemaligen gotischen Pfarrkirche im Innsbrucker Stadtteil Wilten stammt die kunstvoll geschnitzte Pietà.

Große Dorfrunde, vom Gemeindehaus zur Pfarrkirche, bei der Volksschule Abzweigung zum Ortsteil Endsfeld, von dort Feldweg nach links nach Hinterhöfle, Kapelle, über Vorderhöfle zurück zum Dorfzentrum, Gehzeit ca. 1,5 Stunden

MILS BEI IMST
737 m, 552 Einwohner

Die Milser Au im Talboden ist das letzte größere Auwaldgebiet im Oberinntal. 1854–1862 musste die alte gotische Kirche der heutigen neugotischen **Pfarrkirche zum hl. Sebastian** nach Plänen von Anton Geppert weichen. Das Hochaltarblatt schuf Franz Hellweger, die Seitenaltarbilder Caspar Jele. Das frühere barocke Altarblatt mit dem hl. Sebastian von Franz Anton Zeiller ist heute im Chor zu bewundern.

SCHÖNWIES UND OBSAURS
725 m, 1712 Einwohner

Eine erste Höhensiedlung lässt sich in der La-Tène-Zeit (5.–1. Jh. v. Chr.) im Bereich von Obsaurs nachweisen. Mit der bajuwarischen Landnahme im 6. Jh. begann die Rodungstätigkeit im Tal, worauf etwa die Ortsbezeichnung Schönwies hinweist. Die ältere Kirche des Dorfes (15. Jh.) steht in Obsaurs.

1688 wurde die **Pfarrkirche zum hl. Michael** geweiht. Die zartfarbigen Deckengemälde (Erzengel Michael, Verkündigung, Schutzengel Raphael mit Tobias, Heilige) stammen von Johann Georg Witwer (um 1790), das Hochaltarbild von Caspar Jele.

Die spätgotische **Kirche zum hl. Vigilius in Obsaurs** (Mitte 15. Jh.), am südlichen Berghang entlang des Jakobsweges gelegen, gilt als Kleinod. Vermutlich bestand hier bereits eine prähistorische Siedlung. Verehrt werden die „Heiligen drei Madeln Ambett (Aubett), Gwerbett (Querbett) und Wilbett (Vielbett)", die im Tiroler Raum sonst nur noch in Meransen im Südtiroler Pustertal erwähnt sind. Laut Legende gehörten die drei Mädchen zu den 11.000 Jungfrauen, die mit der hl. Ursula vor dem Hunnenkönig Attila flohen. Angefleht werden die drei Heiligen um Kindersegen und um Regen. Um 1600 entstanden verschiedene Fresken an der Außenwand, darunter die hll. Christophorus, Paulus, Martin, Georg mit dem Drachen (weiblicher Drache mit klar erkennbarem Gesäuge) sowie eine Kreuzigungsgruppe und Stifterfiguren. Auffallend sind dabei sieben weibliche Heilige, die als „Sieben Zuflüchten" interpretiert werden. Die Seccodarstellungen

Die Burgruine Kronburg fällt durch ihre außergewöhnliche Lage auf.

aus dem 16. und 17. Jh. im Inneren sind teilweise stark verblasst. Dargestellt sind musizierende Engel, Evangelisten, Christus mit Marterwerkzeugen, Veronika mit dem Schweißtuch, Heilige und verschiedene Stifterfiguren. Der Rokokoaltar (um 1775/80) trägt das Bild der hll. Vigilius und Gallus von Johann Georg Witwer aus Imst. Die Engel, die seitlichen Figuren Johannes der Täufer (links innen) und hl. Josef (rechts innen) sowie der hl. Sebastian (links außen) und der hl. Florian (rechts außen) sind von Johann Schnegg, der auch die Schutzengelgruppe am Chorbogen (um 1777) schuf. Aus der Zeit der Spätgotik stammt die einfache Kanzel. Über der Eingangstür hängt das Bild mit den drei Jungfrauen (um 1700). Zufahrt südlich der Pfarrkirche in Schönwies, Bahnunterführung, der Beschilderung folgen. Schlüssel bei Fam. Pohl, Tel. 05418/5176, Obsaurs.

Panoramasteig Schönwies, von Starkenbach in Richtung Wasserfall, Abstieg nach Mils, nur für Geübte

ZAMS
775 m, 3364 Einwohner

Im Landecker Becken an der Straße zum Arlbergpass gelegen, entwickelte sich Zams schon früh zu einem bedeutenden Ort. 1406 fanden hier im Appenzeller Krieg und 1703 im Rahmen des Spanischen Erbfolgekriegs Kämpfe statt. Ein Großbrand im Jahre 1911 vernichtete leider zahlreiche Häuser, darunter auch die barocke Pfarrkirche. Bekannt ist Zams heute vor allem als **Schul- und Spitalsort**.

Im gotischen Vorgängerbau der **Kirche zum hl. Andreas** befand sich einst ein Schnitzaltar des Südtiroler Künstlers Hans Klocker. Die heutige Kirche im neubarocken Stil entstand 1911/12 und besitzt Deckenbilder von Toni Kirchmayr (1941). Eine Besonderheit ist der freistehende Kirchturm, der die Feuersbrunst überlebte. Aus der aufgelassenen Alten Höttinger Kirche in Innsbruck stammen die drei Rokokoaltäre. Die Kirchenkrippe mit Figuren von Josef Bachlechner zählt zu den schönsten im Tiroler Oberland. Sehenswert ist auch das spätgotische Pfarrhaus.

Schon von weitem fallen die **Ruine Kronburg** auf dem spitzen Felskopf und die **Wallfahrtskirche Mariahilf** in der Senke südlich davon auf. Funde weisen auf eine vorgeschichtliche Besiedlung an dieser Stelle hin. 1380 errichtete die mächtige Tiroler Adelsfamilie der Starkenberger hier ihr Verwaltungszentrum, die Kronburg wurde auch zum Gerichtssitz. Erhalten sind noch der mächtige Bergfried, ein halbrundes Rondell mit Viereckturm, ein kleiner Osttrakt und verschiedene Teile des Vorwerks. Ein beliebtes Wallfahrtszentrum stellt die Kirche Mariahilf (1711–1714) mit einem kleinen Wallfahrtskloster und einem Gasthof dar. Zentrum der Verehrung ist eine Kopie des berühmten Mariahilfbildes von Lucas Cranach d. Ä. im Innsbrucker Dom. Die Wallfahrt geht auf eine Legende zurück, die von einem kleinen Jungen berichtet, der sich eine Messerspitze ins Auge gestochen hatte und auf inständiges Flehen seiner Mutter von der Muttergottes geheilt worden war.

Badeweiher Trams mit Abenteuerspielplatz, auf einer Anhöhe zwischen Zams und Landeck, Wanderung über den Tramsweg vom Zammer Ortszentrum (40 Minuten), Straße von der Landecker Pfarrkirche zum Tramser Hof, von dort ca. 100 m zum Weiher, Tel. +43(0)5442/65600
Hallenbad Hotel Jägerhof, Hauptstr. 52, Tel. +43(0)5442/62642, www.jaegerhof-zams.at
Ruine Kronburg, nur von außen zu besichtigen, Führungen von 15. Juni bis 15. September am Mittwoch 14.00 Uhr, Treffpunkt beim Gasthof Kronburg, Tel. +43(0)5442/67643 oder 62218, www.kronburg-tirol.at
Wallfahrtskirche Mariahilf – Kronburg, Maurenweg 40, Tel. +43(0)5442/67643 oder 62218, www.kronburg-tirol.at

Zammer Lochputz – Tirols mystische Klamm, Wasser-Erlebnis-Steig über Stollen, Steige und Brücken, Römerweg 21, Tel. +43(0)5442/65600, www.zammer-lochputz.at
Kronburger Wasserfall, „Kronburger-Tobel", ausgehend von der Wallfahrtskirche Kronburg führt der Rundwanderweg durch die wildromantische Schlucht, Kontakt TVB TirolWest
Venet Bergbahnen AG, Schi- bzw. Wandergebiet im Bereich Landeck – Zams – Fließ, Hauptstr. 38, Tel. +43(0)5442/62663, www.venet.at

LANDECK
818 m, 7784 Einwohner

Die Bezirkshauptstadt Landeck verdankt ihre Entstehung wohl der Lage in einem Becken an jener Stelle, an der die Reschen-, die Arlberg- und die Fernpassstraße zusammentreffen. Hier fließt die von Westen kommende Sanna (Vereinigung der Rosanna aus dem Stanzertal und der Trisanna aus dem Paznaun) in den Inn. Prähistorische Besiedlung lässt sich in der Umgebung nachweisen. Von besonderer Bedeutung war die Römerstraße Via Claudia Augusta von Süden über den Reschenpass nach Augsburg. 1251 wurde Landeck erstmals im Zusammenhang mit einer Burg auf einem Felsvorsprung erwähnt.

Seine heutige Form erhielt Landeck erst im 19. und 20. Jh. Im Jahre 1900 entstand der Ort aus den zwei Dörfern Angedair mit Öd (rechts des Inns, jetziger Stadtkern mit Burg und Pfarrkirche) und Perfuchs (links des Inns mit Perfuchsberg, Bruggen und Perjen). 1904 wurde Landeck Marktgemeinde, 1923 Stadt. Das heutige Erscheinungsbild geht großteils auf die Industrialisierung um 1900 zurück. Damals entstanden die Textil AG und das Karbid-Werk der Donauchemie und brachten einen gewissen Wohlstand.

Pfarrkirche Landeck

Kern des Stadtzentrums in Angedair ist die parallel zum Inn verlaufende Malser Straße, ein wichtiges Einkaufszentrum. Zahlreiche Landecker Häuser weisen Wandmalereien auf, so etwa das ehemalige **Richterhaus** mit Dekorations- und Wappendarstellungen aus dem 16. Jh. Auf der linken Innseite stehen die **Bezirkshauptmannschaft** und das **Gerichtsgebäude** (ehemaliger Ansitz Gerburg).

Etwas erhöht am Südostrand der Stadt erhebt sich die **Pfarrkirche zu Unserer Lieben Frau Mariä Himmelfahrt**, 1266 erstmals erwähnt. Die Entstehungslegende berichtet von zwei kleinen Kindern, die von einem Bären und einem Wolf geraubt wurden. Die entsetzten Eltern baten die Muttergottes um Hilfe, worauf die beiden Tiere die Kinder zu einem an einer Fichte befestigten Muttergottesbild brachten. So entstand im 13. Jh. die Wallfahrt zu „Unserer lieben Frau im Walde".

Aus der kleinen Kapelle ließ der Landecker Adelige Oswald von Schrofenstein dann mit Hilfe von Erzherzog Sigmund dem Münzreichen 1471–1521 unter der Leitung von Hans Schedler, Christian Frey und Meister Balthasar die heutige Pfarrkirche erbauen. Landeck zählt neben Seefeld, Imst, Hall, Rattenberg und St. Leonhard bei Kundl zu den bedeutendsten spätgotischen Pfarrkirchen Tirols.

Im spitzbogigen Westportal befindet sich im Tympanon eine Reliefdarstellung der Maria mit dem Kind, musizierenden Engeln, zwei Wappen und der Jahreszahl 1506. Den unteren Abschluss des Tympanons bilden zwei Löwenkonsolen mit den Wappen Tirols und Österreichs. Der Landecker Bildhauer Dominikus Trenkwalder schuf die beiden neugotischen Seitenaltäre (um 1865). Die große Kostbarkeit der Kirche ist der Schrofensteiner-Altar im Chor, ein spätgotischer Flügelaltar, vermutlich vom Innsbrucker Sebald Bocksdorfer. Bei den Schrofensteinern handelte es sich um bedeutende Adelige des Mittelalters im Landecker Raum. Der Mittelschrein des Altars zeigt die Anbetung des Kindes durch die Heiligen Drei Könige. Darunter wird in der Predella der thronende hl. Oswald von den knienden Stiftergestalten Oswald von Schrofenstein (links) und seiner Gattin Praxedis von Wolkenstein (rechts) verehrt. Aus der Zeit des Nazarenerstils (um 1860) stammen die beiden Flügel, links mit der Anbetung der Hirten (Ferdinand Maaß) und rechts mit der Darbringung Jesu im Tempel (Hans Kapferer).

Von der Pfarrkirche führt die Straße zum **Schloss Landeck**, bestehend aus Vorburg, Zwinger und der eigentlichen Burg

Schloss Landeck

mit dem Bergfried. Die Burg wurde um 1290 errichtet und sehr bald darauf Sitz der Verwaltung und der Gerichtsbarkeit. Anfang des 16. Jh. baute man schließlich in den freien Burghof eine große Halle mit spätgotischem Netzgewölbe ein.

Mit der Verlegung des Gerichtssitzes ins Tal im Jahr 1797 begann der langsame Verfall der Anlage, die in den folgenden Jahren als Kaserne, Munitionsdepot und Armenhaus diente. 1942 kaufte die Stadt die Burg, 1973 wurde in ihr ein **Bezirksheimatmuseum** eröffnet.

In diesem sind heute Erinnerungsstücke zu den Themen Gerichtsbarkeit, Hexenprozesse, Brauchtum, Religion, Kriege, bäuerliche Lebensformen, Kunst des Tiroler Oberlandes, Emigration etc. untergebracht. Auch an die einheimischen Barockbaumeister Jakob Prandtauer (Stift Melk) und Josef Munggenast wird natürlich erinnert. Eine Kostbarkeit sind außerdem die hier aufbewahrten ältesten Spielkarten im deutschsprachigen Raum (1460).

Die Themen „Leben in der Heimat – Leben in der Fremde" sowie „Geschichte des Bezirkes Landeck und die Beziehungen zu den Nachbargebieten" sind für das Museum generell von großer Bedeutung. Immer wieder finden auch verschiedenste Veranstaltungen statt. Neben der spätgotischen Halle und Stuben mit Holztäfelung und gotischen Balkendecken ist vor allem die kleine **Burgkapelle** zum hl. Stefan sehenswert. Sie besitzt ein Netzgratgewölbe und Wandmalereien aus der Zeit um 1520 (Heilige, Ranken- und Blumendekor) sowie die Kopie eines Flügelaltärchens der Familie Schrofenstein (um 1520, Original in Meran) mit Bildern der Kreuzigung Christi im Schrein und der beiden hll. Christophorus und Stephanus auf der Innenseite der Flügel. Vom Turm aus genießt man einen herrlichen Ausblick auf die Stadt und die Umgebung.

Freischwimmbad Landeck-Perjen, Tel. +43(0)5442/65269
Badeweiher Trams mit Abenteuerspielplatz, Tel. +43(0)5442/65600
Hallenbad im Hotel Mozart, Adamhofg. 7, Tel. +43(0)5442/64222, www.mozarthotels.at
Schlossmuseum Landeck, geöffnet April bis Oktober tgl. 10–17 Uhr, 13. Dez. bis 6. Jänner tgl. 13–17 Uhr, außer am 1. 1. geschlossen. „Weihnachtszeit ist Krippenzeit", Schlossweg 2, Tel. +43(0)5442/63202, +43(0)664/3633333, www.schlosslandeck.at

FLIESS
1073 m, 2913 Einwohner

Das ausgedehnte Haufendorf auf einem sonnigen Hochplateau ist rätoromanischen Ursprungs. Schon vor der römischen Via Claudia Augusta bestand hier ein uralter Weg. Funde hallstattzeitlicher Bronzegegenstände direkt im Ort weisen auf Besiedlung im 7./6. Jh. v. Chr. hin. Trotz mehrerer Großbrände im 19. und 20. Jh. sind noch einige alte Bauernhöfe erhalten. Eine steile Straße, an der sich ein **Brandopferplatz** befindet, führt vorbei an Burg Bideneck über den 1559 m hohen Pillersattel ins Pitztal und Kaunertal. Vom **Gachen Blick** nahe des Brandopferplatzes bietet sich ein herrlicher Rundblick.

Burg Bideneck geht in ihren Ursprüngen auf das 12. Jh. zurück. Erhalten sind noch Palas, Bergfried und Ringmauer. Zu den verschiedenen Besitzern gehörten die Herren von Schrofenstein, die 1547 die Burg ausbauten. Heute befindet sich die Wohnburg mit einer Renaissancestube (1537) in Privatbesitz und ist nicht zu besichtigen.

Die **alte gotische Pfarrkirche Mariä Himmelfahrt** wurde barockisiert und nach einem Brand im Jahr 1933 erneut

Via Claudia Augusta

Die **Via Claudia Augusta** führte von Altinum bei Venedig an der oberen Adria über Feltre und das Valsugana nach Trient, von dort durch das Etschtal nach Bozen, in den Vinschgau, über den Reschenpass, durch das obere Inntal bis Imst, weiter durch das Gurgltal, über den Fernpass in das Becken von Reutte und nach Füssen. Über Augsburg schließlich wurde das römische Kastell bei den Burghöfen südlich von Mertingen erreicht.

Entlang dieser Straße entstanden bedeutende Siedlungen und Raststationen, Gasthäuser und Herbergen. Die Entfernung von einer Station zur anderen betrug rund 30–40 km, was ungefähr einem Tagesmarsch entsprach. Dort konnten sich die Truppen und Fuhrleute ausruhen und die Pferde gewechselt werden. So entstanden etwa aus der wichtigen Straßenstation Matreium das heutige Matrei am Brenner und aus Vipitenum Sterzing. Diese Römerstraße stellte lange Zeit die wichtigste Verbindung von der Adria zur Donau dar, verlor dann aber durch den Ausbau der Brennerroute an Bedeutung. Viele heutige Straßen folgen aber auf großen Abschnitten noch immer dem Verlauf der alten römischen Strecke.

Die Via Claudia Augusta diente der Erschließung der unter Kaiser Augustus von seinen Stiefsöhnen Tiberius und Drusus eroberten Gebiete. Unter Kaiser Claudius wurde sie in den Jahren 46/47 n. Chr. endgültig fertiggestellt und gleichzeitig noch einmal verbessert. Die Straßen waren vor allem für den raschen Truppentransport, die schnelle Nachrichtenübermittlung nach Rom und den Güter- und Personenverkehr wichtig. Die Via Claudia Augusta war durchschnittlich 5–7 m breit und wurde links und rechts von kleinen Gräben für die Entwässerung begleitet. Beiderseits durfte ein Streifen von rund drei Metern weder bepflanzt noch bebaut werden. Gerade an schwierigen Stellen sieht man heute noch die Geschicklichkeit der Erbauer.

Sonnig gelegen – Fließ

umgestaltet, der Kirchturm stammt noch aus der Romanik. Außen fallen das Christophorusfresko (Anfang 16. Jh.), das Blatt der Turmuhr mit mehreren Wappen und der Jahreszahl 1547 sowie die Sonnenuhr (1696) mit den Tierkreiszeichen auf. Die Heiligenstatuen im Inneren der Kirche stammen von verschiedenen Tiroler Künstlern, so etwa die hl. Ursula und die hl. Barbara aus der Werkstatt von Andreas Thamasch (um 1700) und die Schutzengelgruppe von Andreas Kölle.

In der Unterkirche befindet sich das Grab von Simon Alois Maaß, einem begnadeten Prediger und weitum bekannten Naturheilkundler, der von 1805 bis 1846 Pfarrer in Fließ war. An ihn erinnert auch eine Gedenkstätte in der Krypta.

Außerhalb des Ortes steht die **neue Pfarrkirche zur hl. Barbara**, 1794–1804 nach Plänen des Pfarrers Nikolaus Schuler in barocker Tradition mit klassizistischen Einflüssen erbaut. Sie ist mit ihren zwei Türmen das Wahrzeichen von Fließ. Johann Kärle und Thomas Köhle aus Kauns schufen die Innenbemalung (1902–1904). Die Altäre und die Kanzel stammen aus der Zeit um 1800.

Freischwimmbad Fließ, Tel. +43(0)5449/5657
Waldweiher Fließ, mit dem Auto Richtung Gachenblick, nach dem Dorf bei der ersten Rechtskurve Parkmöglichkeit, von dort zu Fuß (Gehweg Nr. 9) in ca. 20 Min. erreichbar, Tel. +43(0)5442/65600
Badeweiher Fuchsmoos, ca. 15 Minuten Autofahrt von Fließ über den Gachenblick, Lage direkt an der Landesstraße kurz vor Piller, Tel. +43(0)5442/65600
Archäologisches Museum Fließ, im alten Widum, bronze- und eisenzeitliche Funde aus der Gegend, vor allem von der Pillerhöhe
Dokumentationszentrum Via Claudia Augusta, geöffnet Mai bis Oktober von Dienstag bis Sonntag 10–12 Uhr und 15–17 Uhr, HNr. 89, Tel. +43(0)5449/20065, www.museum.fliess.at
Naturparkhaus Kaunergrat – Ausstellung „3000 m vertikal", Infos im Naturparkhaus auf der Pillerhöhe zu den Themen Geologie, Gletscher, Klima, Flora und Fauna des Hochgebirges, geöffnet ganzjährig tgl. 10–18 Uhr, Gachenblick 100, Tel. +43(0)5449/6304, +43(0)664/1244021, www.kaunergrat.at

PRUTZ
866 m, 1733 Einwohner

Prutz liegt in einem weiten Talkessel am Eingang des Kaunertals und verdankt seine Bedeutung einer Brücke über den

Inn (diese gab es spätestens seit ca. 1300 n. Chr.). Ab 1635 bestand auch eine wichtige Poststation. 1903 schließlich zerstörte ein verheerender Großbrand so gut wie alle Häuser.

Die **Pontlatzbrücke** spielte in den Kämpfen von 1703 (Tirol gegen Bayern) und 1809 (Freiheitskämpfe unter der Führung von Andreas Hofer gegen die Bayern, Franzosen und Sachsen) eine wichtige Rolle. Ein **Bronzeadler** vom Prutzer Bildhauer Franz Schranz (1860–1919) auf einem Felsblock am Innufer erinnert heute noch daran.

Die spätgotische **Pfarrkirche Mariä Himmelfahrt** (1521) wurde im Barock innen neu ausgestaltet: Fresken und Statuen stammen von **Adam Payr** sowie Andreas Kölle, die Bilder der Seitenaltäre von **Franz Laukas**. Sowohl Payr als auch Laukas waren gebürtige Prutzer. Auf eine Stiftung von Anton Sterzinger im Jahre 1676 geht die **Antoniuskapelle** mit einem dreiteiligen Altar von Adam Payr als Grablege der Familie zurück. Erhalten sind auch noch die Wappengrabsteine von Martin Sterzinger und seinen beiden Frauen.

Auf dem Friedhof steht eine sehenswerte **Doppelkapelle**, bestehend aus der **Totenkapelle** und der **St.-Johannes-Taufkapelle** (Schlüssel gegen Voranmeldung im Pfarrhof, Kugelgasse 4, 6522 Prutz, Tel. +43(0)5472/6224). Bei der Totenkapelle handelt es sich um eine Grabkapelle als Stiftung der Familie Payr (17. Jh.). In der im Barock umgebauten Taufkapelle (Weihe 1778) befand sich einst eine Taufgrube für Erwachsene. Die dortigen Fresken aus der Frühgotik (1330–1340) stellen unter anderem Apostel sowie Christus als Weltenrichter dar. Das Bild der hl. Kümmernis zählt zu den frühesten bekannten Darstellungen dieser Heiligen.

Südlich von Prutz steht das 1964 erbaute **Kaunertal-Kraftwerk der TIWAG**. Dorthin wird das Wasser vom Gepatschspeicher im Kaunertal über eine 13,2 km lange Druckleitung zur Stromerzeugung geleitet. Die große Bronzeplastik vor dem Haus stammt von Franz Pöhacker aus Hall in Tirol (1966) und weist mit dem Titel „Die Gebündelten" auf die Energieerzeugung hin.

> **Freibad Prutz**, Tel. +43(0)5472/6210/16
> **Kaunertal-Kraftwerk**, Prutz, Führungen auf Anfrage möglich,
> Tel. +43(0)5472/6381

RIED IM OBERINNTAL
877 m, 1244 Einwohner

Funde weisen auf eine Besiedlung des heutigen Gemeindegebietes bereits in der Bronze- und Römerzeit hin. Von Bedeutung war ab dem 13. Jh. eine Burg mitten im Tal zur Kontrolle des Verkehrs, bestehend aus Turm und Wohnbau. Erzherzog Sigmund der Münzreiche ließ die Befestigung 1471 zu einem Verwaltungs- und Jagdsitz ausbauen und gab ihr den Namen **Burg Sigmundsried**. Die Anlage hatte verschiedene Funktionen, so war sie etwa bis 1977 Sitz des Bezirksgerichts. In den mit Kreuzgratgewölben gedeckten Hallen sind noch Malereien mit pflanzlichen Motiven und Wappen aus der Zeit um 1530/40 erhalten.

Aus dem Ort stammt der Maler **Caspar Jele** (1814–1893), einer der bekanntesten Künstler des Nazarenerstils in Tirol. Von ihm stammt das Bild der Madonna am linken Seitenaltar der Pfarrkirche. Ried ist außerdem Geburtsort des Kirchenhistorikers **Ferdinand Maaß**.

Schon 1320 wurde die **Pfarrkirche zum hl. Leonhard** erstmals erwähnt, Anfang des 16. Jh. erweitert und vergrößert,

Die Burg Sigmundsried ist ausgezeichnet erhalten.

schließlich 1715–1718 neu ausgestattet. Im Chor sind gotische Fresken (um 1470) vorhanden. Der Hochaltar (1721) trägt zwei Bilder von Franz Laukas (hl. Leonhard und Abendmahl). Die Statuen der Altäre stammen von Andreas Kölle (1720–1723).

Südlich des Dorfes, nahe der Burg Sigmundsried, liegt das **Kapuzinerkloster zum Hl. Kreuz** (Gründung 1694, Weihe der Kirche 1713), verbunden mit einer **Loretokapelle** (Weihe 1666). Die Abbildung an der Fassade der Kapelle zeigt die beiden Stifter der Kapelle, Andreas Gaulrapp und Andreas Sterzinger, die Übertragung des Hauses Loreto und eine Ansicht von Ried (1669).

Badesee Ried, Tel. +43(0)5472/6403
Burg Sigmundsried, Führungen jeden Freitag um 10 Uhr, Treffpunkt beim Gemeindeamt Ried, Tel. +43(0)5472/6421

FENDELS
1356 m, 253 Einwohner

Das auf einer Hochterrasse über Ried im Oberinntal gelegene Dorf war bis zu den Großbränden von 1939 und 1972 eine typisch rätoromanische Siedlung mit eng aneinandergebauten, gemauerten Häusern. Erst seit 1960 führt eine Asphaltstraße in den Ort. In Fendels wurde der Barockbildhauer **Andreas Kölle** (1680–1755) geboren, der vor allem für seine volkstümlichen Kunstwerke bekannt ist.

Die heutige **Pfarrkirche zur Himmelfahrt Mariens** geht in ihren Ursprüngen auf eine Kapelle (13. Jh.) zurück, wurde im 15. Jh. vergrößert und im Barock weiter ausgebaut und neu eingerichtet (Weihe 1778). Johann Georg Witwer schuf die Barockstatuen am Hochaltar. Von Andreas Kölle stammen der linke

Seitenaltar, die Kanzel, die Figur des hl. Kassian und das große Kruzifix. Auf das späte 19. Jh. sind die nazarenischen Deckenbilder von Josef Haun zu datieren. Besonders interessant ist eine gotische Seccomalerei an der rechten Langhauswand mit der Darstellung verschiedener Marterszenen der hl. Margarethe. Das gotische Vesperbild am linken Seitenaltar (16. Jh.) soll angeblich bei den Engadiner Glaubenskämpfen 1620 in den Inn geworfen und bei Ried im Oberinntal herausgeholt worden sein.

Ruine Wiesele, Ruinen einer ehemaligen Einsiedelei, 1789 aufgehoben, ca. 1 Gehstunde von Fendels

TÖSENS
931 m, 685 Einwohner

An der Stelle des heutigen Tösens überquerte ein Nebenzweig der Römerstraße Via Claudia Augusta den Inn und führte auf das Plateau von Serfaus. Auf der westlichen Talseite führt noch eine alte, als „Römerbrücke" bezeichnete **Steinbrücke** über eine Schlucht nahe dem Inn. Bedeutung erlangte der kleine Ort einerseits durch den Durchzugsverkehr, andererseits im 16./17. Jh. durch den Abbau von Blei, Zink und Kupfer hoch über Tösens im Platzer Tal und im Berglertal auf 2500 bis 3000 m Seehöhe.

In der 1713 geweihten barocken **Pfarrkirche zum hl. Laurentius** stammen die Statuen am linken Seitenaltar und auf der Kanzel von Andreas Kölle, jene auf dem rechten Seitenaltar und dem Hochaltar aus der Werkstatt seiner Söhne. Das Hochaltarbild, ein Werk von Philipp Jakob Greil, zeigt den hl. Laurentius (1762). An der Langhauswand befindet sich eine Darstellung des Jüngsten Gerichts (um 1780).

Die **Georgskapelle** steil oberhalb von Tösens gehört zur Gemeinde Serfaus (siehe dort).

PFUNDS
971 m, 2543 Einwohner

Der Doppelort besteht aus **Pfunds** (rechts vom Fluss) und **Stuben** (links davon), verbunden durch eine Brücke. Früher war Pfunds durch seine Lage an der Handelsstraße Augsburg–Venedig, als Zollstation und auf Grund seiner besonderen landesfürstlichen Privilegien durchaus von Bedeutung. Dies zeigt sich heute noch an den entlang der einstigen Durchzugsstraße gelegenen, stattlichen **Mittelflurhäusern** mit ihren großen Durchfahrten, wuchtigen Steinportalen, Erkern, Fresken und Holzgiebeln. Im **Turmhaus an der Innbrücke** soll Kaiser Maximilian I. 1499 während der Engadiner Kriege genächtigt haben. Erhalten sind von diesem noch die gewölbte spätgotische Durchfahrt und barocke Fassadenmalereien (um 1770) vom einheimischen Künstler Philipp Jakob Greil.

Im **ehemaligen Richterhof** (Stuben-Pfunds Nr. 1) aus dem 16. Jh. befinden sich im Ganggewölbe im ersten Stock interessante Wappenmalereien sowie Sinnsprüche aus der Renaissance und dem Barock. Diese erinnern an ehemalige Richter, Verwaltungsbeamte, Pfarrherren und andere Persönlichkeiten. In dem Haus wurde auch der Dichter **Johann Chrysostomus Senn** (1795–1857) geboren, der in Wien in den Wirren des Vormärz als Revolutionär verdächtigt und eingesperrt wurde. Zurückgekehrt nach Tirol, lebte er in bitterer Armut.

Mehrmals vergrößert und 1821 großteils neu erbaut wurde die ursprünglich gotische **Pfarrkirche zu den hll. Petrus und**

Turmhaus und Innbrücke in Pfunds

Paulus in Pfunds-Dorf. Josef Staud schuf den neuen Hochaltar (1961). Wichtig für Pfunds war das 1519 gegründete **Pilgerhospiz**, eine Herberge und ein Spital für Pilger und andere Reisende.

Als besonderes Kunstwerk gilt die **Liebfrauenkirche in Stuben**, eine Stiftung von 1470. Spätgotische Fresken von Martin Enzelsberger aus der Entstehungszeit schmücken das Innere. Im barocken Hochaltar von 1680 sind die kompletten Teile eines spätgotischen Flügelaltars (1513) vom Allgäuer Bildschnitzer Jörg Lederer eingebaut: im Schrein die Statuen der Muttergottes (Mitte) und der hll. Katharina (links) und Barbara (rechts), auf der Vorderseite der Flügel Reliefs mit der Verkündigung an Maria (oben links), der Geburt Christi (oben rechts), der Anbetung der Könige (unten links) und der Beschneidung Christi (unten rechts), auf den Flügelrückseiten Malereien mit der Geißelung Christi, der Dornenkrönung, der Kreuztragung sowie der Kreuzigung und auf der Schreinrückseite ein Weltgericht, schließlich auf den Predellenflügeln unterhalb des Schreins die Bilder der hll. Petrus (links) und Paulus (rechts).

Südwestlich von Pfunds teilt sich bei der **Kajetansbrücke** die Bundesstraße. Einerseits gelangt man über Nauders und den Reschenpass nach Italien, andererseits in die Schweiz. Vor der Brücke führt eine gute ausgebaute Bergstraße in vielen Kehren hinauf nach Spiss und zum Schweizer Zollausschlussgebiet **Samnaun**. Dort bieten sich inmitten eines herrlichen Schigebietes zahlreiche Möglichkeiten zum Wintersport und zum Einkauf zollfreier Waren.

Freibad Pfunds, Tel. +43(0)5474/43149
Waldseilpark – Funpark, Tschingls, Tel. +43(0)5474/5481, www.faszinatour.com
Heimatmuseum Pfunds, bäuerliches Wohnen, Bergbau, Jagd, Dorfleben, Handwerke, Kunst, Volksfrömmigkeit, geöffnet Mittwoch 13.30–15.30 Uhr, Sonntag 10–12 Uhr und 13.30–16 Uhr, Dorfstr. 103, Tel. +43(0)5474/5938 oder +43(0)5474/5221

Die Burg Naudersberg erhielt ihre jetzige Form gegen Ende des 15. Jh.

SPISS
1653 m, 126 Einwohner

Die einzige Zufahrtsstraße zu dem relativ abgelegen, an einem steilen Hang liegenden Dorf führt ein Stück durch Schweizer Gebiet und weiter ins Samnaun. In der Vergangenheit haben immer wieder Schnee, Lawinen und Muren sowie Streitigkeiten zwischen den Tirolern und Schweizern die höchstgelegene Gemeinde Österreichs gefährdet.

Philipp Johann Greil stattete 1778 die **Kirche zum hl. Johannes dem Täufer** mit Fresken aus. Als Besonderheit gilt die Positivorgel von Johann Caspar Humpel (frühes 18. Jh.).

NAUDERS
1365 m, 1573 Einwohner

Auf einem Hochplateau an der Grenze vom Oberinntal zum Vinschgau liegt nördlich des Reschenpasses Nauders, der letzte Ort vor der italienischen Grenze. Hier bestand einst eine Station an der Römerstraße Via Claudia Augusta von Venedig nach Augsburg, doch lässt sich auch bereits vorrömische Besiedlung durch die Venosten nachweisen. Der Einfluss der **Rätoromanen**, einem Mischvolk aus Römern und den Rätern (der Urbevölkerung Tirols), ist heute noch erkennbar, so etwa an den alten Bauernhöfen, den engen, verwinkelten Gassen und den kleinen Plätzen mit Brunnen. Allerdings sind von den früheren zahlreichen wuchtigen Steinhäusern mit den großen Torbögen kaum mehr welche erhalten. Auch die einstigen Ackerterrassen in der Umgebung sind großteils verschwunden. „Romauntsch", die rätische Sprache, war bis ins 17. Jh. Umgangssprache.

Im Mittelalter stellte Nauders das wirtschaftliche und politische Zentrum des obersten Vinschgaus und des Unterengadins dar, dies beweist auch die bedeutende Zollstation. Zu leiden hatte der Ort jedoch immer wieder unter den Streitigkeiten zwischen den Bischöfen von Chur und den Grafen von Tirol. Heute ist Nauders ein beliebter Wintersportort.

Das 1485 gegründete **Hospiz** für Pilger und andere Reisende bestand noch im 20. Jh. als Spital. Teil des Hospizes war die **Spitalskirche zum Hl. Geist**, 1880 ausgebrannt und neuromanisch wiedererrichtet. Beim **Kruzifix am Haus Nr. 153** handelt es sich um ein Werk des einheimischen Bildhauers Josef Bartlmä Kleinhans. Max Weiler, einer der berühmtesten Tiroler Künstler des 20. Jh., gestaltete das **Fresko am Gasthof Maultasch**. Der Sage nach soll die Tiroler Landesfürstin Margarete Maultasch auf ihrer Bäderreise von Schloss Tirol bei Meran nach Grins hier abgestiegen sein.

Burg Naudersberg war vom 13. Jh. bis 1919 Gerichtssitz. Das erklärt auch die Bezeichnung „**Oberes Gericht**" für das Gebiet zwischen Landeck und dem Reschenpass. Die Amtsgewalt des Richters reichte bis zur Malser Haide bzw. bis in das Unterengadin. Noch im 17. Jh. musste der Richter ein Tiroler sein und die rätoromanische Sprache beherrschen. Die ursprüngliche Burg wurde unter dem Tiroler Landesfürsten Herzog Sigmund dem Münzreichen und Kaiser Maximilian I. im Zuge der Engadiner Kriege im 15. und 16. Jh. durch Vorwerke, Rundtürme und Wehrgänge verstärkt. Heute befindet sich dort ein sehenswertes Museum.

Neben der Burg steht an der alten Passstraße die kleine romanische **Leonhardskapelle** aus dem 12. Jh. Die Malereien in der Apsis und am Chorbogen aus der Zeit um 1150 zählen zu den ältesten Fresken Nordtirols. Dargestellt sind Christus in der Mandorla und Apostelköpfe. Nach der Überlieferung soll der hl. Valentin, Bischof von Passau und Apostel der Räter, selbst im 5. Jh. diese Gegend missioniert und eine Kapelle errichtet haben. Eine große Linde bei der Pfarrkirche erinnert noch an ihn.

Leonhardskapelle

Die jetzige **Pfarrkirche zum hl. Valentin** wurde 1512 geweiht. Erhalten sind aus dieser Zeit nur noch zwei gotische Flügelaltäre. Der Marienaltar befindet sich in Schloss Nauders, der andere mit dem hl. Michael zwischen den hll. Sebastian und Christophorus im Altarraum. Im 19. Jh. wurde die Kirche vergrößert und neu ausgestattet. Damals malten die Brüder Johann und Stefan Kärle das Langhaus mit nazarenischen Fresken aus. Drei in Nauders gebürtige Künstler hinterließen in der Kirche ihre Spuren: **Carl von Blaas**, Professor an der Wiener Akademie, schuf das Hochaltarbild mit dem hl. Valentin (1863), **Franz Stecher** die Altarblätter mit der Rosenkranzmadonna und dem hl. Michael (1844) sowie der blinde Bildhauer **Josef Bartlmä Kleinhans** Werke an den Seitenaltären. Ein modernes Kunstwerk schuf der einheimische Bildhauer **Hans Moritz** 1983–1991 mit den drei Kirchenportalen. Zur Osterzeit wird in der Kirche ein sehenswertes Heiliges Grab aufgestellt. 1960 gestaltete Hans Pontiller das Kriegerdenkmal vor der Kirche. Der 1991 geschaffene Kreuzweg mit Stationen von Reinhard Thöni aus Pfunds führt von der Kirche zur Riesenkapelle.

In der **Mühlen-Kapelle** weist das Bild der Schmerzhaften Muttergottes mit ihrem toten Sohn, auch als Pietà oder Ves-

Die Grenzfeste Altfinstermünz befindet sich etwas unterhalb von Nauders.

perbild bezeichnet, in der Wange Mariens das Mal eines Bajonettstichs auf. Der Legende nach soll ein französischer Soldat 1799 ihr diese Wunde aus Wut darüber zugefügt haben, dass Nauders nicht niedergebrannt werden durfte. Nach jeder Restaurierung soll die Wunde wieder aufbrechen.

Sechs Kilometer entfernt von Nauders führt die Straße über den **Reschenpass** (1504 m) zur Malser Haide und weiter in den oberen Vinschgau und in die Schweiz. Früher war dieser Pass fast noch bedeutender als der Brennerpass. Schon die Römerstraße Via Claudia Augusta benutzte diesen Übergang. Wer vom Reschenpass kam, musste bei Nauders die steil zum Inn nach Finstermünz abfallende Straße benutzen, die von dort am linken Innufer (heute Schweiz) flussabwärts zur Kajetansbrü

cke Richtung Pfunds führte. Seit 1854 führt die Bundesstraße in kühnen Kurven hinauf nach Nauders, vorbei am Sperrfort bei Hochfinstermünz.

Direkt in der Talsohle, wo der Inn in einer Schlucht aus dem schweizerischen Engadin nach Tirol fließt, liegt unterhalb von Nauders die **Talsperre und Grenzfeste Altfinstermünz**. In diesem Bereich überquerte die Via Claudia Augusta den Inn. Die schon 1263 genannte landesfürstliche Grenz- und Zollstätte verlor erst mit dem Bau der heutigen Reschenbundesstraße (1854) endgültig ihre Bedeutung. Erzherzog Sigmund der Münzreiche ließ bereits um 1470 die Befestigung Sigmundseck errichten, 1502 wurde die Anlage unter Kaiser Maximilian I. erweitert. Altfinstermünz besteht aus einer Brücke mit einem Pfeiler und dem Brückenturm, der Zollstätte

Sigmundseck auf der Anhöhe über einer Höhlenburg, einem fünfgeschossigen Klausenturm als Straßensperre sowie einer Kapelle. Anlage und Straße waren durch eine Sperrmauer mit Fenstern und Schießscharten entlang des Berghanges gesichert. Die Vorbauten sind großteils nicht mehr vorhanden. Heute kümmert sich der Verein Altfinstermünz um die Renovierung, Erhaltung und Belebung dieses wertvollen Kulturobjekts.

Direkt an der Bundesstraße auf dem Weg von der Kajetansbrücke nach Nauders liegt das **Sperrfort (Festung) Nauders**, 1835–1840 zur Sicherung der Straße über den Reschen in den Felsen hinein gebaut. Wie die zeitgleich erbaute Franzensfeste im Eisacktal nördlich von Brixen wurde das Sperrfort zum Schutz vor Italien innerhalb des Landes angelegt. Das Fort besteht aus über 50 Räumen, diente bis 1970 als Militärdepot, ist heute ein Militärmuseum und wird vom Museumsverein Nauders betreut.

Burg Naudersberg, Gerichtswesen (Gefängnisküche, Arrest, Gerichtskanzlei), Handwerke, Verkehr über den Reschenpass, Tourismus, Künstler (Carl von Blaas, Franz Stecher, Josef Bartlmä Kleinhans), geöffnet in der Sommer- und Wintersaison Mittwoch und Sonntag 15 Uhr (mit Führung), Tel. +43(0)5473/ 87242, Museumsverein Nauders, Nauders 221, Tel. +43(0)5473/87242 oder 87470 oder +43(0)699/17163160

Grenzfestung Altfinstermünz, mit dem Auto nicht direkt erreichbar, jedoch verschiedene Wanderwege: 1. vom Parkplatz Gasthof Kajetansbrücke (Bundesstraße 180 bzw. 184, südwestlich von Pfunds) über das Zollamt Kajetansbrücke unterhalb der Engadinerstraße (Schweiz) entlang des Inn, 2. vom Parkplatz bei Vindi (Schweiz) direkter Abstieg, 3. vom Gasthaus Hochfinstermünz an der Reschenbundesstraße (Österreich) und 4. von Nauders ebenso direkter Abstieg, feste Schuhe notwendig, die Anlage ist frei zugänglich, Führungen Anfang Juni bis Ende September jeden Dienstag 10 Uhr, Treffpunkt Hotel Kajetansbrücke, Dauer ca. 4 Stunden, Öffnungszeiten ohne Wanderführung Dienstag, Donnerstag und Sonntag 13–17 Uhr, Verein Altfinstermünz: A-6542 Pfunds, Stuben 45, Tel. +43(0)664/3959471, www.altfinstermuenz.com

Museum Sperrfort Nauders, in dem mächtigen fünfgeschossigen Sperrfort sind Waffen, Uniformen, Mannschaftsunterkünfte u. a. zu besichtigen, geöffnet in der Sommer- und Wintersaison Mittwoch und Sonntag um 15 Uhr (mit Führung), Tel. +43(0)5473/87242 oder 87470 oder +43(0)699/17163160

Sommerwanderungen zum Schartlkopf (2808 m), zum Schmalzkopf (2724 m), zum Großen Mutzkopf (1987 m), zum Kleinmutzkopf (1812 m), im Gebiet der Bergkastlspitze (2912) m, zum Grünsee, dem Schwarzsee und dem Goldseen, leicht begehbarer Nauderer Höhenweg

Bergbahnen Nauders, Schigebiet Bergkastl und das gesamte Gebiet des Reschenpasses gelten als Schiparadies im Winter und Wanderparadies im Sommer, Tel. +43(0)5473/87427, www. reschenpass.net, www.nauders.com

Hallenbad Hotel Regina, Bundesstr. 215, Tel. +43(0)5473/87259

Mieminger Plateau

Von Telfs bzw. von Mötz im Inntal aus sowie von Nassereith aus über den Holzleitensattel gelangt man auf das zwischen 850 m und 1000 m hoch gelegene Mieminger Plateau. Die rund 14 km lange und etwa 4 km breite Mittelgebirgsterrasse erstreckt sich nördlich des Inntals zwischen Telfs im Osten und dem Holzleitensattel im Westen. Die nördliche Begrenzung bildet der mächtige Kalkstock der Mieminger Kette mit der Hohen Munde (2662 m), dem Hochplattig (2768 m) und dem Wannig (2493 m). Bekannt ist das Sonnenplateau für seine Lärchenwälder und ausgedehnten Wiesen, die vor allem im Herbst ein buntes Bild bieten. Teile des Plateaus sind Naturschutzgebiet. Zahlreiche Wanderwege und ein große Anzahl an Langlaufloipen laden sommers wie winters dazu ein, diese wunderschöne Region zu besuchen.

WILDERMIEMING
877 m, 909 Einwohner

Wildermieming liegt rund 40 km westlich von Innsbruck im Bereich des östlichen Mieminger Plateaus. Bekannt wurde das Dorf durch die Fernsehserie „Der Bergdoktor" als fiktiver Ort „Sonnenstein". Beim Bergdoktor-Haus handelt es sich allerdings nur um eine Attrappe.

Die **Kirche zum hl. Nikolaus** (1754–1761) stammt aus der Barockzeit, wobei das Hauptportal und der untere Teil des Turmes vom spätgotischen Vorgängerbau (Weihe 1471) übernommen wurden. 1876 durch einen Brand zerstört, wurde das Gotteshaus neuromanisch umgestaltet. Erhalten ist noch das klassizistische Deckenfresko im Langhaus von Franz Altmutter (1784) mit der Darstellung der Landung des hl. Nikolaus auf der Pestinsel. Schon von weitem fällt das Christophorusfresko (16. Jh.) an der Turmwand auf, eines der größten in Tirol.

Der Name des Ortsteils **Affenhausen** weist auf die hl. Afra, Patronin des Bistums Augsburg und der Fuhrleute, hin. Das Bistum besaß hier einiges an Grund. In der **Barockkapelle zur hl. Afra** sind Glasfenster von Chryseldis Hofer-Mitterer, der Gattin des bekannten Autors Felix Mitterer, zu bewundern.

Angertalweg, Ausgang Wildermieming beim Parkplatz Recyclinghof, gemütlicher Wanderweg durch das Mieminger Plateau, Gehzeit ca. 1,5 Stunden, Höhenunterschied ca. 50 m, www.geozentrum-tirol.at

MIEMING
880 m, 3494 Einwohner

Zu Mieming gehören die Ortsteile Barwies, Obermieming und Untermieming. Bei einigen Bauernhöfen finden sich Giebelverzierungen und Lüftlmalerei. Die Nähe zum Wirtschaftsraum Telfs bedingt eine starke Siedlungsausdehnung. Über Untermieming und vorbei an Schloss Klamm (siehe Obsteig) führte

Die Sonnenterrasse Mieminger Plateau ist ein beliebtes Ausflugsziel.

bis ins 17. Jh. die Straße von Telfs nach Nassereith und in der Folge weiter über den Fernpass nach Süddeutschland. Besonders wichtig war hier der Transport des Haller Salzes in den Bodenseeraum und in die Schweiz. Am Weg von Mötz nach Untermieming befand sich einst ein großer, fischreicher See, an dessen Stelle sich heute ein Badesee erstreckt.

In **Untermieming** steht die **Pfarrkirche Mariä Himmelfahrt**. Die einst gotische Kirche wurde im 18. Jh. barockisiert, 1890 abgebrochen und durch den jetzigen neugotischen Bau ersetzt. Emanuel Walch schuf 1896 die Malereien an der Außenseite, Joseph Schöpf 1775 die Anbetung der Könige am rechten Seitenaltar sowie 1777 eine gemalte Maria Immaculata und Anton Zoller das Bild des hl. Isidor. Sehenswert ist die barocke Friedhofskapelle (1772) mit Außenmalereien, die auf den Tod hinweisen, und einer Darstellung des auferstandenen Christus von Wolfram Köberl (1959) im Inneren.

Die **Filialkirche zu den hll. Georg und Gertraud** in Obermieming stammt in ihren Ursprüngen aus dem 14. Jh., wurde aber um 1680/90 vergrößert und barock umgestaltet. Franz Plattner schuf die Deckengemälde mit verschiedenen Heiligen (1885) und Joseph Schöpf das Hochaltarbild (um 1780).

Im Jahr 1966 entwarf Jakob Walcher die Pläne für die **Kapelle in Krebsbach** an der Abzweigung der Straße nach Mötz, da im Zuge der Verlegung der Straße die alte Kapelle abgebrochen werden musste.

Die barocke **Pfarrkirche zur hl. Dreifaltigkeit in Barwies** wurde 1698 geweiht. Das Hochaltarbild mit der hl. Dreifaltigkeit stammt von Ferdinand Maas (1865), die Statuen der hll. Judas Thaddäus und Jakobus d. J. aus dem Barock.

OBERLAND

Burg Klamm bei Obsteig

OBSTEIG
995 m, 1257 Einwohner

Obsteig ist die westlichste Gemeinde des Mieminger Plateaus. Beim Holzleitensattel (1120 m) im Westen fällt die Hochfläche steil in das Gurgltal ab.
Bei der **Pfarrkirche zum hl. Josef** handelt es sich um einen Rokokobau (1765–1780) mit einem Hochaltarbild des Reuttener Künstlers Franz Anton Zeiller (um 1770) und Statuen von Martin Falbesoner (1773). Die Fresken im Inneren malte Wolfram Köberl aus Innsbruck (um 1980). Die Kirche, der freskengeschmückte **Widum** und der **Ansitz Schneggenhausen** (um 1800) bilden ein interessantes Ensemble.

Unterhalb der Bundesstraße liegt etwas östlich von Obsteig **Burg Klamm**. Einst führte hier die Straße vom Inntal zum Plateau herauf. Unter den verschiedenen Besitzern im Laufe der Geschichte sind besonders die Starkenberger und Ritter Oswald Milser zu nennen, Letzterer bekannt durch die Legende vom Hostienfrevel in Seefeld. Heute ist die Anlage in Privatbesitz und kann nicht besichtigt werden. Von der **Bildsäule** (1968) an der Straße nach Barwies führt eine Privatstraße zur Burg, entlang der sich in kleinen Nischen Kunstwerke von Max Spielmann (20. Jh.) befinden, so etwa die Szene mit dem Hostienfrevel und eine Maria mit Kind. Etwas unterhalb der Burg lädt ein **Wasserfall** zu einer Wanderung ein.

Hallenbad Aktiv Hotel Tyrol, Unterstraß 243, +43(0)5264/8181

Gurgltal – von Nassereith nach Imst

Das relativ breite Tal von Nassereith bis Imst wird vom Gurglbach durchflossen und gilt auf Grund seiner besonderen Flora und Fauna als besuchenswertes Erholungsgebiet. Das Gurgltal zählte außerdem neben Schwaz und Kitzbühel über Jahrhunderte zu den bedeutendsten Bergbaugebieten Tirols.

NASSEREITH
843 m, 2031 Einwohner

Zum Gemeindegebiet gehören auch die Ortsteile Dormitz, Rossbach sowie Fernstein mit dem Fernsteinsee und der Ruine Sigmundsburg.

An der wichtigen Fernpassroute gelegen, verdankt Nassereith seine Bedeutung dem Durchzugsverkehr. Vom 16. bis zum 19. Jh. wurden in der Gegend aber auch bedeutende Silber- und Bleivorkommen abgebaut. Mit barockem Stuck ist der **ehemalige Ansitz Sterzinger** (Nr. 12) verziert. Sehenswert sind verschiedene **Brunnen** aus dem 18./19. Jh., die meist mit einer Heiligenfigur geschmückt sind. Auf das 19. Jh. geht die **Fassade des Hotels Post** zurück. Nassereith gilt als **Krippendorf**, in dem früher Lehmfiguren gegossen wurden. In Nassereith geboren sind die Künstlerfamilien **Falbesoner** und **Kranewitter**. Franz Josef Kranewitter (1893–1974), ein bekannter Krippen- und Maskenschnitzer, schuf das **Denkmal** für den ebenfalls aus dem Ort stammenden Orientalisten **Aloys Sprenger** (1813–1893) an der Hauptstraße. Als einer der bedeutendsten Tiroler Dramatiker gilt **Franz Kranewitter** (1860–1938). Zu seinen wichtigsten Werken zählen etwa „Michael Gaismair", „Andreas Hofer" und „Die sieben Todsünden".

1846/47 wurde die neuromanische **Pfarrkirche zu den Heiligen Drei Königen** gebaut, der Turm stammt noch aus dem Barock. Die Pläne für die Kirche gehen auf den einheimischen Bildhauer Josef Falbesoner zurück, der auch das Kruzifix am Hochaltar (1850) schuf. Von dessen Vater Martin Falbesoner stammen die Figuren der Immaculata sowie der hll. Christophorus und Jakobus (1790). Caspar Jele malte das Hochaltarbild. Aus der Gotik ist noch ein Taufstein mit der Jahreszahl 1507 erhalten geblieben.

Das **einstige Straßendorf Dormitz** ist älter als Nassereith, war bis ins 14. Jh. der wichtigste Ort im Gurgltal, verlor jedoch mit dem Aufstieg von Imst seine Bedeutung. Aus der Spätgotik stammt die **Filialkirche zum hl. Nikolaus**, die als Wallfahrtskirche vor allem im 16. Jh. einen Aufschwung erlebte. Das Gnadenbild, eine bekleidete Muttergottes mit Kind, steht auf dem Hochaltar.

FERNSTEINSEE UND FERNPASS

Von Nassereith führt die kurvenreiche Straße vorbei am Fernsteinsee mit Schloss Fernstein und der Ruine Sigmundsburg zum Fernpass (1212 m) hinauf. Nördlich dieses Passes beginnt das Außerfern, der politische Bezirk Reutte. Vor etwa 10.000 Jahren ließ ein gewaltiger Bergsturz den Pass entstehen. Heu-

Der Fernsteinsee – sowohl Bootsfahrten als auch Tauchgänge sind hier möglich.

te bestimmen ausgedehnte Wälder und einige Seen (Fernstein-, Blind-, Weißen- und Mittersee) das Landschaftsbild. Schon in vorrömischer Zeit war der Übergang von großer Bedeutung für Handel und Verkehr. Die 46/47 n. Chr. von den Römern erbaute Via Claudia Augusta, im Mittelalter auch „Obere Straße" genannt, war lange Zeit wichtiger als die Brennerroute. Über den Fernpass führte die wichtige Salzstraße von Hall in Tirol ins Allgäu und in den Bodenseeraum. Teile der alten Römer- bzw. Salzstraße sind noch vorhanden und können begangen werden. So besteht etwa die Möglichkeit einer Wanderung vom Hotel Fernstein bis zum Fernpass. Die heutige Straße mit einigen Tunnels (etwa Lermoos-Tunnel) ist gut ausgebaut, allerdings zu den Hauptreisezeiten häufig überlastet. Im Winter kann es bei heftigen Schneefällen zu Problemen kommen.

Direkt an der Straße (B 179) liegt das **Schlosshotel Fernstein**. Die einstige Burg diente früher, verbunden mit einer Klause, als landesfürstliche Straßensperre und Zollstätte. Noch erhalten sind Reste des Wohnturms und der Klause sowie ein Teil der Sperrmauer von der Burg zum See. Die Landschaft hier ist geprägt vom romantischen **Fernsteinsee**, steilen Felswänden und Wäldern. Hinter dem Hotel sind Reste der einstigen steil ansteigenden Straße zu sehen. Etwas unterhalb des Schlosses steht eine **Vierzehn-Nothelfer-Kapelle**, früher häufig besucht, um für eine sichere Reise zu beten. Mit der Anlage einer neuen Straße ab 1856 verloren die Befestigungen ihre ursprüngliche Bedeutung. Vom Parkplatz auf der anderen Seite der Brücke gegenüber dem Schlosshotel führt ein Waldweg zum Fernsteinsee und über eine Brücke zu einer Insel mit den spärlich erhaltenen Ruinen der **Burg Sigmundsburg** (1451–1457). Der Tiroler Landesfürst Erzherzog Sigmund der Münzreiche ließ sie für seine Gattin Eleonore von Schottland erbauen. König Ludwig II. von Bayern fühlte sich im 19. Jh. von der romantischen Ruine angezogen. Der Anstieg vom See erfolgt über einen steilen und unwegsamen Pfad.

TARRENZ
838 m, 2705 Einwohner

Das heutige Tarrenz liegt in einem Gebiet, welches schon sehr früh besiedelt worden war. Durch den Ort führte früher die Römerstraße Via Claudia Augusta vom Reschenpass über Imst zum Fernpass. Die Starkenberger, eine der mächtigsten Adelsfamilien des Oberlandes, erbauten im 13. Jh. rund 1 km oberhalb des Dorfes **Burg Altstarkenberg** und 1317–1331 neben dieser die **Burg Neustarkenberg**. Als sich die Adelsfamilie im 15. Jh. gegen den Tiroler Landesfürsten Herzog Friedrich IV. erhob, war dies ihr Untergang. Altstarkenberg wurde 1432 zerstört, Neustarkenberg ist noch teilweise erhalten und gehört heute zur Brauerei Starkenberg.
Eine weitere Erinnerung an die Familie sind die wenigen noch erhaltenen Mauerstücke des **Wohnturms Gebrat- oder Gebhardstein** in der Salvesenschlucht, einst eine Wohnburg für Ritter und das

Gesinde. Im Talboden ließ Erzherzog Sigmund der Münzreiche im 15. Jh. den Spiegelfreudensee als großen Fischteich anlegen. Dieser wurde 1777 trockengelegt, die ehemaligen Dämme sind allerdings noch gut sichtbar.
In einem der vielen gut erhaltenen Bauernhöfe ist das **Heimatmuseum** untergebracht.

Als Stiftung der Starkenberger entstand schon vor 1400 eine **Kirche zu den hll. Ulrich und Mauritius**. Auf das Adelsgeschlecht geht auch eine Reliquie mit einem vielverehrten Kreuzpartikel zurück. 1882 wurde der barocke Hochaltar durch einen neugotischen nach einem Entwurf von Albert Steiner von Felsburg mit Reliefs von Josef Bachlechner d. Ä. (1884) ersetzt. Das einstige barocke Hochaltarbild von Johann Georg Dominikus Grasmair hängt an der linken Chorwand. Die gotische **Friedhofskapelle zum hl. Veit** beherbergt ein großes Pestkreuz von 1709.

Ein alter Brauch, der heute noch in der Tarrenzer Fasnacht auflebt, ist jener des **Geigenmalens**. In der Nacht vor der Hochzeit werden Geigen („Schandgeigen") auf die Türen oder Fenster jener Häuser gemalt, in denen ehemalige Liebhaber bzw. Liebhaberinnen der Brautleute wohnen. Jeder kann erkennen, welche Beziehungen Braut bzw. Bräutigam vor der Hochzeit hatten. Seinen Ursprung hat dieser Brauch darin, dass früher Geigen auf die Häuser jener Bauern gemalt wurden, die den geringsten landwirtschaftlichen Ertrag erzielten.
Auf rund 1000 m Seehöhe liegt das kleine **Dorf Obtarrenz**. In der dortigen **Kapelle zum hl. Johannes Nepomuk** (1833) befindet sich ein Gemälde des Barockmalers Paul Zeiller. Als lohnens-

wertes Ausflugsziel gilt die **Wallfahrts-kapelle Maria vom Guten Rat in Sinnesbrunn**, im 17. Jh. von Bergknappen errichtet und in rund 2 Gehstunden von Obtarrenz aus zu erreichen.

Bei der alle vier Jahre stattfindenden **Tarrenzer Fasnacht** (zuletzt 2009) sind die Roller und Scheller, die Sackner und Spritzer, die Bären und Bärentreiber, die Wilden Leute sowie die Hexen, das Rittergeschlecht der Starkenberger und die Geigenmaler die Hauptfiguren. Speziell um die Tarrenzer Hexen, die angeblich in der nahen Schlucht des Salvesenbaches ihr dämonisches Unwesen trieben, ranken sich zahlreiche Sagen.

Salvesenschlucht, Ausgangspunkt Heimatmuseum Tarrenz, Wanderweg mit einigen steilen Stellen, feste Schuhe notwendig, Gehzeit ca. 2 Stunden, www.geozentrum-tirol.at
Der verhexte Kinderlehrpfad, spannendes Ratespiel um die Salvesenschlucht, Beginn oberhalb der Pfarrkirche Tarrenz, Information beim Tourismusverband, Tel. +43(0)5412/69100
Brunnenwanderung, www.tirol.at (Tarrenz)
Heimatmuseum und Museumsgalerie Tarrenz, Dorfgeschichte, altes Handwerk (Schuster- und Schmiedewerkstatt), bäuerliche Lebens- und Arbeitswelt, geöffnet Mai bis Oktober nach Voranmeldung, Schulgasse 19, Tel. +43(0)650/4437431, +43(0)5412/66065
Fasnachtmuseum Tarrenz, Masken, Figuren, im Untergeschoss des Kindergartens, Anmeldung und Information beim Tourismusverband, Tel. +43(0)5412/69100
Knappenwelt Gurgltal, Einblick in Abbau, Aufbereitung und Verarbeitung von Bleierz, geöffnet 1. Mai bis 30. Juni Dienstag bis Sonntag 10–18 Uhr, 1. Juli bis 31. August Montag bis Sonntag 10–19 Uhr, 1. September bis 31. Oktober Dienstag bis Sonntag 10–18 Uhr, Führungen tgl. 10.30, 12.30, 14.30, 16.30 Uhr, Tarrenz, Tel. +43(0)5412/63023 oder +43(0)676/4000521, www.knappenwelt.at

Starkenberger Biermythos – Wissenwertes zum Thema Bier, geöffnet 1. Mai bis 31. Oktober tgl. 10–16 Uhr, 1. November bis 30. April Führung Dienstag und Freitag 10 Uhr, Tarrenz, Brauerei Schloss Starkenberg, Tel. +43(0)5412/66201, www.starkenberger.at

IMST
828 m, 9827 Einwohner

Die Hauptstadt des gleichnamigen Bezirks liegt an der Einmündung des Gurgltals in das Inntal. Hier treffen Inntal- und Fernpassstraße sowie Hahntennjochstraße zusammen. Das Zentrum liegt am Gurglbach und wird durch die Hauptstraße in **Ober- und Unterstadt** geteilt.

Die ersten Spuren einer Besiedlung stammen aus der Urnenfelderzeit um 1000 v. Chr. Später gründeten die Römer hier eine Straßenstation an der Via Claudia Augusta. Zeugnis des frühen Christentums sind Reste einer Kirche aus der ersten Hälfte des 5. Jh. unter der Laurentiuskirche. 763 ist der Ort erstmals urkundlich als „oppidum Humiste" erwähnt. 1282 erfolgte unter dem Tiroler Landesfürsten Graf Meinhard II. die Markterhebung. Er gestattete Imst als einzigem Ort zwischen „Mittenwald" (eine heute nicht mehr bestehende Siedlung bei Lermoos) und Prutz im Oberinntal die Warenniederlage über Nacht. Weitere Vorrechte waren das alleinige Marktrecht für ein bestimmtes geografisches Gebiet sowie das Recht, Gäste zu beherbergen und Wein auszuschenken. Am Stadtplatz befand sich einst der Hauptverkehrs- und Warenumschlagplatz. Im 17. Jh. entstand hier das **Schloss Rofenstein**, in dem heute die Bezirkshauptmannschaft untergebracht ist. Aufgrund der Bedeutung des Ortes bestand schon 1312 seitens des

Imst – hier treffen Gurgltal und Inntal zusammen.

Landesfürsten der Wunsch, Imst zur Stadt zu erheben, dazu wäre aber eine Stadtmauer notwendig gewesen. Der Bau einer solchen wurde jedoch von den Imstern aus Kostengründen abgelehnt. Vor allem der zunehmende Verkehr über den Fernpass ließ die Siedlung fortan aufblühen. Auch der **Abbau von Blei- und Zinkerzen** in der Umgebung brachte dem Ort vom 15. bis zum 17. Jh. Reichtum, was noch an den schönen Bürgerhäusern entlang der Hauptstraße zu erkennen ist. Imst war auch Sitz eines Berggerichts.

Als der Bergbau im 18. Jh. immer weiter zurückging, wurde der Ort unter anderem zum Zentrum des **Vogelhandels**. Die Vogelhändler gelangten auf ihren Reisen mit ihren gezüchteten Kanarienvögeln bis nach England, Russland und in den Orient. An sie erinnert die Operette „Der Vogelhändler" von Carl Zeller. Von großer Bedeutung für Imst war aber lange Zeit auch die **Textilindustrie**, diese bestand hier bis herauf ins 20. Jh. Tausende fanden Beschäftigung, vor allem

in Heimarbeit. 1747 gründete die Familie Strele einen Großbetrieb, der bis 1822 bestand. In diesem Jahr wurde Imst durch einen Brand fast völlig zerstört. Der Überlieferung nach blieben von 220 Häusern nur 14 unbeschadet bestehen. Durch den Bau der Eisenbahnlinie 1883 abseits von Imst verlor der Ort stark an Bedeutung. Erst 1898 erfolgte die Stadterhebung. 1949 wurde hier von Hermann Gmeiner das erste **SOS-Kinderdorf** gegründet. Heute ist Imst eine wichtige Schulstadt, es finden außerdem immer wieder große Open-Air-Konzerte statt. Imst wird außerdem gerne als die Stadt der **Brunnen** bezeichnet, über 40 kann man hier bewundern.

Eine typische Bergbaukirche ist die gotische **Pfarrkirche Mariä Himmelfahrt**, deren Ursprünge im 13. Jh. zu finden sind. Ein Neubau wurde 1462 begonnen, 1503 geweiht und um 1780 barockisiert. 1822 wurde das Gotteshaus durch den Großbrand erheblich beschädigt, in den Folgejahren stellte man die Hülle not-

Fresko an der Außenseite der Pfarrkirche Imst

dürftig wieder her, Franz Xaver Renn stattete die Kirche mit einer neugotischen Inneneinrichtung aus. 1907–1912 wurde eine Regotisierung durchgeführt, insbesondere das Stern- und Rippengewölbe war davon betroffen. Damals wurden auch neue Glasfenster mit Themen aus dem Leben Mariens eingesetzt. Die Ausstattung (etwa Tabernakelwand, Altar und Ambo) nach der neuerlichen Innenrestaurierung von 1970 geht auf den Imster Künstler Elmar Kopp zurück. Das bedeutendste Kunstwerk in der Kirche ist das über dem Volksaltar hängende Kruzifix (um 1500).

Mit den Pfarrkirchen in Hall und Schwaz zählt Imst zu den schönsten Beispielen einer spägotischen Hallenkirche in Tirol. Alle drei Kirchen weisen einen umlaufenden gemalten Maßwerkfries und an der Westfassade einen Treppengiebel auf. Mit 86 m Höhe ist der Kirchturm der dritthöchste in Österreich und der höchste in Tirol.

Etwas oberhalb der Stadt steht am Kalvarienberg das **St.-Laurentius-Kirchlein**, eines der ältesten Gotteshäuser Tirols. In seinen Ursprüngen geht es auf das 5. Jh. zurück. Aus dieser Zeit fand man hier eine Marmorplatte mit dem Christus-Monogramm. Um 1370 werden die Fresken eines italienischen Wandermalers in der Apsis datiert: Marienkrönung, die zwölf Apostel, ein Turm und der hl. Laurentius.

Am Fuß des Kalvarienbergs steht die **Johanneskirche**, 1274 erstmals urkundlich erwähnt und im 18. Jh. barockisiert. Die neuromanische Umgestaltung erfolgte nach dem Brand von 1822. Das heutige Aussehen geht auf die Jahre 1954–1956 zurück.

Im einstigen barocken Wohnhaus des Fabrikanten Strele, ebenfalls 1822 stark zerstört, befindet sich das **Kloster der Barmherzigen Schwestern**.

1682 wurde die **Kapuzinerkirche zum hl. Josef** geweiht, nach 1822 jedoch neu aufgebaut. Peter Paul Holzknecht aus Ötz schuf 1823 das lebensgroße Kruzifix, Josef Kranewitter aus Imst 1794 das Hochaltarbild und der Innsbrucker Josef Adam Funk fünf Passionsbilder in der Seitenkapelle. In dieser Kapelle befindet sich der Leib des Märtyrers Hippolytus, eine viel verehrte Reliquie. Man brachte totgeborene Kinder hierher, in der Hoffnung, diese für die Taufe noch einmal zum Leben erwecken zu können. Besonders reizvoll ist die kleine **Eremitage** im Garten des Klosters. Südwestlich von Imst steht auf einer Anhöhe die Wallfahrtskirche Maria Schnee in Gunglgrün (um 1734) mit Fresken von Balthasar Riepp.

Imst hat äußerst viele **bedeutende Künstler** hervorgebracht. Bekannte Bildhauer sind **Joseph Deutschmann** (1717–1787), **Balthasar Jais** (1694–1757), drei Generationen der **Familie Renn** und viele andere. Von den in der Stadt geborenen Malern seien nur **Theodor von Hörmann** (bedeutender Impressionist, 1840–1895), **Josef Mages** (1728–1769), und **Thomas Walch** (1867–1943) und **Elmar Kopp** (1929–)genannt.

Ein beliebtes Wanderziel ist die rund 1,5 km lange wildromantische **Rosengartenschlucht** am Schinderbach, entlang der noch Überreste des einstigen Bergbaus zu erkennen sind. Bei der hier zu besichtigenden Blauen Grotte handelt es sich um einen kleinen Stollen, in dem wohl schon zur Römerzeit nach wertvollen Erzen geschürft wurde.

Badesee Hoch-Imst, Tel. +43(0)5412/69100
Badesee Linsersee, Hotel Linserhof, Teilwiesen, Tel. +43(0)5412/66415
Imster Freibad, Schwimmbadweg 20, Tel. +43(0)5412/66511
Starkenberger See, ruhige Lage, schöne Spazierwege, Tel. +43(0)5412/69100
Hallenbad Hotel Belmont, Teilwiesen 10, Tel. +43(0)5412/68944, www.hotel-belmont.at
Albins Kinderpark-Erlebniswelt, Hoch-Imst, Tel. +43(0)5412/69100
Rosengartenschlucht, Ausgangspunkt Johanneskirche, Wanderweg mit Stufen, Tunnels und Brücken, Gehzeit ca. 3 Stunden, www.geozentrum-tirol.at
Bergwanderung zur Muttekopfhütte, Ausgangspunkt Hoch-Imst, Bergweg, Schwindelfreiheit und Trittsicherheit notwendig, Gehzeit ca. 3 Stunden von Hoch-Imst über Latschenhütte, ¾ Stunde mit Sesselbahn über Drischlsteig, www.geozentrum-tirol.at
Imster Bergbahnen, Hoch-Imst 19, Tel. +43(0)5412/66322, www.imster-bergbahnen.at
Sommerrodelbahn Alpine Coaster, Hoch-Imst 19, Tel. +43(0)5412/66322, www.imster-bergbahnen.at
Museum im Ballhaus, Kulturgeschichte, Bergbau, Textilindustrie, Vogelhandel, Kunst, geöffnet Dienstag, Donnerstag und Freitag 14–18 Uhr, Samstag 9–12 Uhr, Ballgasse 1, Tel. +43(0)5412/64927
Haus der Fasnacht, Masken, Figuren, Dokumente, Fotos zur Imster Fasnacht, geöffnet Freitag 16–19 Uhr, Streleweg 6, Tel. +43(0)5412/69100, www.fasnacht.at, www.haus-der-fasnacht.at
Bäuerliche Gerätesammlung der Landwirtschaftlichen Lehranstalt Imst, landwirtschaftliche Arbeitsgeräte der Bauern, geöffnet September bis Ende Juni nach telefonischer Vereinbarung, Meraner Str. 6, Tel. +43(0)5412/66346, www.lla-imst.tsn.at
Feuerwehrmuseum, Einblick in die Feuerwehrarbeit der letzten 150 Jahre, nur nach Voranmeldung, Bigerweg 16, Tel. +43(0)664/1635655, www.ff-imst.at

OBERLAND

Ötztal

Das fast 70 km lange Ötztal, 1163 erstmals in einer Urkunde erwähnt, ist das längste südliche Seitental des Inntals. Von der Mündung bis zum letzten Dorf steigt das Tal über 1000 m an. Es gibt fünf Talstufen, die durch mehrere Bergstürze nach der Eiszeit entstanden. Die Felsbarrieren stauten damals das Wasser der Bäche zu Seen auf, welche wiederum langsam verlandeten und flache Talabschnitte bildeten. Aus den Ötztaler Alpen im Süden fließen die Gurgler und die Venter Ache bei Zwieselstein zusammen und bilden die Ötztaler Ache, die gerne für Kajak- und Wildwasserfahrten genutzt wird. Von Zwieselstein aus führt gegen Südosten eine Straße über das 2474 m hohe Timmelsjoch ins Südtiroler Passeiertal und weiter nach Meran. Die Ötztaler Alpen weisen eine Reihe von Gipfeln auf, die über 3000 m hoch sind, so die 3768 m hohe Wildspitze (zweithöchster Berg Österreichs nach dem 3798 m hohen Großglockner). Berühmt wurde das 3210 m hoch gelegene Tisenjoch beim Hauslabjoch nahe dem Similaun (3599 m), da hier 1991 die heute als „Ötzi" bezeichnete, rund 5300 Jahre alte Gletschermumie gefunden wurde.

OBERLAND

SAUTENS
809 m, 1528 Einwohner

Das Straßendorf liegt an der alten Straße ins Ötztal, die von Roppen über die Innbrücke bei Ötzbruck führte. Der hier geborene **Matthias Bernhard Braun** (1684–1738) gilt als einer der berühmtesten Barockbildhauer Österreichs. Seine Werke sind jedoch ausschließlich im Ausland, vor allem in Böhmen, zu finden. Dazu gehören zwei Statuen auf der Karlsbrücke in Prag.

Mit dem Bau der neuen **spätklassizistischen Pfarrkirche Mariä Himmelfahrt** (1828–1830) durch den Vorarlberger Simon Moosbrugger wurde die zu klein gewordene Vorgängerkirche (1517) aufgelassen. Josef Erler aus Brixen malte die Altarbilder (1835), Johann Endfelder die Deckengemälde. Die sehenswerten Altarfiguren stammen von Josef Falbesoner (1834/35).

In der für Wallfahrten beliebten **Heilig-Kreuz-Kapelle** an der Straße nach Roppen befindet sich das als wundertätig verehrte „Sautener Kreuz". Verschiedene Votivbilder weisen auf seine Hilfe hin.

Freizeitzentrum Sautens – Freibad, Mühlgasse, Tel. +43(0)5252/6610
Geo-Lehrpfad Forchet, Ausgang Parkplatz bei der Kreuzkapelle (Fußballplatz) oder Parkplatz beim Schwimmbad Sautens, Fahrweg und Waldweg durch Föhrenwald mit seltenen Pflanzen, Gehzeit: 4 Stunden (gesamte Runde), www.geozentrum-tirol.at

OETZ
820 m, 2337 Einwohner

Der alte Ortskern weist noch einige Häuser mit gotischen Portalen und Erkern sowie bemalten Fassaden aus der Re-

Der Piburger See ist vermutlich durch einen Bergsturz entstanden.

naissance und dem Barock auf. Sehenswert sind die Fassadenmalereien am **Gasthof Stern** (1573 und 1615) mit Darstellungen von Kain und Abel, David und Goliath sowie Adam und Eva. Hier war der einstige Gerichtssitz des Klosters Frauenchiemsee untergebracht. Nahe der Pfarrkirche steht der „**Turm**", als ältester Profanbau des Ötztales schon 1378 erwähnt und einst Verwaltungssitz des Klosters Frauenchiemsee, das hier Besitzungen hatte.

Heute sind in dem Gebäude das „Turm-Museum" und die Bücherei untergebracht. Der 1986 ins Leben gerufene „Turm-Museumsverein" hat viel zur Erhaltung zahlreicher alter Bauten und Denkmäler im Ötztal beigetragen. Auf das Jahr 1795 gehen die schönen Fassadenmalereien beim **Haus Tscholl** zurück. Davor steht der Georgsbrunnen.

Das **Glockengießerhaus im Ortsteil Habichen** mit Ornamentmalerei sowie der Darstellung zweier Frauengestalten, einer Kreuzigungsszene mit Stifter, Glockenspeisträgern und dem hl. Georg (1633) ist Stammsitz der heute in Innsbruck-Wilten ansässigen Glockengießerfamilie Grassmayr.

Inmitten eines herrlichen Naturschutzgebietes liegt auf einer Höhe von 915 m nahe Oetz der **Piburger See**, einer der wärmsten Badeseen Tirols. Bei Oetz zweigt die Straße nach **Kühtai** und weiter ins **Sellraintal** ab.

Auf einem Felsen wurde über der schon 1304 erbauten Michaelskapelle um 1498 die **Pfarrkirche zu den hll. Georg und Nikolaus** errichtet, im Barock von Gallus Appeller d. Ä. erweitert (Weihe 1682) und 1743/44 innen umgestaltet. Durch die Altarbilder des Oetzer Malers **Josef Anton Stecher** (1850) und die Deckenfresken von Heinrich Kluibenschedl (Abendmahl, Kreuzigung, Anbetung des Kindes, 1889/90) erfuhr das Innere eine entscheidende Umgestaltung. Gotisch sind noch der Taufstein (1450) und der Schrein eines Flügelaltars (um 1500) an der Seitenwand, barock die Ingenuin Lechleitner zugeschriebenen Statuen der hl. Maria und des hl. Josef (um 1720).

OBERLAND

Das Ötzidorf – Nachbau einer neolithischen alpinen Siedlung

Badeanstalt Piburger See, Tel. +43(0)664/4228372 oder +43(0)664/4418656, www.piburgersee.com
Erlebnisschwimmbad Oetz, Oerlachweg, Tel. +43(0)5252/6434
Turmmuseum Oetz, Religiöse und heimatkundliche Themen, Darstellungen der Ötztaler Alpen, Fotografien, geöffnet Mitte Dezember bis Ende Jänner, Mitte Februar bis Ostern, Mitte Mai bis Ende Oktober, Dienstag bis Sonntag 14–18 Uhr, Schulweg 2, Tel: +43(0)5252/20063, www.turmmuseum.at
Knappenweg Kühtai – Ochsengarten – Hochoetz, Ausgangspunkt 1. Bergstation Acherkogelbahn – Hochoetz, 2. Ochsengarten – Balbachhof, 3. Parkplatz – Mareilbachbrücke, 4. Kühtai – Drei-Seen-Bahn, gut begehbare Wanderwege, Aussichtspunkte, Knappenhaus und Pochwerk mit Museum, Bergsee (Wegbeschreibung: www.knappenweg.at), Gehzeit ca. 6 Stunden (kürzere Varianten möglich), www.geozentrum-tirol.at
Piburger See und Achstürze, Ausgangspunkt Oetz – überdachte Achbrücke oder Piburg – Hotel Seerose, leicht begehbare Wanderwege, Gehzeit ca. 3 Stunden (Piburg – Piburger See – Achstürze/Wellerbrücke – Oetz und retour), www.geozentrum-tirol.at
Bergbahnen Oetz, Angerweg 13, Tel. +43(0)5252/6385, www.hochoetz.com, www.bergbahnen-oetz.com,
TVB Ötztal-Tourismus, A-6450 Sölden, Rettenbach 464, Tel. +43(0)5254/5100

UMHAUSEN
1036 m, 3116 Einwohner

Umhausen entstand auf der zweiten Talstufe auf dem Schuttkegel des Hairlachbaches (Hoarlachbach, als „Hoar" = Haar wird im Tal der Flachs bezeichnet), der hier in die Ötztaler Ache mündet. Bis 1949 war der Ort ein Zentrum des Flachsanbaus und der -verarbeitung. Umhausen ist die älteste Siedlung des Tales (1220 erwähnt) und wurde 1762 fast zur Gänze von der Hairlachmure zerstört. In der Folge entstand das Neudorf.

Der **Pfarrhof** ist mit barocken Fassadenmalereien geschmückt. Aus dem 17. Jh. stammen die Fresken (Hochzeit zu Kana, Erzengel Michael, Gabriel, Raphael, Uriel u. a.) am **Gasthof Krone**, in dem heute auch das Gemeindeamt untergebracht ist. 1929 stattete der Innsbrucker Architekt Franz Baumann die Gaststube im Stil der Neuen Sachlichkeit aus. Beliebtes Ausflugsziel ist der **Stuibenfall**, mit rund 160 m der höchste Wasserfall Tirols. Bekannt ist der Ort vor allem auch wegen des **Ötzi-Dorfes**.

Schon 1220 ist die **Pfarrkirche zum hl. Veit** erwähnt, die älteste Kirche des Ötztals. Sie wurde 1482 erweitert und trotz Zubauten (achteckige Nepomukkapelle 1771 mit Fresko von Josef Keil und Taufstein aus dem 15. Jh.) nicht barokisiert. Um 1880 erfolgte die Regotisierung. Fresken aus der Zeit um 1330 wurden an der Außenwand sowie auch im Inneren entdeckt, eine Seltenheit in Nordtirol. Die Darstellung des Sonntagschristus an der Außenwand (frühes 15. Jh.) zeigt, welche Arbeiten an Sonn- und Feiertagen verboten waren. Das eindrucksvolle Renaissancekreuz mit Maria und Johannes an der linken Langhauswand geht auf die Zeit um 1580 zurück. Sehenswert ist auch eine gotische Pietà aus dem 14. Jh. Eine Rokokoplastik des hl. Vitus (1770) steht in einer Kapellennische der Friedhofsmauer.

Auf einem Wiesenhang östlich von Umhausen steht alleine zwischen zwei Pappeln die **Wallfahrtskirche Maria Schnee** mit großartiger Rokokoausstattung. Im 18. Jh. gab es rund 100 m weiter südlich inmitten von mehr als 30 Höfen eine Mariahilfkirche. Ein Blitzschlag und später auch eine Mure zerstörten diese. 1796 entstand schließlich ein Neubau, diesmal zur Sicherheit außerhalb des Ortes. Aus der Vorgängerkirche konnten zumindest die Altarbilder gerettet werden, welche die Entstehungslegende der Basilika Santa Maria Maggiore in Rom zeigen: Als dort der Legende nach an einem 5. August auf einmal Schnee fiel, deutete die Bevölkerung dies als göttliches Zeichen für einen Kirchenbau. Im heutigen Hochaltar befinden sich Darstellungen des hl. Florian und des Longinus.

Der Mann im Eis – „Ötzi"

Im Jahre **1991** machten deutsche Bergsteiger in den **Ötztaler Alpen nahe dem Hauslabjoch** im Grenzgebiet zwischen Österreich und Italien einen sensationellen Fund – eine Gletschermumie aus der ausgehenden Jungsteinzeit bzw. der Kupferzeit. Diese Mumie ging als „Ötzi" oder „Der Mann aus dem Eis" in die Geschichte ein. Da sich die Fundstelle knapp hinter der Grenze auf Südtiroler Seite befand, ist „Ötzi" heute im **Südtiroler Archäologiemuseum in Bozen** ausgestellt. Die durch das Eis konservierte Leiche stammt aus der Zeit **um 3340 v. Chr.** Ötzi war rund 1,58 m groß, ca. 45 Jahre alt und dürfte durch einen Pfeilschuss in die linke Schulter getötet worden sein. Vielleicht war er in kriegerische Handlungen verwickelt. Von großer Bedeutung sind die **Bekleidung** und zahlreiche **Alltags- und Gebrauchsgegenstände** aus Ötzis Zeit. Er trug eine längs gestreifte Jacke aus braunem und weißem Ziegenfell, eine Hose aus Ziegenfell ähnlich jenen der nordamerikanischen Indianer, einen Lendenschurz bis etwa zu den Knien, Schuhe aus Braunbärenleder und Hirschleder, einen Grasmantel sowie eine Bärenfellmütze. Mit sich trug Ötzi ein Kupferbeil, einen Bogen aus Ebenholz, Pfeile mit Feuersteinen als Spitzen, einen Dolch mit einer Feuersteinspitze, eine kleine Ledertasche, eine Kraxe als Traggerät sowie einige andere Geräte. Mit Hilfe dieser Ausrüstung war es dem „Mann aus dem Eis" wohl möglich, für sich selbst zu sorgen und längere Zeit keine Siedlung aufsuchen zu müssen.

Die barocke **Pfarrkirche zum hl. Martin in Tumpen** (1665) wurde 1719 vergrößert und im 19. Jh. umgebaut. Dem **hl. Antonius von Padua** ist die mit reichem Stuck ausgestattete **Bergkirche in Niederthai** (1682) geweiht.

Naturbadesee Umhausen, am Weg zum Stuibenfall und nahe dem Ötzi-Dorf, Tel. +43(0)5255/50243
Archäologischer Freilichtpark „Ötzi-Dorf", Nachbau einer neolithischen alpinen Siedlung mit Darstellung des Alltagslebens, geöffnet von Anfang Mai bis 26. Oktober tgl. 9.30–17.30 (Oktober bis 17 Uhr), Führungen tgl. 10.30, 12.00, 13.30, 15.00 (Dauer 45 Minuten), für Gruppen nach Voranmeldung, Tel. +43(0)5255/50022, www.oetzi-dorf.at
Wasserwaalweg, entlang eines händisch gegrabenen Bewässerungskanals, Ausgangspunkt Bischofsparkplatz, leichter Wanderweg mit einer Gehzeit von ca. 45 Minuten
Stuibenfall und Tauferberg, Ausgangspunkt Parkplatz Stuibenfall, Wanderwege, teilweise Fahrwege, Gehzeit 3–4 Stunden, www.geozentrum-tirol.at

LÄNGENFELD
1179 m, 4442 Einwohner

Talaufwärts gelangt man durch die Maurachschlucht zum größten Ort des Tales an der Einmündung des Sulztals. Bis ins 10. Jh. dehnte sich auf dem heutigen Gemeindegebiet ein See aus, der langsam verlandete und die längste und flachste Talstufe bildet, daher die Bezeichnung Längenfeld. Zur Gemeinde gehört auch das Sulztal mit dem Dorf Gries. Über Jahrhunderte war auch in Längenfeld Flachsanbau und -verarbeitung ein wichtiger Wirtschaftszweig. Schon im Mittelalter wurde im Ort eine Schwefelquelle wegen ihrer gesundheitsfördernden Wirkung genutzt. 2004 eröffnete hier der **„Aqua Dome"**, Tirols erste Therme. Im Laufe der Geschichte wurden die Siedlungen immer wieder durch Muren und Überschwemmungen arg in Mitleidenschaft gezogen. 1987 verloren bei einer Hochwasserkatastrophe 13 Menschen ihr Leben.

Einige **alte Bauernhäuser** sind noch gut erhalten und weisen Gemeinsamkeiten auf: weit vorstehende Dächer als Schutz der Wände vor Regen und Schnee sowie Schnitzereien an den wuchtigen Balken. Manche Häuser sind mit Malereien geschmückt, so etwa der historische **Gasthof zum Hirschen** und das **Haus Nr. 4 in Oberlängenfeld**.

Weit über das Ötztal hinaus bekannt wurde der in Unterlängenfeld geborene **Pfarrer Franz Senn** (1831–1884), der als „Gletscherpfarrer" maßgeblich zur Erschließung der Ötztaler Alpen beitrug. Er gilt als Pionier der Tourismusentwicklung und Mitbegründer des Deutsch-Österreichischen Alpenvereins. Ebenfalls aus dem Ort stammt der Barockbildhauer **Cassian Götsch** (1656–1719).

Die **Pfarrkirche zur hl. Katharina in Oberlängenfeld** wurde 1303 erstmals erwähnt, 1518 umgebaut, 1690 erweitert und innen barockisiert. Johann Georg Witwer malte das Hochaltarbild mit der hl. Katharina (1800), Josef Arnold d. Ä. die klassizistischen Deckenbilder mit Szenen aus dem Leben der Kirchenpatronin und das Bild der Marienkrönung am Apostelaltar (1852). Einen schönen Ausblick genießt man von einer Stelle nahe der kleinen **Kapelle am Kalvarienberg**.

In der **Wallfahrtskirche Maria Hilf in Gries** (1655 erbaut, 1703 vergrößert) wird eine Kopie des Mariahilfbildes von Lucas Cranach d. Ä. im Innsbrucker Dom verehrt. Die Deckenfresken gehen auf das späte 18. Jh., der Stuck auf das frühe 20. Jh. zurück. Ein Bild erzählt die Grün-

Längenfeld und das Ötztal aus der Vogelperspektive

dungslegende, nach der ein frommer Pilger den Griesern, die sich wegen des Baus einer Kapelle in Streit befanden, auftrug, eine Kapelle zu Ehren von Maria Hilf zu errichten.

Freischwimmbad Längenfeld, Unterlängenfeld 81, Tel. +43(0)5253/ 5439
Aqua Dome – Therme Längenfeld, Thermalbad, Thermendom in Form eines gläsernen Kristalls, 40 Grad heißes Thermalwasser aus einer Tiefe von 1865 m, Wasserfläche 2200 m², Oberlängenfeld 140, Tel. +43(0)5253/6400, www.aqua-dome.at
Ötztaler Fun- und Erlebnispark, Skaterpark, Riesenschaukel, Riesenrutsche, Mini-Kletterwand, Trampolin etc., Mühl 257, Tel. +43(0)5253/64949, www.oetztalerfunpark.com
Ötztaler Heimat- und Freilichtmuseum, bäuerliche Wohn- und Arbeitskultur, Handwerk am Bach, 10 Gebäude, geöffnet 1. Juni bis 30. September Montag bis Freitag 10–12 und 14–17 Uhr, Sonntag 14–16 Uhr, Samstag und Feiertage geschlossen, Lehn 24, Tel. +43(0)5253/ 5540, Tel. +43(0)664/9102321, www.oetztal-museum.at
Jubiläumsklettersteig Lehner Wasserfall, mittelschwerer Klettersteig direkt neben dem Wasserfall

Geo-Lehrpfad Winkelberg, Ausgangspunkt Parkplatz neben der Brücke über die Ötztaler Ache im Ortsteil Au, Wanderweg mit verschiedener Steigung durch eine Bergsturzlandschaft, Gehzeit ca. 2 Stunden, www.geozentrum-tirol.at

SÖLDEN
1377 m, 3279 Einwohner

Zu der mit 466 km² flächenmäßig größten Gemeinde Tirols gehören Sölden-Rettenbach, Hochsölden, Heilig(en)kreuz, Zwieselstein, Vent und Gurgl. Ursprünglich wurde das Gebiet im 12. Jh. vom Vinschgau her besiedelt. Der südliche Einfluss zeigt sich noch in zahlreichen romanischen Mundartausdrücken. Sölden, an der Mündung des Rettenbaches und der Windache gelegen, ist heute ein Hoteldorf. Schon um 1850 ist der Beginn des Sommertourismus anzusetzen, eine wichtige Einnahmequelle für die damals ärmliche bäuerliche Bevölkerung. Als Hochburg des Wintertourismus bietet die **Ötztal Arena Sölden** ihren Besuchern heute mehr als 100 atemberaubende Pistenkilometer.

Vent wurde bereits im 13. Jh. erstmals urkundlich erwähnt.

Österreichs höchste Seilschwebebahn führt auf den Gaislachkogel, die Bergstation liegt auf 3040 m Höhe.

Aus einer schon 1408 bestehenden Kapelle ging 1521 durch Jakob von Tarrenz aus der Imster Bauhütte die gotische **Pfarrkirche Mariä Heimsuchung in Sölden** hervor, die 1752 von Gallus Gratl umgebaut und barockisiert wurde. Josef Adam Puellacher malte 1779 die Deckengemälde (Darbringung im Tempel, Anbetung der Hirten, Flucht nach Ägypten u. a.), auf Joseph Götsch gehen die Kanzel und die Bildhauerarbeiten zurück. Als moderne Kunstwerke schuf Ilse Glaninger den Bronzeaufsatz (1979) beim gotischen Taufstein sowie den Volksaltar, den Ambo und den Osterleuchter.

Zwieselstein (zwieseln = verzweigen) ist eine kleine Siedlung auf 1470 m Seehöhe im Talkessel an der Abzweigung der Hochtäler von Vent und Gurgl. Die **Filialkirche zu Mariahilf** (1747–1749) besitzt einen bunten Altar mit reichen Schnitzereien (zwischen 1680 und 1690) von Jakob Auer.

Zur Ortschaft **Gurgl**, dem höchstgelegenen Kirchdorf Österreichs, zählen **Obergurgl** (1927 m) mit **Untergurgl** und das Hoteldorf **Hochgurgl** (2150 m). Diese abgelegenen Siedlungen erlangten erst durch den Tourismus Bedeutung. Nachdem 1931 der Schweizer Meteorologe und Physiker Auguste Piccard nach einem Ballonflug in die Stratosphäre fast 16 km Höhe erreicht hatte, landete er auf dem Gurgler Ferner in 2750 m Höhe. Damals wurde Gurgl über Nacht weltberühmt. Ein **Denkmal** nahe der Ortseinfahrt erinnert an den großen Forscher. Neben dem Bundessportheim gibt es in Obergurgl das **Alpine Forschungsinstitut für Hochgebirgs- und Klimaforschung** der Universität Innsbruck. Von Obergurgl aus führt die nur im Sommer befahrbare **Timmelsjoch-Hochalpenstraße** (2474 m) weiter ins Südtiroler Passeiertal und nach Meran.

Die **Pfarrkirche zum hl. Johannes Nepomuk in Obergurgl** entstand 1726 aus einer älteren Kapelle. Der Stubaitaler Architekt Clemens Holzmeister schuf die Pläne für eine großzügige Erweiterung (1967), konnte aber den gotischen Charakter erhalten. Auf Rudolf Margreiter gehen die Deckenmalereien (1930) zurück.

Zu **Vent** gehören die höchsten ganzjährig bewirtschafteten Höfe Tirols, die **Rofenhöfe** in 2014 m Höhe. Sie werden als Schwaighöfe bezeichnet, unterstanden direkt dem Landesfürsten, hatten früher gerichtlich sowie steuerlich eine Sonderstellung und besaßen das Asyl-, Jagd- und Fischereirecht. Der Tiroler Landesfürst Herzog Friedrich IV. mit der leeren Tasche soll hier auf seiner Flucht aus Konstanz Unterkunft genommen haben. Das Wort „Schwaige" leitet sich vom Mittelhochdeutschen „sweige" ab und bedeutet Sennerei, Herde oder Viehhof. Auch heute noch haben die Südtiroler Schnalstaler über die Staatsgrenze hinweg hier Weiderechte für ihre Schafe. 1991 wurde beim Hauslabjoch auf Südtiroler Gebiet (92 m von der österreichischen Grenze entfernt) die rund 5300 Jahre alte Gletschermumie, bezeichnet als **„Ötzi"** gefunden. Heute befindet sich diese im Archäologiemuseum in Bozen.

Von Vent aus können zahlreiche **Bergsteiger- und Wandertouren** sowie **Schihochtouren** in die umgebende Bergwelt unternommen werden. Ausgangspunkt für die Touren auf die Wildspitze, dem mit 3768 m höchsten Berg Nordtirols, ist die Breslauer Hütte auf 2840 m Seehöhe.

Die heutige **Kirche zum hl. Jakobus** wurde nach der Zerstörung der barocken Kirche von 1712 durch eine Lawine 1862 neu errichtet. Der als Gletscherpfarrer bezeichnete **Franz Senn** (1831–1884) leistete Pionierarbeit bei der touristischen Erschließung der Ötztaler Alpen und baute das Widum in Vent zum Gasthof Zum Kuraten aus. An ihn erinnert heute in Vent eine Kapelle neben der Kirche.

Hoch über dem Eingang des Venter Tals steht die durchaus sehenswerte klassizistische **Kirche von Heiligkreuz**, 1804 erbaut.

Freizeit Arena – Erlebnisbad Sölden, Hallenbad, Sauna, Tennis, Fitness etc., Gemeindestr. 4, Tel. +43(0)5254/ 2514, www.freizeit-soelden.com
Bergbahnen von Obergurgl: Festkoglbahn zum 2700 m hohen Festkogl (Tel. +43(0)5256/6274), **Gaisbergbahn** – von Obergurgl zum Gaisberg und zur Hohen Mut (Tel. +43(0)5256/636912), beide Liftgesellschaft Obergurgl, Kressbrunnenweg 9, A-6456 Obergurgl
Hochgurglbahn I und II und Top Wurmkogllift II, Liftgesellschaft Hochgurgl, Hochgurgler Str. 8, A-6456 Hochgurgl, Tel. +43(0)5256/6265
Bergbahnen Vent, Doppelsessellift Wildspitze, Tel. +43(0)5254/8153 oder 8154
Wanderung Obergurgl – Gaisbergtal, Ausgangspunkt Obergurgl, einfacher Wanderweg mit Aussicht auf die Gletscherwelt, Gehzeit je nach Variante 2–4 Stunden, Höhenunterschied ca. 750 m, www.geozentrum-tirol.at
Wanderung Vent – Vernagtferner, Ausgangspunkt Pfarrkirche Vent, einfacher Wanderweg mit interessanten Einblicken in Gletscherschliffe, Talformen, Moränen etc., Gehzeit ca. 3,5 Stunden, www.geozentrum-tirol.at
Wanderung Wasserfall Zwieselstein, Ausgang Zwieselstein, Dauer ca. 1 Stunde
Lehrpfad Zirbenwald in Obergurgl, Weg vom südlichen Ortsende

Pitztal

Das rund 44 km lange Pitztal mündet schluchtartig südlich von Imst gegenüber dem Tschirgant in das Inntal. Die Pitze (Pitzbach) durchschneidet die Ötztaler Alpen und bildet zum Inntal hin eine Felsklamm. Bei diesem äußeren Bereich handelte es sich bis zur Eiszeit um einen Teil des Inntals, der Inn floss von Prutz über die heutige Pillerhöhe. Nach der Eiszeit durchbrach der Fluss die Engstelle bei Pontlatz. In diesem äußeren Talbereich liegen die drei Orte Arzl, Wenns und Jerzens, im inneren Tal St. Leonhard. Wegen der vorherrschenden Lawinen- und Überschwemmungsgefahr sowie der schlechten Verkehrswege wurde das Tal erst nach 1970 im großen Stil für den Tourismus erschlossen. Entscheidend war auch die Eröffnung der Pitztaler Gletscherbahn 1984. Diese erschließt heute ein ausgezeichnetes Gletscherschigebiet. Nahe Wenns zweigt die Straße über die Pillerhöhe in das Kaunertal ab. Weite Teile des Tales sind durch steile Wald- und Felshänge gekennzeichnet. Der Pitztaler Gletscher ist auch im Sommer ein stark besuchtes Ausflugsziel.

ARZL IM PITZTAL
883 m, 3039 Einwohner

Noch auf der Inntalterrasse liegt der erste Ort des Tales. Grabungen auf dem Burgstall weisen auf eine prähistorische Besiedlung schon um 1500 v. Chr. hin. Später dürfte hier ein römischer Wachturm bestanden haben. Bei Arzl führt über die Pitzenklamm in einer Höhe von 94 m die mit einer Länge von 147 m höchste und längste Fußgänger-Hängebrücke Österreichs. Spektakulär ist auch die 1983 eröffnete, neue Pitztal-Straßenbrücke. Aus Ried/Imsterberg, das kirchlich damals zu Arzl gehörte, stammt **Johann Schnegg** (1724–1784), einer der berühmtesten Tiroler Barockbildhauer.

In dem zur Gemeinde gehörenden Ortsteil Wald im Pitztal finden in Abständen von einigen Jahren **Fasnachtsumzüge** (www.fasnacht-wald.at) statt, die Ähnlichkeiten mit dem Imster Schemenlaufen aufweisen.

Die den **Brixner Diözesanpatronen Albuin und Ingenuin geweihte Pfarrkirche** ist spätgotischen Ursprungs, wurde aber barockisiert (Weihe 1761) und 1875 neuromanisch ausgestaltet. Emanuel Raffeiner malte 1907 die Fresken. Auf den einheimischen Bildhauer Johann Schnegg gehen die fast lebensgroßen Figuren der Weihnachtskrippe zurück. Ungewöhnlich ist die Verbindung des Pfarrhauses mit der Kirche durch einen Gang im ersten Stock über der Straße.

Im **Ortsteil Wald** steht die nach dem Brand von 1909 in den Jahren 1911/12 im neugotischen Stil erbaute **Expositurkirche zum hl. Nikolaus.** Ursprünglich bestand eine spätgotische Thomaskapelle (1493), die 1754 großteils abbrannte und im Barockstil neu aufgebaut wurde.

Wenns ist heute der Hauptort des Tales.

Auf 1691 geht die **Annenkapelle im Weiler Hochasten** zurück, die wegen ihrer qualitätsvollen frühbarocken Ausstattung zu den kunsthistorisch bedeutendsten Kapellen des Tiroler Oberlandes zählt.

> **Luis-Trenker-Steig durch die Pitzenklamm**, Ausgangspunkt Arzl (Brücke über Pitze zwischen Arzl und Wald, Luis-Trenker-Denkmal, der Vater des Südtiroler Bergsteigers, Schauspielers und Filmemachers wurde in Arzl geboren), abwechslungsreiche Familienwanderung, Gehzeit ca. 2,5 Stunden
> **Erdpyramiden im Walder Tal zwischen Roppen und Arzl**, mittelschwerer **Rundwanderweg**, Ausgangs- und Endpunkt beim großen Parkplatz am Sportplatz bei Wald, Dauer ca. 1,5 Stunden

WENNS
979 m, 1965 Einwohner

Wenns erlangte vor allem deshalb eine gewisse Bedeutung, weil es an der Kreuzung der Pitztaler Straße mit der Pillerstraße liegt. Letztere war lange Zeit eine wichtiger Handelsweg in die Südschweiz

und führt auch heute noch über den **Pillersattel** (1558 m) ins benachbarte Kaunertal. Mehrere Brände (1917, 1950 und 1956) haben zahlreiche alte Gebäude im Dorf zerstört. Eine historische Besonderheit wegen seiner reichen Renaissancebemalung (1576–1608) ist das am kleinen Dorfplatz gelegene **Platzhaus bzw. Richterhaus**. An ihm sind 54 Länderwappen sowie mythologische und biblische Szenen (so etwa Adam und Eva, Judith und Holofernes, der hl. Christophorus u. a.) zu bewundern. Den Auftrag zum Bau des Gebäudes gab damals der Dorfvogt (Bürgermeister) Christoph Genewein. Am Dorfplatz befinden sich außerdem noch der **Gasthof Stern**, die **alte Schule** mit Fresken von Mariahilf und dem hl. Antonius sowie die **Johannes-Nepomuk-Kapelle**. Bekannt ist Wenns auch als Krippendorf. Von den aus Wenns stammenden berühmten Persönlichkeiten sind vor allem der Kartograph und Zeichner **Georg Matthäus Vischer** (1628–1696), der Barockbildhauer **Jakob Schletterer** (1699–1774) und der Mechaniker **Christian Joseph Tschuggnall** (1785–1845) zu erwähnen. Letzterer bereiste mit seinen vollautomatischen Marionetten ganz Europa.

Die spätgotische **Pfarrkirche zum hl. Johannes Evangelist** wurde 1564 ein Raub der Flammen, 1613 neu erbaut und 1792 barockisiert. Franz Altmutter malte 1792 die Deckenbilder im Stil des Klassizismus, Toni Kirchmayr 1929 jene im Chor. Das Bild des hl. Antonius auf dem rechten Seitenaltar stammt von Kaspar Waldmann (um 1700), die Abbildung des hl. Johannes Nepomuk auf dem linken Seitenaltar von Johann Georg Witwer. Die Rosenkranzmadonna, der Hochaltar in Form eines Flügelaltars und das Kruzifix sind Werke von Josef Bachlechner d. Ä. (1907).

Südlich des Dorfes steht die **barocke Kirche zur hl. Margarethe** (1698) mit einem sehenswerten Hochaltar (um 1700).

Freischwimmbad Wenns, St. Margarethen, Tel. +43(0)5414/87266
Hallenbad Hotel Alpina, Oberdorf 211, Tel. +43(0)5414/87426, www.alpina-pitztal.at
Lehrpfad Piller Moor, Information über die Entstehung sowie die Pflanzen und Tierwelt in Form von Schautafeln, Tel. +43(0)5414/86999

JERZENS
1104 m, 1008 Einwohner

Als letzte Gemeinde des vorderen Pitztals liegt der wichtige Tourismusort Jerzens auf einem Hochplateau am Fuß des Hochzeigers (2582 m). Südlich des Ortes verengt sich das Tal.

Auf Gallus Gratl geht die 1736/37 erbaute **Pfarrkirche zum hl. Gotthard** zurück. Die drei Altarblätter von Caspar Jele (1864–1866) wurden im Nazarenerstil ge-

malt. Das bedeutendste Kunstwerk des Gotteshauses ist ein spätgotisches Relief mit der Beweinung Christi (um 1520).

Hallenbäder Hotel Jerzner Hof, Oberfeld, Tel. +43(0)5414/8510
Hotel Venetblick, Liss, Tel. +43(0)5414/8550
Vitalhotel Andy, Liss 244, Tel. +43(0)5414/86100
Wellness Residenz Hotel Panorama, Kaitanger 173, Tel. +43(0)5414/87352
Zirbenausstellung, Bedeutung und Eigenschaften der Zirbe, geöffnet tgl. 9–18 Uhr, HNr. 220, Tel. +43(0)5414/87336
Hochzeiger Bergbahnen Pitztal AG, Wandermöglichkeiten am nahe gelegenen Hochzeiger, Liss, A-6474 Jerzens, Tel. +43(0)5414/87000, www.hochzeiger.com

ST. LEONHARD IM PITZTAL
1371 m, 1404 Einwohner

Die einzige Gemeinde im inneren Pitztal besteht aus den Ortschaften St. Leonhard, Plangeross und Zaunhof. Der Großteil der Bevölkerung bestand früher aus Bergbauern mit Höfen auf über 1100 m Seehöhe. Bis 1850 wurde großteils Flachs angebaut. Die damit verbundenen übermäßigen Rodungen erhöhten die Lawinengefahr und führten zu Muren und kühleren Sommern, wodurch wiederum das Getreide nicht mehr reifte. Immer mehr Bewohner wanderten ab. Heute bietet der Tourismus eine wichtige Lebensgrundlage.

Auf einer Anhöhe außerhalb des Dorfes liegt die **Pfarrkirche zum hl. Leonhard**, 1666 erbaut und nach 1762 umgestaltet. Die Altarbilder, Kreuzwegstationen und Apostelkreuze stammen von Philipp Jakob Greil, die Statuen am Hochaltar und am linken Seitenaltar von Josef Georg Witwer, jene am rechten Seitenaltar aus der Werkstatt von Andreas Kölle.

Im Weiler **Plangeross** steht die barocke **Pfarrkirche Mariahilf** (1765–1771), deren Rokoko-Hochaltar ein Mariahilfbild über dem Fegefeuer (1774) von Johann Josef Wörle und Wandmalereien vom Innsbrucker Künstler Wolfram Köberl (1976) besitzt.

Das Innere der **Expositurkirche zum hl. Josef in Zaunhof**, erbaut 1775, ist im Nazarenerstil (19. Jh.) ausgestattet, nur die Statuen am Hochaltar von Franz Xaver Renn und an den Seitenaltären von Josef Anton Renn stammen aus der Erbauungszeit. Stefan Kärle malte das Bild mit dem hl. Josef am Hochaltar, Johann Gabl die Nebenaltarbilder, auf denen eine Ansicht des Dorfes um 1880 vorkommt. Wolfram Köberl aus Innsbruck schuf 1978 das Deckengemälde mit einer Darstellung der Geburt Christi und der Anbetung der Könige.

Vom Weiler **Mandarfen** weiter im Talinneren führt ein Sessellift zum landschaftlich sehr schön gelegenen **Rifflsee**, der auch von **Mittelberg** aus in einer rund eineinhalbstündigen bequemen Wanderung erreicht werden kann. Auf moderne Bauten des Architektenehepaares Neururer aus dem Jahr 1992 trifft man in **Mandarfen** beim **Alpinhotel** und dem **Hotel Vier Jahreszeiten**. Mittelberg gilt auch als Ausgangsort für zahlreiche Bergwanderungen, so zur Braunschweiger Hütte (2759 m) und weiter zum Pitztaler Jöchl (3035 m), zum Taschachhaus (2434 m) und zur 3768 m hohen Wildspitze, dem höchsten Berg Tirols.

Das Pitztal besitzt drei bekannte **Schigebiete: Hochzeiger** (2450 m), **Rifflsee** (2800 m) und **Pitztaler Gletscher** (3440 m), alle drei durch Seilbahnen bestens erschlossen. Die Gletscher-U-

Der Trenkwalder Wasserfall bei St. Leonhard im Pitztal

Bahn **Pitzexpress** führt auf das Ganzjahresschigebiet des Pitztaler Gletschers. Von der Bergstation gelangt man mit der **Pitz-Panoramabahn**, der höchsten Seilbahn Österreichs, auf den Hinteren Brunnenkogel (3020 m) und genießt dort einen herrlichen Blick auf nicht weniger als 60 Dreitausender. Über den Gletschersteig führt der Weg über den Taschachferner zum Taschachhaus und zurück ins Tal.

Pitztaler Wasserwelt, Badesee, Kneippanlage, Blick auf Wasserfall, Tel. +43(0)5414/86999
Hallenbad Hotel Vier Jahreszeiten, Mandarfen, Tel. +43(0)5413/86361
Alois-Gabl-Wanderweg, durch die Kitzgartenschlucht nach Zaunhof und über Birchig nach Schusslehn und zurück, in Erinnerung an den 1845 in Zaunhof/Wiese in St. Leonhard geborenen Künstler und Professor an der Münchner Akademie, Gehzeit ca. 1 Stunde
Rifflsee-Rundwanderweg, geeignet für die ganze Familie, Gehzeit ca. 1 Stunde
Pitztaler Gletscher- und Rifflseebahn, Mittelberg, A-6481 St. Leonhard, Tel. +43(0)5413/86288, +43(0)5413/86206, www.pitztaler-gletscher.at

Kaunertal

Das bei Prutz ins Oberinntal mündende Kaunertal ist rund 28 km lang, wird vom Faggenbach durchflossen und führt gegen Süden in die Gletscherwelt des Gepatschferners. Am Eingang liegt der Ort Kauns. Hauptort ist die Gemeinde Kaunertal mit Feichten und Kaltenbrunn. Die Straße zum Gepatschspeicher (1767 m) ist mautpflichtig. Gespeist wird der Stausee vom Gepatschferner. Ein zweiter Zugang ins Tal besteht vom Pitztal her über den Pillersattel (1559 m).

OBERLAND

FAGGEN
900 m, 370 Einwohner

In der kleinen Gemeinde hat man Reste einer bronzezeitlichen und einer La-Tène-zeitlichen Siedlung ausgegraben. Einst überquerte der wichtige Verkehrsweg von Prutz über den Pillersattel hier den Bach. Kirchlich gehört der Ort zur Pfarre Prutz. 1975–1977 entstand an der Stelle einer abgebrochenen alten Kapelle eine neue **Kapelle Mariä Heimsuchung**. Der hier geborene Barockbildhauer **Anton Sturm** (1690–1757) ist vor allem durch seine Ausstattung der Stiftskirche in Füssen bekannt geworden.

KAUNS
1015 m, 496 Einwohner
mit Kaunerberg

Auf einer 1050 m hoch gelegenen Sonnenterrasse liegt nur 3 km von Prutz entfernt das früher häufig von Bränden heimgesuchte Kauns. Sehenswert sind die zwei **Schlosshäuser** (Haus Nr. 49 und 50) am südöstlichen Ortsrand, die einst zur Burg Berneck gehörten und im 17. Jh. mit Malereien geschmückt wurden. Die Abbildungen zeigen religiöse sowie weltliche Szenen, Tierdarstellungen und Ornamentmalerei.. Eine Szene weist auf den berüchtigten Wilderer Wiesenjaggl hin, der um 1500 das Tal unsicher machte.

Die **Pfarrkirche zum hl. Jakobus d. Ä.** im Stil des Historismus stammt zum Großteil aus dem Ende des 19. Jh., hat jedoch Vorgängerbauten. Auf Josef Bachlechner d. Ä. geht der Hochaltar (1899) zurück, bei den Fresken handelt es sich um Werke von Thomas Köhle (1901).

Am Ortseingang erinnert die gotische **Schranzkapelle zum Hl. Kreuz**, gestiftet von Michel Schranz, an die Pestzeit von 1634. Das große „Kauner Kreuz" im Hochaltar (16. Jh.) ist mit einer Legende verbunden, welche auf einem Gemälde in der Kapelle dargestellt ist: Ein Jäger, der kaum auf Wild traf, rief aus diesem Grund den Teufel um Hilfe an. Dieser riet ihm, während der Wandlung in der Kirche einem weit entfernt aufgestellten Christus am Kreuz in die Seitenwunde zu schießen, dann würde er ein unfehlbarer Schütze werden. Doch der Jäger zitterte und traf ein Stück unter der Sei-

Die Burg Berneck kann im Sommer besichtigt werden.

tenwunde. Im selben Augenblick jedoch begann das Haus des Jägers zu brennen und wurde zur Gänze zerstört. Unter der Seitenwunde sind noch die Kugelspur und drei Blutstropfen zu erkennen.

Die 1225 erstmals urkundlich erwähnte **Burg Berneck** thront östlich von Kauns am äußersten Rand einer etwa 130 m hohen Felswand, die senkrecht zum Faggenbach und zur Kaunertaler Straße abfällt. Sie sicherte einst den Weg über den Pillersattel. Einer der bekanntesten Besitzer war Hans von Mülinen, ein treuer Gefährte des Landesfürsten Herzog Friedrich IV. mit der leeren Tasche. 1499 tauschte Kaiser Maximilian I. Burg Tratzberg mit Berneck, damals im Besitz der Familie Tänzl, und nutzte die Burg als Ausgangspunkt für seine Jagdausflüge. Später verfiel die Burg, sie wird jedoch seit 1976 von der Familie Hörmann wiederhergestellt und als Wohnsitz genutzt. Die Anlage gruppiert sich um drei Höfe, besitzt eine mit Fresken ausgestattete Kapelle sowie eine holzgetäfelte gotische Stube und kann auf Anfrage besichtigt werden.

Die Gemeinde **Kaunerberg** (ca. 1300–1700 m, 365 Einwohner) liegt oberhalb von Kauns. Die sonnigen Hänge wurden schon im Mittelalter von Bauern besiedelt, später jedoch durch die Pestepidemie 1635/36 fast gänzlich entvölkert. Mit Hilfe einer Bewässerungsanlage entstand hier das heute größte geschlossene Obstbaugebiet Nordtirols. Zwei Barockkünstler stammen aus Kaunerberg, der Passauer Hofbildhauer **Balthasar Horer** (1725–1787) und der Bildhauer und Professor an der Wiener Kunstakademie **Franz Zauner** (1746–1822).

Burg Berneck, im Sommer Freitag und Samstag 10 und 11 Uhr Besichtigung mit Führung, Tel. +43(0)5472/6332

KAUNERTAL
1273 m, 600 Einwohner

Die Gemeinde Kaunertal erstreckt sich über das gesamte hintere gleichnamige Tal und besteht aus mehreren Weilern entlang der Straße. Als Hauptort kann Feichten angesehen werden. Aus dem

Das Naturparkhaus Kaunergrat im Winter

Weiler Nufels stammt der berühmte Barockbaumeister **Melchior Hefele** (1716–1799).

Bei **Kaltenbrunn** handelt es sich um einen Kirchweiler (1260 m) mit der **Wallfahrtskirche Mariä Himmelfahrt**, dem Widum und einem Gasthaus. Entstanden sein dürfte die Wallfahrt im 12. Jh. Der Legende nach fanden Hirten auf einer Geröllhalde eine von Roggen und Weizen umwachsene Muttergottesstatue. Erstaunt stellten sie fest, dass das Getreide um die Statue vom weidenden Vieh nicht gefressen wurde. An derselben Stelle sprudelte Wasser aus einer Quelle, daher der Name Kaltenbrunn. Heute befindet sich dort der Altar der Gnadenkapelle. Nachdem auch Berichte auftauchten, dass Gebete auf wundersame Weise erhört worden waren, kamen immer mehr Gläubige zu besagter Stelle.

Bald wurden eine Kapelle und eine Einsiedelei gebaut. Die heutige Kirche, die mehrere Vorgängerbauten hatte, geht auf das 16. Jh. zurück. Fresken und Stuck stammen aus der Zeit um 1730, die Deckenbilder mit der Geschichte der Wallfahrt sind von Franz Laukas. Die Gnadenmadonna mit dem Jesuskind (um 1400) wird in einer ovalen Kapelle mitten im Kirchenschiff verehrt.

Mitten im Dorf **Feichten** steht die einfache **Pfarrkirche zur Heiligsten Dreifaltigkeit** (1789–1792) mit barocken Altarfiguren (um 1745) von Stephan Föger und Fresken der Gebrüder Kärle (1879).

Im hintersten Kaunertal wurde von 1961 bis 1964 der 6 km lange **Gepatschspeicher** mit einer Staumauer von 630 m Länge und 130 m Höhe angelegt, der das Wasser der Bäche des Kaunertals sammelt und damit das Kaunertalkraftwerk in Prutz speist. Von Feichten aus führt die mautpflichtige **Kaunertaler Gletscherstraße** am Speicher vorbei in das **Kaunertaler Gletscherschigebiet** mit dem Weißseeferner in den Ötztaler Alpen. Die Straße endet bei der Talstation der Kaunertaler Gletscherbahnen in 2750 m Seehöhe. Beim Gepatschferner handelt es sich nach der Pasterze am Fuße des Großglockners um das zweitgrößte Gletschergebiet der Ostalpen. Die gut ausgebaute Straße zählt zu den schönsten Hochgebirgsstraßen Österreichs.

Kaunertaler Hallenbad, Feichten 134, Tel. +43(0)5475/222, www.kaunertalcenter.at
Flügelmuseum, Konzertflügel, Cembalo, Orgel, geöffnet Mai bis Oktober nach Voranmeldung, Nufels, Tel. +43(0)664/9440216, +43(0)5475/2920
Kaunertaler Talmuseum, Talgeschichte, Alpinismus, Tourismus, Volksfrömmigkeit, Bergbau, Handwerk, bäuerliches Leben, Kaunertaler Künstler (Melchior Hefele, Johann Gfall, Franz Anton Zauner), geöffnet nach Voranmeldung, Feichten, Platz 30, Tel. +43(0)5475/204 oder 316
Naturpark Kaunergrat Pitztal-Kaunertal, Wanderungen und Bergtouren, Dorf 121, A-6521 Fließ, Tel. +43(0)5449/6304
Naturlehrpfad Gepatschferner, seltene Pflanzen und Tiere, Geschichte der Gletscher, Lage hinter dem Gepatschaus, Einstieg im Bereich Fernergries, Tel. +43(0)5475/2920
Gepatsch-Stausee, größter Steinschüttdamm Österreichs, Kaunertal-Kraftwerk, A-6522 Prutz, Tel. +43(0)5472/6381

Sonnenterrasse von Ladis, Fiss, Serfaus

Zwischen Prutz und Tösens wird das Inntal auf der westlichen Seite von einer Terrasse mit den Ortschaften Ladis, Fiss und Serfaus begleitet. Erreicht werden kann diese nur über Prutz. Früher war die Viehzucht eine der Haupteinnahmequellen der Bevölkerung. Die hier übliche Besitzteilung (Realteilung) bedingte, dass im 19. Jh. zahlreiche Familien in Armut verfielen und auswandern mussten, viele nach Amerika. Wirtschaftliche Besserung brachte erst der ab dem Beginn des 20. Jh. stark zunehmende Fremdenverkehr. Heute führt eine Seilbahn hinauf in das **Schigebiet Komperdell**, wo früher Silber und Kupfer abgebaut wurden. Die Region zählt zu den beliebtesten Wintersportgebieten Tirols und die drei Orte sind Hochburgen des Fremdenverkehrs.

LADIS
1190 m, 539 Einwohner

Als Gerichtssitz mit der Burg Laudegg, dessen Einzugsbereich von Landeck bis zum Reschenpass („Oberes Gericht") reichte, erlangte Ladis überregionale Bedeutung, was sich heute noch in üppigen **Fassadenmalereien aus der Renaissance und dem Barock** an verschiedenen Häusern erkennen lässt. Zu den ältesten noch erhaltenen Fresken zählen jene am **Rechelerhaus** (Nr. 3). Neben den gemalten Fensterumrahmungen finden sich hier die Anbetung der Hirten mit einem Mann in spanischer Tracht darüber, eine höfische Szene mit Rittern und Adeligen vor einer Stadt, ein einzelner Reiter und eine Frau. Ebenfalls Malereien weisen das **Gasthaus Rose**, das anschließende **Gemeindehaus** (Nr. 27) sowie das **Haus Nr. 22** (1684) auf. Das **Stockerhaus** (Nr. 6, 1664) gehört zu den künstlerisch bedeutendsten ländlichen Baudenkmälern des Oberen Gerichts. Über dem Eingang befindet sich ein origineller Erker. Zu den figürlichen Malereien zählen Adam und Eva, die Opferung Isaaks, die Ermordung Abels durch seinen Bruder Kain, die vier Evangelisten, der Tod und das Leben, Christus am Ölberg, der Kreuzestod Christi und seine Beweinung, ein Mann und eine Frau im Streit, Wegelagerer, die einen Reiter vom Esel zerren u. a.

Schon 1433 ist die **Pfarrkirche zum hl. Martin** nachweisbar. Der Vorarlberger Baumeister Johann Josef Moosbrugger führte den jetzigen Bau im klassizistischen Stil (1829–1831) aus. Das Hochaltarbild malte Josef Arnold d. Ä. (1833), das Deckenbild im Langhaus Johann Kärle (1879).

Ein einmaliger Blickfang ist die erstmals 1239 erwähnte **Burg Laudeck bzw. Laudegg** auf der höchsten Stelle eines mächtigen Felsrückens, der vom Inntal bis nach Ladis heraufzieht. Zu Füßen der Burg dehnt sich ein malerisch angelegter Weiher aus, der schon im Fischereibuch Kaiser Maximilians I. beschrieben wird. An den wuchtigen quadratischen

Bergfried mit romanischen Doppelbogenfenstern schließen Kapelle und Palas an. 1259 überschrieb Graf Meinhard II. seiner Gattin Elisabeth die Burg als Witwensitz. 1263 wurde hier das Landgericht untergebracht. Mit der Verlegung des Gerichtssitzes nach Sigmundsried im Inntal im 16. Jh. begann der Verfall. Heute ist die Burg in Privatbesitz und kann zu bestimmten Zeiten besichtigt werden.

In einer Seehöhe von 1386 m liegt oberhalb von Ladis **Bad Obladis**, das auf Grund seiner Sauerquelle Bekanntheit erlangte. Bereits der Tiroler Landesfürst Erzherzog Ferdinand II. ließ sich täglich ein Fass Sauerbrunnwasser nach Innsbruck bringen. Besonders im 17. Jh. war das Heilbad vor allem bei den Tiroler Habsburgern sehr beliebt. Bis zum Brand des Kurhotels im Jahre 1972 wurde das Bad von zahlreichen prominenten Gästen besucht, etwa von Bundeskanzler Julius Raab. Die gute Höhenluft wirkt sich vor allem bei Asthmaerkrankungen sehr positiv aus.

Naturbadesee Überwasser, zwischen Ladis und den Fisserhöfen, Tel. +43(0)5476/623913
Burg Laudegg, Besichtigung von Ende Juni bis Mitte September jeweils am Mittwoch um 9.00, 9.45, 10.30 und 11.15 Uhr mit Führung, Tel. +43(0)5476/623913, www.serfaus-fiss-ladis.at

FISS
1436 m, 1003 Einwohner

Etwa 500 m über dem Talboden des Inntals liegt Fiss auf einem nach Süden gerichteten flachen Hang. Im Ortskern finden sich neben modernen Hotels und Pensionen noch typische Westtiroler Bauernhöfe.

Die **Pfarrkirche zum hl. Johannes dem Täufer** wurde 1717 barockisiert, 1875 jedoch von den Brüdern Kärle mit Nazarenerfresken ausgestaltet. Bei den Renovierungen im 20. Jh. konnte der einst barocke Zustand glücklicherweise fast zur Gänze wiederhergestellt werden. Hochaltar und Kanzel (1718) stammen vom Fisser Kunsttischler Georg Senne, die Altarbilder von Franz Laukas (1719), die großen Altarstatuen von Andreas Kölle und die neuen Deckenbilder von Norbert Strolz.

Pale-Pregenzer-Haus ((ältestes Haus von Fiss), Einblick ins ländliche Leben und Arbeiten, geöffnet von Mitte Dezember bis Mitte April am Dienstag und Mittwoch von 15–18 Uhr, Mitte Juni bis Mitte Oktober am Dienstag und Freitag von 15–18 Uhr, genaue Öffnungszeiten unter www.museum-fiss.at oder unter Tel. +43/650/6361848 erfragen.
Bergbahnen Fiss-Ladis, Sommer Funpark Fiss, 7 Lifte, A-6533 Fiss, Tel. +43(0)5476/6396, www.serfaus-fiss-ladis.at
Fisser Flitzer – Sommerrodelbahn, Möseralm, 2,2 km lang mit 370 m Höhenunterschied, Tel. +43(0)5476/6396

SERFAUS
1427 m, 1112 Einwohner

Durch den Ort führte einst eine Nebenstraße der Via Claudia Augusta. Als wichtigster Tourismusort auf dem Sonnenplateau ist Serfaus autofrei und besitzt seit 1985 eine **unterirdische Luftkissenbahn**, welche die Parkplätze am Ortseingang mit den Liftanlagen verbindet. Nachdem 1942 das Zentrum südlich der Kirche durch einen Brand zerstört worden war, begann im Zuge des aufkommenden Tourismus langsam die Umgestaltung zum Fremdenverkehrsort. In Winter 1999/2000 wurden die Schigebiete Serfaus-Fiss-Ladis zusammengeschlossen.

Blick auf den malerisch gelegenen Ort Serfaus im Sommer

Schon auf vorromanische Zeit geht angeblich die **alte Wallfahrts- und Pfarrkirche Unsere Liebe Frau im Walde** zurück, die älteste Marienwallfahrt Tirols. Die romanische Muttergottes mit dem Kind auf dem Hochaltar stammt aus der Zeit um 1150–1180 und wurde 1964 vom Bildhauer Josef Staud in eine kreuzförmige Metallrahmung mit Strahlenkranz und Mondsichel eingebettet. Um 1330 wurde die Kapelle im gotischen Stil umgestaltet. Die Entstehungslegende der Wallfahrt berichtet von dem Gnadenbild, das in einem Baum Holzfällern erschien und ihnen zurief, sie sollten den Baum verschonen. Das Kircheninnere ist mit Fresken ausgeschmückt, die bis ins 14. Jh. zurückgehen. Künstlerisch besonders hervorzuheben sind das barocke Kruzifix von Andreas Thamasch (um 1695) und die zwei Bischofsreliefs von Jörg Lederer aus dem Jahr 1525. Der Taufstein stammt aus dem Jahre 1404.

Neben der Wallfahrtskirche steht die **neue Pfarrkirche Mariä Himmelfahrt**, 1516 geweiht und 1760 barockisiert. Philipp Jakob Greil malte die Deckenfresken und die Altarbilder (1770). Die Statuen am Hochaltar und die Kanzel schuf Josef Kölle (1763). Eine Besonderheit stellt der frei stehende Kirchturm dar, ähnlich einem italienischen Campanile.

Als kunstgeschichtliches Kleinod gilt die **Kirche St. Georgen ob Tösens** (Schlüssel beim Bauernhof oberhalb der Kirche) auf einem Wiesenhang entlang des Wegs von Serfaus hinunter nach Tösens. Es handelt sich um einen spätgotischen Bau aus dem 15. Jh., wobei noch ein romanischer Kern vorhanden ist. Das Innere ist vollständig mit spätgotischen Fresken ausgemalt und besitzt eine flache Holzkassettendecke (16. Jh.). Laut einer Inschrift schuf der Innsbrucker Maler Marx Danauer 1482 die Bilder. Dargestellt sind an der Triumphbogenwand

Spätgotische Fresken in der Kirche St. Georgen ob Tösens

verschiedene Heilige, über dem Flügelaltar Christus am Ölberg und der Bethlehemitische Kindermord, an der Südwand wiederum Heilige und der Drachenkampf des hl. Georg. Die West- und Nordwand ist in 14 Bildfeldern mit einem Passionszyklus geschmückt, vom Einzug Christi in Jerusalem bis zur Auferstehung. Zur Einrichtung gehört die **älteste Reliquiensammlung Tirols**, ursprünglich aufbewahrt in einem kostbaren **Schrein** aus dem 13. Jh., der mit Darstellungen der zwölf Apostel, einiger Heiliger, dem thronenden Christus und zwei knienden Mönchen in grauen Kutten bemalt ist. Bei dieser Schreinmalerei (um 1270) handelt es sich um die früheste Tafelmalerei Tirols. Das Original befindet sich heute im Tiroler Landesmuseum Ferdinandeum in Innsbruck, in der Kirche ist eine Kopie vorhanden. Die Reliquien sind im barocken Hochaltar. Aus der Zeit um 1500 stammt der kleine spätgotische Flügelaltar mit der hl. Anna selbdritt zwischen dem hl. Jakobus d. Ä. und dem Pestpatron Sebastian.

Freibad Serfaus, Untere Dorfstraße 13, Tel. +43(0)5476/6239
Hallenbad Pezid, Dorfbahnstraße 62, Tel. +43(0)5476/6284, www.pezid.at
Pfarr- und Wallfahrtsmuseum Serfaus, Exponate aus der Wallfahrtskirche, der Pfarrkirche Serfaus und der Kirche St. Georgen (Gemälde, Fastenbilder, Votivtafeln, Grabkreuze, liturgische Geräte u. a.), geöffnet nach Voranmeldung, Führungen jeden Mittwoch 15 Uhr (Anmeldung TVB Serfaus, Tel. +43(0)6239/11), Kirchgasse 1, Tel. +43(0)5476/6245 oder +43(0)699/11658271

Stanzertal – von Landeck bis zum Arlberg

Vom Landecker Becken führt das Stanzertal als wichtige West-Ost-Verkehrsverbindung bis zum Arlbergpass und stellt damit die Verbindung von Tirol nach Vorarlberg bzw. weiter nach Südwestdeutschland und in die Schweiz her. Die seltsam klingenden Ortsnamen Pians, Tobadill, Grins, Rall (heute Strengen), Flirsch, Schnann und Pettneu weisen auf illyrische und rätoromanische Besiedlung hin. In Pettneu bestand eine wichtige Poststation für den Pferdewechsel vor dem Passanstieg. Südwestlich von Pians mündet bei Schloss Wiesberg die Trisanna aus dem Paznaun in die Rosanna, die von dieser Stelle flussabwärts bis zur Mündung in den Inn als Sanna bezeichnet wird.

STANZ BEI LANDECK
1035 m, 569 Einwohner

Günstig auf einer sonnigen Terrasse gegenüber Landeck gelegen, war Stanz schon in vorrömischer Zeit besiedelt. Ursprünglich verlief die Straße nicht am Talboden, sondern durch die Dörfer auf der Anhöhe. Sehenswert ist das **Haus Nr. 22 im Dorfzentrum**, ein Einhof mit Kornkasten (15. Jh.) und Fassadenmalereien (um 1600). Im **alten Wirtshaus Zum Löwen (Haus Nr. 57)**, wurde **Jakob Prandtauer** (1660–1726) geboren, der mit Johann Bernhard Fischer von Erlach (Karlskirche in Wien, Schloss Schönbrunn) und Lucas von Hildebrandt (Schloss Belvedere, Stift Göttweig) zu den bedeutendsten österreichischen Barockbaumeistern zählt. Auf ihn gehen etwa Stift Melk in Niederösterreich und zum Teil die Stifte Kremsmünster und St. Florian in Oberösterreich zurück.

Bekannt ist der Ort auch auf Grund seiner guten **Stanzer Zwetschken**, die teilweise zu Schnaps gebrannt werden.

Bei der gotischen **Pfarrkirche zu den hll. Aposteln Petrus und Paulus** (1466–1470) erinnert nur mehr der Turm bis zum Spitzhelm an den romanischen Vorgängerbau. Der Hochaltar (1642) stammt aus der Kirche in Mils bei Hall, das Altarbild vom Haller Maler Josef Ritterl.

Etwas außerhalb des Ortes thront auf einem Felsen die **Burgruine Schrofenstein**. Erhalten ist nur mehr der teilweise restaurierte, rund 12 m hohe Bergfried. Die Schrofensteiner zählten zu den bedeutendsten Adeligen Tirols. Oswald von Schrofenstein (gest. 1497) stiftete einen Altar für die Landecker Pfarrkirche.

GRINS
1015 m, 1390 Einwohner

Grins, früher ein wichtiger Stützpunkt für den Fuhrverkehr über den Arlberg, hat heute noch einen sehr gut erhaltenen alten Dorfkern, da die Straße erst später in den Talboden verlegt wurde. Die Ansiedlung zahlreicher Handwerker brach-

OBERLAND

te Wohlstand. Nach der fast völligen Zerstörung des Dorfes durch einen Brand im Jahre 1945 konnte die Bevölkerung beim Wiederaufbau den besonderen dörflichen Charakter wiederherstellen. Zahlreiche alte Häuser sind in ihrer ursprünglichen Form neu errichtet worden. Nicht mehr erhalten ist das Maultaschhaus, das angeblich mit Margarete Maultasch, unter der 1363 Tirol an die Habsburger gelangte, in Verbindung stand. Gesichert ist hingegen, dass die Tiroler Landesfürstin regelmäßig das Grinner Heilbad besuchte. Die sogenannte Römerbrücke über den Mühlbach entstand erst im 17. Jh. Da hier auch Tuffstein abgebaut wurde, war Grins ab 1460 Sitz der Landecker Bauhütte.

Die **Pfarrkirche zum hl. Nikolaus** (1778/79) ist ein Juwel aus dem Spätbarock und wird dem Götzener Baumeisters Franz Singer zugeschrieben, von dem auch der Stuck stammen dürfte. Die Deckenfresken (Huldigung der Gestalt der Kirche durch die damals bekannten vier Erdteile Europa, Afrika, Asien und Amerika) stammen vom Augsburger Matthäus Günther (1779), die Altarstatuen von Andreas Kölle (1728). Der gebürtige Grinner **Franz Pig** (1822–1862), Hofmaler am Königshof in Athen, schuf das Hochaltarbild. Bemerkenswert sind das schmiedeeiserne Rokokokreuz links vor dem Kirchturm und die zahlreichen geschmiedeten Grabkreuze auf dem Friedhof.

Aus Grins stammt die **Barockbildhauerfamilie Lechleitner** mit Michael (1614–1669), Melchior (1648–nach 1706) und Ingenuin (1676–1733). Auch der Bildhauer **Ignaz Waibl** (1661–1733) und der Maler **Alois Christian Grissemann** (1782–1842) stammen aus dem Ort.

Freischwimmbad Grins, Tel. +43(0)5442/64474
Altes Wildbad, Neue Alberquelle, oberhalb von Grins, gemütlicher Wanderweg von ca. 45 Minuten
Kneippanlage, am östlichen Dorfrand am Wanderweg Grins – Stanz

PIANS
822 m, 788 Einwohner

Das Gebiet von Pians war schon in vorrömischer Zeit besiedelt. Die Ortsbezeichnung ist lateinischen Ursprungs. Im Mittelalter war Pians ein Straßenkreuzungspunkt, an dem sich Gewerbetreibende wie Sattler und Wagner niederließen. 1849 fielen zahlreiche Häuser einer Brandkatastrophe zum Opfer.

Die heutige **Pfarrkirche zur Hl. Dreifaltigkeit** (1829–1832) besitzt ein Hochaltarbild von Caspar Jele und wurde 1972/73 nach Plänen des Stubaier Architekten Clemens Holzmeister vergrößert.

Eine besondere Sehenswürdigkeit ist die **Margarethenkapelle** (14. Jh.) auf einer Anhöhe östlich des Ortskerns, das älteste vollkommen erhaltene Bauwerk der frühen Gotik im Tiroler Oberland. Papst Johannes XXIII. soll im Jahre 1414 auf dem Weg zum Konzil von Konstanz hier eine Messe zelebriert haben. Die Fresken stammen aus der Zeit 1400–1420 und dürften auf einen italienischen Wandermaler zurückgehen. Das Presbyterium ist zur Gänze mit Fresken geschmückt. Dargestellt sind auf dem Chorbogen die Verkündigung, Gottvater sowie die Gregorsmesse, in der Laibung des Chorbogens links die fünf klugen und rechts die fünf törichten Jungfrauen und auf der Innenseite des Chorbogens

Wunderschön gelegen – Tobadill

links Christus und rechts der Teufel als Gärtner. Im untersten Bereich findet sich ein gemalter Wandbehang, darüber schauen Propheten und Lehrer aus Arkadenöffnungen, in der obersten Zone stehen vor Hallengebäuden in Zweier- und Dreiergruppen die Apostel. Im Gewölbescheitel thront Christus in der Mandorla, umgeben von Engelschören. In den vier Hauptzwickeln finden sich der Evangelist Johannes (mit Adlerkopf) und die Geburt Christi, der Evangelist Matthäus (mit Engel), der Kirchenvater Augustinus und Christus am Kreuz, weiters der Kirchenvater Ambrosius, die Auferstehung Christi und der Evangelist Markus mit Löwenmähne sowie noch die Himmelfahrt Christi und der Evangelist Lukas mit dem Stier.

Bei vielen Darstellungen ist einfache Architekturmalerei als Hintergrund zu finden. Einen Hinweis auf den Bischof von Brixen gibt er Schlussstein im Chor. Michael Lechleitner aus Grins schuf den frühbarocken Altar (1648–1650). Im Mittelpunkt steht die Madonna mit dem Jesuskind, zur Linken flankiert von der hl. Margarethe, zur Rechten von der hl. Katharina. Außerhalb der Säulen stehen links der hl. Gregor und rechts der hl. Nikolaus. Schlüssel zur geschlossenen Kapelle im grünen Wohnhaus oberhalb der Kirche, Familie Lederle, Tel. +43(0)5442/67989.

TOBADILL
1136 m, 513 Einwohner

Die typische Streusiedlung steht auf einer schmalen Terrasse 200 m oberhalb von Pians. Früher wurden in der Gegend Eisenspat und Eisenkies abgebaut. Tobadill gilt heute auf Grund seiner sehr schönen Lage als idyllischer Ferienort.

Hoch über der Trisanna, bei der Mündung des Paznauntals in das Stanzertal, steht **Burg Wiesberg**. Diese wurde vom Hochstift Chur im 13. Jh. zur Verwaltung der Engadiner Güter im Paznaun erbaut, fiel später an die Landesfürsten, welche sie wiederum mehrmals verpfändeten. Heute ist Wiesberg in Privatbesitz und nicht zu besichtigen. Bei der Burg führt eine **Eisenbahnbrücke** (1882–1884) über die Trisanna, zur Errichtungszeit ein Wunderwerk der Technik.

OBERLAND

Die **Kirche zum hl. Magnus** (1735–1737) wurde an der Stelle einer Kapelle errichtet und erhielt 1792 bei einer Erweiterung Deckenfresken von Johann Georg Witwer mit Szenen aus dem Leben des hl. Magnus. Hohe Verehrung erfuhren früher die Glasreliquiensärge der römischen Märtyrer Clemens und Vitalis auf den Seitenaltären.

STRENGEN
1023 m, 1202 Einwohner

Das Straßendorf an der Arlbergstraße besteht aus zahlreichen Weilern und Einzelhöfen. Eine der ältesten noch erhaltenen Holzbrücken Österreichs ist die 1765 erbaute **Brücke über die Rosanna**. Strengen ist der Geburtsort des Geistlichen **Simon Alois Maaß** (1758–1846), der als „der alte Fließer Pfarrer" in die Geschichte eingegangen ist. Bekannt wurde dieser durch seine unermüdliche Arbeit als Seelsorger und volkstümlicher Prediger, aber auch als Naturheilkundler und Exorzist.

Die jetzige **Pfarrkirche zum hl. Martin** entstand 1753–1755, erhielt im 19. Jh. eine neue Inneneinrichtung, die 1975 wiederum verändert wurde. Erhalten geblieben sind noch die Gewölbefresken (Marienkrönung) von Johann Kärle (1874). Auf Norbert Strolz gehen die Glasfenster (1974) zurück.
Der äußerst begabte Barockbildhauer Andreas Thamasch aus See im Paznaun gestaltete die Gruppe „Heiliger Wandel" (1690) im Chor. Dargestellt dabei sind die irdische Dreifaltigkeit mit Maria, Josef und dem Jesuskind sowie die himmlische Dreifaltigkeit mit dem Heiligen Geist, Gottvater und Jesus. An den Seitenwänden stehen die einstigen Hochaltarfiguren von Josef Georg Witwer

(1751–1753) und die Statuen der hl. Katharina und der hl. Barbara von Andreas Kölle.

FLIRSCH
1157 m, 935 Einwohner

In Flirsch wurden früher die dunklen Kreideschieferplatten abgebaut, mit denen zahlreiche Gebäude in Innsbruck gedeckt sind, z. B. Schloss Büchsenhausen und die alten Häuser in der Museumstraße. Von 1830 bis 1969 war die Erzeugung von Flirscher Loden bedeutend. Als Tourismusort profitiert Flirsch heute von der Nähe zu den Schigebieten am Arlberg.

1483 wurde die **Bartholomäus-Kirche** erbaut und 1751 sowie 1811 erweitert. Die Deckenbilder von Josef Leopold Strickner stammen aus dem Jahr 1812, die spätgotische Madonna aus der Zeit um 1520. Bei den hll. Bartholomäus und Barbara handelt es sich um Werke von Josef Georg Witwer. Die barocken Seitenaltäre standen ursprünglich in der Stiftskirche Marienberg südlich des Reschenpasses.

PETTNEU AM ARLBERG
1217 m, 1458 Einwohner

Früher bestand hier eine wichtige Postverkehrsstation auf dem Weg von Innsbruck über den Arlberg. Bekannt wurde der Ort auch wegen der Schellenschmieden und als Geburtsstätte des Baumeisters **Josef Mungenast** (1680–1741), des Neffen und Nachfolgers von Jakob Prandtauer. Durch die Nähe zum Schigebiet Arlberg ist Pettneu heute vor allem vom Tourismus geprägt. Beliebtes Wanderziel nördlich der Ortschaft ist

Das Thöni-Haus in St. Anton am Arlberg zeugt von der früheren Bedeutung der Passstraße.

die romantische **Schnanner Klamm** mit steilen Felswänden, Wasserfällen und einem rauschenden Wildbach.

In der 1716 barockisierten und erweiterten spätgotischen **Pfarrkirche Mariä Himmelfahrt in Pettneu** wurden romanische Reste gefunden. Anton Kirchebner malte 1759 die Deckenbilder, Johann Georg Witwer um 1760 die Bilder am Hochaltar und am rechten Seitenaltar.

> **Hallenbad**, Wellnesspark Arlberg-Stanzertal, Nr. 235, Tel. +43(0)5448/22276, www.wellnesspark-arlberg.at

ST. ANTON AM ARLBERG
1287 m, 2426 Einwohner

Die heutige Gemeinde St. Anton am Arlberg besteht aus den Orten St. Anton (mit dem Ortsteil St. Christoph) und St. Jakob. Mit dem Bau der neuen Straße über den Arlberg im Jahre 1824 stieg die Bedeutung der Poststation in St. Jakob, denn hier waren Pferdewechsel und Unterkunft möglich. Mit der Arlbergbahn (Eröffnung 1884) erlebte der Tourismus einen ersten Aufschwung. 1901 wurde in St. Christoph der „Schiclub Arlberg" ins Leben gerufen. Hannes Schneider wiederum gründete in den 1920er Jahren die weltbekannte Arlberger Schischule und entwickelte gemeinsam mit Stefan Kruckenhauser die Grundlagen des Schifahrens, wie sie heute noch großteils üblich sind. 1928 fand zum ersten Mal das berühmte Kandahar-Rennen statt.

Heute zählt das Hoteldorf zu den bedeutendsten Schiorten der Welt. Das **Thöni-Haus** war früher die ehemalige Salzzollstelle und das Zeughaus für den im Steißbachtal betriebenen Silberbergbau. Am Kreuzbergl erinnern

Denkmäler an den Schipionier **Stefan Kruckenhauser** (1905–1988) und an seinen Nachfolger **Franz Hoppichler** (1931–1995).

Auf rund 1780 m Höhe liegt auf der Tiroler Seite des Arlbergpasses der Weiler **St. Christoph**. Heinrich Findelkind aus Kempten im Allgäu gründete auf der Passhöhe eine Herberge für arme Wanderer und Pilger, die sogenannte **St.-Christophorus-Bruderschaft** (1386) mit einer **Kapelle** und einem **Hospiz**. Ziel war die Rettung zahlreicher verirrter Reisender während der gefahrenvollen Wintermonate. Die Bruderschaft wurde 1792 aufgelöst, erfuhr jedoch 1961 eine Neugründung. Sie zählt rund 16.000 Mitglieder (2007), darunter zahlreiche bekannte Persönlichkeiten, und sieht die Erhaltung des Hospizes, die Feier bestimmter Gottesdienste und die Unterstützung Bedürftiger als ihre Hauptaufgaben an.

1691–1698 entstand in **St. Anton** die Kirche zum hl. Antonius, die heutige **Pfarrkirche Mariahilf**, die Clemens Holzmeister 1932 vergrößerte. Auf den Innsbrucker Maler Hans Andre gehen die Deckenbilder (1951/52) zurück, auf Hans Buchgschwenter der Hochaltar (1956) und die Krippe.

St. Jakob erinnert an den Pilgerpatron Jakobus d. Ä., der in Santiago de Compostela in Nordspanien begraben liegt. Die sehenswerte **Rokokokirche zum**

Der Arlbergpass

Der Arlbergpass (1892 m) zwischen den Lechtaler Alpen und der Verwallgruppe trennt Tirol von Vorarlberg, ist Wasserscheide zwischen dem Schwarzen Meer und der Nordsee bzw. der Donau und dem Rhein sowie Klimascheide und wurde schon von den Römern häufig benutzt. Im Winter war er früher überhaupt nicht oder nur unter großen Mühen passierbar. Das Wort „Arle" bedeutet Latsche oder Legföhre. Schon im 13. Jh. wird die Burg Arlen im Bereich des heutigen St. Anton als landesfürstliche Grenzfestung erstmals genannt. Bis ins 19. Jh. bestand nur ein einfacher Saumpfad. Über den Pass führte auch die Verbindung der Habsburger von ihren Erblanden im Osten (Niederösterreich, Steiermark, Kärnten etc.) zu den Stammlanden im Westen (Südwestdeutschland, Schweiz). Pilger, Kreuzfahrer, Handelsleute, Kaufleute, zahlreiche Fürsten u. a. benutzten den oft gefährlichen Passweg. Über ihn führten auch die Salztransporte von Hall in Tirol nach Südwestdeutschland und in die Schweiz. Die Salzzollstätte befand sich im alten Thönihaus in St. Anton. Erst 1824 entstand eine Fahrstraße über den Pass. Die Reise mit der Kutsche von Innsbruck nach Bregenz (ca. 186 km) dauerte damals 6 Tage. Ab 1840 verkehrte täglich ein Postwagen. Eine wirkliche Verbesserung des Verkehrs trat erst 1884 mit der Eröffnung der Arlbergbahn ein, die in einem 10,24 km langen Tunnel unter dem Pass verläuft. 1978 konnte nach fünfjähriger Bauzeit der mautpflichtige Arlberg-Straßentunnel in Betrieb genommen werden. Er verläuft von St. Jakob bis Langen und hat eine Länge von 13,972 km.

Der Verwallstausee ist von unberührter Natur umgeben.

hl. Jakobus (1773–1778) wird Johann Michael Umhauser zugeschrieben. Johann Perwanger aus Heiterwang schuf die Deckenbilder, Anton Kirchebner die Altarbilder und Johann Schnegg das Kruzifix, die Altarstatuen und die Kanzel.

Arlberg well.com Hallenbad, Hannes-Schneider-Weg, Tel. +43(0)5446/4001, www.arlberg-well.com **Hallenbad im Sporthotel**, Dorfstr. 48, Tel. +43(0)5446/3111

Verwallstausee, im romantischen Verwalltal, oberhalb vom Rasthaus Ferwall, Tel. +43(0)5446/2358 **Schi- und Heimatmuseum St. Anton am Arlberg**, Geschichte und Entwicklung der Region um den Arlberg, Verkehr, Bruderschaft St. Christoph, Entwicklung des Schilaufs und des Tourismus (Hannes Schneider, Rudolf Gomperz), geöffnet Mitte Juni bis Ende September, Dienstag bis Sonntag 12–18 Uhr, Anfang Dezember bis Ende April tgl. 15–22 Uhr, Rudi-Matt-Weg 10, Tel. +43(0)5446/2269, www.museum-restaurant.at

Paznauntal

Das Seitental des Stanzertals wird von der Rosanna durchflossen, beginnt bei Tobadill (wo Rosanna und Trisanna zusammenfließen und die Sanna bilden) und endet auf der Bielerhöhe (2037 m) an der Grenze zu Vorarlberg. Hier verläuft die Wasserscheide zwischen Rhein und Donau. Seit 1953 führt die nicht ganzjährig geöffnete Silvretta-Hochalpenstraße von Galtür vorbei am Silvrettastausee ins Montafon nach Vorarlberg. Das Wasser dieses Stausees und des Speichers Kops werden für die Vorarlberger Illwerke zur Stromerzeugung verwendet. Im Süden liegen der 3312 m hohe Piz Buin und die 3197 m hohe Dreiländerspitze. Früher verlief über das Zeinisjoch (1842 m) die einzige Verbindung ins Montafon. Die Gemeinden See, Kappl, Ischgl und Galtür sind bekannte Wintersportorte, vor allem Ischgl genießt internationalen Ruf.

Da das Gebiet von Ischgl und Galtür schon im 12. Jh. Besitz der Herren von Tarasp (Engadin) war, bestand bis ins 19. Jh. eine enge Verbindung zum von diesen Herren gegründeten Kloster Marienberg südlich des Reschenpasses. Sgraffitos an Häuserwänden erinnern an die Engadiner Fassadengestaltung. 1320 besiedelten die Walser aus dem oberen Rhonetal die Gegend, vor allem Galtür, aber auch Mathon und Ischgl. Erst seit Ende des 19. Jh. besteht eine ganzjährig befahrbare Straßenverbindung von Landeck ins Tal.

SEE
1058 m, 1197 Einwohner

Die Bezeichnung der ersten Gemeinde im Paznauntal weist auf einen See hin, der noch 1433 erwähnt wird, aber heute nicht mehr besteht. Durch die Bergbahnen See wird ein Schigebiet erschlossen, das sich bis zum Medrigkopf auf 1450 m Höhe erstreckt. Zwei sehr bedeutende Künstler stammen aus dem Ort. **Andreas Thamasch** (1639–1697) war Barockbildhauer in Stift Stams, wo er mehrere Altäre und zahlreiche Statuen schuf. Werke von ihm befinden sich darüber hinaus auch in der Wallfahrtskirche Kaltenbrunn im Kaunertal (Wundmalchristus) und in der Karlskirche in Volders (Pietà). Der ebenfalls in See geborene Maler **Mathias Schmid** (1835–1923) studierte unter anderem an der Akademie in München und war ein guter Freund Franz von Defreggers.

Aus dem Barock stammt die jetzige **Pfarrkirche zum hl. Sebastian** (1758 erbaut, 1780 vergrößert), die im Jahr 1967 vom Innsbrucker Architekten Josef Lackner innen neu gestaltet wurde. Die Kunstwerke stammen von verschiedenen Künstlern, so etwa die Chorfresken von Johann Josef Wörle (um 1760), die Figuren an der Kanzel von Josef Georg Witwer (um 1760) und die hl. Anna sowie der hl. Joachim vom einheimischen Bildschnitzer Andreas Thamasch (um 1690). Letzterer schuf auch die Skulptur

Wintersport-Eldorado Ischgl

des hl. Sebastian (1690) in der **Friedhofskapelle**. Das dortige Fresko malte der Schwazer Künstler Fred Hochschwarzer (um 1964).

> **Bergbahnen See**, Silvrettastr. 178, Tel. +43(0)5441/8288, www.bergbahn.com

KAPPL
1258 m, 2610 Einwohner

Kappl liegt auf dem Talhang und besteht aus teilweise weit verstreuten Berghöfen und Ortsteilen. Kappl ist die Gemeinde mit den meisten Flurnamen in Österreich (96). Überregionale Bedeutung erlangte der in Kappl geborene **Johann Ladner** (1707–1779) als Maurer, Steinmetz und Bildhauer. Entlang der steilen Auffahrt und oberhalb der Kirche stehen moderne Gebäude.

Eine einst gotische Kapelle wurde 1725/26 durch die **Barockkirche zum hl. Antonius dem Einsiedler** ersetzt. Philipp Jakob Greil schuf 1774 die Deckenbilder im Langhaus, Heinrich Kluibenschedl 1906/07 jene im Chor. Andreas Kölle werden die Altarstatuen und die Kanzelskulpturen (um 1726) zugeschrieben, Franz Laukas malte die Altarbilder (1726). An der linken Innenwand steht das Marmorgrabmal für den Bauherrn der Kirche, Kurat Adam Schmidt (1729, teilweise von Johann Ladner).

> **Bergbahnen Kappl**, Au 483, Tel. +43(0)5445/6251, www.bergbahnenkappl.at
> **Sunny Mountain Erlebnispark Sommer**, Spielen, Kneippen, Wandern und Fitness auf 1830 m Seehöhe, Tel. +43(0)509/ 90300, www.sunnymountain.at

ISCHGL
1377 m, 1562 Einwohner

Um 1000 besiedelten Rätoromanen aus dem Engadin das Gebiet um Ischgl. Im 13. Jh. folgten die Walser. Vom 15. bis zum 18. Jh. stellte der Handel über das Fimber- und Zeinisjoch für die Bewohner von Ischgl die wichtigste Einnahmequelle dar. Trotzdem war die wirtschaftliche Lage oft schwierig, zahlreiche Handwerker wanderten aus. Die Hauptgemeinde des Tales an der Mündung des Fimbertals ist heute ein weltbekanntes Schisportparadies mit zahlreichen Hotels. Ischgl und Mathon werden von einer herrlichen Bergwelt eingerahmt: Verwall-, Samnaun- und Silvrettagruppe mit über siebzig Dreitausendern. Seit 1963 gibt es die **Silvretta- und die Idjochbahn**. Die Silvretta-Schiarena besteht aus den Schigebieten Ischgl und dem schweizerischen Samnaun. Bekannt geworden ist Ischgl als Austragungsort verschiedener Open-Air-Popkonzerte mit internationalen Stars auf der 2487 m hohen Idalpe.

Bei der **Pfarrkirche zum hl. Nikolaus** (1755–1757) handelt es sich um eine mit reichen Stuckaturen versehene Rokokokirche, deren Vorgängerbau gotisch war. Die Deckenbilder im Chor stammen von Anton Kirchebner (1756), der Freskenzyklus im Langhaus ist ebenfalls von ihm, jedoch unter Mitarbeit von Josef Jais. Seit 1817 steht der gotische Turm schief, als Ursache wird die damals von der Madleinlawine verursachte Druckwelle vermutet. Für Tirol einzigartig ist der silberne Reliquienbehälter mit der Speiche des rechten Unterarms des hl. Stephanus, ein Geschenk von Anton Moritz aus Ischgl aus dem Jahr 1803. Die Kostbarkeit, die nur einmal im Jahr (Stefanitag, 26. Dezember) gezeigt wird, stammt vermutlich aus dem Aachener Domschatz Karls des Großen und kam hierher, um der Zerstörung durch die Franzosen unter Napoleon zu entgehen. Die **Figurengruppe beim Kalvarienberg** südlich von Ischgl stammt von Johann Ladner (1763).

In **Mathon** befindet sich die 1682 geweihte **Expositurkirche zum hl. Sebastian**, die 1892/93 ihre neuromanische Ausstattung im Stil der Nazarener erhielt. Vom barocken Hochaltar stammen noch die Figuren der Pestpatrone Sebastian und Rochus (1763) von Johann Ladner. In der **Dreikönigskapelle** aus dem 18. Jh., einem sechseckigen Zentralbau am östlichen Ortsrand, steht der einzige barocke Krippenaltar in Tirol, der die Anbetung der Könige zeigt (1772–1774, Witwer-Werkstatt).

Seilbahnmuseum, Geschichte des Wintersports, des Tourismus und des Seilbahnwesens, geöffnet Ende November bis April Mittwoch 16–19 Uhr, Tel. +43(0)5444/6060

Paznauner Bauernmuseum im Wirtshaus Walserstube, Einblick in die bäuerliche Lebens- und Arbeitswelt, geöffnet Juni bis Oktober und Dezember bis Mai zu den Öffnungszeiten des Wirtshauses (11.30–01.00 Uhr), Mathon, Tel. +43(0)5444/5431, www.restaurant-walserstube.at

Mathias-Schmid-Museum, Werke (Gemälde, Zeichnungen, Skizzen) des Paznauner Malers Mathias Schmid (1835–1923) sowie Erinnerungsstücke an ihn, geöffnet nach Vereinbarung, HNr. 12, Tel. +43(0)664/3579174

Silvrettaseilbahn Ischgl, Silvrettaplatz 2, Tel. +43(0)5444/606, www.silvretta.at

GALTÜR
1583 m, 788 Einwohner

Ebenso wie in Ischgl war auch in Galtür vom 15. bis zum 18. Jh. der Handel über das Fimber- und Zeinisjoch die wichtigste Einnahmequelle. Als im 19. Jh. die Bevölkerung immer mehr verarmte, mussten zahlreiche Kinder als sogenannte Schwabenkinder vom Frühjahr bis zum Herbst nach Südwestdeutschland auswandern. Auf den dortigen Bauernhöfen arbeiteten sie oft für einen kümmerlichen Lohn. Ihr Weg führte über das Zeinisjoch ins Montafon und weiter in die Gegend von Ravensburg. Auf dem Zeinisjoch erinnert das **„Rearkappali"** **(Tränenkapelle)** an diese Kinder von 8 bis 15 Jahren, die meist von ihren Müttern bis hierher begleitet wurden.

Da Galtür kirchlich zur rund zehn Gehstunden entfernten Pfarre Ardez-Steinsberg im Unterengadin gehörte, konnten die Toten im Winter nicht dorthin gebracht werden. Sie wurden bis zum Frühling eingefroren und erst dann über das Joch getragen. Über dieses

Das Alpinarium – modernes Dokumentations- und Kongresszentrum

Thema schrieb der amerikanische Schriftsteller Ernest Hemingway, der im Winter 1924/25 zum Schifahren ins Montafon und nach Galtür kam, in seiner Novelle „Ein Gebirgsidyll".

Die **Lawinengefahr** war in Galtür schon immer gegenwärtig, davon zeugen auch die keilförmigen Außenmauern mancher älterer Häuser, welche die Lawinen teilen und ablenken sollten. 1999 kam es zur Katastrophe, als sich am 23. Februar nach tagelangen starken Schneefällen in rund 2700 m Höhe an einem Südhang über dem Ort eine sehr große Lawine löste, die den Ort teilweise verschüttete und 31 Tote forderte. Einen Tag später ging eine weitere Lawine in Valzur, einem Weiler im hinteren Paznaun nieder, 7 Menschen starben. Es folgte der größte Hubschrauberrettungseinsatz der österreichischen Geschichte, auch ausländische Rettungsteams beteiligten sich. Um eine weitere Katastrophe dieses Ausmaßes zu verhindern, wurde in den Folgejahren damit begonnen, den Lawinenschutz im und um den Ort zu verbessern. Es folgte außerdem die Errichtung eines weit angelegten Lawinenschutzdamms, in den das **„Alpinarium"** als Dokumen-tations- und Kongresszentrum zum Lebens- und Kulturraum hochalpiner Gebiete eingegliedert wurde.

1383 wurde eine Kirche in Galtür geweiht, wobei ein Gnadenbild der Muttergottes schon 1360 Gläubige anzog. 1622 blieb das Gnadenbild bei einem Einfall der Engadiner unversehrt, obwohl der ganze Ort und die Kirche durch Brand zerstört wurden. Heute steht es auf dem Hochaltar. Die **Kirche Mariä Geburt** wurde mehrmals umgebaut und vergrößert (Rokoko, 1779–1783). 1967/68 wurde das Gotteshaus nach Plänen von Clemens Holzmeister verändert. Die Altar- und Deckengemälde malten die Imster Andreas Miller und Johann Josef Wörle, die Altarfiguren schuf Johann Ladner.

Erlebnishallenbad, Bergbahnen Silvretta Galtür, Tel. +43(0)5442/8275
Alpinarium Galtür, Themen: Berge (Entstehung, Erosion, Klima, Niederschlag, Naturkatastrophen wie Lawinen und Muren etc.) sowie Menschen, Tiere und Pflanzen im Hochgebirge, Gedenkraum an die Lawinenopfer von Galtür 1999, geöffnet Dienstag bis Sonntag 10–18 Uhr, Hauptstr. 29c, Tel. +43(0)5443/20000, www.alpinarium.at

KAPITEL 6

AUSSER-
FERN

*Im Nordwesten –
der Bezirk Reutte*

Blick von der Zugspitze Richtung Süden

Ganz im Nordwesten Tirols liegt das Außerfern, von Zentraltirol einzig über den Fernpass (1216 m) zu erreichen. Nur im Sommer ist auch das Hahntennjoch (1894 m) von Imst aus befahrbar. Der Bezirk öffnet sich nach Westen gegen Vorarlberg und nach Norden gegen Deutschland.

Über die Grenzübergänge Pfronten-Steinach oder Füssen gelangt man von Norden nach Reutte, von Vorarlberg im Westen in das Tiroler Lechtal. Das Tannheimer Tal wird von Deutschland aus von Sonthofen erreicht. Von Reutte führt die Straße über Lermoos und Ehrwald weiter über den Fernpass nach Nassereith und von dort ins Inntal. Bezirkshauptort ist Reutte, die einzige Stadt ist Vils.

Als Hauptfluss kann der **Lech** angesehen werden, der in Vorarlberg entspringt und in die Donau mündet. Er trennt die Allgäuer Alpen im Nordwesten von den Lechtaler Alpen im Südosten. Weitere Gebirgszüge sind die Tannheimer Gruppe im Norden sowie das Wettersteingebirge, die Mieminger Kette und die Ammergauer Berge im Osten. Neben dem

Lech sind noch die Loisach und die Vils bedeutende Flüsse.

Das Außerfern besitzt auch einige Seen: Die wichtigsten sind der Plansee (nach dem Achensee zweitgrößter See Tirols), der Heiterwanger See, der Haldensee, der Vilsalpsee, der Urisee, der Frauensee, der Weißensee und der Blindsee.

Bedingt durch die abgeschiedene Lage nahm dieser Landesteil teilweise eine eigene geschichtliche Entwicklung. Erschlossen wurde das Gebiet schon 46 n. Chr. durch die Römerstraße Via Claudia Augusta, welche die obere Adria mit Augsburg verband. Nach den Römern erfolgte im Zuge der Völkerwanderung die Besiedlung zum großen Teil durch die Schwaben, während einige Gebiete im Süden, wie das übrige Nordtirol, von den Bajuwaren geprägt wurden. Bis 1816 verlief die Grenze zwischen den Bistümern Brixen und Augsburg durch das Außerfern, wodurch der weitaus größte Teil des heutigen Außerfern kirchlich gesehen gegen Norden ausgerichtet war. Auch heute noch ist ein gewisser deutscher Einfluss in den Bereichen Wirtschaft, Kultur und Kirche spürbar.

Das Ehrwalder Becken – die Zugspitzregion

Das Ehrwalder Becken wird im Osten durch die Mieminger Kette und das mächtige Wettersteingebirge mit der 2962 m hohen **Zugspitze**, dem höchsten Berg Deutschlands, abgeschlossen. Durch das Loisachtal besteht eine Verbindung nach Garmisch-Partenkirchen. Von deutscher und von österreichischer Seite führen Bergbahnen auf den Gipfel. Benützt man die Tiroler Zugspitzbahn von Ehrwald-Obermoos zur Bergstation Zugspitzkamm (2805 m), gelangt man von dort durch einen rund 800 m langen Stollen zum Schneefernerhaus, wo sich die Endstation der Bayerischen Zugspitzbahn von Garmisch-Partenkirchen befindet. Die Gipfelbahn führt auf 2950 m Seehöhe, wo man von einem Panoramarestaurant einen herrlichen Ausblick genießt. Der kleine Zugspitzgletscher gilt als nördlichster Gletscher der Alpen. Das **Wettersteingebirge** mit Hochwanner (2744 m) und Dreitorspitze (2633 m) ist als beliebtes Klettergebiet bekannt.

BIBERWIER
987 m, 617 Einwohner

Der Name der am Südostrand des Ehrwalder Beckens gelegenen Gemeinde weist auf die früher in dieser Gegend zahlreich vorhandenen Biber hin. 2001 wurde nahe dem Gemeindeamt als Erinnerung daran der **Biberbrunnen** (Biber als Guss des einheimischen Künstlers Johann Weinhart) aufgestellt. Unweit des Orts hat man die ältesten Besiedlungsspuren der Römer in Nordtirol gefunden. Hier führte die Römerstraße Via Claudia Augusta durch. Der Aufstieg des im 13. Jh. entstandenen Ortes begann um 1500 mit dem Abbau und der Verhüttung von Blei, Zink und Silber, wobei die Blütezeit des Bergbaus ins späte 18. Jh. fällt. Um 1880 ging dieser langsam zu Ende.

Entstehungszeit der klassizistischen **Pfarrkirche zum hl. Josef** ist 1827–1830. Die Altarfiguren (1832) stammen vom Imster Bildhauer Franz Xaver Renn, die Altarbilder (1830) vom Imster Maler Alois Martin Stadler und die Deckenfresken (1929, Anbetung der Hirten und Maria Immaculata) vom Bozner Albert Stolz.

Badeseen Blindsee und Mittersee, Hotel Mohr Life Resort, Innsbrucker Str. 40, Tel. +43(0)5673/2362
Längste Sommerrodelbahn Tirols (1,3 km), Marienbergbahnen Biberwier, Tel. +43(0)5673/2111, www.bergbahnen-langes.at
Wachtersteig – Waldlehrpfad von Biberwier bis Lermoos, Tafeln am Wegrand informieren über Bäume und Sträucher sowie die Funktion des Waldes

AUSSERFERN

EHRWALD
996 m, 2574 Einwohner

Bekannt wurde Ehrwald vor allem als Dorf der Handwerker, wobei die Daubenmacher, die z. B. Salzfässer für die Haller Saline herstellten, eine besonders große Rolle spielten. Im 16. Jh. lieferten sie

Pfarrkirche in Ehrwald

harmoniker, verbrachte hier seine letzten Lebensjahre (Innsbrucker Straße Nr. 22), er liegt hier auch begraben.

Die **Pfarrkirche zu Mariä Heimsuchung**, geweiht 1648, wurde aufgrund eines Pestgelöbnisses erbaut. Die jetzige Kirche stammt jedoch aus den Jahren 1728/29, wurde 1960–1967 erweitert sowie 1985–1989 im Inneren nochmals umgestaltet. Carl Rieder aus Schwaz schuf die Deckengemälde im älteren Teil (1939), Roman Fasser aus Ehrwald jene im neuen Teil und das Christkönigsbild an der Außenwand (1963). Henri Dante Alberti, ein Schüler von Picasso, ließ sich in Ehrwald nieder und schuf dort den expressionistischen Kreuzweg.

> **Freischwimmbad Hotel Spielmann**, Wettersteinstr. 24, Tel. +43(0)5673/2225
> **Familienhallenbad Tiroler Zugspitz Arena**, Hauptstr. 21, Tel. +43(0)5673/2718, www.familienbad.at
> **Tiroler Zugspitzbahn – Museum auf dem Zugspitzgipfel – „Faszination Zugspitze"**, geöffnet Anfang Dezember bis Anfang April und Anfang Mai bis Ende Oktober, Fahrbetrieb täglich 8.40–16.40 Uhr, Bergstation Zugspitzbahn, Tel. +43(0)5673/2309, www.zugspitze.at
> **Ehrwalder Heimatmuseum**, bäuerliches Handwerk, Funde aus den zwei entdeckten Römergräbern, geöffnet Juni bis Ende September und Weihnachten bis Ostern, Dienstag 17–19 Uhr, Innsbrucker Str. 16, Tel. +43(0)5673/2677
> **Panoramaweg – Naturlehrpfad von Lermoos bis Ehrwald** (ca. 2 km), entlang des Weges vom Bahnhof in Lermoos sind Tafeln mit Hinweisen auf die verschiedenen Baum- und Straucharten sowie die wichtige Funktion des Waldes angebracht

jährlich bis zu 300.000 Fassdauben nach Hall. Wichtig waren auch die Schmiede, die besonders durch ihre Grabkreuze Bekanntheit erlangten. Die „Ehrwalder Mächler" waren mit ihren Gabeln, Rechen und Wetzsteinkumpfen auf den Märkten in ganz Tirol zu finden. Die Holz- und Beindrechsler stellten vor allem Pfeifenspitzen her. Weiters gab es noch Tuchmacher und Hirschhorndreher.

Einen besonderen Aufschwung erlebte Ehrwald durch den Bau der Zugspitzbahn, die auf den 2950 m hohen Westgipfel des Massivs führt.

Im Laufe des 20. Jh. wurde Ehrwald ein Künstlerzentrum. Der Schriftsteller Ludwig Ganghofer (1855–1920) besaß hier eine Wohnung und schrieb hier viele seiner Werke. An ihn erinnern noch das Ganghofer-Haus (Kirchplatz Nr. 12) und sein Jagdschloss im Gaistal (Tillfuß). Auch der weltberühmte Dirigent Clemens Krauss (1893–1954), Begründer des Neujahrskonzerts der Wiener Phil-

BICHLBACH
1075 m, 732 Einwohner

Drei Straßendörfer bilden die Gemeinde Bichlbach: Wengle, Bichlbach und Lähn. Im 17. Jh. wurde hier Blei abgebaut. Als der Bergbau schon nach wenigen Jahr-

Wundmalchristus in der Zunftkirche Bichlbach

zehnten nachließ, verdienten viele Bichlbacher als Zimmerleute, Maurer und Stuckateure fern der Heimat ihren Lebensunterhalt, wobei sie vor allem ins Schwabenland zogen. 1697 wurde in Bichlbach die Zunftbruderschaft der Maurer, Stuckateure und Zimmerleute gegründet. Anfang des 18. Jh. sind rund 1300 von insgesamt etwa 6000 männlichen Außerfernern in der Bichlbacher Zunftliste angeführt.

Um 1710 wurde eine schon bestehende Holzkapelle durch die barocke **Zunftkirche zum hl. Josef** nach Plänen von Johann Jakob Herkomer aus Füssen, dem Baumeister des Innsbrucker Doms, errichtet. Es handelt sich um die einzige noch erhaltene Zunftkirche Österreichs. Hier ließen sich die Handwerker „freisprechen" und trafen sich bis ins späte 18. Jh. jedes Frühjahr, bevor sie auf Saisonarbeit zogen. Die Fresken (1711) stammen von Paul Zeiller, der Wundmalchristus am Chorbogen vermutlich vom Oberländer Künstler Andreas Thamasch. Mit der Aufhebung der Zünfte im

Jahre 1848 verfiel die Kirche, wurde aber später restauriert.

Nach der Zerstörung der aus dem 14. Jh. stammenden **Pfarrkirche zum hl. Laurentius** durch die Truppen des Moritz von Sachsen im Jahre 1552 folgte in der ersten Hälfte des 18. Jh. ein barocker Neubau. Drei Reuttener Künstler schufen die Innenausstattung: Paul Zeiller die Kreuzwegbilder (1731), Johann Jakob Zeiller die Fresken im Schiff (1778) mit der Darstellung der Verurteilung und Verherrlichung des hl. Laurentius und Franz Anton Zeiller die Fresken im Chor mit der Wundersamen Brotvermehrung (1785). Das Hochaltarbild ist ein Werk von Johann Balthasar Riepp (1742).

Bichlbacher Badesee, bei der Zunftkirche, Tel. +43(0)5674/20210
Sonnalmbahn Berwang – Almkopfbahn Bichlbach, Schischaukel Berwanger Tal, Tel. +43(0)5674/8124, Almkopfbahn Tel. +43(0)5674/5350, Sonnalmbahn Tel. +43(0)5674/8250, www.skischaukel-berwang.at
Tier- und Spielpark, Park mit über 200 Tieren, Sämerhof 47

Zunftmuseum Bichlbach, geöffnet Montag bis Freitag 9–12 Uhr, Mittwoch und Sonntag 16.30–18 Uhr, Wahl 31 a, Tel. +43(0)5674/5205, www.zunftmuseum.at

LERMOOS
995 m, 1100 Einwohner

Der Ortsname weist auf einen einstigen See im Ehrwalder Becken hin, der durch die Loisach entwässert wurde. Die dadurch entstandenen Sümpfe (Lermoos = Sumpf) wurden im 16. Jh. trockengelegt. Durch Lermoos führte einst die Salzstraße von Hall in Tirol ins Alpenvorland und der Ort erlangte durch den Sitz eines Salzstadels besondere Bedeutung. Lermoos zählt zu den ältesten Fremdenverkehrsorten Tirols, bereits um 1860 kamen erste Gäste, um sich hier zu erholen.

Die 1751–1753 nach Plänen von Hans Kleinhans aus Pinswang erbaute **Pfarrkirche zur hl. Katharina** ist ein barocker Zentralbau mit achteckigem Grundriss. Die Deckenfresken vom Veroneser Maler Giuseppe Gru aus dem Jahre 1753 zeigen Szenen aus dem Leben der hl. Katharina von Alexandrien (Vermählung, Enthauptung, Verteidigung des Christentums vor König Maxentius). Johann Georg Witwer malte um 1780 das Hochaltarbild mit der Enthauptung der Heiligen. Die Figuren der hll. Johannes Nepomuk, Petrus, Paulus und Franz von Sales werden Martin Falbesoner zugeschrieben.

Über die **Brettlalm** (1350 m) führt ein **Sessellift auf den Grubigstein** (2035 m), von dessen Gipfel sich ein herrlicher Ausblick auf das Wettersteingebirge mit der Zugspitze (2962 m) bietet.

Panoramabad Lermoos (Freischwimmbad), Medeloach, Tel. +43(0)5673/3673 **Erlebnisbad Lermoos** im Hotel Edelweiß (Hallenbad), Danielstr. 7, Tel. +43(0)5673/2214, www.edelweiss.at **Panoramaweg – Naturlehrpfad von Lermoos bis Ehrwald (ca. 2 km)**, entlang des Weges vom Bahnhof in Lermoos sind Tafeln mit Hinweisen auf die verschiedenen Baum- und Straucharten sowie die wichtige Funktion des Waldes angebracht **Wachtersteig – Waldlehrpfad von Lermoos bis Biberwier**, Tafeln am Wegrand informieren über Bäume und Sträucher sowie die Funktion des Waldes

BERWANG
1342 m, 564 Einwohner

Von Bichlbach aus führt eine Straße durch das Namloser Tal ins Lechtal. Nach rund 5 km erreicht man den von großartigen Bergen umrahmten Tourismusort Berwang. Am Kirchplatz kann sich der Besucher auf den gravierten Tafeln rund um den **Dorfbrunnen** über die Geschichte des Ortes informieren.

Die barocke **Pfarrkirche zum hl. Jakobus d. Ä.** besitzt einen Turm und einen Chor aus der Gotik sowie ein barockes Langhaus. Johann Obleitner schuf 1945 einen neuen Hochaltar mit Holzschnitzereien, das ehemalige Hochaltarbild hängt an der Chorwand. Auf Johann Kärle gehen die 1904 entstandenen Deckenfresken zurück. Bis 1430 mussten die Verstorbenen zur Bestattung über den Fernpass nach Dormitz (nahe Nassereith) gebracht werden. Da dieser Weg im Winter kaum passierbar war, wurden die Leichen bis zum Frühjahr eingeeist.

Waldschwimmbad Bärenbad Berwang, Tel. +43(0)5674/20000-400 **Heimatmuseum Berwang**, geöffnet Mitte Juli bis Mitte September an Freitagen 20–21.30 Uhr, Unterdorf, Tel. +43(0)5674/8423

Blick auf das sommerliche Berwang

HEITERWANG
992 m, 492 Einwohner

Das Dorf Heiterwang erlangte durch seine Lage an der Fernpassstraße gewisse Bedeutung. Vom 15. bis zum 18. Jh. waren hier die Bauern am Frachtwesen mit „Rodwägen" beteiligt. Die Rodleute waren ihrerseits zum Warentransport verpflichtet, die Kaufleute mussten für diese Dienstleistung bezahlen. Der Frachtverkehr führte zur Entstehung von Wirtshäusern und Lagerhäusern (als Ballhäuser bezeichnet), einer Waage sowie einer Station zum Pferdewechseln. Zahlreiche Schmiede und Wagner ließen sich im Ort nieder.

Sehenswert ist der alte **Gasthof Post** mit Fassadenmalereien aus dem 18. Jh. Erzherzog Sigmund der Münzreiche, Graf von Tirol, erwarb den **Heiterwanger See** vom Kloster Stams. Der Landesfürst ließ das Lustschlösschen Sigmundsweid erbauen, von dem jedoch nichts mehr erhalten ist. Für die Tiroler Landesfürsten, die in der Umgebung auch gerne jagen gingen, wurde der See zu einem beliebten Fischereizentrum. Vor allem Kaiser Maximilian I. und Erzherzog Ferdinand II. veranstalteten hier große Seefeste. Im Fischereibuch Kaiser Maximilians I. werden der Heiterwanger See und der Plansee als besonders wichtig beschrieben. Seit 1908 ist der See durch einen Kanal mit dem Plansee verbunden. Eine Besonderheit stellt die Heiterwanger Fasnacht mit ihren zahlreichen alten Holzmasken dar. An ihr dürfen auch Frauen über 20 teilnehmen.

Auf das Jahr 1423 geht die erste Erwähnung der **Pfarrkirche Mariä Himmelfahrt** zurück, die im 18. Jh. barockisiert wurde. Die Deckengemälde (1750, Krönung Mariens, Predigt Johannes' d. T., Maria Magdalena, Aufnahme Mariens in den Himmel, verschiedene Heilige) stammen von Anton Joseph Walch aus Kaufbeuren, der Hochaltar von 1754.

Badesee Heiterwanger See,
Tel. +43(0)5673/20000/700

Das Lechtal und seine Seitentäler

Mit 264 km ist der Lech nach dem Inn der zweitlängste Fluss Tirols. Er entspringt im Formarinsee in Vorarlberg, fließt in nordöstlicher Richtung durch das Außerfern, südwestlich von Füssen nach Deutschland und mündet nördlich von Augsburg in die Donau. Begrenzt wird das Tal von den Allgäuer Alpen im Westen und den Lechtaler Alpen im Osten bzw. Süden. In manchen Teilen wird das Tal fast zur Gänze vom Fluss, den Geröllflächen und sumpfigen Augebieten eingenommen. Die Länge des Tiroler Teils beträgt rund 65 km, wobei der schönste Abschnitt zwischen Steeg und Forchach liegt. Dort hat der Lech den Charakter eines Wildflusses. Von Nordwesten münden das Schwarzwasser- und das Hornbachtal, von Süden bzw. Südosten das Namloser, Bschlaber, Gramaiser, Madau- und Kaiserbachtal ins Lechtal. Letztere Täler wurden vom Inntal aus besiedelt, da sich hier Almen für das Weidevieh verschiedener Inntalgemeinden befanden.

Beim Lechtal handelt es sich um einen der eindrucksvollsten und urtümlichsten Naturräume der Alpen. Das Flussgebiet ist Lebensraum für zahlreiche, zum Teil seltene Pflanzen- und Tierarten. So findet man hier Grau- und Reifweidengebüsche, den Frauenschuh sowie die Azurjungfer (eine der seltensten Libellenarten Europas), den Flussregenpfeifer und die Gefleckte Schnarrschrecke, um nur einige Beispiele zu nennen. Im Jahre 2000 konnte das Flussgebiet als „Natura 2000-Gebiet" unter Schutz gestellt werden. Durch die abgeschiedene Lage, das raue Klima, die Höhenlage und die wirtschaftliche Benachteiligung waren die Bewohner lange Zeit gezwungen, als Wanderarbeiter irgendwo anders ihren Unterhalt zu bestreiten. Neben der kargen Landwirtschaft und Viehzucht gab es in beschränktem Ausmaß Heimarbeit wie Korbflechten und Teppichweben („Lechtaler" Teppiche). Heute stellt der Fremdenverkehr eine wichtige Einnahmequelle dar.

REUTTE
854 m, 6340 Einwohner

Der Markt und Bezirkshauptort liegt in einer weiten Ebene am unteren Lech, rund 90 km von Innsbruck entfernt. Der Name Reutte leitet sich von „roden" ab und ist erstmals in einer Urkunde von 1278 erwähnt. Der Bau der Burg Ehrenberg um 1293 bewirkte, dass die Straße vom Fernpass fortan durch den Ort führte. Von besonderer Bedeutung für den Ort waren die Salzstraße und die Via Claudia Augusta, sowie ab 1464 die hier vorhandene Lechbrücke. Damals bekam der Ort einen Salzstadel, ein Ballhaus zum Lagern der Warenballen und eine Rodstation zum Pferdewechsel. Zusätzlich wurden in der Umgebung von Reutte Erze gewonnen. 1489 fand die Markterhebung statt. 1604 erfolgte die Verlegung des Gerichtssitzes von Ehrenberg nach Reutte.

Der Lech – einzigartiges Naturschutzgebiet in den Alpen

Die günstige Lage als Durchzugsort brachte jedoch immer wieder feindliche Einfälle: 1546 im Schmalkaldischen Krieg, 1552 durch den Kurfürsten Moritz von Sachsen, 1632 durch die Schweden im Dreißigjährigen Krieg, 1703 im Spanischen Erbfolgekrieg, 1800 und 1809 durch die Franzosen und Bayern.

Im 19. Jh. entstanden Textilwerke und 1921 gründete Paul Schwarzkopf in Breitenwang die Metallwerke Plansee. Heute ist die **Plansee Group** eines der weltweit führenden Unternehmen im Bereich der pulvermetallurgischen Werkstoffe.

Als Sitz der Bezirkshauptmannschaft, des Bezirkskrankenhauses, des Bezirksgerichts sowie verschiedener Schulen und Einkaufszentren hat Reutte im 20. Jh. überregionale Bedeutung erlangt.

Reutte gliedert sich in den **Obermarkt** und den **Untermarkt**. Zahlreiche Häuser aus dem 18. Jh. sind mit schmiedeeisernen Fensterkörben und barocken Fassadenmalereien (Lüftlmalereien)

versehen. Die meisten sind nach dem großen Brand von 1703 entstanden. Dabei sind die Wände mit Scheinarchitektur, Säulen, Balkonen, Erkern sowie mit religiösen Motiven bemalt. Diese Art der Malerei ist im ganzen Lechtal zu finden und zeigt Einflüsse aus dem süddeutschen Bereich. Am bekanntesten ist das **Zeiller-Haus** (Zeillerplatz Nr. 2) mit Malereien von Franz Anton oder von Johann Jakob Zeiller (1770), dabei die Darstellungen von Gottvater, dem Heiligen Geist, einem Putto mit Windrad, einem Vogelkäfig, einem Putto mit Gesetzestafeln (symbolisiert das Alte Testament), Putten mit Kreuz und Kelch (für das Neue Testament) sowie Papageien, Affen und einem Pfau. Die Familie Zeiller wurde durch den Salzhandel reich.

Weitere Beispiele für Architekturmalerei sind der **Gasthof zum Schwarzen Adler** (Obermarkt Nr. 75), teilweise das **Gasthaus zur Krone** (Giebelfeld mit klassizistischer Scheinarchitektur) sowie die **Brauerei Goldene Rose** (Untermarkt Nr. 16). Besonders sehenswert ist

Von der Burgruine Ehrenberg genießt man einen wunderbaren Ausblick auf das Reuttener Becken.

das Ensemble am Obermarkt mit dem **Dengelhaus bzw. Ansitz Strahlenburg** (Obermarkt Nr. 3), dem **Ansitz Ehrenheim** (heute Bezirksgericht, Obermarkt Nr. 2) sowie der **Bezirkshauptmannschaft** und dem **Gemeindeamt** (Obermarkt Nr. 1).

Im **Grünen Haus** (Untermarkt Nr. 25) mit Fassadenmalereien von Johann Jakob Zeiller ist das **Heimatmuseum** untergebracht. Das Haus wird auch als Stern-Haus bezeichnet, als Hinweis auf den Rechtsanwalt Dr. Hermann Stern, dem der Bezirk die Ansiedlung der Planseewerke und die Initiative zum Bau der Zugspitzbahn verdankt.

Zwei Brunnen in Reutte sind von besonderem Interesse, einerseits der **Sparkassenbrunnen**, anlässlich der 500-Jahr-Feier der Marktgemeinde errichtet, andererseits der **Via-Claudia-Augusta-Brunnen** (Isserplatz) als Erinnerung an die einstige Bedeutung dieser Römerstraße.

Als Hausberg von Reutte gilt der im Westen gelegene 1940 m hohe **Hahnenkamm**, auf den eine Kabinenseilbahn führt. In 1700 bis 1800 m Höhe befindet sich der Alpenblumengarten mit ca. 500 verschiedenen Pflanzenarten, zu dem man von Höfen zu Fuß in rund zwei Stunden gelangt.

1628 gründete der Tiroler Landesfürst Erzherzog Leopold V. aufgrund eines Gelöbnisses das **Franziskanerkloster mit der Kirche zur hl. Anna**. Beim verheerenden Brand von 1703 wurden Kloster und Kirche ein Raub der Flammen, 1846 konnten diese jedoch neu gebaut werden. Heute ist St. Anna auch Pfarrkirche. Ein bedeutendes Kunstwerk ist die Schnitzgruppe der hl. Anna selbdritt vom Allgäuer Künstler Jörg Lederer (um 1515) auf dem Hochaltar. Das rechte Seitenaltarbild mit dem hl. Antonius von Padua vor Maria schuf Paul Zeiller (1708), die Figuren des hl. Magnus und der hl. Afra Ignaz Weibl (um 1705).

EHRENBERGER KLAUSE

Ein Rundgang

Einige Kilometer südlich von Reutte beginnt bei der Talenge von Ehrenberg die Landschaft Zwischentoren, die über das Lermooser Becken bis zum Aufstieg des Fernpasses reicht. Aufgrund der strategisch günstigen Lage begann hier schon Graf Meinhard II. von Tirol um 1293 mit dem Bau einer Befestigung zur Verteidigung der Nordgrenze Tirols gegen die Bayern. 1305 wird erstmals eine nördliche Grenzfestung der Grafen von Tirol genannt. Während unten im Tal, wo der Verkehr passieren musste, die Klause Ehrenberg entstand, erhob sich auf einer Anhöhe die Burg Ehrenberg, von der nur mehr Reste erhalten sind. Seit etwa 1340 war die Burg auch Sitz des Landgerichts Ehrenberg, das damals einen Großteil des heutigen Bezirks Reutte umfasste.

1546 konnten im Zuge der Glaubenskriege die protestantischen Schmalkalden für kurze Zeit Klause und Burg erobern und in das katholische Tirol vordringen, mussten jedoch bald wieder abziehen. 1552 fiel Herzog Moritz von Sachsen in Ehrenberg ein und marschierte mit seinen Soldaten in Richtung Innsbruck.

Die Angst vor einem Übergreifen der Kampfhandlungen auf Tiroler Gebiet führte während des Dreißigjährigen Krieges zu einem Ausbau von Klause und Burg. In der Umgebung wurden Schanzen und Vorwerke errichtet, etwa am Rossschläg bei Musau, am Kniepass bei Pinswang und am Gaichtpass bei Weißenbach am Lech. Zusätzlich wurde

1639 auf der gegenüberliegenden Talseite, am Falkenberg, das Fort Claudia, benannt nach der Regentin Claudia de' Medici, errichtet. Die Schweden griffen Ehrenberg jedoch glücklicherweise nicht an.

Als letzte Ausbaustufe erfolgte 1733–1741 die Errichtung einer barocken Festungsanlage auf dem Schlosskopf hoch über der Burg Ehrenberg. 1782 wurde diese unter Kaiser Joseph II. jedoch bereits wieder aufgelassen und verfiel in den darauf folgenden Jahren zusehends. 1972 wurde der Burgenverein Ehrenberg gegründet, der in den letzten Jahren große Teile sanieren konnte. Heute ist das Ensemble, das aus **Klause, Burg, Fort Claudia** und **Festung am Schlosskopf** besteht, ein Museum mit umfangreichem Mittelalter-Erlebnisprogramm, das weit über die Grenzen

Wappen von Erzherzog Maximilian III. dem Deutschmeister

Ritterspiele in Ehrenberg

Tirols bekannt ist. Alljährlich im Sommer finden hier auch mehrtägige Mittelalter-Festspiele statt.

Seit 2014 verbindet die **Highline179** genannte, längste Fußgängerhängebrücke der Welt die Burgruine Ehrenberg und das Fort Claudia. Die spektakuläre Brücke im Tibetstyle ist 114,60 m hoch, 406 m lang und hat eine Gehbreite von 1,2 m.

Klause im Tal ❶

Wenn man sich vom Parkplatz im Norden nähert, sieht man vor sich (von links nach rechts) das nachempfundene, nicht mehr originale Bollwerk, anschließend die Ostbastion, den Südosttrakt (ehem. Kornkasten), die Neue Kaserne (jetzt Arena) und das ehemalige Torhäusl mit Tor. Es folgen der heutige Hauptdurchgang mit dem Nordwesttrakt als eigentlichem Klausenteil, rechts davon die Nordbastion und ein Bollwerk. Nordwesttrakt und Nordbastion beherbergen den Kern des Europäischen Burgenmuseums mit Schautafeln und Exponaten zu den Themen Leben im Mittelalter, Salzstraße, Rittertum, Burgenwesen etc. Für Kinder besonders gut geeignet sind verschiedene museumspädagogische Führungen („Dem Ritter auf der Spur", „Ritter Rüdiger" u. a.).

Burgruine Ehrenberg ❷

In rund 30 Minuten gelangt man auf einem steilen Waldweg zur ehemaligen Burg Ehrenberg. Die Ruine kann erforscht werden, wobei Schautafeln auf die einstige Benennung und Funktion der verschiedenen Bauteile und Räumlichkeiten hinweisen. Besonders beeindruckend ist der Blick auf das weite Becken von Reutte.

Ruine Schlosskopf ❸

Die Ruine bietet einen ausgezeichneten Einblick in die Baukunst und das Verteidigungswesen im 18. Jh.

Fort Claudia ❹

Es besteht auch die Möglichkeit einer Natur- und Kulturwanderung von der Ehrenberger Klause über die Ruine Ehrenberg und weiter auf den Schlosskopf oder einer Wanderung auf das Fort Claudia.

Spektakulär – die Highline 179 ist die längste Fußgängerhängebrücke der Welt.

In der 1947 gegründeten **Tränkesied-lung** entstand 1956 die **Filialkirche zum Herzen Mariä** nach Plänen von Erich Corazza. Das Deckenfresko (1957) stammt von Wolfram Köberl aus Innsbruck, die Altarplastik von Rudolf Geisler-Moroder aus Elbigenalp.

Östlich von Reutte liegt als zweitgrößter See Tirols der **Plansee** (5,5 km lang, bis zu 1 km breit, bis zu 76 m tief), aufgeteilt auf die Gemeinden Reutte, Breitenwang und Heiterwang. Kaiser Maximilian I. schätzte ihn als Jagd- und Fischereigebiet. Bis 1873 fanden hier auch Bärenjagden statt. An König Ludwig II. von Bayern, der sich hier auch gerne aufhielt und eine Straße bauen ließ, erinnert am nordöstlichen Ufer ein Denkmal.

Europäische Burgenwelten Ehrenberg, geöffnet vom 26. Dezember bis 2. November, tgl. 10–17 Uhr, A-6600 Reutte, Klause 1, Tel. +43(0)5672/62007, www.ehrenberg.at

Museum im Grünen Haus, Kulturgeschichte, Geologie, Via Claudia Augusta, Außerferner Künstler etc., geöffnet vom 1. Mai bis 31. Oktober Dienstag bis Sonntag 10–16 Uhr und nach Vereinbarung, Untermarkt 25, Tel. +43(0)5672/72304, www.museum-reutte.at
Plansee (Badesee) und **Planseeschiff-fahrt**, Ausgang Hotel Fischer am See in Heiterwang, Tel. +43(0)5674/5116 oder +43(0)5672/78113
Urisee (Badesee), Reutte-Mühl, Tel. +43(0)5672/62301

LECHASCHAU
850 m, 2002 Einwohner

Das Straßendorf liegt gegenüber von Reutte auf der anderen Seite des Lechs. Einst zweigte hier die Fernpassstraße ab und führte weiter durch das Tannheimer Tal in Richtung Schwaben. Johann Jakob Zeiller schuf die **Fassadenmalereien am Haus Nr. 58**. Aus der Zeit um 1770 stammen die **Fresken am Franzelinhaus** (Dorfstraße Nr. 11).

Schon im Mittelalter befand sich hier ein Hospiz für Reisende neben der **Kirche zum Heiligen Geist**. Die jetzige Kirche ist ein Neubau von 1964 nach Plänen von Ingo Fessler, nur der alte Turm ist noch erhalten. Der Innsbrucker Künstler Rudolf Millonig schuf das Kruzifix über dem Altar, Josef Köpfle die Kreuzwegstationen.

BREITENWANG
845 m, 1476 Einwohner

Heute ist Reutte mit den Nachbargemeinden Breitenwang und Aschau zusammengewachsen. Im ehemaligen Reichshof soll der römisch-deutsche Kaiser Lothar III. 1137 auf seinem Weg von Italien nach Deutschland verstorben sein. Eine **Gedenktafel** an der Breitenwanger Kirche erinnert an ihn. Ein weiteres Denkmal dort weist darauf hin, dass Kaiser Maximilian I. in der Gegend gerne zur Jagd ging. Auch die bayerischen Könige Maximilian II. und Ludwig II. schätzten das romantische Jagd- und Fischereigebiet.

Auf 1691 geht der Umbau der barocken **Pfarrkirche zu den hll. Petrus und Paulus** mit Fresken von Johann Jakob Zeiller, dem Hochaltarbild vom Reuttener Maler Johann Christoph Haas (um 1785) und den Statuen der hll. Petrus und Paulus von Ignaz Waibl zurück. Das heutige Fresko im Kirchenschiff malte 1975 Wolfram Köberl aus Innsbruck.
Bei der an den Turm angebauten, barocken **Auferstehungskapelle bzw. Totenkapelle** (1722–1728) nach Füssener Vorbild handelt es sich um einen Zentralbau mit Szenen aus dem Totentanz von Thomas Seitz (um 1724) in Stuckmedaillons in der Hohlkehle. Das Fresko im Altarraum stammt von Paul Zeiller

(um 1725), die Statuen (um 1730) sind von Anton Sturm. Im Friedhof befindet sich das bemalte Holzepitaph Christoph Zeillers (1628), des Stammvaters der Reuttener Malerfamilie Zeiller.

PFLACH
840 m, 1317 Einwohner

Etwa drei Kilometer von Reutte entfernt erstreckt sich das langgezogene Straßendorf Pflach auf beiden Lechseiten am Fuße des 2047 m hohen Säulings. Schon im 15. Jh. bewirkte der um den Ort betriebene Bergbau die Entstehung von **Hüttenwerken**. Das Messingwerk der Augsburger Familie Hoechstätter war für den Ort von besonderer Bedeutung, ebenso die Durchzugsstraße vom Fernpass nach Augsburg.

An den Bergbau erinnert noch die den Augsburger Stadtheiligen Ulrich und Afra geweihte gotische **Hüttenmühl- oder St.-Ulrichs-Kapelle** (1515). Spätere Anbauten entstanden in der Renaissance. Erwähnenswert ist die reiche und bunte Bemalung des spätgotischen Presbyteriums. Zu den bedeutendsten Kunstwerken des Außerfern zählt der gemalte Flügelaltar am Übergang von der Gotik zur Renaissance von Leonhard Beck (1515). Die Seitenaltäre stammen aus dem 17. Jh.

In der 1720 erbauten **Kapelle zu den Heiligen Drei Königen** finden sich Bildwerke der Familie Zeiller: Dreikönigsbild von Paul Zeiller (um 1720), zwei Fastenbilder von Johann Jakob Zeiller (um 1747) und die beiden Seitenaltarbilder mit einer Pietà und dem Heiligen Wandel von Franz Anton Zeiller (um 1765). Um 1610 schuf Bartlme Steinle das Kruzifix über dem Hochaltar. Auf die Zeit um

1450 geht die Muttergottesstatue zurück, die Deckenfresken von Johann Kärle auf das Jahr 1868.

Vom **Vogelbeobachtungsturm in den Lechauen** mit einer Höhe von 17 m bietet sich ein ungestörter Blick auf die faszinierende Tierwelt dieser Region.

MUSAU
818 m, 389 Einwohner

Musau liegt nördlich von Reutte auf der westlichen Seite einer beckenartigen Erweiterung des Lechs. 1895 wurde hier **Tharsitius Senner** geboren, Missionar und späterer Bischof in Bolivien. Seine letzten Jahre verbrachte er im Franziskanerkloster in Reutte, wo er 1985 verstarb, er liegt in Breitenwang begraben. Die alten Bräuche des „Hexenverbrennens" und „Scheibenschlagens" sind in Musau noch lebendig. Über lange Zeit war der Ort durch den Durchzugsverkehr sehr belastet, seit 1999 jedoch besteht ein Grenztunnel, dadurch hat sich die Situation für den Ort stark verbessert.

PINSWANG
819 m, 405 Einwohner

Die kleine Landgemeinde liegt an der Grenze zur bayerischen Stadt Füssen und nahe den Königsschlössern Neuschwanstein und Hohenschwangau. Hier führte einst die Römerstraße Via Claudia Augusta durch. Mit dem Bau einer neuen Straße auf der anderen Talseite unter Kaiser Joseph II. (1782–1784) verlor der Ort seine Bedeutung. Unterhalb des Burgschrofens befinden sich noch einige wenige Reste der kleinen mittelalterlichen **Höhlenburg Loch**.

Auf den um 1380 verstorbenen Einsiedler Ulrich weist die **Ulrichskapelle** hin, dessen Grab zu einer Wallfahrtsstätte wurde. Anstelle der Wallfahrtskapelle aus dem 14. Jh. baute Johann Georg Fischer unter Mitarbeit des aus Pinswang stammenden Baumeisters Franz Kleinhans 1725–1729 die jetzige **Barockkirche**. Der Allgäuer Johann Peter Heel malte 1729 die Deckenfresken mit der Hauptdarstellung der Schlacht auf dem Lechfeld. Johann Balthasar Riepp schuf um 1730 das Hochaltarbild mit der Darstellung des hl. Ulrich.

VILS
826 m, 1504 Einwohner

Vils und Rattenberg sind die kleinsten Städte Tirols. Die ursprüngliche Siedlung, als „Dorf" bezeichnet, lag auf der anderen nördlichen Seite des Flusses Vils. Der durchziehende Verkehr begünstigte am Südufer des Flusses später die Entstehung einer weiteren Siedlung, der „Stadt". Im 13. Jh. fiel Vils an die Herren von Hohenegg, ein bedeutendes schwäbisches Adelsgeschlecht. Diese machten Burg Vilsegg zum Mittelpunkt ihrer Herrschaft. Der Ort erlebte einen markanten Aufschwung. 1327 erreichte Peter von Hohenegg von Kaiser Ludwig IV. dem Bayer die Stadterhebung. Ein Steinkreuz vor dem Rathaus erinnert daran. Damit verbunden waren bestimmte Rechte: hohe Gerichtsbarkeit mit Ausspruch der Todesstrafe, Freiungs- und Asylrecht für Verbrecher (ausgenommen Schwerverbrecher) für ein Jahr und einen Tag für das ganze Stadtgebiet, Zoll- und Mauteinnahmen u. a. Die Stadt war Eigentum der Herren von Hohenegg. 1671 kam mit dem Tod des letzten Hoheneggers Vils zwar zu Österreich, aber erst 1816 zu Tirol.

Von Höfen aus erreicht man mit den Reuttener Seilbahnen ein attraktives Ski- und Wandergebiet.

Bedingt durch die Lage an der Salzstraße blühten Handel und Gewerbe, vor allem das Gastgewerbe, doch brachte die Verlegung des Warenverkehrs durch das Tannheimer Tal ab der Mitte des 16. Jh. große Einbußen für die Stadt. Vils besaß einen Salzstadel sowie ein eigenes Gericht und es bestand ein reger Rodbetrieb. Von etwa 1600 bis in das 19. Jh. war Vils ein Zentrum des Geigenbaus, wobei in diesem Zusammenhang vor allem die Familien Petz, Rief, Wörle und Eberle zu nennen sind.

Wie bei mittelalterlichen Städten üblich, besaß Vils eine Stadtmauer und einen Stadtgraben. Durch das „Obere Tor" gelangte der Reisende vom Fernpass her in die Stadt und verließ sie wieder durch das „Untere Tor" in Richtung Kempten. Von der Befestigung ist nichts mehr erhalten. Typisch mittelalterlich sind auch die ohne Zwischenraum aneinandergebauten Häuser in der Stadtgasse. Außerhalb der Stadt befand sich ein Heiliggeistspital mit Kirche.

Von der einstigen **Burg Vilsegg**, erbaut um 1220/30, die bis ca. 1540 Wohnsitz der Herren von Hohenegg war, sind noch der Bergfried und andere wenige Reste erhalten. Im **Schlössle**, dem ehemaligen Amtshaus der Adeligen, ist das **Museum der Stadt Vils** untergebracht. Auch die **Burg Falkenstein** ist großteils verfallen. Der in Vils geborene **Balthasar Springer** segelte 1505/1506 im Auftrag des Augsburger Handelshauses Welser von Lissabon aus um Afrika bis nach Indien und schrieb darüber einen Reisebericht. Als wichtiges Importprodukt brachte er Pfeffer mit. Überregional bekannt ist die **Firma Schretter & Cie** mit der Erzeugung von Zement, Kalk und Sonderbaustoffen.

1709–1714 wurde die barocke **Pfarrkirche Mariä Himmelfahrt** nach Plänen des Füssener Baumeisters Johann Jakob Herkomer, der auch den Dom zu St. Jakob in Innsbruck erbaute, errichtet. Die Altarblätter der Seitenaltäre (Hl. Familie und hl. Sebastian) und die Kreuzwegstationen sind Werke von Paul Zeiller, das Hochaltarbild stammt von Alexander Kranzner. Im Chor befinden sich Wappen- und Grabsteine. Das Chorkreuz ist mit einer Legende verbunden. Ein in Füssen eingesperrter Bildhauer wollte nach Vils flüchten, um dort um Asyl anzusuchen. Beim Sprung aus dem Fenster verletzte er sich beide Füße und konnte nur mehr nach Vils kriechen. Er gelobte, der Vilser Kirche ein Kunstwerk zu schnitzen, sollte er die Stadt erreichen.

Badesee Alatsee, A-6682 Vils – Füssen, Tel. +49(0)8362/6205
Keltischer Baumkreis, Lehrpfad mit 22 verschiedenen Baumarten, menschliche Eigenschaften werden mit dem jeweiligen Geburtsdatum verbunden
Museum der Stadt Vils, geöffnet Mai bis Oktober, jeden 1. Donnerstag im Monat 17–19 Uhr, Stadtgasse 17, Tel. +43(0)5677/8229

WÄNGLE
883 m, 862 Einwohner

Die westlich von Reutte gelegene Gemeinde gehört zu den ältesten Siedlungsgebieten im Außerfern und war über Jahrhunderte der kirchliche Mittelpunkt des Gebietes.

Vom Kloster St. Mang in Füssen aus wurde schon früh die **Pfarrkirche zum hl. Martin** gegründet. Die jetzige Kirche geht auf 1732 zurück. 1786 malte Franz Anton Zeiller die Deckenfresken (Letztes Abendmahl im Chor und Mannawunder im Langhaus) sowie die Dekorationen. Paul Zeiller malte 1704 die beiden auswechselbaren Hochaltarbilder (hl. Martin und Hl. Familie). Die Kreuzwegbilder stammen von Balthasar Riepp (1735).

Nördlich von Wängle/Hinterbichl befindet sich direkt an der Straße nach Oberletzen nahe der Mündung des Seebachs in den Lech das **St.-Mang-Sessele**, eine eingedrückte Sitzmulde in einer Steinwand. Die Legende berichtet, dass der hl. Magnus, der Gründer des Klosters von St. Mang in Füssen, sich hier von einer anstrengenden Missionsreise erholt habe. Vermutlich handelt es sich jedoch um einen vorchristlichen Opferstein.

HÖFEN
869 m, 1218 Einwohner

Früher lebte die Bevölkerung vom Holztriften und Flößen auf dem Lech, später vom Flachsanbau. Bekannt ist das **Wohnhaus des Malers Josef Anton Köpfle** (1757–1843, Nr. 10/11). Er selbst schmückte 1816 die Fassade mit Malereien. Die Fassadenmalereien an zwei weiteren Häusern und das Deckenfresko in der 1692 erbauten Kirche gehen ebenfalls auf ihn zurück.

Kirchlich gehört Höfen zur Pfarre Wängle. Die **Kirche Mariahilf** entstand um 1700 und ist mit Fresken (Himmelfahrt Mariens) von Josef Anton Köpfle (1801) und einem Hochaltar aus dem Jahr 1892 ausgestattet.

Reuttener Seilbahnen auf den Hahnenkamm, Tel. +43(0)5672/62420, www.reuttener-seilbahnen.at
Alpenblumengarten Höfener Alm (ca. 8 Gehminuten von der Bergstation der Reuttener Seilbahnen), auf 1700 m Seehöhe, rund 600 Pflanzenarten, Führungen von ca. 1,5 Stunden sind möglich (Albin Schreieck, Tel. +43(0)5672/62615).

EHENBICHL
865 m, 826 Einwohner

In Ehenbichl befindet sich das **Bezirkskrankenhaus** (1994–1997). Dem hl. Magnus geweiht ist die 1680 als Dank für die Bewahrung vor der Pest erbaute **Kirche**

AUSSERFERN

in Ehenbichl. Am Hauptaltar befinden sich ein Bild des hl. Michael sowie Statuen der Pestheiligen Sebastian und Rochus. In **Rieden**, das Teil der Gemeinde Ehenbichl ist und südwestlich von Reutte am rechten Lechufer liegt, errichteten um 1900 deutsche Barone ihre **Sommersitze**. Noch heute bestimmen diese das Ortsbild. Die **St.-Georgs-Kapelle** wurde 1900 errichtet.

> **Riedener See**, romantisch im Wald gelegen

WEISSENBACH AM LECH
887 m, 1275 Einwohner

Bei Weißenbach am Fuß des Gaichtpasses (1147 m) mündet das Tannheimer Tal als Klamm ins Lechtal. Hier führte einst die Salzstraße durchs Tannheimer Tal nach Bregenz. Zur Bewältigung des Anstiegs zum Pass waren zahlreiche Vorspannpferde nötig. Im Zuge des Dreißigjährigen Krieges entstand am Pass eine Befestigung als Vorwerk zur Festung Ehrenberg. Zwischen Weißenbach und Rieden wurde 1776 ein großer Holzfangrechen im Lech installiert. Das aufgefangene Holz wurde über den Fernpass zum Inn gebracht und weiter zur Saline in Hall geflößt.

Die **Pfarrkirche zum hl. Sebastian** wurde 1738 vom einheimischen Baumeister Sebastian Lutz erbaut. Auf das 19. Jh. geht die Ausstattung zurück. Die Deckenbilder malte Johann Kärle, die Bilder am Hochaltar und am linken Seitenaltar Franz Hellweger.

> **Naturpark Tiroler Lech**, Mühlbachweg 5, A-6671 Weißenbach a. L., Tel. +43(0)676/885087941, www.naturpark-tiroler-lech.at, www.tiroler-lech.at

> **Erlebnis-Freibad**, Schwimmbadweg 21, Tel. +43(0)5678/5326
> **Waldlehrpfad** mit Einblicken in die verschiedenen Bäume und Sträucher der Region

FORCHACH
910 m, 266 Einwohner

Der kleine Ort am Lech ist umgeben von einer für Europa einzigartigen unverbauten Aulandschaft mit seltenen Blumen- und Vogelarten. Bekannt ist die 1906 errichtete 75 m lange **Hängebrücke über den Lech** rund zwei Kilometer nördlich des Ortes. Südlich von Forchach mündet das Schwarzwassertal ins Lechtal, bekannt wegen seines Tier- und Blumenreichtums. Zahlreiche Wanderwege führen dorthin, etwa zur Stegelalm im 1263 m Höhe, zum kleinen Siegelsee sowie zur Unteren Lichtalm.

1635 wütete die Pest und die Bevölkerung gelobte daraufhin die Errichtung einer Kapelle, die 1742 zur barocken **Kirche zum hl. Sebastian** umgebaut wurde. Im Zuge der Vergrößerung 1861–1867 erhielt die Kirche neue Fresken (Pestpatrone Sebastian und Rochus, Abendmahl, Himmelfahrt Christi). Das Hochaltarbild (Verkündigung an Maria) stammt vom Schweizer Maler Johann Melchior Wyrsch (1756), die Seitenaltarbilder sind von Josef Anton Köpfle (um 1800).

> **Waldlehrpfad** durch den einzigartigen Auwald des Lech, Tel. +43(0)5632/523

STANZACH
940 m, 443 Einwohner

Die Bevölkerung des an der Mündung des Namloser Tals gelegenen Ortes hatte im 18. Jh. unter großer Armut zu leiden. Zahlreiche Bewohner zogen in die Fremde, viele als Maurer. Diejenigen, die zurückblieben, konnten hier ein Zentrum der **Teppichweberei** aufbauen. Die „Lechtaler Teppiche" wurden bis 1998 in einer eigenen Weberei produziert. Über einige Jahrzehnte wurden im 20. Jh. in Stanzach auch **Korbwaren** hergestellt. Da das Klima für den Anbau der Weiden jedoch nicht sonderlich geeignet war, wurde dies wieder aufgegeben. Zu Stanzach gehört die **Alpe Fallerschein** (1283 m), das größte Almdorf Tirols. Die in einem Seitental des Namloser Tals gelegenen Almen werden jedoch nicht mehr bewirtschaftet, sie stehen nun im Sommer Feriengästen zur Verfügung.

Nachdem die alte Barockkirche von 1685 im Jahre 1774 durch einen Brand zerstört worden war, entstand 1775–1782 die neue barocke **Kirche zum hl. Michael**. Das Hochaltarbild mit dem Engelsturz ist ein Werk von Johann Jakob Zeiller. Kanzel und Kruzifix mit der Schmerzhaften Muttergottes stammen vom Imster Josef Georg Witwer, die Fresken und die Seitenaltarbilder von Johann Kärle (1878–1880).

Alpe Fallerschein, Tel. +43(0)5632/268

Die Kirche zum hl. Martin in Namlos

NAMLOSER TAL MIT NAMLOS
1263 m, 77 Einwohner

Das Namloser Tal mündet von Osten kommend schluchtartig bei Stanzach ins Lechtal. Zur Gemeinde gehören das Dörfchen Namlos sowie auch der Weiler Kelmen, etwa eine Gehstunde von Namlos entfernt auf 1365 m Höhe. Beide Siedlungen waren einst Almgebiete von Imst und wurden auch von dort besiedelt. Auf Grund der abgelegenen Lage,

dem rauen Klima und den schlechten wirtschaftlichen Bedingungen wandern heute immer mehr junge Leute ab. Von Namlos führt die Straße weiter über Kelmen nach Berwang und schließlich ins Lermoostal.

1717 wurde in **Kelmen** eine **Mariahilfkapelle** mit dem Hauptaltarbild von Paul Zeiller erbaut. Da die Bevölkerungszahl in jener Zeit ständig anstieg, musste die ursprünglich 1666 an Stelle einer älteren Kapelle errichtete **Kirche zum hl. Martin in Namlos** im Jahr 1739 durch eine größere ersetzt werden. 1855–1864 erfolgte die Verlängerung des Langhauses um drei Meter. Die Einrichtung stammt großteils aus dem 18. und 19. Jh. Der Innsbrucker Toni Kirchmayr malte 1956 die Fresken (Szenen aus dem Leben des hl. Martin mit einer Ansicht von Namlos).

AUSSERFERN

HORNBACHTAL MIT VORDERHORNBACH
973 m, 249 Einwohner
und
HINTERHORNBACH
1107 m, 91 Einwohner

Das bei Stanzach mündende Hornbachtal ist das einzige besiedelte nördliche Seitental des mittleren Lechtals. Es ist wegen seiner unberührten und teilweise wildromantischen Landschaft von besonderer touristischer Attraktivität. Auf der 12 km langen, von 1969 bis 1983 gut ausgebauten Zufahrtsstraße ist Hinterhornbach von Vorderhornbach problemlos zu erreichen.

Vorderhornbach liegt südwestlich von Stanzach am Eingang des Hornbachtals und hat klimatisch die günstigste Lage des ganzen Lechtals. Im 15. Jh. entstand auf einem felsigen Hügel eine gotische Kirche, die 1752 der barocken **Kirche zum hl. Johannes dem Täufer** weichen musste. Bei einem Großbrand 1945 wurden die Kirche und Teile des Dorfes ein Raub der Flammen. In dem 1947 wieder aufgebauten Gotteshaus stammen das Hochaltarbild (1952, Taufe Christi) und die Fresken (1965, Szenen aus dem Leben des Kirchenpatrons) vom Innsbrucker Wolfram Köberl.

Hinterhornbach gilt als Ausgangspunkt zahlreicher Bergwanderungen, etwa auf den 2593 m hohen Hochvogel, den höchsten Berg der Allgäuer Alpen, und zu verschiedenen Almen und Berghütten. Der Ort ist nach Gramais die zweitkleinste Gemeinde Tirols. Sehenswert ist eine **alte Brücke** aus dem 17. Jh. hoch über dem darunterliegenden Bach. Die große Armut im Tal bedingte, dass im 19. Jh. jährlich zahlreiche Kinder als Schwa-

benkinder nach Kempten zogen und über den Sommer in Südwestdeutschland arbeiteten. Aus Hinterhornbach stammt der Maler **Johann Kärle** (1835–1913), der fast 200 Kirchen mit Fresken ausgestattet hat, viele davon im Außerfern. 1761 entstand die **Kirche Maria zum Guten Rat** mit einem Hochaltarbild der Madonna vom Guten Rat (Genazzano) von Johann Jakob Zeiller (um 1762), zwei Apostelstatuen von Martin Falbesoner und Putten und Engel von Josef Georg Witwer aus der Entstehungszeit. Moderne Kunstwerke sind die Deckenfresken (1962, Lamm Gottes, Krönung und Himmelfahrt Mariens) und das linke Seitenaltarbild mit der hl. Notburga von Wolfram Köberl (1997).

> **Badeteich Vorderhornbach**, www.vorderhornbach.at/naturbadeteich
> **Jagdmuseum Hinterhornbach im Gasthof Alpenrose**, Besichtigung während der Gasthaus-Öffnungszeiten möglich, Tel. +43(0)5632/315

ELMEN
987 m, 372 Einwohner

Von Elmen, in der Mitte des Lechtals gelegen, führt die Passstraße über das Hahntennjoch nach Imst. Schon zur Römerzeit bestand hier ein Saumpfad über das Gebirge. Eine Sage berichtet, dass während des Dreißigjährigen Krieges im Jahr 1632 schwedische Soldaten, welche das Dorf erobern wollten, durch eine List der Frauen aus Elmen getäuscht wurden: Diese stellten „Heuheinzen" (zum Trocknen aufgeschichtete Grashaufen) mit Männerkleidung auf und zündeten bei Nacht zahlreiche Wachtfeuer an, wodurch die Feinde getäuscht wurden und abzogen. Dies soll auch angeblich der Grund sein, warum die Frauen bei der Messe vor den Männern zum

Bauernhöfe in Bschlabs

Messopfer gehen. Von der 1412 m hoch gelegenen **Stablalm**, rund eine Stunde von Elmen entfernt, bietet sich ein großartiger Blick auf das obere Lechtal. Von dort erreicht man auch die Elmer Kreuzspitze (2482 m).

1438 wurde eine Kapelle im Ort erstmals erwähnt. Die jetzige **Pfarrkirche zu den Heiligen Drei Königen** entstand 1687. Der neue Hochaltar von 1966 mit den Statuen der Heiligen Drei Könige von Josef Georg Witwer (um 1760) und dem Dreikönigsbild von Karl Selb (1814) ist ein Werk des Innsbruckers Wolfram Köberl. Besonders eindrucksvoll ist das Kruzifix an der rechten Wand von Bartlme Steinle (1614). Josef Anton Köpfle schuf das Fresko im Langhaus mit dem Jüngsten Gericht als Hauptdarstellung (1801) sowie die Seitenaltarbilder (1803). In der **Totenkapelle** auf dem Friedhof befindet sich ein von Anton Falger auf Holz gemalter Totentanz, bei dem die Darsteller die Lechtaler Tracht tragen.

BSCHLABER TAL MIT BSCHLABS UND PFAFFLAR
1357 m, 110 Einwohner

Das vom Streinbach durchflossene Bschlaber Tal mündet bei Elmen ins Lechtal. Pfafflar bildet zusammen mit Bschlabs eine Gemeinde, wobei Bschlabs der Gemeindesitz ist. Ursprünglich befanden sich hier Imster Almen, auf denen im 13. und 14. Jh. Schwaighöfe entstanden. Pfafflar ist die älteste fast unversehrt erhaltene Höhensiedlung Tirols. Die 14 Holzblockhäuser finden heute als Ferienwohnungen für Sommergäste Verwendung. Seit 1969 ist das Gebiet durch die Hahntennjochstraße (1894 m, nur im Sommer befahrbar) mit Imst bzw. dem Lechtal verbunden. Früher war das Bschlaber Tal ein wildes, abgeschlossenes Gebiet. Bis 2002 war eine bestimmte Form des Almnomadismus üblich: Ganze Familien verbrachten dort die Sommer gemeinsam mit dem Vieh.

Die Ausstattung der **Wallfahrtskirche Maria Schnee** in Bschlabs geht großteils auf das 19. Jh. zurück. Im Hochaltar von 1859 befindet sich eine Gnadenmadonna mit dem Jesuskind.

HÄSELGEHR
1003 m, 661 Einwohner

Bei Häselgehr handelt es sich um den flächenmäßig größten Ort im Lechtal mit einem Glockenmuseum und einer Schmiede, die Kuhglocken herstellt. Wie so mancher andere Lechtaler Ort wurde auch Häselgehr immer wieder von Lawinen heimgesucht, so etwa 1793 und 1951. **Peter Singer** (1810–1882), Franziskanerpater, Komponist und Schöpfer des Pansymphonikons, ist gebürtiger Häselgehrer und wurde in Salzburg berühmt. An seinem Geburtshaus (Nr. 71) erinnert ein Relief und an der Friedhofsmauer eine Marmorgedenktafel.

1803 ersetzte die jetzige **Pfarrkirche zum hl. Martin** im Nazarenerstil einen barocken Vorgängerbau, von dem noch der Turm (1720) besteht. Die Deckenfresken von Karl und Josef Selb entstanden 1806. Das Hochaltarbild mit der Mantelteilung des hl. Martin malte Karl Selb 1813. Von Franz Xaver Renn stammen die Statuen, von Johann Kärle die Malereien (1872–1882). Eine Besonderheit stellen die 1880 von Pfarrer Wendelin Ambrosi auf getriebenem Blech gemalten, ikonenartigen Darstellungen aus dem Heilsgeschehen dar.

Freischwimmbad Häselgehr, Häselgehr, bei der Lechbrücke, Tel. +43(0)5634/6600

GRAMAISER TAL MIT GRAMAIS
1321 m, 46 Einwohner

Das vom Otterbach durchflossene Gramaiser Tal erstreckt sich südöstlich von Häselgehr. Die Straße endet in Gramais. Ursprünglich wurde das Tal vom Inntal aus besiedelt, erst seit Anfang des 20.

Anna Stainer-Knittel (Geierwally)

Die in Elbigenalp geborene Malerin Anna Stainer-Knittel (1841–1915) lernte bei Anton Falger und studierte an der Kunstakademie in München. Bekannt wurde sie aber vor allem, weil der bayerische Schriftsteller Ludwig Steub in einem Artikel literarisch festhielt, wie sie sich eines Tages in einen Adlerhorst abseilte und diesen ausnahm (diese Vorgangsweise war im 19. Jh. üblich, um die Angriffe der Adler auf die Schafherden zu verhindern). 1875 benutzte Wilhelmine von Hillern diesen Artikel als Vorlage für ihren Roman „Die Geier-Wally". Dieser wurde später dramatisiert und diente als Vorlage u. a. für den berühmten Film „Die Geier-Wally" mit Heidemarie Hatheyer und Eduard Köck (1940) sowie für die Oper „La Wally" von Alfredo Catalani (1854–1893). 1992/93 wurde in der Bernhardsschlucht in Elbigenalp die „Geierwally-Freilichtbühne" mit der Uraufführung des Stückes „Die Geierwally" von Felix Mitterer eröffnet.

Holzschnitzerei

(317)

Jh. besteht die Straßenverbindung zum Lechtal. Bei Gramais handelt es sich um die kleinste eigenständige Gemeinde Österreichs (gemessen an der Bevölkerungsanzahl). Erst 1961 wurde das an einem Steilhang klebende Dörfchen an das Strom- und Telefonnetz angeschlossen. Im Zuge einer Tageswanderung gelangt man von Gramais aus zu mehreren kleineren Gebirgsseen bei der Kogelseespitze (2647 m) und der Parzinnspitze (2613 m). In etwa zwei Gehstunden ist der Kogelsee, der größte dieser Seen, zu erreichen.

Schon im 17. Jh. entstand eine Kapelle, die um 1750 vergrößert wurde. Die jetzige **Pfarrkirche zum hl. Johannes dem Täufer** stammt aus den Jahren 1824–1833. Die Deckenbilder malte Johann Georg Buchauer (1896), der Hochaltar stammt noch aus der alten Kapelle (um 1700). Das Altarbild mit der Taufe Christi ist von Franz Xaver Fuchs (1898).

ELBIGENALP
1040 m, 870 Einwohner

„Das Duarf", wie Elbigenalp im Volksmund bezeichnet wird, ist die älteste Gemeinde im ganzen Lechtal. Angeblich ließ sich bereits im 9. oder 10. Jh. ein Mönch aus dem Füssener Kloster St. Mang hier nieder. 1258 brachte Elisabeth von Bayern im Zuge ihrer Hochzeit mit Graf Meinhard II. von Tirol Elbigenalp als Heiratsgut mit. 1312 wurde die „Pfarre im Lechtal" erstmals erwähnt, bald war der Ort auch kirchliches Zentrum des Tals. In dem Straßendorf sind heute zahlreiche **Häuser mit Fresken** (Lüftlmalerei) geschmückt. So befindet sich am **Haus Nr. 46** die Darstellung einer Maria Immaculata von Johann Jakob Zeiller (1776). Um 1820 bemalte der einheimische Künstler Josef Köpfle einige Häuser. Bekannt ist Elbigenalp als Sitz der einzigen **Holzschnitzschule** Österreichs.

Der berühmteste Sohn des Dorfes ist der Maler **Joseph Anton Koch** (1768–1839), dessen Geburtshaus im Weiler Obergiblen Nr. 9, direkt an der Straße von Bach in Richtung Elbigenalp steht. Er gilt als einer der bekanntesten Maler der deutschen Romantik und unternahm zahlreiche Reisen, u. a. nach Stuttgart, Straßburg, in die Schweiz und nach Italien. Seine oft großformatigen Ölbilder zeigen häufig Landschaftsszenen aus Italien und den Alpen. **Anton Falger** (1791–1876) ist ebenfalls in Elbigenalp gebürtig. Er war Maler, Radierer, Zeichner und Holzschnitzer. Nach seinem Aufenthalt in München kehrte er in sein Heimatdorf zurück und gründete dort eine Malschule, die später auch Stuckateure und Bildhauer ausbildete. Zu seinen Schülerinnen zählte **Anna Stainer-**

AUSSERFERN

Knittel (1841–1915), die als Vorbild für die „Geierwally" Bekanntheit erlangte. Sie malte mit Vorliebe Porträts und Blumenbilder. Falgers Nachlass ist im Gemeindeamt von Elbigenalp ausgestellt.

Die **Pfarrkirche zum hl. Nikolaus** steht etwas außerhalb des Dorfes. Ihre jetzige Gestalt geht auf die Jahre 1664–1667 zurück und ist ein Werk von Georg Falger. Der nördliche Turm und der Chor stammen von einem Vorgängerbau. Im Zuge der barocken Innenumgestaltung malte Johann Jakob Zeiller aus Reutte 1776 die Fresken. Beim Taufstein aus dem Jahre 1411 handelt es sich um das älteste Ausstattungsstück der Kirche. An die Königin Maria von Bayern, Mutter des bayerischen Königs Ludwig II., erinnert das Königinnenfenster im Altarraum. Sie weilte öfters als Gast im Dorf. Auffallend ist der moderne Tabernakel von Rudolf Geisler-Moroder (1968/69), dem einstigen Leiter der Schnitzschule.

Neben der Pfarrkirche steht die rechteckige **Friedhofskapelle zum hl. Martin** (Patrozinium erst nach 1700) **bzw. zur hl. Magdalena** aus der Zeit um 1500, die aus einem Beinhaus im Untergeschoss und der ebenerdigen Kapelle besteht. Weitum berühmt ist der **Totentanz** (1830) von Anton Falger (1791–1876), der aus 18 gemalten Holztafeln besteht und zeigt, dass der Tod alle Menschen am Ende ihres Lebens holt, egal ob König, Soldat, Mutter, Bürger, Bettler etc. Die Altarwand zieren Fresken mit Szenen aus dem Leben der hl. Magdalena.

Freischwimmbad Oberlechtal, Elbigenalp, größtes Freibad der Region, Tel. +43(0)5634/6270
Schnitzschule Elbigenalp, handwerklicher Schaubetrieb, Dorf 57, Tel. +43(0)5634/6226, www.schnitzschule.at

Geierwally-Freilichtbühne, Kartenvorverkauf Tourismusverband Lechtal, Tel. +43(0)5634/5315/12, www.geierwally.lechtal.at
Geburtshaus der Geierwally, Untergiblen 4, keine Besichtigung möglich, www.geierwally.lechtal.at

BACH
1066 m, 641 Einwohner

Die Rodungssiedlung aus dem Mittelalter wurde 1427 erstmals urkundlich erwähnt. Auf dem 1992 neu gestalteten Dorfplatz steht die **Brunnenfigur des Holzflößers** aus der Elbigenalper Schnitzschule. Sehenswert sind alte Fresken am **Gasthof Grüner Baum**. Südlich der Gemeinde Bach wurden im Madautal im 15. und 16. Jh. Bleiglanz und Zinkblende abgebaut und auch verarbeitet. Heute sind im Tal Wanderungen und Radtouren möglich, etwa zur Memminger Hütte (2242 m) und durch das Zammer Loch nach Zams im Inntal.

Die barocke **Pfarrkirche zu Unserer Lieben Frau Mariä Reinigung** aus dem 18. Jh. wurde im 19. Jh. im Nazarenerstil umgestaltet, jedoch 1991–1994 rebarockisiert. Der ursprüngliche barocke Hochaltar wurde im Dachboden aufgefunden, der Maler Wolfram Köberl schuf die Pläne für die neubarocken Seitenaltäre und malte 1992 ein großes Langhausfresko zum Thema Mariä Lichtmess. Geblieben sind die übrigen, 1792 von Karl Selb gemalten Fresken.

Die **Expositurkirche zum hl. Josef im Weiler Stockach** weist als Besonderheit einen Friedhof mit ausschließlich schmiedeeisernen Kreuzen auf. Die Deckenfresken mit Darstellungen aus dem Leben der Hl. Familie (1773) stammen vom einheimischen Künstler Josef

Lüftlmalerei am Haus Lumper

Schuler. Das Hochaltarbild mit der Darstellung der Ruhe auf der Flucht ist von Johann Jakob Zeiller.

Schwimmbad Oberlechtal, Obergiblen, Tel. +43(0)5634/6585
Jöchelspitzbahn, Doppelsesselbahn auf 1800 m, von dort **Botanischer Lehrpfad** durch ein Almgebiet auf die 2226 m hohe Jöchelspitze, Lechtaler Bergbaumuseum, Tel. +43(0)5634/6207, www.lechtaler-bergbahnen.at

HOLZGAU
1103 m, 417 Einwohner

Holzgau ist ein idealer Ausgangspunkt für verschiedene touristische Aktivitäten und liegt in der Nähe des bekannten Schigebiets Warth/Schröcken. Im 18. und 19. Jh. verließen zahlreiche Holzgauer als Handelsleute ihre Heimat, um im Ausland (vor allem in Holland) ihr Glück zu suchen. Einige von ihnen kehrten reich zurück und ließen sich ihre Häuser bemalen. Mit Recht kann Holzgau als Mittelpunkt der **Außerferner Lüftlmalerei** bezeichnet werden.

Sehenswerte Häuser sind besonders Nr. 32 und Nr. 50 mit Fassadenmalereien von Josef Anton Köpfle aus Höfen (1796) sowie Nr. 49 und Nr. 111, bemalt von Josef Degenhart (1786). Der Handelsmann Joseph Maldoner, ursprünglicher Besitzer des **Hauses Nr. 50**, verkaufte es 1838 an Joseph Anton Hämmerle, der hier wiederum ein Geschäft eröffnete. Die Fassade ist durch detailreiche klassizistische Architekturmalerei vielfach gegliedert. Das Haus des Gastwirts und Anwalts Johann Georg Lumper **(Nr. 49)** weist heute eine kräftige rosa Farbe auf, ein Portal mit gemalten Doppelsäulen in perspektivischer Darstellung sowie eine Darstellung von Maria mit Kind im Giebelbereich sind hier zu bewundern. Weiters zieren die Fassade eine gemalte Sonnenuhr und, in Medaillons, Darstellungen der Heiligen Petrus, Georg, Aloysius, Eugenius und Paulus sowie Joachim und Josef.

Beim **Haus Nr. 42**, erbaut vom wohlhabenden Großhändler Franz Schueller, ist die Fassade leider stark verwittert, nur mehr spärliche Reste einer architektonischen Bemalung sind zu erkennen. Josef Anton Falger (1759–1828, nicht zu verwechseln mit dem Künstler Anton Falger), ließ 1796 **Haus Nr. 32** erbauen. Er war in Delft durch den Handel mit Seide und Manufakturwaren reich geworden. Die Malereien des ansitzartigen Hauses zeigen Eckpilaster, zwei perspektivisch gemalte Säulen und einen Volutengiebel um das Eingangsportal, weiters den hl. Franz von Assisi und eine Darstellung der Heiligen Familie mit Sonnenuhr. Das **Doppelhaus Nr. 34/35** ist ebenfalls mit Fresken geschmückt (nördliche Traufseite hl. Georg, Giebelfassade Krönung Mariens, hll. Josef und Antonius, südliche Traufseite hl. Martin mit Bettler – vermutlich von Josef Anton Köpfle, 1786). Hier befindet sich auch das **Holzgauer Heimatmuseum**.

Der frühere Reichtum des Ortes zeigt sich auch an der **Pfarrkirche Mariä Himmelfahrt**, die 1422 vergrößert, 1709 barock umgebaut und 1860/61 innen im neuromanischen Stil umgestaltet wurde. 1863 schuf Johann Kärle aus Hinterhornbach die Deckenfresken im Nazarenerstil. Das Hochaltarblatt mit der Himmelfahrt Mariens stammt von Caspar Jele (1863). Neben der Pfarrkirche steht die **Sebastianskapelle** aus dem Jahre 1487. Sie gehört mit der Martinskapelle in Elbigenalp zu den beiden einzigen, komplett erhaltenen gotischen Gotteshäusern im Lechtal. Spätgotische Fresken (um 1490) zeigen Szenen aus dem Leben des Heiligen (Martyrium des Heiligen durch Pfeile und Keulen, Sebastian vor den römischen Kaisern Diokletian und Maximian). Die Fresken geben einen guten Einblick in Bekleidung und Waffen aus der Zeit um 1500.

Holzgauer Heimatmuseum, Besuch nur nach Voranmeldung, Hängebrücke 125 m über dem Talboden, Tel. +43(0)5633/5356

AUSSERFERN

STEEG
1122 m, 680 Einwohner

Das Straßendorf Steeg, an der Mündung des Kaiserbachs in den Lech gelegen, ist der westlichste Ort im Tiroler Lechtal. Häufig ist wegen der Lawinengefahr die Straße nach Warth in Vorarlberg und weiter nach Lech gesperrt.

Die aus dem Jahre 1787 stammende **Pfarrkirche zum hl. Oswald** besitzt Deckenfresken (hl. Oswald, Gericht und Tod, Himmel und Hölle u. a.) des schwäbischen Malers Johann Vögeler. Im barocken Hochaltar aus Oetz zeigt das Altarbild den hl. Oswald. Der Osttiroler Bildhauer Jos Pirkner schuf 1972 das neue Kirchenportal aus Bronze, das **Anna Dengel** (1892–1980) gewidmet ist. Sie wurde in Steeg geboren und ist die Gründerin der Kongregation missionsärztlicher Schwestern.

Hallenbad Aqua Nova, Tel. +43(0)5633/5254, www.aquanova.at

KAISERTAL MIT KAISERS
1522 m, 75 Einwohner

Kaisers ist ein Hochgebirgsdorf mit zahlreichen kleineren Häusergruppen an der Mündung des Almejurtals in das Kaisertal nahe Steeg. Von Steeg aus führt eine 4 km lange Straße dorthin. Im 13. Jh. befanden sich hier die Almen der Bevölkerung des Stanzertals. Im 15. und 16. Jh. wurden im Tal Blei und Zink abgebaut. Auf Grund des rauen Klimas und der harten Lebensbedingungen gilt das Kaisertal heute als Abwanderungsgebiet.

Bei der **Kirche zu hl. Anna** handelt es sich um einen neuromanischen Bau aus dem Jahr 1861, nachdem Feuer die Vorgängerbauten zerstört hatte.

Tannheimer Tal

Von Weißenbach am Lech führt die Straße in Serpentinen rund 200 m ansteigend auf den 1093 m hohen Gaichtpass. Von dort erstreckt sich das Tannheimer Tal westwärts rund 20 km bis zum 1178 m hohen Oberjochpass an der Grenze zu Deutschland. Der südliche Teil des Tales wurde vom Lechtal aus besiedelt, der restliche Teil vom Allgäu. Schon zur Römerzeit führte hier die Via Decia nach Bregenz. Im 15. Jh. gelangte das Tal, das zum Herzogtum Schwaben gehörte, zu Tirol. 1549/50 kam es zum Ausbau der Salzstraße nach Südwestdeutschland. Die neue Gaichtpassstraße wurde 1909–1912 erbaut. Im Tal liegen die Gemeinden Nesselwängle, Grän, Tannheim, Zöblen und Schattwald. Es stellt mit 110 km markierten Wanderwegen und einem rund 50 km langen Rundwanderweg, der alle Orte verbindet, ein ideales Wandergebiet dar. Hinzu kommen verschiedene Angelmöglichkeiten und ein Radweg mit Anschluss ins Allgäu.

NESSELWÄNGLE
1147 m, 432 Einwohner

Nesselwängle ist der erste Ort, den man von Weißenbach über den Gaichtpass erreicht. Im 16. Jh. erhielt der Ort einen dreistöckigen Salzstadel und stellte 40 Paar Vorspannpferde. 1882 zerstörte ein Großbrand zahlreiche Häuser und die Inneneinrichtung der Pfarrkirche. In der zweiten Hälfte des 19. Jh. arbeiteten viele Nesselwängler als Stuckateure in ganz Europa. Sie wirkten unter anderem an der Ausstattung des Wiener Burgtheaters und den Theatern in St. Petersburg und Moskau mit.

Die barocke **Pfarrkirche Unsere Liebe Frau Mariä Himmelfahrt** entstand 1722 anstelle eines gotischen Vorgängerbaus. Bedingt durch den Brand von 1882 bietet das Innere heute ein neugotisches Bild mit Deckenbildern von Johann Kärle (Szenen aus dem Marienleben, 1890/91). Die Altäre und die Statuen der Muttergottes, des hl. Josef und der hl. Notburga sind Werke des Innsbrucker Künstlers Hubert Kittinger (1954). Die barocke Ölberggruppe stammt aus dem 18. Jh.

Liftgesellschaft Nesselwängle,
Tel. +43(0)5675/8250,
www.lifte-nesselwaengle.at

GRÄN
1134 m, 600 Einwohner

Die typische Tourismusgemeinde Grän bietet mit einer Straße nach Pfronten eine gute Verbindung nach Süddeutschland. Malerisch eingebettet liegt der **Haldensee** inmitten eines weiten Naturschutzgebietes.

Die dem **Viehpatron Wendelin geweihte Kirche** bietet an der Emporenbrüstung eine sehenswerte Votivszene (1797). Auf einer Inschrift ist zu lesen, dass aufgrund einer Bittprozession zum

Der Haldensee lädt im Sommer zum Baden ein.

hl. Wendelin Ende des 18. Jh. das Tannheimer Tal vor einer in Bayern wütenden Viehseuche bewahrt wurde. Die Kirche wurde 1789 im klassizistischen Stil errichtet und besitzt Deckenbilder im Langhaus von Josef Keller aus Pfronten (Glorie des hl. Wendelin, 1792) sowie Deckenbilder im Chor von Franz Anton Zeiller (Glorie Christi, 1791). Im Zentrum des Hochaltars steht eine Statue des Kirchenpatrons.

Wasserwelt Grän-Haldensee, Freibadeanlage am Haldensee, Seebadstr., Tel. +43(0)5675/6285
Füssener Jöchle Grän, Schi-, Wander- und Ausflugsgebiet, Liftgesellschaft Grän, Tel. +43(0)5675/6363

TANNHEIM
1097 m, 1040 Einwohner

Das Gebiet von Tannheim gehörte lange Zeit zum Allgäu und kam erst im 16. Jh. gänzlich zu Tirol. Die Besiedlung erfolgte großteils von Westen her. Holzwirtschaft und Viehzucht stellten lange Zeit die Haupteinnahmequellen der Bevölkerung dar. Heute dominiert im Hauptort des gleichnamigen Tals der Fremden-

verkehr. Hausberg ist der im Norden stehende Einstein. Gerne besucht wird der malerische und inmitten einer herrlichen Landschaft gelegene Vilsalpsee in der Nähe des Ortes.

Die heutige **Pfarrkirche zum hl. Nikolaus**, nach der Pfarrkirche von Neustift im Stubaital die zweitgrößte Landkirche der Diözese Innsbruck, entstand 1722–1724 als Werk von Andreas Hafenegger aus Haldensee (Grän). Das Rosenkranzbild am Hochaltar (1776) schuf Franz Anton Weiß aus Rettenberg, die Bilder der Seitenaltäre Paul Zeiller. Auf Josef Keller aus Pfronten gehen die Deckenbilder im Chor und im Langhaus zurück, die Fresken und Altarbilder in den Seitenkapellen (1895) auf Johann Kärle. Vom gotischen Vorgängerbau ist nichts mehr erhalten. Als einzige Pfarrkirche Tirols besitzt die Nikolauskirche ein vollständiges Geläute der berühmten Innsbrucker Glockengießer Gregor, Elias und Hans Christoph Löffler (vier Glocken, gegossen zwischen 1561 und 1580). Berühmt ist auch die Weihnachtskrippe (1692) mit mehr als 200 bekleideten Figuren.

Vilsalpsee, Oberhöfen 110, Tel. 43(0)5675/
6203 oder +43(0)5675/ 62200
Heimatmuseum Tannheimer Tal,
Wohn-, Lebens- und Arbeitsweise der
Bevölkerung, Stuben, Fahrzeuge,
Musikinstrumente etc., geöffnet 14. Mai
bis 10. Oktober Mittwoch und Freitag
13.30–17.30 Uhr, Weihnachten bis Ostern
Mittwoch 13.30–16 Uhr, Kienzen 7,
Tel. +43(0)5675/ 6228,
www.tannheimertal.at/museumsverein

SCHATTWALD
1072 m, 429 Einwohner

Die westlichste Gemeinde des Tannhei-
mer Tals liegt nahe der bayerischen
Grenze und wurde ursprünglich vom
Allgäu aus besiedelt. Schon im 17. Jh.
wurde Schattwald auf Grund seiner
Schwefelheilquellen häufig besucht. Mit
dem Ersten Weltkrieg kam jedoch das
Ende des Badebetriebs im Ort.

1893 wurde die jetzige **Pfarrkirche zum
hl. Wolfgang** im neuromanischen Stil
erbaut. Johann Kärle schuf die Deckenfresken, die Kanzel und die Kreuzwegstationen (1894), Anton Falger die zwölf Darstellungen des Totentanzes (1846). An
die Pestopfer von 1635 erinnern zwei rote
Pestkreuze an der Kirchenaußenwand.

Wannenjochlift zum Wander- und
Schigebiet zwischen Iseler Berg (1876 m)
und Gaishorn (2249 m), Tannheimer Bergbahnen, Oberhöfen 101,
A-6675 Tannheim, Tel. +43(0)5675/6260,
www.tannheimer-bergbahnen.at

ZÖBLEN
1088 m, 216 Einwohner

An den 17. September 1796, als die Tannheimer Schützen am Oberjoch die Franzosen zurückschlagen konnten, erinnert
der 1997 aufgestellte **Jubiläumsbrun-
nen**.

Anstelle einer älteren Kapelle wurde
1785 die **Expositurkirche zum hl. Josef**
errichtet. Nach Zerstörung durch Brand
erfolgte 1832 der Wiederaufbau, die
Ausstattung stammt aus dem späten 19.
Jh. Beachtenswert sind die Deckenfresken von Johann Kärle (1887).

JUNGHOLZ
1054 m, 283 Einwohner

Die Enklave in den Allgäuer Alpen ist mit
Tirol nur durch den Gipfel des Sorg-
schrofens (1636 m) verbunden. Im 14. Jh.
wurde das Gebiet vom Allgäuer Ort
Wertach aus besiedelt und blieb kirchlich
noch bis ins 18. Jh. bei dieser Gemeinde.
Im 14./15. Jh. kauften mehrere Tiroler
hier Grund, weshalb Jungholz nach Allgäuer Rechtslage seitdem zu Tirol gehört (im Allgäu blieb ein Untertan immer
dem Landesherrn verpflichtet, wo er sich
auch niederließ). Mit dem Auto ist Jungholz nur von deutscher Seite aus erreichbar. Von 1868 bis 1995 (Jahr des EU-Bei-
tritts Österreichs) war der Ort zollrecht-
lich für Österreich Ausland, bis zur Einführung des Euro wurde mit D-Mark
bezahlt. Politisch und steuerlich gehört
Jungholz jedoch zu Österreich.

Die **Pfarrkirche zu Unserer Lieben
Frau Mariä Namen** entstand 1743. Der
Allgäuer Maler Franz A. Weiß schuf 1781
die Fresken, die Altarblätter stammen
aus der Zeit um 1850/60. Aus der Tiroler
Glasmalereianstalt kommen die Glasfenster (1954).

Felsenbad (Freischwimmbad),
Tel. +43(0)5676/8187
Kräutergarten bei der Pfarrkirche,
vielfältige Informationen zur Kräuter-
salbenherstellung, zur Kräuteranwen-
dung etc., Möglichkeit von Führungen,
Information s. Infobüro Jungholz

KAPITEL 7

OSTTIROL

*Ein besonderes
Stück Tirol*

PRÄGRATEN

ST. JAKOB

INNERVILLGRATEN

SILLIAN

OSTTIROL

MATREI i. O.

KALS

HUBEN

LIENZ

ANRAS

OBERTILLIACH

Allgemeines

OSTTIROL

Durch die Bestimmungen des **Friedensvertrages von St. Germain** fiel 1919 der südliche Teil Tirols bis zur Brennergrenze an Italien. Seit dieser Zeit steht „Osttirol" für den von Nordtirol getrennten politischen Bezirk Lienz, der im Süden und Westen an Italien, im Osten an Kärnten und im Norden an Salzburg grenzt. Von Nordtirol aus gelangt man entweder von Innsbruck über den Brennerpass und das Südtiroler Pustertal oder über Kitzbühel, den Pass Thurn, Salzburg und den Felber Tauern nach Osttirol.

Die beiden **Hauptflüsse** des Bezirkes sind **Drau** und **Isel,** Letztere fließt bei Lienz in die Drau. Majestätische Gebirge prägen das Landschaftsbild, vor allem die Hohen Tauern mit dem gleichnamigen Nationalpark, die Venedigergruppe mit über 50 Dreitausendern und die Glocknergruppe mit dem 3798 m hohen Großglockner, dem höchsten Berg Österreichs. Osttirol hat sich noch viel an ursprünglicher **Natur** bewahren können: hohe Berge, wilde Bäche, ausgedehnte Almen, glasklare Bergseen und urige Bergbauernhöfe im steilen Gelände.

Münz- und andere Kleinfunde weisen auf **vorgeschichtliche Besiedelung** hin. Von ganz besonderer Bedeutung war die **Römerstadt Aguntum** (siehe Dölsach). Im 5./6. Jh. wanderten im Zuge der **Völkerwanderung** von Westen die Bajuwaren ein, von Osten die Slawen. Als 976 das **Herzogtum Kärnten** entstand, gehörten große Teile des heutigen Osttirols, bis ungefähr zur Lienzer Klause, zu diesem. Die Grafschaft Pustertal gelangte im 11. Jh. an die Bischöfe von Brixen. Im Westen setzten sich die **Grafen von Tirol** durch, im Osten die **Grafen von Görz.** Mit dem Tod des letzten Görzer Grafen Leonhard im Jahre 1500 gelangte das Land an den Habsburger **Kaiser Maximilian I.** Im **16./17. Jh.** fand der **Protestantismus** Eingang (siehe Defereggental). **1803** verloren die Bischöfe ihre weltliche Herrschaft, die Fürstbistümer Brixen und Trient kamen zu Tirol. Von 1805 bis 1814 war Tirol ein Teil von Bayern, nach dem Aufstand unter Andreas Hofer wurden die Gebiete östlich von Toblach den sogenannten „Illyrischen Provinzen" zugeschlagen. Die industrielle Entwicklung im **19. Jh.** ging an Osttirol relativ spurlos vorüber. Nach dem **Ende des Ersten Weltkriegs** entstand das von Gesamttirol getrennte Osttirol. **1947** wurde **Osttirol an Tirol rückgegliedert.** Die Nachkriegszeit war geprägt vom **Bau der Felbertauernstraße** (1967 Fertigstellung), der Errichtung des **Nationalparks Hohe Tauern** sowie dem jahrelangen Streit um verschiedene **Kraftwerksprojekte.** Die Kraftwerksgegner blieben schlussendlich siegreich.

Kirchlich gesehen übten das Erzbistum Salzburg im Norden, das Patriarchat Aquileia im Süden und das Bistum Brixen im Pustertal Einfluss aus. Anfang des 19. Jh. erfolgte eine Neuregelung. Seit 1964 gehört Osttirol zur Gänze zur Diözese Innsbruck.

MATREI IN OSTTIROL
(975 m, 4682 Einwohner)

Die Marktgemeinde liegt rund 30 km nördlich von Lienz in einem weiten Becken. Von Bedeutung war schon immer der Saumweg über den Felber Tauern. 1207 übergaben die Grafen von Lechsgemünd ihre Gebiete an die Salzburger Erzbischöfe. Bis 1803 blieb Matrei bei Salzburg und kam erst 1813 zu Tirol. 1897 richtete ein verheerender Brand große Schäden an. Bis 1919 hieß der Ort Windisch-Matrei (windisch = slawisch). Das 20. Jh. brachte den Tourismus. Entscheidend für die weitere Entwicklung war einerseits der Bau der mautpflichtigen **Felbertauernstraße** zwischen Mittersill und Matrei (ca. 36 km, Bauzeit: 1961 bis 1967) mit dem Felbertauerntunnel (Länge 5,3 km, Südportal auf 1532 m Höhe), andererseits die Einrichtung des **Nationalparks Hohe Tauern.**

Das **Nationalparkzentrum** ist im „alten Schulhaus" untergebracht. Das **Schloss Weißenstein** wurde im 12. Jh. von den Grafen von Lechsgemünd zur Kontrolle des Talkessels von Matrei und des Saumpfades über den Tauernpass errichtet. Das heutige Aussehen erhielt die Anlage im 19. Jh. im Stil des Historismus. Weißenstein ist in Privatbesitz und nicht zu besichtigen.

Von 1776 bis 1784 wurde die **Pfarrkirche zum hl. Alban** von Thomas Mayr aus Lienz am Übergang vom Barock zum Klassizismus an der Stelle einer Kirche aus dem 14. Jh. errichtet. Das Innere dieser größten Landkirche Tirols wirkt hell und festsaalartig. 1783 schuf der Reuttener Maler Franz Anton Zeiller die Deckenfresken, 1807 Andreas Nesselthaler das Hochaltarbild mit der Anbetung der Hirten.

Wichtige Nord-Süd-Verbindung: die Felbertauern-Mautstraße

Im Weiler Ganz, westlich von Matrei, steht die kunstgeschichtlich wertvolle romanische **Chorturmkirche zum hl. Nikolaus** aus dem 12. Jh. In der unteren Nikolauskapelle zeigen Malereien Szenen aus dem Leben von Adam und Eva sowie aus der Nikolauslegende (13. Jh.). Wesentlich qualitätsvoller und besser erhalten sind die Fresken in der dem hl. Georg geweihten Oberkapelle. Ein vermutlich italienischer Wanderkünstler malte zwischen 1265 und 1270 u. a. die Jakobsleiter im Chorbogen, im Gewölbe das himmlische Jerusalem mit Christus, den Evangelisten sowie den Aposteln, außerdem die vier Elemente und an den Wänden Propheten und Heilige.

Die um das Jahr 1000 n. Chr. erstmals urkundlich erwähnte Kienburg wurde im Zweiten Weltkrieg durch (eine wohl nicht gezielt abgeworfene) Fliegerbombe schwer beschädigt.

Zu Matrei gehört das rund 7 km südlich gelegene **Huben** nahe der Mündung des Defereggentals und des Kalsertals mit zahlreichen Einfamilienhäusern aus dem 20. Jh. Lois Welzenbacher erbaute von 1925 bis 1928 die innen nüchtern ausgestaltete **Kirche zum Heiligsten Herzen Jesu** mit einem spätklassizistischen Hochaltar. Von der **Kienburg** aus dem 12. Jh. sind nur mehr wenige Reste vorhanden.

Gletscherschaupfad Innergschlöss, Führung durch das Tauerntal, Welt des Gletschervorfeldes, Anmeldung und Info Tel. +43(0)4875/5161/10
Waldlehrpfad Zedlacher Paradies, Wanderung durch den bis zu 600 Jahre alten Lärchenwald, Eisenfiguren des Matreier Kunstschlossers Erich Trost, Tourismusinfo Matrei in Osttirol, Rauterplatz 1, Tel. +43(0)50/212/500
Museum Nationalparkhaus, Hochgebirgs- und Gletscherwelt, geöffnet Juni Montag bis Freitag 10–12 Uhr, Juli bis September Montag bis Samstag jeweils 10–18 Uhr, Anfang Oktober bis 26. 10. Montag bis Freitag 10–12 Uhr und 14–18 Uhr, Eintritt frei, Kirchplatz 2, Tel. +43(0)4875/5161/10, www.hohetauern.info
Heimatmuseum, Eingang Rathaus, gegenüber Café Kuckuck, kulturgeschichtliche Gebrauchsgegenstände, Mineraliensammlung, geöffnet nach Vereinbarung, Tourismusinfo Matrei in Osttirol, Rauterplatz 1, Tel. +43(0)50/212/500

Virgental

Westlich von Matrei befindet sich das Virgental mit Virgen (7 km) und Prägraten (14 km). Der hintere Teil wird als Umbaltal bezeichnet. Im Norden liegt die Venedi-gergruppe, im Süden die Lasörlinggruppe und im Westen die Zillertaler Alpen. Am Talschluss bietet die Dreiherrenspitze (3499 m) ein herrliches Panorama.

VIRGEN
(1200 m, 2173 Einwohner)

Ein Gräberfeld bei Welzelach und eine Ausgrabungsstätte bei der Fraktion Obermauern weisen auf Besiedlung dieses Bergbaugebiets in der Bronzezeit und Eisenzeit hin. Auch die Römer kamen später bis in das Tal, vom 13. Jh. bis 1500 war das Gebiet dann im Besitz der Grafen von Görz, anschließend kam das Virgental, so wie ganz Osttirol, an die Habsburger.

Die 1516 geweihte **Pfarrkirche zum hl. Virgilius** wurde 1785 barockisiert. Johann Paterer schuf die Heiligenfiguren, das Hochaltarbild zeigt die hll. Virgil und Rupert. Das Virgener Fastentuch aus 1598 kann heute im Museum Schloss Bruck in Lienz bewundert werden. Bis etwa 1548 gehörte auch St. Jakob im Defereggental zum Pfarrsprengel. Im Winter konnten die Verstorbenen nicht über die Berge zum Begräbnis nach Virgen gebracht werden, weshalb sie bis zum Frühjahr eingefroren wurden.

Nördlich von Virgen ragt oberhalb von Mellitz auf 1410 m Höhe die imposante **Ruine Rabenstein** auf, deren Ursprünge im 12. Jh. liegen. Von hier aus war die Kontrolle des Tals möglich, zudem gab es hier einen Gerichtssitz, der jedoch 1703 in den Ort verlegt wurde. Es bestehen heute noch Reste eines frei stehenden Wohnturms, einer Vorburg, eines fast rechteckigen Burghofs, einer Ringmauer und eines Bergfrieds sowie wenige Freskenreste einer einstigen Kapelle. Schautafeln geben einen Einblick in die Geschichte und das mittelalterliche Leben.

Kunstgeschichtlich bedeutend ist die **Wallfahrtskirche Unsere Liebe Frau Maria Schnee von Obermauern,** 1456 an der Stelle einer älteren Kirche erbaut. An der Außenseite befinden sich ein Christophorusfresko (1468), ein Relief der Heiligen Drei Könige (Anfang 15. Jh.), verschiedene Wandmalereien sowie ein Relief mit der Muttergottes und dem Jesuskind. Der Görzer Hofmaler Simon von Taisten schmückte von 1484 bis 1488 die Innenwände mit einem ausgezeichnet erhaltenen spätgotischen Freskenzyklus aus. Die Nordseite zeigt in 25 Bildern die Leidensgeschichte Christi, der Chor neun Szenen aus dem Marienleben und Darstellungen des hl. Sebastian. Ziel der Wallfahrt nach Obermauern ist das Gnadenbild Maria mit dem Jesuskind im Hochaltar (um 1430). Die Bewohner des Tales hatten in den Pestjahren 1634–1636 gelobt, alljährlich in Lavant einen weißen **Widder** zu opfern, was auch bis 1919 alljährlich am Tag vor dem Weißen Sonntag in einer zwei-

Die Wallfahrtskirche Unsere Liebe Frau Maria Schnee von Obermauern ist für alle kunstgeschichtlich Interessierten einen Besuch wert.

tägigen Prozession geschah. Seit 1920 ist jedoch Obermauern am Samstag vor dem Weißen Sonntag Ziel der Widderprozession. Das prächtig geschmückte Tier wird zugunsten der Kirche von Obermauern verlost.

Alpenzauber – Weg der Sinne, Lehrwanderweg durch Wiesen und Felder, Schautafeln mit Einblicken in die Geschichte und Pflanzen- sowie Tierwelt, Länge ca. 2,5 km, erster österreichischer Blindenwanderweg
Iselschlucht, von Obermauern in Richtung Schröflerhof, Abstieg in steilen Serpentinen zur Schlucht, über Brücke auf die gegenüberliegende Seite zur Straße nach Welzelach

PRÄGRATEN AM GROSSVENEDIGER
(1342 m, 1173 Einwohner)

Prägraten umfasst das hintere Virgental und seine Nebentäler und ist Ausgangspunkt für zahlreiche Wanderungen und Touren in den Nationalpark Hohe Tauern. Der 3674 m hohe Großvenediger

bildet den höchsten Punkt der Gemeinde. Das Umbaltal mit den gleichnamigen Wasserfällen ist für seine außergewöhnliche landschaftliche Schönheit bekannt.

Auf einem Hügel steht die gotische **Pfarrkirche zum hl. Andreas** (15. Jh.). Fresken im Chor um 1430 zeigen Szenen aus dem Leben Christi und der Maria, Heilige sowie Apostel. Die übrigen Fresken schuf Wolfram Köberl 1962 (Aufnahme Marias in den Himmel, Leben des hl. Andreas). Auf Johann Paterer gehen die meisten Heiligenfiguren zurück.

Wasserschaupfad Umbalfälle, Informationstafeln zum Thema Gletscherbach und Iselschlucht, geöffnet im Sommer, Ausgangspunkt beim gebührenpflichtigen Parkplatz Ströden
Flying Fox – Funpark, auf einem Stahlseil über die Iselschlucht, Tel. +43(0)4877/5464
Rachkuchl am Oberbichlerhof, Heimatmuseum, Schmelzofen, Tel. +43(0)4877/5361
Islitzer Mühle in Hinterbichl, geöffnet jeweils Dienstag 9–11 Uhr, Freitag 17–19 Uhr, Tel. +43(0)50/212/530

Defereggental

Das von der Schwarzach durchflossene, ca. 50 km lange Defereggental mündet bei Huben schluchtartig ins Iseltal. Die drei im Tal gelegenen Gemeinden Hopfgarten, St. Veit und St. Jakob haben sich ihren ursprünglichen **bäuerlichen Charakter** noch gut bewahrt. Im 15. Jh. wurden hier Silber, Kupfer und Gold abgebaut. Aufgrund der harten Lebensbedingungen zogen über Jahrhunderte zahlreiche Defregger während der warmen Jahreszeit als **Wanderhändler** mit Schüsseln, Handschuhen, Teppichen, Uhren, Strohhüten etc. in die Fremde und kamen bis nach Russland und Holland. Im 16. Jh. trat fast die Hälfte der Bevölkerung zum lutherischen Glauben über. 1684/85 mussten zwischen 500 und 1000 **Protestanten** auf Befehl des Salzburger Erzbischofs nach Schwaben auswandern. Kinder unter 15 Jahren durften nicht mitgenommen, der Besitz jedoch verkauft werden. Ein Mahnmal am Brugger Kirchl in St. Veit erinnert daran. Über den **Staller Sattel** (2052 m) führt in den Sommermonaten ein Straßenübergang ins Südtiroler Antholzer Tal.

HOPFGARTEN IN DEFEREGGEN
(1107 m, 725 Einwohner)

Die erste Gemeinde im Tal hat ihren Namen vom einstigen Hopfenanbau und liegt schattseitig in der Talsohle. Auf der Sonnseite befinden sich zahlreiche, teilweise sehr hoch gelegene Bergbauernhöfe.

1756 entstand die barocke **Pfarrkirche zum hl. Johannes Nepomuk,** 1826 wurden die Deckenfresken (Verehrung des Allerheiligsten durch Engel, Leben des hl. Johannes Nepomuk) gemalt. Das Hochaltarbild mit dem Kirchenpatron stammt von Caspar Jele (1855). Beachtenswert sind die gemalten Werke der Barmherzigkeit in den Friedhofsarkaden von Johann Baptist Oberkofler aus Brixen (1934) sowie die Bilder in der Kriegergedächtniskapelle von Alois Höfer aus Innsbruck (1962).

Böckin Mühle, alte Getreidemühle
Panoramaweg Hopfgarten, Ausgangspunkt Rajach – Schwaigerhof, Blöseck – Glanzalm, herrliches Bergpanorama, Gehzeit ca. 2,5 Stunden
Wassererlebnisweg Hopfgarten, Familienwanderung entlang der Schwarzach, Ausgangspunkt Kulturhaus Hopfgarten, Gehzeit ca. 3 Stunden

ST. VEIT IN DEFEREGGEN
(1495 m, 706 Einwohner)

Auf einer schmalen, sonnigen Terrasse, ca. 250 m über dem Talboden, liegt die höchstgelegene Gemeinde Osttirols. 1867 wurde hier der Geistliche und Volksschriftsteller **Sebastian Rieger** (1867–1953) geboren, heute ist er noch vielen als „Reimmichl" bekannt. Am Kirchplatz erinnern ein Brunnen und eine Bronzestatue an den beliebten Literaten, ebenso Gedenktafeln im Portalvorbau der Kirche und am Schulhaus. An

Bronzestatue des beliebten „Reimmichl"

Große Teile des Gemeindegebietes von St. Jakob, welches das hintere Defereggental sowie seine Seitentäler umfasst, gehören zum Nationalpark Hohe Tauern. Im 16. und 17. Jahrhundert stellte hier neben der Landwirtschaft auch der Bergbau (Kupfer, Blei, Gold, Silber) einen wichtigen Wirtschaftsfaktor dar. Das markante **Handelshaus** aus dem 17. Jh. diente als Unterkunft für die Bergknappen, heute ist dort u. a. ein Informationsbüro des Nationalparks untergebracht. Der „sanfte" Tourismus spielt für die Gemeinde eine große Rolle, so wurden das **„Haus des Wassers"** (eine Bildungseinrichtung des Nationalparks) und ein **Wassererlebnisweg** errichtet.

Josef Daxer, den Anführer der Deferegger Freiheitskämpfe von 1809, der in Hopfgarten hingerichtet wurde, erinnert ein Denkmal am Talboden in Zotten.

Die gotische **Pfarrkirche zum hl. Veit (Vitus)** wurde um 1730 barock erweitert. Chorfresken aus dem 15. Jh. zeigen die Verkündigung an Maria und die Geburt Christi. Um 1400 entstand die Darstellung der zwölf Apostel. Der Hochaltar geht auf 1820 zurück, das Bild zeigt die hll. Vitus, Modestus und Crescentia. Zu den Besonderheiten zählt eine kleine Glocke aus der Romanik.

Die klassizistische **Pfarrkirche zum hl. Jakobus** entstand 1827–1830 durch Simon Moosbrugger. Im Ständestaat schuf Johannes Oberkofler die Gewölbemalereien mit dem Thema der Verherrlichung Christi als König. In der ersten Kuppel huldigen die Heiligen und Engel Christus. In der zweiten Kuppel verehrt die ganze Erde den Gekreuzigten, darunter auch Bundeskanzler Dollfuß und Kaiser Karl I., und in der dritten Kuppel sind die Stände als Verehrer zu sehen.

Einige Kilometer östlich von St. Jakob steht in Richtung Feistritz die 1464–1481 von Meister Hans von Lienz erbaute, spätgotische **Wallfahrtskirche zum hl. Leonhard** mit Rippengewölbe und zarten Rankenmalereien.

> **Rundwanderung Natur-Kulturweg „Leben am Steilhang"**, Ausgangspunkt Parkplatz in Bruggen, mittelschwere Wanderung, Gehzeit: rund 3 Stunden, Höhenunterschied: etwa 250 m
> **Wassermühle „Holzer Mühle"**, geöffnet im Sommer jeden Mittwoch 9–11 Uhr

> **Bergbahnen St. Jakob,** Brunnalm-Gondelbahn und Dreiersessellift (Mooserberg), Bergbahnen St. Jakob, Außerrotte, Tel. +43(0)4873/5274, www.stjakob-ski.at

Das Glocknerhaus in Kals bietet seinen Besuchern viele wertvolle Informationen zum Nationalpark Hohe Tauern und Österreichs höchstem Berg.

Themenmuseum Zeitreise Defereggental, interaktive Reise durch die Jahrhunderte, der im Obersee gefundene Einbaum, Funde des Jägerlagers am Hirschbichl, geöffnet tgl. von 9–20 Uhr Gemeinde St. Jakob, Unterrotte 75, Tel. +43(0)4873/6320, www.stjakob.at
Ausstellung „Die Zirbe", geöffnet Montag bis Freitag 8–18 Uhr, Nationalpark-Infostelle
Wassererlebnisweg, Schautafeln zum Thema Wasser, vom östlichen Ortsrand von St. Jakob nach Mariahilf, leichte Wanderung, Dauer für kleine Runde: 1 Stunde, für große Runde: 2 Stunden
Wanderung St. Jakob – Schwefelbrunn – St. Jakob, Ausgangspunkt Café Tyrol, leichte Wanderung, Gehzeit ca. 45 Min.

KALSERTAL MIT KALS AM GROSSGLOCKNER
(1324 m, 1204 Einwohner)

Von Huben im Iseltal führt eine Straße in dieses landschaftlich beeindruckende Hochtal. Viele der Dreitausender des Nationalparks Hohe Tauern scheinen hier zum Greifen nah. Speziell **Groß-** **dorf,** aber auch andere Ortsteile, weisen noch zahlreiche, eng gedrängte Bauernhöfe in Holzbauweise auf. Ein Denkmal auf dem Dorfplatz erinnert an den Freiheitskämpfer Stefan Groder, der 1809 vor dem Widum hingerichtet wurde. Kals ist engstens mit dem **Großglockner** (3798 m) verbunden. Österreichs höchster Berg, über den die Grenze zwischen Tirol und Kärnten verläuft, gehört zum Gemeindegebiet von Kals und Heiligenblut (Kärnten) und wurde 1855 erstmals von Kalser Seite aus bestiegen.

Die gotische **Pfarrkirche zum hl. Rupert** wurde zwischen 1744–1770 barockisiert, um 1820 innen klassizistisch umgestaltet. In der zweigeschossigen gotischen **Sebastianskapelle** befinden sich im Obergeschoss Malereien aus der Zeit um 1515–1520 (Heilige, Kreuzigung, Anbetung der Könige). Am Friedhof steht eine moderne **Gedenkstätte für die verunglückten Glocknerbergsteiger.**

Beeindruckend wirkt die einsam in einer Wiese stehende **Kirche zum hl. Georg** mit romanischem Kern (um 1200) und gotischem Turm. Das Innere wurde 1872 stark verändert. In der Apsis sind Fragmente romanischer Malereien erhalten.

Bergbahnen Kals, 4er-Sessellift von Kals/Großdorf zum Bergrestaurant Blauspitz auf 2305 m Höhe, Tel. +43(0)50/212/540
Kalser Glocknerhaus – der Großglockner und seine Geschichte, neben der Pfarrkirche, Öffnungszeiten bitte anfragen, Tourismusinfo Kals, Ködnitz 7, Tel. +43(0)50/212/540, www.kalsamgrossglockner.info
Kalser Heimatmuseum, bäuerliche Kultur und Lebensweise, Mineralien etc. geöffnet von Anfang Juni bis Anfang Oktober jeden Freitag von 15–17 Uhr, Tel. +43(0)4876/8277
Stockmühlen entlang des Dorfbaches von Kals/Großdorf in Richtung Kals/Burg, geöffnet jeden Donnerstag von 14–17, Tel. +43(0)4876/8384
Kalser Glocknerstraße, mautpflichtig, von Kals/Burg in das Ködnitztal, ganzjährig geöffnet, Info Tel. +43(0)4876/8354

Geschichte(n)weg Dorfertal, „Hörweg", in „Hörbäumen" erzählen Stimmen von Bergbauern, Sennerinnen und Hüttenwirten vom Leben im Almtal, Ausgangspunkt Parkplatz Dorfertal beim Taurerwirt, leichte Wanderung, Gehzeit ca. 2 Stunden bis Kalser Tauernhaus, Tel. +43(0)4875/516110
Ökopfad für Kinder, Natur-Erlebnispfad mit fantasievollen Holzfiguren, von der Gratz-Brücke in Kals/Großdorf entlang des Mühlenweges in den Lawores-Wald bis ins Gschlöss, auch für kleine Kinder geeignet, Länge ca. 2,5 km, Info-Broschüre im Tourismusbüro oder im Nationalparkbüro

ST. JOHANN IM WALDE
(748 m, 274 Einwohner)

Die schon im 12. Jh. erwähnte Siedlung besteht aus weitverstreuten Weilern und Einzelhöfen. Im 16. Jh. ließen sich Bergknappen nieder, denn hier bestand die Schmelzhütte für die Bergwerke im Kalsertal und im Defereggental.

Blick ins Michlbachtal, das durch zahlreiche Wandermöglichkeiten in unberührter Natur beeindruckt.

OSTTIROL

Die um 1500 entstandene **Pfarrkirche Johannes der Täufer** wurde nach Hochwasserschäden von 1966 bis 1968 durch einen teilweisen Neubau (Kirchenschiff) von Hermann Hanak ersetzt. Im gotischen Chor befinden sich noch Gewölbemalereien aus der Zeit um 1535.

SCHLAITEN
(876 m, 474 Einwohner)

Vom Talboden aus ist das etwa 150 m höher auf einer Terrasse gelegene kleine Dorf kaum sichtbar. Zahlreiche Knappenlöcher erinnern noch an den einstigen Silber- und Kupferbergbau vom 13. bis zum 15. Jh. Bis ins 20. Jh. wurde hier außerdem noch Arsen abgebaut.

Von 1655 bis 1658 wurde eine frühere Nothelferkapelle zur **Pfarrkirche zum hl. Paulus** umgestaltet. Die um 1900 gemalten Deckenfresken zeigen die Geburt und Predigt Christi, die hll. Paulus und Petrus sowie Maria als Beschützerin von Schlaiten. Auf Johann Paterer geht der barocke Hochaltar (1735) mit 14 Figuren zurück.

AINET
(747 m, 912 Einwohner)

Das in seinem Kern noch gut erhaltene Dorf liegt ca. 7 km nordwestlich von Lienz. Am Gasthaus an der Straße ehrt ein **Gedenkstein** den Wirt Josef Oblasser, Anführer des Widerstandes im Iseltal in den Freiheitskämpfen von 1809, der von den Franzosen erschossen und aufgehängt wurde. An der Grenze zu Oberlienz erinnert ein **Gedenkstein** an die siegreichen Tiroler Kämpfer 1809, die den Franzosen die Besetzung des Iseltals verwehrten. Ainet besitzt einen **Natursteinlehrpfad.**

Die im 17. Jh. errichtete **Weiherburg** war Sommerresidenz der Grafen Wolkenstein-Rodenegg. Nach der Zerstörung durch Feuer im Jahre 1832 wurde der Ansitz als Gutshof wieder aufgebaut.

Thomas Mayr erbaute 1778 die barocke **Pfarrkirche zu den hll. Ulrich und Markus.** Die Deckengemälde um 1830 zeigen die Errettung Roms durch Papst Leo I., die Verehrung des göttlichen Lamms durch die Heiligen sowie die Vertreibung aus dem Tempel.

In Gwabl steht die **Wallfahrtskirche Mariä Heimsuchung,** 1722 im Barock begonnen und 1807 im Klassizismus fertiggestellt. Die Blütezeit dieser Marienwallfahrt war um 1800. Im Hochaltar ist das Gnadenbild zu sehen, die Fresken zeigen Szenen aus dem Marienleben.

OBERLIENZ
(756 m, 1441 Einwohner)

In der am nördlichen Beckenrand von Lienz gelegenen Gemeinde Oberlienz belegen Funde eine Besiedelung bereits in der Römerzeit. Reste von zwei christlichen Kirchen weisen außerdem auf die frühe Verbreitung des Christentums hin.

1408 wurde eine bestehende **Pfarrkirche Mariä Himmelfahrt** im Dorf Oberlienz umgebaut, 1762 barockisiert, in den Kämpfen von 1809 großteils zerstört. 1824/25 erfolgte der Wiederaufbau. Aus der Zeit um 1460–1470 ist das Außenfresko mit der Gregorsmesse erhalten. Der Hochaltar (um 1825) trägt das Bild der Himmelfahrt Mariens von Johann Waginger d. Ä. (1832) sowie Heiligenfiguren von Johann Paterer (1781). An der Nordseite der **Friedhofskapelle** ist ein

Fresko mit dem Jüngsten Gericht (um 1530) teilweise erhalten. Auf der Empore stehen die „Grüftl-Juden", eine realistische Figurengruppe aus der Passion Christi.

Bereits im 14. Jh. bestand eine **Kirche zum hl. Georg in Oberdrum.** Umgestaltungen gab es im Barock. Die Inneneinrichtung stammt vor allem aus dem 18. und 19. Jh.

Auf einer Kuppe in ca. 1279 m Höhe steht exponiert die spätgotische **Wallfahrtskirche zur hl. Helena,** 1532 von Andrä von Graben anstelle einer schon 1308 erwähnten Kirche erbaut. Von dort bietet sich ein herrlicher Ausblick auf das Lienzer Becken. Die steinernen Wurftische beim Eingang dienten einst für Naturalspenden.

> **Freilichtmuseum** am Schleinitzgraben, verschiedene Gebäude, alte bäuerliche Kultur, Schmiede, Kornkasten, Brechelstube, Mühlen etc., geöffnet Mai bis Oktober, Tel. +43(0)4852/64488
> **Steinschlichtungen** (Mauern), Wohn- und Siedlungsraum von Schmetterlingen, Blumen, Nistplätze für Vögel etc., ganzjährig zu besichtigen

THURN
(855 m, 627 Einwohner)

Thurn liegt, etwa 2 km vom Stadtzentrum Lienz entfernt, in einer eindrucksvollen bäuerlichen Kulturlandschaft. Vermutlich weist die Ortsbezeichnung auf einen **Wehr- oder Wohnturm** aus dem 14. Jh. hin, von dem noch wenige Reste unweit der Kirche nahe des Mußhauserhofes erhalten sind. Von einer jüngeren Burg Thurn ist nichts mehr vorhanden.

Eine **Kirche zum hl. Nikolaus** wurde 1308 erstmals erwähnt, der Neubau 1416 geweiht und im 17. Jh. barock umge-

staltet. Im Hochaltar steht eine Nikolausstatue. Am rechten Seitenaltar befindet sich ein Altarbild mit der Darstellung der Hl. Drei Könige vom Lienzer Maler Johann Hofmann d. Ä. (um 1660), am linken eine Marienkrönung von Johann Mitterwurzer (um 1780). Das Abendmahlbild im Chorraum stammt aus dem Umkreis von Paul Troger (um 1750).

> **„Vom Alten Leben" – Thurn,** Rundwanderung durch die Gemeinden Thurn, Oberlienz und Lienz, Ausgangspunkt Kammerlanderhof, Freilichtmuseum in Oberlienz, Schleinitzbach, Maria Trost Stöckl, Tammerburg, Patriasdorf, Zauchenbach, Kammerlanderhof, Gehzeit ca. 3 Stunden
> **Rundwanderung Friedensweg** durch die Gemeinden Thurn und Oberlienz, Ausgangspunkt Erasmuskapelle in Thurn/Prappernitze, bis zur Kirche St. Helena, Gehzeit ca. 3 Stunden
> **Mautstraße Thurn-Zettersfeld,** Tel. +43(0)4852/64007

GAIMBERG
(758 m, 849 Einwohner)

Nordöstlich der Stadt Lienz liegt Gaimberg günstig am Südhang des Zettersfelds und war wohl bereits zur Römerzeit besiedelt, bei Ausgrabungen fand man die Reste einer antiken Villa.

Die **Pfarrkirche zum hl. Bartholomäus** in Grafendorf in Obergaimberg ist gotischen Ursprungs, wurde jedoch 1834 im klassizistischen Sinn stark verändert und 1934 regotisiert.

LIENZ
(673 m, 11.894 Einwohner)

GESCHICHTE

Die Stadt Lienz liegt, von hohen Bergen umgeben, in dem gleichnamigen Becken am Zusammenfluss von Isel und

Die Stadt Lienz vom Zettersfeld aus gesehen

Drau. Die Ursprünge der Besiedelung liegen wohl in Patriasdorf, etwas oberhalb des Talbeckens. Die Region um die Stadtpfarrkirche St. Andrä wurde im 11. Jh. als *locus luenzina* bezeichnet, 1595 tauchte erstmals die Bezeichnung „Lienz" auf. Unter St. Andrä wurden Reste einer Bischofskirche aus dem 5. Jh. gefunden. Ende des 12. Jh. legten die Grafen von Görz ein „Burgum" mit dem Grundriss eines langgezogenen Dreiecks an. Diese Anlage entsprach ungefähr dem heutigen Hauptplatz und war von einer Mauer mit Toren umgeben. Hier ließen sich Händler, Kaufleute, Handwerker sowie Gewerbetreibende nieder und erhielten verschiedene Rechte wie Markt-, Stapel- und Niederlagsrecht. Die erste Erwähnung als Stadt findet sich 1242. Das 14. Jh. brachte vor dem westlichen Tor eine Stadterweiterung, bezeichnet als „Oberer Markt" und „Äußere Stadt", das 15. Jh. eine Ausweitung des Mauerrings, von dem noch Teile erhalten sind.

Als Residenz der Grafen von Görz entstand im 13. Jh. Burg Bruck. Graf Leonhard von Görz verstarb im Jahre 1500 kinderlos und vermachte seine Gebiete dem Habsburger Kaiser Maximilian I., wodurch die Herrschaft Lienz mit Tirol vereint wurde. 1609 zerstörte ein Großbrand das gotische Stadtbild. Im 19. Jh. wurden die mittelalterlichen Stadttore abgebrochen.

Mit der Eröffnung der Pustertalbahn 1871 ging ein Aufschwung für Lienz und den ganzen Bezirk einher.

Die Tragödie der Kosaken im Jahr 1945 ist ein besonders trauriges Kapitel der Lienzer bzw. Osttiroler Geschichte. Diese hatten auf Seiten Deutschlands gekämpft, flüchteten gegen Ende des Krieges nach Lienz bzw. Oberkärnten und wurden von den Alliierten als Kriegsgefangene angesehen. Als die Briten sie an die Sowjetunion ausliefern wollten, leisteten diese Widerstand, in den Lagern bei Lienz spielten sich erschütternde Szenen ab.

LIENZ

Ein Stadtrundgang

ROUTE:

Hauptplatz – ehemaliges Stadtspital – Spitalsbrücke – Bildstock – Kirche zum hl. Michael – Pfarrkirche St. Andrä – Kriegergedächtniskapelle – Kloster der Dominikanerinnen – Schweizergasse – Egger-Lienz-Platz – Muchargasse mit Franziskanerkloster – Johannesplatz – Messinggasse – Rosengasse – Hauptplatz – Schloss Bruck

Der Bereich des im 12. Jh. entstandenen **Hauptplatzes** ist heute das Zentrum von Lienz mit zahlreichen Geschäften, Cafés und Restaurants. Die von 1605 bis 1608 von den Freiherren von Wolken-stein-Rodenegg als Wohnsitz erbaute **Liebburg** ❶ mit ihren mit Zwiebelhauben versehenen Ecktürmchen war von 1868 bis 1977 Bezirkshauptmannschaft und ist jetzt das Lienzer Rathaus. An der Stelle des **Altstadthotels Eck** stand im 12. Jh. der Wohnsitz der Burggrafen von Lienz. Graf Heinrich (gest. 1256) ist mit seinen Dichtungen in der Manessischen Liederhandschrift verewigt. Um die Mitte des 14. Jh. war hier die Münzstätte. 1956 schuf der einheimische Bildhauer Jos Pirkner aus Kupferblech den **Florianibrunnen** mitten auf dem Platz, 1985 die Bronzeplastik „Tratsch" (zwei tratschende Frauen) im Hof des Bezirksgerichts. Raimund Abraham (1933–2010), Osttiroler Architekt in den USA, schuf 1997 die moderne **Hypobank** ❷, deren Fassade wie ein Schild gestaltet ist. Hinter der Liebburg liegt der **Europaplatz** mit dem **Denkmal für Kaiser Joseph II.** ❸. Erhalten sind hier noch die **Fundamente eines Rundturmes** aus dem 17. Jh. Am östlichen Abschluss des Hauptplatzes steht das kleine barocke **Antoniuskirchlein** ❹ (17. Jh.) mit seinem markanten Rundturm. Daneben erstreckt sich der **Antoniuspark,** der direkt im Osten vom **Barbarahof** ❺ abgegrenzt wird, wobei das turmartige Gebäude Teil der ursprünglichen Stadtbefestigung ist.

Die im 17. Jahrhundert erbaute Liebburg ist heute das Lienzer Rathaus.

Die Kärntner Straße führt zum **ehemaligen Stadtspital mit der Spitalskirche** ❻, gegründet im 13. Jh. Heute ist im Gebäude das Bundesoberstufenrealgymnasium untergebracht, die im 18. Jh. barockisierte Kirche wurde profaniert und dient für Veranstaltungen und Ausstellungen. Auf dem Platz vor der Schule finden immer wieder Kulturevents statt. Am südlichen Ende der **Spitalsbrücke** über die Isel, einer fachwerkartigen Eisenkonstruktion aus dem Jahr 1897, zieht die Skulptur einer Taube von Jos Pirkner die Blicke auf sich.

Auf der anderen Iselseite führt die Route nach rechts zum **ehemaligen Siechenhaus** ❼ (Kärntner Straße 39), wo die Aussätzigen untergebracht waren. Ein Fresko an der Südwand zeigt die Erweckung des Lazarus (1612). Sehenswert ist der im Garten aufgestellte älteste bemalte **Bildstock** Tirols. Der Rundgang führt ein Stück zurück und dann nach rechts in die Beda-Weber-Gasse. Am **Haus Nr. 4** ❽ weist ein Wappen auf die Familien Rain und Sumereck (17. Jh.) hin. **Haus Nr. 6** ❾ ist der Geburtsort von Beda Weber (1798–1858). Dieser befasste sich als Benediktinermönch, Dichter, Heimatkundler und Politiker intensiv mit der Geschichte Tirols.

Ursprünglich romanisch ist die **Kirche zum hl. Michael** ❿ am Rindermarkt, seit dem 16. Jh. die letzte Ruhestätte der Herren von Graben. Der jetzige Bau entstand um 1531 durch Andrä und Bartlmä Vierthaler aus Innichen, weist aber einen barocken Turm mit Zwiebelhaube auf (1712). Besonders sehenswert ist das Rippengewölbe mit den achtblättrigen Blütensternen (um 1520) und den zarten Dekorationsmalereien. Erhalten sind noch schöne Grabmäler aus dem 16. Jh., darunter jenes für Virgil von Graben. Der

Lienzer Maler Andrä Peurweg schuf die Renaissancegedenktafel für Paulus von Leubelfing und seine Frau Ursula (1578).

An der Stelle der von 1430 bis 1457 erbauten gotischen **Pfarrkirche zum hl. Andreas** ⓫ in Patriasdorf befanden sich schon eine frühchristliche Basilika sowie mehrere Vorgängerbauten. So erinnern die beiden Löwen beim Eingang und die zwei Marmorreliefs auf der Westfassade (Kopf und Osterlamm) an die romanische Kirche. Als Hofkirche der Grafen von Görz hatte die dreischiffige Basilika große Bedeutung. Trotz der Barockisierung des Inneren im 18. Jh. sind noch gotische Malereien erhalten. Dazu zählen die Werke der Barmherzigkeit (rechtes Seitenschiff, 1454, vermutlich von Nikolaus Kentner), Christus als Weltenrichter – Jüngstes Gericht (Chorbogen, 1446), Fastenmahnung (Westseite des linken hinteren Pfeilers, 3. V. 15 Jh.), Anbetung der Heiligen Drei Könige mit dem Görzer Grafenpaar (linkes Seitenschiff, 1480) u. a. Noch aus dem 13. Jh. stammen die Fresken hinter der Orgelempore mit Darstellungen aus dem Alten Testament. Eine große Kostbarkeit stellen die beiden Hochgräber im hinteren Teil der Kirche dar. Das Grab von Leonhard von Görz (links) entstand 1506/1507 durch Christoph Geiger und zeigt den letzten Görzer Grafen Leonhard (gestorben 1500) im Harnisch sowie mit Waffen und Wappen. Geiger schuf auch um 1510 das Grab des Freiherrn Michael von Wolkenstein-Rodenegg und seiner Gattin Barbara von Thurn (rechts), Pfandinhaber der Herrschaft Lienz.

Clemens Holzmeister, international anerkannter Architekt aus dem Stubaital, erbaute neben der Pfarrkirche 1925 die **Kriegergedächtniskapelle** ⓬ im nüchternen Stil der Neuen Sachlichkeit. Albin

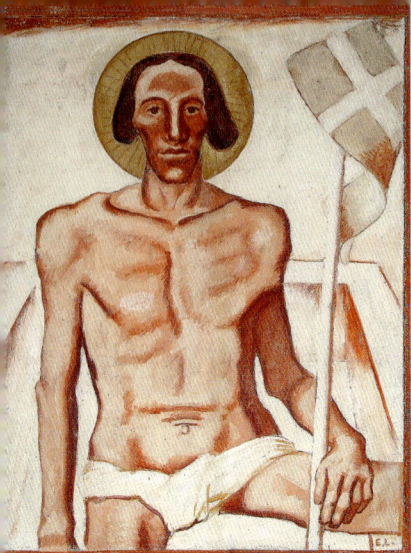

Fresko von Albin Egger-Lienz in der Kriegergedächtniskapelle

Egger-Lienz schmückte sie mit einem stark expressiven Freskenzyklus aus: Sämann und Teufel (Sämann sät Gutes, Satan Hass und Streit), die Namenlosen (Soldaten auf dem Schlachtfeld), Missa Eroica (Totenopfer) und der auferstandene Christus. Letzteres Bild erregte so großes Aufsehen, dass bis 1983 keine Gottesdienste in der Kapelle abgehalten werden durften. In der Kapelle hat Egger-Lienz seine letzte Ruhe gefunden.

Über die Pfarrbrücke geht es weiter nach rechts zum **Kloster der Dominikanerinnen** ⑬ („Klösterle"), gegründet im frühen 13. Jh. Die heutigen Gebäude entstanden 1635 nach mehreren Bränden. Nach Bombenschäden im Zweiten Weltkrieg musste der Chor 1945 neu gestaltet werden, wobei der Innsbrucker Hans Andre 1949 das Fresko der Aufnahme Mariens in den Himmel malte. In der **Riepler-Schmiede** unweit des Klosters gibt es wöchentliche Vorführungen.

Vom Kloster führt ein trichterförmiger Platz mit dem **Denkmal zur Erinnerung an die Tiroler Freiheitskämpfe 1809** ⑭ in die **Schweizergasse**, in deren westlichem Teil noch ein gut erhaltenes Ensemble **Lienzer Häuser** aus dem 15./16. Jh. vorhanden ist. Dabei handelt es sich vor allem um meist zweigeschossige Mittel- und Seitenflurhäuser mit eher schmucklosen Fassaden, in denen die einzelnen Räume vom Flur aus zu betreten sind. Hier waren vor allem Handwerker und Gewerbetreibende beheimatet. Beim **Gasthof Goldener Stern** ⑮ (Nr. 40) stellt ein Wappenstein mit einer ehernen Schlange als Zeichen der Hochgerichtsbarkeit die Verbindung zur Familie von Graben her. Haus Nr. 33 weist eine Gedenktafel als **Vaterhaus des Malers Albin Egger-Lienz** ⑯ aus. Als **Löschgässchen** wird der Durchlass zwischen den Häusern Nr. 24 und 26 bezeichnet, da man hier bei Feuer Wasser von der Isel holen konnte. Die ältesten erhaltenen **profanen Fresken** im Bezirk Lienz sind am **Haus Nr. 5** ⑰ erhalten (Frau mit Tiroler Wappen, Hirte mit Herde unter einer Baumgruppe, 2. H. 15. Jh.). Auf dem **Egger-Lienz-Platz** ⑱ steht eine **Büste** des berühmten Malers, geschaffen von Siegfried Hafner (1996). Ein Abstecher nach links in die Schulstraße führt zur **alten Stadtmauer** ⑲ mit dem **Iselturm** und einem **Fresko** (Ritter, Bauer, Handelsmann, 1952).

Es geht zurück zum Egger-Lienz-Platz, dann nach links in die **Muchargasse**. Eine **Gedenktafel** ⑳ am Haus mit der Franziskus-Apotheke erinnert an den Geschichtsforscher Albert von Muchar (1786–1849).
Neben dem **Franziskanerkloster** ㉑ befindet sich die gotische Kirche mit wertvollen Wandmalereien aus dem 15.

In Schloss Bruck westlich von Lienz befindet sich heute ein äußerst sehenswertes Museum.

Jh. Diese zeigen etwa Johannes den Täufer mit vier weiblichen Heiligen (linke Seitenwand), die hll. Nikolaus, Sebastian und Helena (gegenüber, 1440, von Nikolaus Kentner), Szenen aus der Legende des hl. Leonhard (von Sebastian Gerumer), die Krönung Mariens (hinter dem Hochaltar, Sebastian Gerumer, um 1480) u. a. Wertvolle Kunstwerke stellen außerdem noch eine geschnitzte Pietà (um 1470) sowie das sogenannte Feldner-Kruzifix (um 1470) dar.

Der Weg führt weiter zum **Johannesplatz** ㉒, einst ein bürgerliches Zentrum mit Werkstätten, Geschäften und Gasthäusern. Blickfang ist die **Mariensäule** von 1716. Vom Johannesplatz führt die **Rosengasse,** eine alte Handelsgasse, zurück zum Hauptplatz. Im **Haus Nr. 7** ㉓ wurde **Dr. Emanuel von Hibler** (1865–1911), ein anerkannter Pathologe an der Innsbrucker Universitätsklinik, geboren.

Ein kurzer Abstecher führt vorbei am 1871 abgerissenen Bürgertor in die Vorstadt, heute als **Messinggasse** bezeichnet. Am **Haus Nr. 6** ㉔ ist eine **Darstellung des Minnesängers Heinrich von Lienz** (ca. 1190–1256) aus der Manessischen Liederhandschrift zu sehen. Vom 16. Jh. bis zum 19. Jh. bestand hier ein Messingwerk mit Brenn- und Schmelzhütte sowie Magazinen, das u. a. Bleche und Drähte herstellte. An der Abzweigung in die Alleegasse steht rechts die **Alte Schmiede** ㉕. Der **Bildstock** am Beginn des nördlichen Teils der Kreuzgasse erinnert mit dem Datum 8. April 1609 an einen damals ausgebrochenen Großbrand.

Nördlich von Lienz liegt auf der Anhöhe am Eingang ins Iseltal **Schloss Bruck** ㉖, Residenz der Görzer Grafen von 1271 bis 1500. Mit dem Tod von Graf Leonhard im Jahr 1500 fiel die Herrschaft Lienz an die Habsburger. Bis Anfang des 17. Jh. wohn-

OSTTIROL

ten die Freiherrn von Wolkenstein-Rodenegg, an die das Gericht Lienz verpfändet worden war, in der Burg und bauten sie aus. Sie übersiedelten danach in die Liebburg am Hauptplatz. Schloss Bruck hatte in der Folgezeit verschiedene Verwendungen, etwa als Gericht, Waffenlager, Lazarett und Kaserne. 1942 erwarb die Stadt Lienz die Burg und richtete hier das Osttiroler Heimatmuseum ein.

Die gesamte Anlage ist von einer rund 1,5 m starken Ringmauer umgeben. Zu den ältesten Teilen gehören der Bergfried mit dem Gerichtssaal, der Wohntrakt mit dem Rittersaal, die Kapelle sowie der Nordwesttrakt. Alle Gebäudeteile gruppieren sich um einen Innenhof. Schmuckstück der Burg ist die zweigeschossige romanische Kapelle mit Fresken von Simon von Taisten und Nikolaus Kentner, die auch Graf Leonhard von Görz und seine Gattin Paola Gonzaga darstellen.

Das **Museum Schloss Bruck** zeigt zum einen Objekte aus der Ur- und Frühgeschichte des Gebiets (Schwerpunkt auf Ausgrabungsgegenständen vom Lavanter Kirchbühel und der Römerstadt Aguntum), zum anderen Kunstwerke aus verschiedenen Jahrhunderten mit Schwerpunkt Gotik und Barock. Besucher können aber auch Trachten, Truhen, Votivbilder etc. und eine naturkundliche Abteilung mit Tierpräparaten bestaunen. Einen besonderen Schwerpunkt stellen außerdem die Bilder der einheimischen Maler Albin Egger-Lienz (eine der größten Werksammlungen in Österreich), Franz von Defregger und Hugo Engl dar. Dazu kommen Kinderworkshops sowie wechselnde Sonderausstellungen.

An der Straße nach Oberlienz steht der ansitzartige herrschaftliche Hof **Tammerburg** ㉗. Dieser zählt zu den bedeutendsten Profanbauten Tirols, befindet sich heute im Besitz der Stadt Lienz und ist immer wieder Ort für Ausstellungen und andere kulturelle Events.

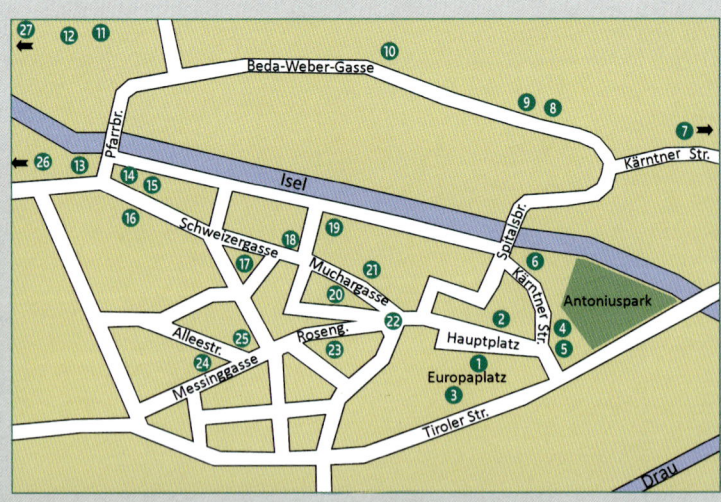

Dolomiten-Freibad und Hallenbad Lienz, Rechter Drauweg 1b, Tel. +43(0)4852/63820

Lienzer Bergbahnen, zahlreiche Wandermöglichkeiten im Sommer, traumhaftes Skigebiet im Winter, außerdem Sommerrodelbahn Osttirodler bei der Moosalm, Lienzer Bergbahnen AG, Zettersfeldstraße 38, Tel. +43(0)4852/63975, www.lienzer-bergbahnen.at

Rundwanderung Albin-Egger-Lienz-Weg, Ausgangspunkt Hauptplatz, Muchargasse, Schweizergasse, Pfarrbrücke, Patriasdorf (Pfarrkirche), Maria-Trost-Stöckl, Schloss Bruck, retour zum Hauptplatz entlang der Isel, leichte Wanderung, Länge ca. 5 km, Dauer ca. 2 Stunden

Wanderung Sternalm – Hochsteinhütte – Böses Weibele, mit dem Lift zur Sternalm (1500 m), romantischer Waldweg zur Hochsteinhütte (2023 m), weiter zum Bösen Weibele 2521 m, zurück zur Sternalm und entweder mit der Bahn oder zu Fuß nach Lienz, Info Tourismusbüro Lienz, Tel. +43(50)212400

Naturlehrpfad Lienz – Leisach – Amlach – Tristacher See, Ausgangspunkt Pfarrbrücke, von dort nach Schloss Bruck, Weg Nr. 1 zur Waldschenke Amlach, Ulrichsbichl in Amlach, weiter bis zum Alten See, Schautafeln über heimische Flora und Fauna, Länge ca. 10 km, Info Tourismusbüro Lienz, Tel. +43(50)212400

Museum Schloss Bruck, Schlossberg 1, geöffnet Mai/Juni von Dienstag bis Sonntag 10–18 Uhr, Juli und August tgl. von 10–18 Uhr, September und Oktober von Dienstag bis Sonntag 10–16 Uhr, www.museum-schlossbruck.at

Riepler-Schmiede, westliches Ende Schweizergasse, geöffnet jeweils Dienstag und Samstag ab 15 Uhr (Winter) bzw. ab 16 Uhr (Sommer), Info Tourismusbüro Lienz, Tel. +43(50)212400

ISELSBERG-STRONACH
(1117 m, 604 Einwohner)

An der Straße vom Lienzer Talbecken zum Kärntner Mölltal liegt, etwas südlich des Iselsbergsattels (1204 m), die aus den Ortschaften Iselsberg und Stronach bestehende Gemeinde. In Stronach wur-

de der **Maler Franz von Defregger** (1835–1921) geboren, der in seinen Bildern in romantischer Art vor allem das bäuerliche Leben schildert. Die **Ruine der Burg Wallen- oder Walchenstein** oberhalb von Dölsach weist auf die Grafen von Görz hin, die im 12. Jh. hier eine Befestigung zur Sicherung der Straße über den Iselsberg erbauen ließen.

1759 wurde die barocke **Schutzengelkirche** vom Maurermeister Blasl errichtet. Die Gewölbemalereien im Nazarenerstil stammen aus dem 19. Jh. Auf das Jahr 1900 geht der Altar mit verschiedenen Statuen (Schutzengel, hll. Franziska und Aloysius u. a.) zurück.

Erdpyramiden als Relikte der letzten Eiszeit, von Stronach in Richtung Zwischenbergen auf dem gegenüberliegenden Hang
Zwischenberger Lacke, Feuchtgebiet mit seltenen Tieren und Pflanzen, Schautafeln

NUSSDORF-DEBANT
(674 m, 3243 Einwohner)

Nußdorf hat sich seinen bäuerlichen Charakter weitestgehend erhalten können, während in Debant großteils neue Siedlungen stehen. Im gotischen **Ansitz Staudach** oberhalb von Unternußdorf wohnten einst Dienstmänner der Görzer Grafen. Seit 1955 besitzt Debant ein **SOS-Kinderdorf.**

Die gotische **Pfarrkirche zur hl. Helena** in Obernußdorf wurde um 1485 an der Stelle einer älteren Kirche aus dem 13. Jh. errichtet. Erweiterungen folgten im 17. und 19. Jh. August Veiter schuf 1930 die Gewölbemalereien.

Der Innsbrucker Architekt Ulrich Feßler erbaute 1965–1970 die moderne **Pfarrkirche zum Hl. Geist** in Debant. Die

Die Ruinen der einst blühenden Römerstadt Aguntum können besichtigt werden.

Grundrisse von Kirche und Turm sind jeweils Dreiecke. Bei der dem **hl. Papst Silvester geweihten Kapelle** handelt es sich um einen achteckigen Zentralbau aus dem Jahre 1670.

DÖLSACH
(731 m, 2235 Einwohner)

Im Ortsteil Stribach (Haus Nr. 10) wurde der Tiroler Maler **Albin Egger-Lienz** (1868–1926) geboren, der auf drastische Weise bäuerliche, religiöse und kriegerische Szenen im Stil des Expressionismus darstellte.

Die **Pfarrkirche zum hl. Martin** ist heute nach einem Brand im neuromanischen Stil gehalten (1857). Franz von Defregger malte das Bild der Hl. Familie am linken Seitenaltar (1872). Das Mosaik im Chor mit Szenen aus dem Leben des hl. Martin stammt von Ernest Pokorny (1960).

An der Bundesstraße steht die romanische **Landkirche zur hl. Margaretha** (um 1200) mit Apsisfresken aus der 1. Hälfte des 13. Jh. 1425 entstand die gotische **Kirche St. Georg** in Gödnach. 1666–1670 erfolgte eine weitgehende Umgestaltung. Aus dieser Zeit stammt auch der sehenswerte barocke Hochaltar als Werk des Lienzer Bildhauers Bartlmä Klettenhammer.

Der Großteil der Ruinen von **Aguntum,** der einzigen **Römerstadt** auf Tiroler Boden, liegt auf Dölsacher Gebiet. Eine erste Siedlung entstand westlich von Nußdorf im 2. Jahrtausend v. Chr. Etwa 400 v. Chr. drangen die Kelten ein und trieben hier Handel mit verschiedenen Metallen. Im zweiten vorchristlichen Jh. sind römische Händler nachweisbar, es entstand ein bedeutendes Handelszentrum. Dieses lag verkehrsgünstig am Schnittpunkt der Straße durch das Drautal und jener über den Iselsberg. Aus der

Siedlung ging um 50 n. Chr. eine Stadt hervor, die jedoch 275, 406 und 452 immer wieder zerstört und wiederaufgebaut wurde. Kämpfe zwischen Bajuwaren und Slawen brachten 610 das endgültige Ende, später bedeckten Muren die Ruinen. Erste wissenschaftliche Ausgrabungen fanden ab 1911 statt, seit 1991 ist das Institut für Archäologien der Universität Innsbruck für diese zuständig. Der hohe Aussichtsturm bietet einen guten Überblick über das Gelände. Zu den bedeutendsten Ausgrabungen gehören das Atriumhaus, die Therme, die Stadtmauer, das Handwerkerviertel und das Macellum. Seit 2005 gibt es ein neu errichtetes Museum mit zahlreichen Fundstücken.

Schwimmbad Dölsach, Tel. +43(0)4852/68233
Aguntum, Stadt – Archäologischer Park – Museum, geöffnet 1. Mai bis 31. Mai Montag bis Samstag 9.30–16 Uhr, 1. Juni bis 20. September tgl. 9.30–16 Uhr, 21. September bis 28. Oktober tgl. 9.30–16 Uhr, Büro ganzjährig jeweils Dienstag und Donnerstag von 8–12 Uhr, Verein Curatorium pro Agunto, Striebach 97, Tel. +43(0)4852/61550, www.aguntum.info

NIKOLSDORF
(888 m, 2649 Einwohner)

Die östlichste Gemeinde des Bezirkes Lienz liegt nahe der Kärntner Grenze und besitzt ein Flugfeld. **Burg Lengberg** wurde im 12. Jh. von den Grafen von Lechsgemünd erbaut. 1480–1485 erfolgte der Ausbau zu einer repräsentativen gotischen Burg. Als Richtersitz hatte diese für eine gewisse Zeit Bedeutung, als dieser jedoch im Jahr 1773 ins Tal verlegt wurde, verfiel Lengberg langsam. 1955 kaufte das Land Tirol die Anlage und ließ sie renovieren. Heute werden dort junge Menschen mit besonderem Förderbedarf durch das Aufbau-

werk der Jugend auf die Integration in das Berufsleben vorbereitet. Die renovierte Burg ist einfach gestaltet: Innenhof mit Wohngebäuden und hohen Mauern, Zwinger und Wehrgang.

Die ursprünglich gotische **Pfarrkirche zum hl. Bartholomäus** wurde im 17. und 18. Jh. barock erweitert und im 19. Jh. im Inneren neu ausgestattet. 1860 schuf Josef Steiner den Hochaltar, der ein Bild der hll. Bartholomäus und Jakobus trägt.

Als Besonderheit gilt die 1485 geweihte spätgotische **Kirche von Chrysanthen** in Nörsach mit quadratischer Vorhalle, einem Wurftisch für Opfergaben und Opfertierställen. Die Wallfahrer beteten hier zu den römischen Katakombenheiligen Chrysanth und Daria als Fürbitter bei Viehseuchen. Sehr ungewöhnlich ist der direkte Übergang vom Langhaus zum Chor ohne Chorbogen. Seccomalereien im Chor zeigen die Krönung Mariens durch die Hl. Dreifaltigkeit (um 1490) und Anna selbdritt (1510–1520). 1905 entstand der neugotische Hochaltar.

Waldschwimmbad Nikolsdorf, Tel. +43(0)4858/8268

LAVANT
(675 m, 301 Einwohner)

Die kleine Gemeinde Lavant im Süden des Tals ist vor allem aufgrund des **Lavanter Kirchbichls** bekannt. Ein mit Kreuzwegstationen (Bilder von H. Millonig) gesäumter Fußweg führt vom Parkplatz in rund 30 Minuten zum höchsten Punkt des Hügels. Auf dem Weg dorthin sind das kleine archäologische Museum, die römische Toranlage, das Haus mit dem Hypokaustum, mehrere Wohnan-

Uralter Siedlungsplatz und Zuflucht in unruhigen Zeiten: der Lavanter Kirchbichl

lagen, die frühchristliche Basilika, die Wallfahrtskirche St. Ulrich, die Kreuzigungsgruppe und die Kirche St. Peter und Paul am oberen Ende zu bewundern.

Besiedlung bestand hier schon in der Jungsteinzeit und durch die Kelten. Für die Römer bot die Hanglage in unruhigen Zeiten einen gewissen Schutz. Hier ließen sich auch Christen aus Aguntum mit ihrem Bischof in einer Fliehburg nieder. Anfang des 5. Jh. entstanden zwei frühchristliche Kirchen, die 610 im Zuge von Kämpfen der Slawen und Bajuwaren bei Aguntum zerstört wurden.

Von besonderem Wert ist der erhaltene Grundriss einer frühchristlichen **Bischofskirche.** Er zeigt die für die Versammlung und Liturgie benötigten Räume und Einrichtungen. Im Osten des Altarraums liegt die halbkreisförmige Priesterbank mit dem Unterbau für einen erhöhten Bischofsthron. Die meisten Funde befinden sich im Museum Aguntum.

Die zweite frühchristliche Kirche befand sich unter der heutigen **Pfarr- und Wallfahrtskirche zum hl. Ulrich,** der gotische Vorgängerbau war 1770/71 im Barock von Thomas Mayr erweitert worden. Thomas Valtinger und Johann Georg Waginger malten 1771 die Deckenfresken. Im Zentrum des prächtigen barocken Hochaltars (17. Jh.) steht die Figur der Gnadenmadonna von Lavant. Die Figuren der hll. Joachim und Anna stammen von Johann Paterer. Zur Prozession der Virgentaler und zum Widderopfer: siehe Virgen – Obermauern.

Westlich der St.-Ulrichs-Kirche erhebt sich die 1485 geweihte gotische **Kirche zu den hll. Petrus und Paulus.** Sie besitzt eine flache Holzdecke und drei gotische Flügelaltäre aus dem 16. Jh., die jedoch erst 1873 aus Originalteilen zusammengesetzt wurden. Vermutlich befand sich hier einst die Kapelle einer Burg. Außen sind römische Reliefs ins Mauerwerk eingelassen. Der Schrein des Hochaltars birgt die hll. Petrus, Maria und Paulus, die Flügelinnenseite zeigt die hll. Florian und Jodok, die Flügelaußenseiten die Verkündigung an Maria. Im rechten Seitenaltar ist die Krönung Mariens dargestellt, im linken der hl. Ulrich.

> **Frauenbachwasserfall,** Naturjuwel am Fuß der Hochstadelnordwand, Rundwanderung mit Waldlehrpfad (Schautafeln über Flora und Fauna des Waldes) möglich, Zutritt nur zu bestimmten Zeiten möglich, Ortsteil Wacht, Information Tourismusbüro Lienz, Tel. +43(0)50/212/400
> **Archäologisches Museum** am Fuß des Lavanter Kirchbichls im Untergeschoss der Aufbahrungshalle, Information Gemeinde Lavant, Tel. +43(0)4852/68175

TRISTACH
(672 m, 1391 Einwohner)

Bekannt ist die zwischen Lienz und Lavant im Lienzer Becken gelegene Gemeinde Tristach vor allem durch den **Tristacher See,** den einzigen Badesee Osttirols. Er liegt auf 821 m Seehöhe, inmitten einer herrlichen Naturlandschaft. Bademöglichkeiten, ein Restaurant sowie ein Campingplatz machen einen Aufenthalt besonders im Sommer interessant. Nahe der Straße zum See liegt die **Burgruine Ernberg,** deren Ursprünge im 13. Jh. liegen, die jedoch schon im 14. Jh. nicht mehr erwähnt wird.

Bei der sehenswerten **Pfarrkirche zum hl. Laurentius** stammen der Turm und der Chor noch aus gotischer Zeit, das Langhaus wurde 1803–1806 von Anton Mutschlechner d. Ä. im Stil des Klassizismus neu erbaut.

> **Strandbad Tristacher See,** Tel. +43(0)4852/65601

AMLACH
(689 m, 470 Einwohner)

Am Fuß der Lienzer Dolomiten, auf völlig flachem Gelände liegt die kleine Gemeinde Amlach, die noch zahlreiche Paar- und Einhöfe aufweist. Schon im 13. Jh. war Amlach Gerichtsort für das umliegende Gebiet, worauf noch ein breiter **Malstein** (Gerichtsstein) als Sitz des Richters hinter der Kirche hinweist. Ein besonderes Naturjuwel ist die **Galitzenklamm.**

Bei der aus dem 17. Jh. stammenden **Wallfahrtskirche zur hl. Ottilie** mit gotischem Chor ist das Stuckrippennetz im Langhaus bemerkenswert, zudem ist der Chor höher als das Langhaus. Auf 1700 geht der barocke Hochaltar mit den drei hll. Ottilia, Luzia und Apollonia auf dem Hochaltarbild (Josef Strasser, 1859) zurück.

Auf dem bewaldeten Ulrichsbühel steht die **Wallfahrtskapelle zum hl. Ulrich,** die Vergrößerung eines Baus von 1570 von Thomas Mayr um 1760. Über dem spätklassizistischen Altar von 1851 befindet sich das Gnadenbild Jesus mit der Dornenkrone, Maria und Johannes.

> **Wasserschaupfad Galitzenklamm,** Naturjuwel, Schautafeln informieren über Pflanzen- und Vogelwelt sowie die Geschichte der Klamm, Steinkugelmühle (Wasserkraft schleift die Steine zu runden, glatten Kugeln), zugänglich nur in den Sommermonaten

Der Verfall der Lienzer Klause wird heute durch Sanierungsmaßnahmen verhindert.

LEISACH
(710 m, 765 Einwohner)

Um 1080 ist eine Burg „Liubisach" erwähnt, vermutlich ein Vorläufer der **Neuenburg,** die oberhalb der Lienzer Klause lag und ab ca. 1300 nicht mehr erwähnt wird. Reste der Ruinen sind noch erhalten.

Etwa 5 km von Lienz entfernt bildet die **Lienzer Klause** im engen Tal das eigentliche östliche Ende des Pustertals. 1253 ist erstmals eine Befestigung auf der nördlichen Talseite erwähnt, durch die der Verkehr geleitet wurde. Vom 14. Jh. bis 1806 diente die Klause als Gerichtssitz, ihr Niedergang begann allerdings schon 1783, als Kaiser Joseph II. alle Tiroler Festungen außer Kufstein aufließ. Die Lienzer Klause wurde verkauft und verfiel langsam. Eine letzte bedeutende Rolle spielte sie noch in den Freiheitskämpfen von 1809. Hier konnte der Pustertaler Landsturm den französischen General Rusca am Weitermarsch hindern. Zu sehen sind etwa Reste des Tores, des Mauthauses und des Pulverturms.

Die **Pfarrkirche zum hl. Michael** ist schon 1264 erwähnt, wurde jedoch später verändert. Josef Bachlechner schuf den Entwurf für die zwischen 1915 und 1924 ausgeführten drei Altäre. Der Hochaltar in Form eines neugotischen Flügelaltars ist mit dem Relief der Anbetung der Könige und einer großen Statue des hl. Michael im Schrein ausgestattet.

Mautstraße Hochstein – Bannberg, mautpflichtig, befahrbar von Anfang Mai bis 1. November
Waldschwimmbad, Tel. +43(0)4852/63672
Lienzer Klause, Burgfrieden 6, Zufahrt westlich von Leisach

Das Pustertal und seine Seitentäler

(von Lienz bis Sillian)

Von der Lienzer Klause bei Leisach bis zur Mühlbacher Klause bei Mühlbach nördlich von Brixen erstreckt sich das Pustertal, ein klimatisch begünstigtes Gebiet. Über Jahrhunderte war dieses Tal eine der wichtigsten West-Ost-Verbindungen der Alpen, wovon die ansässige Bevölkerung auch wirtschaftlich profitieren konnte. Das zeigt sich auch an den zahlreichen, kunsthistorisch oft äußerst wertvoll ausgestatteten Kirchen wie etwa St. Justina und St. Korbinian. Landschaftlich besonders reizvoll und durchaus einen Ausflug wert ist die ganzjährig befahrbare **Pustertaler Höhenstraße** auf der Nordseite des Tals. In den letzten Jahrzehnten sind im Tal auch einige bedeutende Industriebetriebe entstanden (Sägewerk, Süßwaren Loacker und E.G.O. Elektrogeräte in Heinfels, Hella Sonnen- und Wetterschutztechnik in Abfaltersbach u. a.).

ASSLING
(1128 m, 1814 Einwohner)

Assling besteht aus einer Anzahl verstreuter Siedlungen mit einzelnen sehenswerten Kirchenbauten. Funde aus der Stein-, Bronze- sowie Römerzeit sind im Archäologieraum des Gemeindeamtes ausgestellt. Neben der Kirche in Mittewald ist eine typische Osttiroler Doppelharpfe zum Trocknen von Heu erhalten. Die Gemeinde bietet insbesondere Familien, die mit kleinen Kindern unterwegs sind, Attraktionen wie eine Sommerrodelbahn, einen Wildpark und ein Erlebnisschwimmbad.

In Unterassling steht die barocke **Pfarrkirche zur Hl. Dreifaltigkeit** (1723), um 1860 verändert. Die Hauptfresken stammen vom Innsbrucker Wolfram Köberl (1961, Brot für das Leben der Welt, Heilig-Geist-Tauben, Geburt Christi, Erschaffung der Welt).

Zu Assling gehören zwei außergewöhnlich schöne Filialkirchen. 1461–1468 entstand die kleine **Wallfahrtskirche St. Korbinian in Thal-Assling,** in Bezug auf die Innenausstattung eine der wertvollsten spätgotischen Kirchen Tirols. Von Andrä Peurweg stammt der Bilderzyklus in Seccomalerei mit 31 Darstellungen der Passion Christi, von Pfingsten, der Aussendung der Apostel und dem Jüngsten Gericht (1579/1580). 1660 entstand der barocke Hochaltar mit dem Bild von Johann Hofmann d. Ä., das die hll. Korbinian, Johannes d. Täufer und Papst Sylvester darstellt. Besonders wertvoll sind jedoch die drei gotischen Flügelaltäre: **Korbinianaltar** an der Südwand (um 1480, Malereien Friedrich Pacher, im Schrein Statue des hl. Korbinian von Hans Klocker und Gemälde der hll. Petrus und Paulus, Flügelinnenseiten hll. Florian und Maria Magdalena, Flügelaußenseiten hll. Andreas und Korbinian, Predella Wunder des hl. Korbini-

*Traumhaft gelegen – die Pfarrkirche
St. Justina in Burg-Vergein*

an, erst 2010 in der ursprünglichen Form zusammengestellt), **Magdalenenaltar** vorne rechts (1498, Friedrich Pacher, Szenen aus dem Leben der hl. Maria Magdalena), **Kreuzigungsaltar** (um 1430, Meister von St. Sigmund im Pustertal, realistische Kreuzigungsszenen, Verkündigung, Krönung Mariens).

Bei der zweiten Filialkirche handelt es sich um die in Oberthal stehende, um 1450 erbaute und um 1550 vergrößerte spätgotische **Kirche zum hl. Ulrich,** deren Chor 1686 barockisiert wurde. Die sechs Bilder auf der Empore stellen die Werke der Barmherzigkeit dar (um 1580). Das Altarbild „Bekehrung des Saulus" am linken Seitenaltar stammt vom Wiener Hofmaler Josef Adam Mölk (1762).

Ebenfalls sehr sehenswert ist die auf einem Felshügel stehende **Pfarrkirche St. Justina in Burg-Vergein** aus dem 15.

Jh., innen im Barock verändert. Die Ursprünge liegen im 12. Jh., vermutlich bestand hier eine Burg. Die ungewöhnliche Inschrift beim Fresko des hl. Christophorus an der Außenwand (1513) bedeutet „Glück, Glück, Glück". Die Besonderheit ist jedoch der spätgotische **St.-Justina-Altar,** Friedrich Pacher zugeschrieben (Ende 15. Jh.). Im Schrein steht die Statue der hl. Justina (um 1430), flankiert von den hll. Helena und Laurentius, auf den Flügeln sind außen vier Szenen aus der Leidensgeschichte und innen vier Szenen aus der Legende der hll. Justina und Cyprian gemalt.

Einige Kilometer vom eigentlichen Ortszentrum entfernt liegt die spätgotische, um 1840 im Klassizismus umgestaltete **Pfarrkirche zum hl. Martin in Bannberg.** Die Gewölbemalereien zeigen das Letzte Abendmahl, den Tod des hl. Josef, Bonifatius mit der Donareiche sowie das Martyrium der hl. Margarethe. Im Hochaltar von 1765 befindet sich das Bild des hl. Martin mit den 14 Nothelfern.

Erlebnisschwimmbad Vithal, Thal-Aue 126, Tel. +43(0)4855/8305
Pustertaler Almwanderweg, oberhalb der Pustertaler Sonnenterrasse, mehrere Einstiegsmöglichkeiten, Gesamtlänge ca. 18 km, Gehzeit 7–8 Stunden
Archäologieraum Assling, Ausgrabungsstücke im Gemeindegebiet von Assling, geöffnet während der Amtsstunden des Gemeindeamtes, Unterassling 28, Tel. +43(0)4855/8209
Vitalpinum, Latschenölbrennerei mit Park, geöffnet tgl. 9–17 Uhr, an der Drautal-Bundesstraße in Thal-Assling, Tel. +43(0)4855/8201
Sommerrodelbahn, Fun Alpin Osttirol Sommerrodelbahn GmbH, Tel. +43(0)664/1212287
Wildpark Assling, mehr als 100 Tiere (Rotwild, Damwild, Luchs, Steinhuhn etc.), geöffnet Ende April bis Anfang Oktober, Info Lukasser OEG, Tel. +43(0)4855/20474 oder +43(0)664/4207282

ANRAS
(1261 m, 1256 Einwohner)

Früher führte die Landstraße über die Anhöhe. Anras war bis 1806 Sitz des Bischöflichen Gerichts Brixen und zeitweise Sommersitz der Brixner Bischöfe. Aus Asch stammte Ritter **Florian Waldauf zu Waldenstein,** der vom Sohn eines Bergbauern zu einem der engsten Berater Kaiser Maximilians I. aufstieg und eine Reliquiensammlung anlegte, die teilweise noch in der Waldaufkapelle in der Pfarrkirche Hall in Tirol erhalten ist (siehe Hall). Von der einstigen **Burg Asch** sind nur mehr wenige Reste vorhanden.

Das Gericht war im **Pfleghof** (auch als „Schloss" bezeichnet) untergebracht, der mit der alten und der neuen Pfarrkirche ein gut erhaltenes Ensemble bildet. Im Zuge des Kirchenneubaus wurde auch der im Kern mittelalterliche Hof, der zu den bedeutendsten Profanbauten Tirols zählt, 1757 barock umgestaltet. Erhalten sind zwei schön getäfelte Stuben aus dem 18. Jh. mit Kachelöfen.

Schon im 5. Jh. gab es hier eine Kirche. Die große spätbarocke **Pfarrkirche zum hl. Stephanus** wurde 1753–1756 von Franz de Paula Penz erbaut. Martin Knoller aus Steinach am Brenner schuf das Fresko auf der Eingangsfassade mit der Darstellung des hl. Stephanus sowie die Deckenbilder im Inneren. Reste der **alten Kirche** aus dem 13. Jh. sind noch zwischen dem Pfleghaus und der neuen Kirche zu sehen. Hier steht der spätgotische Michaelsaltar von 1513 mit der Figur des hl. Michael im Schrein und den gemalten hll. Sebastian und Katharina sowie Florian und Barbara auf den Flügeln. Erhalten sind noch alte Wandma-

lereien um den einstigen Chorbogen sowie ein gotisches Sternrippengewölbe.

Nahe der Pfarrkirche steht in einer Waldlichtung die spätgotische **Wallfahrtskirche zum hl. Antonius** mit einem neugotischen Altar aus dem 19. Jh. und Renaissance-Seccomalereien im Chor (um 1620).

1764/65 erbaute der Lienzer Thomas Mayr anstelle einer gotischen Kirche die **Pfarrkirche Maria Himmelfahrt in Asch,** die mit Fresken mit Szenen aus dem Marienleben (Tempelgang, Himmelfahrt, Verkündigung, Krönung, Mariensymbole mit Sprüchen) von Joseph Anton Zoller ausgeschmückt ist. Das Gnadenbild von Asch, eine Madonna mit Kind aus dem Beginn des 15. Jh., steht im barocken Hochaltar. An der rechten Außenwand neben dem Kirchenportal ist der Wappenstein des Bauern Jörg Waldauf, Vater von Florian Waldauf, eingelassen. Votivbilder weisen noch auf die Wallfahrt hin.

Erwähnenswert ist noch die **Kirche zum hl. Geist in Ried** aus dem 15. Jh., 1817 durch Anton Mutschlechner d. Ä. umgestaltet. Die Deckengemälde schufen Josef und Jakob Kraidenegger. Im Hochaltar von Michael Baldauf (1830) befindet sich das Bild Pfingsten von Michael Kachler (1832). Zu einem der schönsten Osttiroler Flügelaltäre zählt der um 1517 entstandene Altar mit den geschnitzten Darstellungen der Krönung Mariens im Schrein und acht der vierzehn Nothelfer auf den Flügelinnenseiten, weiteren gemalten Darstellungen von Nothelfern auf der Predella (Flügel und Rückwand) sowie den gemalten hll. Florian und Stephanus auf den Flügelaußenseiten.

Rundwanderung Anras – Raut – Oberried, von der Pfarrkirche nach Raut, weiter östlich zum Bruggenplatz, nach Süden über einen Forstweg zurück nach Oberried und über die Pustertaler Höhenstraße nach Anras, Gehzeit ca. 1,5 Stunden

Wanderung Sichelsee, von Anras nach Oberried, von dort Forstweg in nordöstlicher Richtung, am Kristeinerbach entlang bis Talende, markierter Weg bergwärts, vorbei an den Königswiesen, entlang des Kristeinerbachs bis Sichelsee, Gehzeit ca. 4 Stunden

Museum Pfleghof, Schloss Anras, Gerichtsmuseum, wechselnde Sonderausstellungen, geöffnet im Sommer Montag bis Freitag 10–12.30 Uhr, 14–17 Uhr, Sonntag 15.30–17.30, Winter Montag bis Freitag 10–12 Uhr und 16.30–18.30 Uhr, Tel. +43(0)4846/6595, +43(0)0644/2008611, www.schloss-anras.at

ABFALTERSBACH
(983 m, 647 Einwohner)

Während der Hauptort in der Talsohle liegt, erstreckt sich etwa 100 m höher auf einer Terrasse das ältere Abfaltern. Hier befindet sich auch das westliche Ende des östlichen Teils der Pustertaler Höhenstraße. Eine Besonderheit ist das **Aigner Bad,** ein typisches historisches Tiroler Bauernbad, seit 1772 in Betrieb. Erhalten sind außerdem noch drei gemauerte **Kornkästen.**

In **Abfaltern** steht die gotische **Pfarrkirche zum hl. Andreas,** innen um 1765 barockisiert. Das große Christophorusfresko an der Außenwand wird um 1450 datiert. Joseph Anton Zoller malte um 1770 die Deckenfresken und das Bild mit den vierzehn Nothelfern am linken Seitenaltar. Das barocke Hochaltarbild sowie das rechte Seitenaltarbild werden Johann Mitterwurzer zugeschrieben.

1772 entstand anstelle eines Vorgängerbaus die **Kirche Maria Heimsuchung in Abfaltersbach,** vermutlich durch Thomas Mayr. Wolfram Köberl aus Innsbruck malte 1951/52 das Innere aus (Geburt Christi, hll. Petrus und Paulus, Aufnahme Mariens in den Himmel, Evangelisten). Im klassizistischen Hochaltar um 1840 befindet sich das Bild der Heimsuchung Mariens.

Rundwanderweg zum Heisinger Wald (Weg Nr. 2), Ausgangspunkt Draubrücke, Gehzeit ca. 1,5 Stunden, mittlere Wanderung

Aigner Bad, Tiroler Bauernbad, 18. Jh., Calcium-Sulfat-Mineralquelle, Lärchenbadewannen, geöffnet von Ende Mai bis Ende September Montag bis Samstag 10–20 Uhr, Sonn- und Feiertag 11–20 Uhr, Drauradweg, Abfaltersbach, Tel. +43(0)699/11591377

Glasurmühle Abfaltersbach, einzigartiges Denkmal der früheren Hafnerei Steger, Öffnungszeiten auf Anfrage, Info Gemeindeamt Abfaltersbach Nr. 19, Tel. +43(0)4846/6210

Aigner Kasten, alter Kornkasten mit kleinem Heimat- und Gerätemuseum, Öffnungszeiten auf Anfrage, Info Gemeindeamt Abfaltersbach Nr. 19, Tel. +43(0)4846/6210

STRASSEN
(1099 m, 797 Einwohner)

An die alte Römerstraße erinnert ein gegenüber dem Gemeindehaus aufgestellter römischer Meilenstein (ca. 300 n. Chr.). Westlich von Strassen zweigt das Tiroler Gailtal nach Kartitsch, Obertilliach und Untertilliach ab.

Auf einem Hügel oberhalb des Talbodens steht die **Pfarrkirche zum hl. Jakobus** aus der Zeit um 1455 mit einem einheitlichen gotischen Innenraum. 1458–1460 hinterließ Leonhard von Brixen einen gotischen Freskenzyklus im Chor, der zu den wertvollsten Tirols zählt. Dargestellt sind detailreiche Szenen aus der Kindheit und der Leidensgeschichte Jesu, die Werke der Barmher-

In der Pfarrkirche zum hl. Jakobus in Strassen ist ein gotischer Freskenzyklus zu bewundern.

zigkeit, verschiedene Heilige sowie Kain und Abel und das Opfer Abrahams.

Als achteckigen Zentralbau gestaltete 1763–1768 der Lienzer Thomas Mayr die **Kirche zur Hl. Dreifaltigkeit** direkt neben der Bundesstraße. Die kreisförmige Kuppel ist mit qualitätsvollen Rokokofresken des Brixner Hofmalers Franz Anton Zeiller geschmückt. Bei seiner Signatur unter dem Bild „Franz Xaver tröstet Kranke" malte Zeiller sein Selbstporträt. Das Hochaltarbild mit der Marienkrönung malte Johann Mitterwurzer 1778.

Kastallwaldweg nach St. Oswald, Weg Nr. 8, Ausgangspunkt Hof südlich von Strassen, mittlere Schwierigkeit, Gehzeit ca. 1 Stunde
Wanderung von Strassen über Tessenberg zur Tessenberger Alm, Ausgangspunkt Zentrum von Strassen, über Tessenberg zur Jausenstation auf

1900 m, weiter in Richtung Tessenberger Alm zum Tessenberger Almsee, herrlicher Rundblick, mittelschwere Wanderung, Gehzeit ca. 3 Stunden
Naturschaupfad Speichersee Tassenbach, ca. 2 km Länge, Flora und Fauna der Region

HEINFELS
(1078 m, 1015 Einwohner)

Heinfels liegt direkt am Ausgang des Villgratentals. 1780/81 wurde von schwäbischen Zimmerleuten die 66 m lange **Bunbrugge** erbaut. Sie überquert den Villgratenbach und ist eine der schönsten gedeckten Holzbrücken des 18. Jh. in Tirol. Durch das ca. 200 m oberhalb des Talbodens liegende Dorf Tessenberg führte die alte Römerstraße.

Oberhalb von Tessenberg steht in exponierter Lage die reizvolle gotische

Die Burg Heinfels befindet sich in Privatbesitz und ist leider nicht zu besichtigen.

Pfarrkirche zu den hll. Johannes d. Täufer und Johannes d. Evangelist (um 1470). Ruprecht Potsch stattete um 1500 den Chor mit Wandmalereien aus (sieben Szenen aus dem Leben Johannes d. T., vier Szenen um Johannes d. Ev.). Der Flügelaltar besteht aus einem neugotischen Schrein (1874) mit den Statuen der hl. Anna selbdritt und den beiden Johannes (um 1510) sowie gemalten Flügeln von Andreas Weißenbach (1964).

In Panzendorf steht direkt an der Straße die 1694 erbaute barocke achteckige **Kirche zum hl. Antonius von Padua** mit gemalten Szenen aus dem Leben des Heiligen sowie der Verkündigung und der Krönung Mariens.

Zur Kontrolle des Pustertals und des Kartitscher Tals entstand im 13. Jh. **Burg Heinfels,** Richtersitz und wichtiger Stützpunkt der Görzer Grafen. 1500 fiel Heinfels an Kaiser Maximilian I. Heute ist es in Privatbesitz und nicht zu besichtigen. Gekennzeichnet ist die Anlage von zinnenbewehrten Mauern, runden und eckigen Türmen, einem mächtigen Bergfried, Wohngebäuden und verschiedenen Zwingeranlagen. Unterhalb der Burg steht die kleine gotische **Kirche zu den hll. Petrus und Paulus,** in den Jahren 1470 bis 1480 erbaut, im Barock verändert. Ein sehenswerter spätgotischer Flügelaltar zeigt Szenen aus dem Leben der beiden Kirchenpatrone, verschiedene Heilige sowie Szenen aus dem Leben Christi.

Rundwanderung Tessenberg–Strassen–Heinfels, von Panzendorf vorbei an Burg Heinfels auf der Höhenstraße nach Tessenberg (evtl. Besuch der Pfarrkirche St. Johannes) über Fronstadl und Hintenberg nach Strassen und zurück nach Heinfels, asphaltierter Weg, Gehzeit ca. 1,5 Stunden

SILLIAN
(1103 m, 2022 Einwohner)

Der Hauptort des Tals war bereits um 1400 ein wichtiger Warenniederlageplatz für durchreisende Kaufleute und ist heute wirtschaftliches Zentrum der Region. Bis 1919 war Sillian auch Sitz eines Hochgerichts mit dem Recht, die Todesstrafe zu verhängen, woran noch die **Prangersäule** am Marktplatz erinnert. Auf häufige Überschwemmungen und Muren weisen mehrere Darstellungen des Wasser- und Brückenheiligen Johannes Nepomuk hin, so etwa das barocke **Nepomuk-Stöckl** auf dem Marktplatz. An die Römer erinnert ein **Meilenstein** an der Bundesstraße im Bereich des Marktplatzes. Zu den schönsten Häusern im Ort zählt das **Widum,** um 1400 entstanden und im Barock vergrößert. Von Sillian aus ist auch das Skigebiet Hochpustertal bequem zu erreichen. Im Sommer bietet sich für Familien der Abenteuerpark an.

1760 wurde die große gotische **Pfarrkirche zu Unserer Lieben Frau Himmelfahrt** von Josef Adam Mölk und Rudolf Schraffl barockisiert. Auf Mölk gehen auch die Deckenfresken mit Darstellungen aus dem Marienleben und das aufziehbare Bild der Himmelfahrt Mariens beim Hochaltar zurück. Johann Jaufer schuf den Hochaltar (um 1763), dessen Zentrum eine gotische Statue der Maria mit dem Kind (um 1450) bildet.

Die **Friedhofskapelle zu hl. Anna** (um 1727) dient heute als Taufkapelle und besitzt ein Altarbild mit der Darstellung der Mutter Anna und der Tochter Maria.

Rundwanderung Bannwaldweg, Draupromenade bis Arnbach, im Ortszentrum nach links und oberhalb des Hotels Weitlanbrunn wieder links, entlang Bannwaldweg zum Schießstand, vorbei am Wichtelpark zum Tintenwasserle und zurück nach Sillian, leichte Wanderung, Gehzeit ca. 2 Stunden
Seilbahn Thurntaler, Gondelbahn, Pustertaler Straße 49e, Tel. +43(0)4842/6011, www.hochpustertal-ski.at
Abenteuerpark im Wichtelpark, Autodrom, längste Hangrutsche Österreichs, Seilrutsche etc. für Kinder, Hochseilgarten für Erwachsene, nur im Sommer geöffnet, Gemeindehaus 86, Tel. +43 (50)/212300
Kutschenmuseum, Sillian 17, Herbert Troyer, Tel. +43(0)4842/6657

Blick auf die Pfarrkirche Sillian

Villgratental mit Außervillgraten und Innervillgraten

Von Heinfels zieht sich das Villgratental gegen Norden und zweigt bei Außervillgraten, wo das Winkeltal mündet, gegen Nordwesten ab. In dem abgelegenen Tal ist noch viel ursprüngliche Natur- und Kulturlandschaft erhalten. Es bestehen noch zahlreiche Hofgruppen und Einzelhöfe mit Bergbauerncharakter sowie zahlreiche Almen. Massentourismus und große Hotels gibt es nicht. Die alte Straße ins Tal führte von Sillian über die steile Geländekante nach Unterwalden.

AUSSERVILLGRATEN
(1287 m, 760 Einwohner)

Der Dorfkern liegt am Zusammenfluss von Villgratenbach und Winkeltalbach. Erhalten sind noch alte Höfe in Holzblockbauweise mit gemauerten Kornkästen. Schon im 12. Jh. sind Schwaighöfe für die Viehzucht nachweisbar. Im 15. Jh. wanderten etwa 300 Dorfbewohner wegen der harten Lebensbedingungen nach Sappada in der Provinz Belluno aus.

Der Lienzer Thomas Mayr errichtete 1795–1810 anstelle eines Vorgängerbaus die jetzige **Pfarrkirche zur hl. Gertraud von Nivelles.** Jakob Schmutzer malte 1800 die Evangelisten und das

Bauernhöfe im Villgratental

Kalkstein im ursprünglich gebliebenen Villgratental

große Fresko der Austreibung aus dem Tempel, Wolfram Köberl 1955 die hl. Gertraud im Chor. Das Hochaltarbild zeigt die Kirchenpatronin.

> **Wurzermühle,** geöffnet Mitte Juni bis Mitte September, Dienstag und Freitag Führung um 14 und 16 Uhr, Josef Leiter, Winkeltal 14, Tel. +43(0)4843/5481

INNERVILLGRATEN
(1402 m, 956 Einwohner)

Innervillgraten kann wohl zu Recht als einer der wenigen Orte in den österreichischen Alpen angesehen werden, in dem es noch keinen Massentourismus inkl. Skiliften etc. gibt. Erst seit 1956 ist der Ort überhaupt ganzjährig erreichbar.

1894 wurde die barocke **Pfarrkirche zum hl. Martin** durch einen neuromanischen Bau von Johann Martin Reiter aus Lienz ersetzt, dessen Inneres mit verschiedenen Stilelementen für eine Dorfkirche ungewöhnlich wirkt. Von 1910 bis 1912 malte Emerich Kerle die Deckenfresken als Kopien verschiedener Gemälde. Das Hochaltarbild des hl. Martin mit der Rosenkranzkönigin malte Thomas Walch.

Auf ein Gelöbnis aus der Pestzeit im 17. Jh. geht die Entstehung der **Wallfahrtskirche Maria Schnee in Kalkstein** im Jahre 1660 zurück. Veränderungen erfolgten im 19. Jh. im Stil der Neugotik. Im Hochaltar steht eine Maria mit dem Kind (um 1870), flankiert von den hll. Joachim und Anna. Das ursprüngliche Gnadenbild, eine von Engeln gekrönte Muttergottes (um 1659), hängt im Langhaus.

> **Wegelate-Säge,** eines der letzten Venezianer-Sägewerke,
> Info Tel. +43(0)4843/5438
> **Zacheler-Stadel – bäuerliches Gerätemuseum,**
> Info Tel. +43(0)4843/5438

OSTTIROL

Lesachtal mit Kartitsch, Obertilliach und Untertilliach

Zwischen den Orten Kartitsch und Obertilliach entspringt am Kartitscher Sattel (1525 m) die Gail, die östlich von Untertilliach nach Kärnten fließt. Vom Kartitscher Sattel ostwärts wird das Tal als Lesachtal bezeichnet. Westlich des Kartitscher Sattels gibt es auch die Bezeichnung Kartitscher Tal. Im Süden liegen die Karnischen Hochalpen, im Norden die Lienzer Dolomiten.

KARTITSCH
(1353 m, 812 Einwohner)

Kartitsch ist eine Tourismusgemeinde und hat seinen bäuerlichen Charakter größtenteils verloren. Die kleine **Prinz-Heinrich-Gedächtniskapelle** auf 1957 m Seehöhe erinnert an Major Prinz Heinrich von Bayern, der mit seinen Soldaten die Tiroler im Ersten Weltkrieg unterstützte.

Im 18. und 19. Jh. wurde die gotische **Pfarrkirche zum hl. Leonhard in Kartitsch** umgestaltet. Der barocke Hochaltar von 1760 trägt das Bild der hll. Leonhard, Sigmund und Oswald.

Die ehemalige **Knappenkirche zum hl. Oswald,** wurde 1360 erwähnt, 1452 und 1759 erweitert. Bei der Restaurierung 1966 stellte man den gotischen Raumeindruck mit Rankenmalerei und Sternrippengewölbe wieder her. Hinter dem Altar sind Fresken aus der Zeit um 1500 mit den hll. Oswald, Leonhard und Candidus zu sehen, im Kirchenschiff und im Chor Seccomalereien aus dem 17. Jh. Das Hochaltarbild zeigt die hll. Oswald, Leonhard und Sylvester. Eine Besonderheit stellt der vom Triumphbogen herabhängende Rosenkranz aus dem 17. Jh. dar.

Ein beliebtes Ziel ist heute noch die **Wallfahrtskirche Mariahilf in Hollbruck,** 1680 bis 1685 von Michael Niedergatscher erbaut. 1650 wurde hier ein angeblich totes Kind zum Leben erweckt. Das nur etwa 13 cm hohe Gnadenbild der Maria aus Ton befindet sich in einer Monstranz am Hochaltar.

Obstanser Wasserfall, Gefälle von ca. 300 m, mittelschwere Wanderung, Gehzeit vom Dorfzentrum ca. 1 Stunde **Obstanser Eishöhle** auf 2304 m Seehöhe, Anfrage Bergschule „Alpin Aktiv Hochpustertal", Tel. +43(0)664/5750847 oder +43(0)4842/6085, www.bergschule-aah.at

OBERTILLIACH
(1450 m, 687 Einwohner)

Obertilliach ist das einzige Tiroler Dorf, in dem der innere Ortsbereich zur Erhaltungszone erklärt wurde. Fünfzehn Objekte stehen unter Denkmalschutz. Die eng gebauten, größtenteils gemauerten Wohn- und Wirtschaftsgebäude sind durch holzgedeckte Gänge verbunden. Der Priesterarchitekt Franz de Paula Penz errichtete 1762–1764 die **Pfarrkirche zum hl. Ulrich.** Josef und Anton Zoller malten die Deckenfresken, von Letzterem stammen auch die Bilder der

Kartitsch bietet seinen Besuchern eine atemberaubende Landschaft und vielfältige Wandermöglichkeiten.

Seitenaltäre. Das Hochaltarbild stellt die hll. Jakobus, Ulrich und Martin dar. Über dem Tabernakel steht das früher sehr verehrte Mariengnadenbild.

Im „Moos" südöstlich des Dorfes steht inmitten des Tilliacher Feldes die kleine gotische **Kirche zum hl. Nikolaus** (1475–1485). Das durchaus sehenswerte Innere zeigt ein Sternrippengewölbe und Wandmalereien von Simon von Taisten aus der Zeit um 1490 (im Langhaus Kreuzigung, im Chor die hll. Nikolaus, Dorothea und Leonhard). Als Hochaltar dient ein gotischer Flügelaltar mit der Verkündigung und den hll. Florian und Nikolaus.

Doppelsessellift Golzentipp,
Obertilliacher Bergbahnen, Dorf 135, Tel. +43(0)4847/5300
Heimatmuseum im Hotel Weiler (einst Kornkasten) im Ortszentrum, bäuerliche Geräte und Einrichtungsgegenstände, geöffnet Mittwoch von 15–16 Uhr, Dorf 1, Tel. +43(0)4847/5202
Kutschen- und Heimatmuseum,
geöffnet Montag, Mittwoch, Freitag 16–18 Uhr, Dorf 42, Tel. +43(0)664/9149014

UNTERTILLIACH
(1235 m, 244 Einwohner)

Die letzte Gemeinde vor der Kärntner Grenze hat ihr Zentrum in St. Florian an der Straße. Interessant sind gut erhaltene **Kornkästen** aus dem 18./19. Jh.

Ca. 300 m über dem Talboden liegt im Weiler Kirchberg die **alte Pfarrkirche zu den hll. Ingenuin und Albuin,** bis 1870 die Hauptkirche. In den Deckenmalereien von 1846 sind die Anbetung des Altarsakraments, vier Szenen aus dem Alten Testament sowie die Verehrung des Namens Jesu durch die Kirchenpatrone dargestellt.

Um 1780 entstand die **neue Pfarrkirche zu den hll. Florian, Ingenuin und Albuin** an der Straße. Der Hochaltar birgt das Bild der drei Kirchenpatrone von Caspar Jele (1871).

Wanderweg Kircher Almen, Ausgangspunkt Kirche am Kirchberg, leichte Wanderung, Gehzeit ca. 2 bis 2,5 Stunden

OSTTIROL

Literaturempfehlungen (Auswahl)

Ammann Gert: **Das Tiroler Oberland,** Salzburg 1978.

Aschauer Andrea: **Die Museen in Tirol – Handbuch und Wegweiser,** Innsbruck 2008.

Dehio Tirol, **Handbuch der Kunstdenkmäler Österreichs,** Wien 1980.

Dollinger Inge: **Tiroler Kunstreise – Ein Kunstreiseführer durch Nord- und Osttirol,** Innsbruck 1983.

Egg Erich: **Das Tiroler Unterland,** Salzburg 1971.

Forcher Michael: **Die Geschichte der Stadt Innsbruck,** Innsbruck 2008.

Forcher Michael: **Tirols Geschichte in Wort und Bild,** Innsbruck 2000.

Frenzel Monika: **Innsbruck – der Stadtführer,** 2., aktualisierte Auflage, Innsbruck 2009.

Gelmi Josef: **Geschichte der Kirche in Tirol,** Innsbruck 2001.

Holzer Stefanie: **Kultur Geschichten Tirol,** Wien-Bozen 2000.

Langenmaier Arnica-Verena: **Kunstreise durch Tirol und Vorarlberg,** München 1985.

Naredi-Rainer, Paul: **Kunst in Tirol,** 2 Bde., Innsbruck 2007.

Pfaundler-Spat Gertrud: **Tirol-Lexikon,** völlig überarbeitete und ergänzte Auflage, Innsbruck 2005.

Pinzer Beatrix und Egon: **Burgen, Schlösser, Ruinen in Nord- und Osttirol,** Innsbruck 1996.

Pinzer Egon: **Tirol – Ein Bundesland im Überblick,** 2 Bände, Innsbruck 2005.

Prock Anton, Krämer Helmut: **Die schönsten Tiroler Burgen und Schlösser,** Innsbruck 2009.

Streng Petra, Bakay Gunter: **Wilde, Hexen, Heilige, Lebendige Tiroler Bräuche im Jahreslauf,** Innsbruck 2005.

Strolz Bernhard: **Die Salzstraße nach Westen,** Innsbruck 2004.

Titz Barbara: **Nordtirol Reise Know-How,** Hohenthann 1999.

Websites zu Tirol (Auswahl)

www.tirol.at (Orte)
www.tirol.gv.at
www.tirol.de
www.tirol-erleben.at
www.tirol-infos.at
www.tiscover.com
www.tirol-wandern.de
www.wandern.com
www.sommerbahnen.com
www.tirolatlas.uibk.ac.at
www.geozentrum-tirol.at (Bergbau)
www.sagen.at

www.jakobsweg-tirol.net (Jakobsweg)
www.uibk.ac.at/geschichte-ethnologie/medien/infoservice (Volkskunde)
www.geschichte-tirol.com
www.innsbruck.tsn.at
www.hall.tsn.at
www.tirol-geschichte.tsn.at (Portal zu Websites über Geschichte Tirols im Überblick, Burgen in Tirol, Dom in Innsbruck, Innschifffahrt, Karlskirche Volders, Stift Fiecht, Pfarrkirche Jenbach)
www.oesterreich-info.at/tirol

Wichtige Informationen

Anreisemöglichkeiten mit dem Auto (teilweise mautpflichtig)

Von Deutschland: Grenzübergang Kiefersfelden/Kufstein (Autobahn A 12), Grenzübergang Achenpass (Bundesstr. B 181), Grenzübergang Mittenwald/Scharnitz (Bundesstr. B 177), Grenzübergang Füssen (Bundesstr. B 179)

Von Italien: Brennerpass (Bundesstr. B 182, mautpflichtige Brennerautobahn A 13), Reschenpass (Bundesstr. B 180)

Von Salzburg: Lofer – Pass Strub (Bundesstr. B 312), Pass Grießen (Bundesstr. B 164), Mittersill – Pass Thurn (Bundesstr. B 161), Gerlospass ins Zillertal (Bundesstr. B 165)

Von Vorarlberg: Arlbergpass bzw. -tunnel (S 16, Bundesstr. B 197), Warth-Steeg ins Lechtal (Bundesstr. B 198), Bielerhöhe ins Paznauntal (Bundesstr. B 188)

Österreichische Bundesbahnen
CallCenter ÖBB, Tel. +43(0)51717 (24-Stunden-Auskunft), Fahrpläne www.oebb.at

Flughafen Innsbruck, Fürstenweg 180, Tel. +43(0)512/22525, Passagierdienst Tel. +43(0)512/22525/304, www.innsbruck-airport.com

Autofahrerclubs Pannenhilfe
ARBÖ, Notruf Pannenhilfe 123, Tel. +43(0)501/232700, www.arboe.at
ÖAMTC, Notruf Pannenhilfe 120, Tel. +43(0)512/33200 (Landesstelle Innsbruck), www.oeamtc.at

Diplomatische Vertretungen
Belgisches Konsulat, A-6020 Innsbruck, Adamg. 1–7, Tel. +43(0)512/53051233

British Consulate, A-6060 Innsbruck, Kaiserjägerstr. 1/1, Tel. +43(0)512/588320
Consulaat der Niederlanden, A-6020 Innsbruck, Salurner Str. 1, Tel. +43(0)512/587492
Französisches Konsulat, A-6020 Innsbruck, Maria-Theresien-Str. 24, Tel. +43(0)512/571811
Honorarkonsul der BRD, A-6020 Innsbruck, Maria-Theresien-Str. 23, Tel. +43(0)512/570199/13
Italienisches Generalkonsulat, A-6020 Innsbruck, Conradstr. 9, Tel. +43(0)512/581333
Schweizerische Konsularagentur, A-6020 Innsbruck, Heiliggeiststr. 16, Tel. +43(0)512/5370/1500 und +43(0)512/5370/100

Feiertage in Tirol
1. Januar: Neujahrstag
6. Januar: Dreikönig
19. März: Josefitag (Landespatron)
Ostersonntag und Ostermontag
1. Mai: Staatsfeiertag
Christi Himmelfahrt
Pfingsten mit Pfingstmontag
Fronleichnam
15. August: Mariä Himmelfahrt
26. Oktober: Nationalfeiertag
1. November: Allerheiligen
8. Dezember: Mariä Empfängnis
24. Dezember: Heiliger Abend
25. Dezember: Christtag
26. Dezember: Stefanitag

Notdienste
Feuerwehr: 122
Polizei: 133
Rettung: 144
Euro-Notruf: 112
Bergrettung Tirol: 140

Ortsregister

Bildnachweis

Umschlag

Vorne: Innsbruck Tourismus (Kristallwelten Wattens und Familie im Schnee), alle übrigen Bilder stammen von Anton Prock.
Hinten: Fotolia (Burg Nauders), TVB Ötztal/ Matthias Burtscher (Piburger See), Tirol Werbung/Erich Spiess (Fasnacht Telfs), Innsbruck Tourismus (Hofkirche, Hungerburgbahn und Snowboarder am Berg), Anton Prock (Felbertauernstraße)

Innenteil

Alpinarium Galtür (S. 291)
Archiv TVB TirolWest, R.Gapp (S. 241)
Berg- und Skilift Hochsöll – Hexenwasser (S. 204)
Fotolia (S. 60, 119, 177, 187, 248, 293, 339)
Hintertuxer Gletscher (S. 191)
Hubert Gogl (S. 80, 83)
Innsbruck Tourismus (S. 3, 14, 16, 17, 20, 29, 31, 33, 39, 41, 42, 43, 44, 45, 47, 70, 71, 72, 91, 97, 114, 256)
Kitzbühel Medialounge (S. 213)
Klaus Markovits (S. 315)
Naturpark Kaunergrat, Martin Lugger (S. 276)
Ötzidorf (S. 264)
Robert Eder/Agentur Singer (S. 310)
Stubaier Gletscher (S. 78)
Swarovski Kristallwelten (S. 115)
Tiroler Zugspitzarena/Albin Niederstrasser (S. 301)
Tirol Werbung/Erich Spiess (S. 57)
Tirol West/Albin Niederstrasser (S. 23, 27, 238, 243, 283)
TVB Achensee (S. 171)

TVB Hohe Salve/Hannes Dabernig (S. 155, 199)
TVB Imst-Gurgltal (S. 359)
TVB Kaiserwinkl/N. Aigner (S. 207)
TVB Kitzbüheler Alpen (S. 211)
TVB Kitzbüheler Alpen/Albin Niederstrasser (S. 210)
TVB Kitzbüheler Alpen/Kurt Tropper (S. 201)
TVB Kitzbüheler Alpen/Hannes Dabernig (S. 215)
TVB Kufstein (S. 160)
TVB Mayrhofen (S. 188)
TVB Ötztal/Bernd Ritschel (S. 225, 268)
TVB Ötztal/Matthias Burtscher (S. 263)
TVB Ötztal/Uwe Fischer (S. 267)
TVB Pillerseetal (S. 221, 222, 223)
TVB Pitztal (S. 271)
TVB Pitztal/Payer (S. 273)
TVB Region Hall (S. 104)
TVB Reutte (S. 303, 304, 306, 307)
TVB Seefeld (S. 63)
TVB Serfaus-Fiss-Ladis (S. 279)
TVB St. Anton am Arlberg (S. 285, 287)
TVB Wipptal (S. 89)
TVB Tux-Finkenberg (S. 190)
Verlagsarchiv Tyrolia (S. 15)
Walter Maier (S. 330, 332, 336, 352, 356, 358, 361)
Wikipedia (S. 7, 19, 184, 289, 313, 357)
Wildpark Aurach (S. 217)

Sollten Sie im Abbildungsnachweis einen Irrtum entdecken, bitten wir um Hinweise an den Verlag. Allfällige Ansprüche werden gerne nachträglich abgegolten.

Alle Angaben in diesem Führer wurden sorgfältig recherchiert (Stand Jänner 2016) und erfolgen nach bestem Wissen und Gewissen des Autors. Sollten Sie trotzdem Unstimmigkeiten entdecken, nehmen Autor und Verlag gerne Verbesserungsvorschläge entgegen (buchverlag@tyrolia.at). Die Benutzung dieses Führers geschieht auf eigenes Risiko. Eine Haftung für etwaige Unfälle und Schäden wird aus keinem Rechtsgrund übernommen.

3., aktualisierte Auflage 2016
© Verlagsanstalt Tyrolia, Innsbruck
Layout Innenteil und Umschlag: Tyrolia-Verlag Innsbruck, in Anlehnung an das Buch: „Innsbruck. Der Stadtführer" (Nerografik)
Karten: Kartenausschnitte im Maßstab 1 : 200.000 und 1:500.000 © BEV 2015, vervielfältigt mit Genehmigung des BEV - **B**undesamtes für **E**ich- und **V**ermessungswesen in Wien, N 9850/2015
Digitale Gestaltung: Grafik Studio HM, Hall in Tirol
Lithografie: AS-Design, Arzl im Pitztal
Druck und Bindung: Alcione, Lavis, (I)
ISBN 978-3-7022-3130-9
E-Mail: buchverlag@tyrolia.at
Internet: www.tyrolia-verlag.at

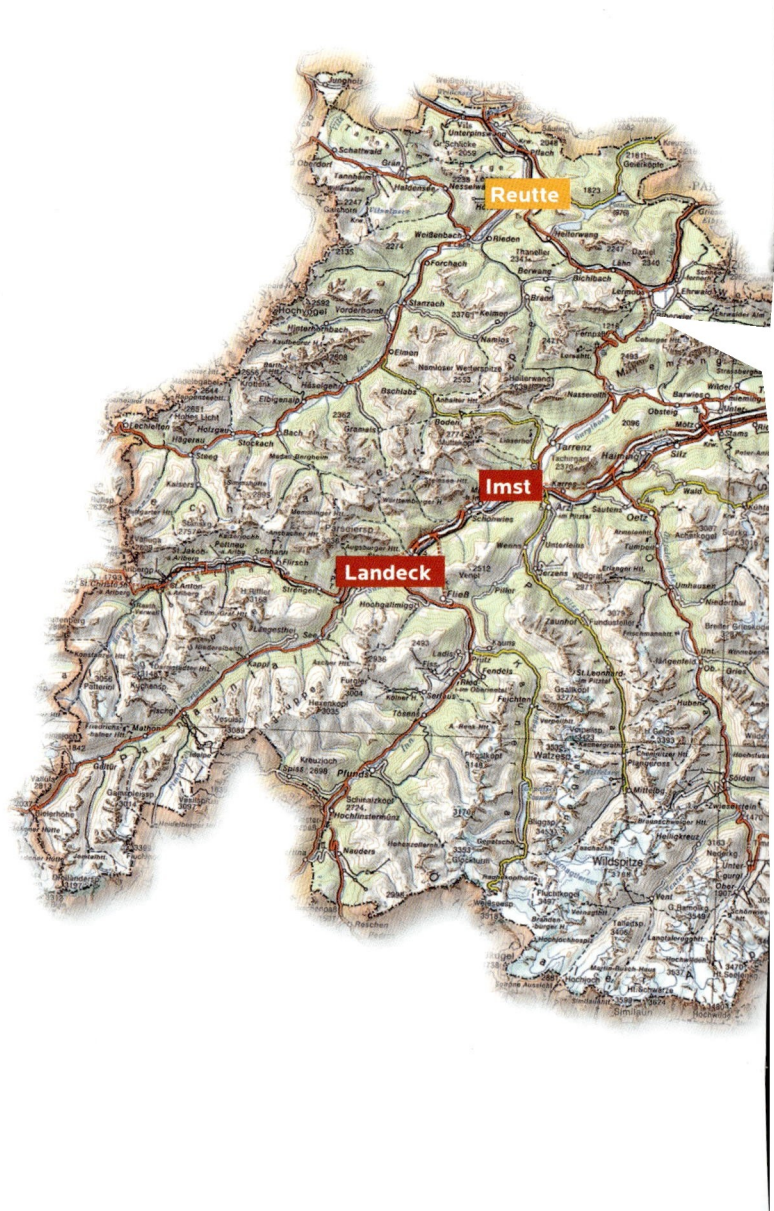